मॉडर्न

L.E.D. प्रोजेक्ट्स

मनहर लोटिया

शैलेष टांक

BPB PUBLICATIONS
B-14, CONNAUGHT PLACE, NEW DELHI-1

FIRST EDITION 2010 Reprint : 2015

ISBN : 978- 81-8333-343-6

LIMITS OF LIABILITY AND DISCLAIMER OF WARRANTY

The information contained in this book is to the best of the author's knowledge true and correct. The author has made every effort to ensure accuracy of this publications, but cannot be held responsible for any loss or damage arising from any information in this book.

All trademarks referred to in the book are acknowledged as properties of their respective owners.

Distributors:

COMPUTER BOOK CENTRE
12, Shrungar Shopping Centre, M.G. Road,
BANGALORE-560001 Ph: 25587923, 25584641

MICRO BOOKS
Shanti Niketan Building, 8, Camac Street
KOLKATTA-700017 Ph: 22826518/9

BUSINESS PROMOTION BUREAU
8/1, Ritchie Street, Mount Road,
CHENNAI-600002 Ph: 28410796, 28550491

BPB PUBLICATIONS
B-14, Connaught Place, NEW DELHI-110001
Ph : 23325760, 23723393, 23737742

BPB BOOK CENTRE
376, Old Lajpat Rai Market, DELHI-110006
Ph: 23861747

MICRO MEDIA
Shop No.5, Mahendra Chambers, 150 D.N. Rd,
Next to Capital Cinema V.T. (C.S.T.) Station,
MUMBAI-400001 Ph: 22078296, 22078297

DECCAN AGENCIES
4-3-329, Bank Street,
HYDERABAD-500195 Ph: 24756400, 24756967

INFO TECH
G-2, Sidhartha Building , 96, Nehru Place,
NEW DELHI-110019
Ph: 26438245, 26415092, 26234208

INFO TECH
Shop No. 2, F-38, South Extention Part-I
NEW DELHI-110049
Ph: 24691288

Published by **Manish Jain** for BPB Publications, B-14, Connaught Place, New Delhi-110001 and Printed by him at **Nikunj Print Process, Delhi**

अनुक्रमणिका

विशेष नोट : इस पुस्तक में दिए गए सभी प्रोजेक्ट्स केवल सर्किट आइडिया हैं। इनका उपयोग केवल प्रशिक्षणिक उद्देश्यों के लिए ही किया जा सकता है। इनमें आने वाली किसी भी प्रकार गल्ती के लिए लेखक/प्रकाशक जिम्मेदार नहीं हैं। इसके अलावा इन प्रोजेक्ट्स के लिए आवश्यक पी.सी.बी. व अन्य पुर्जे आदि हमारे पास उपलब्ध नहीं हैं। इनकी व्यवस्था मार्केट से अपने स्तर पर करें। यदि ये सामान मार्केट में भी उपलब्ध नहीं हैं तो इसके लिए लेखक/प्रकाशक जिम्मेदार नहीं होंगे। किसी भी पुर्जे या अन्य सामान की अनुपलब्धता के लिए लेखक/प्रकाशक से सम्पर्क न करें। यदि आपने कोई प्रोजेक्ट असेम्बल किया है और वह किसी भी कारणवश कार्य नहीं कर रहा है तो इसके लिए भी लेखक/प्रकाशक जिम्मेदार नहीं होंगे तथा हमारे यहां ऐसी कोई व्यवस्था नहीं है कि हम आपके प्रोजेक्ट को टेस्ट करें। इसे आप अपने स्तर पर टेस्ट कराएं।

फ्यूल लेवल इण्डीकेटर

001

ऑटोमोबाईल के क्षेत्र में वाहन में उपस्थित ईंधन के स्तर को प्रदर्शित कराने के लिए इस सर्किट का उपयोग किया जा सकता है। काफी लो पॉवर पर कार्य करने वाली इस सर्किट में एक सेन्सिंग प्रॉब तथा एक क्वाड NAND गेट आई.सी. CD4011 का उपयोग किया गया है।

इस सर्किट में, जिस समय ईंधन टंकी में ईंधन का स्तर फुल होगा तब नारंगी रंग की LED प्रकाशित होकर इसकी सूचना देगी। जब ईंधन का स्तर फुल से कम लगभग आधा जितना होगा तब हरे रंग की LED प्रकाशित होकर इसकी सूचना देगी। इसी तरह, जिस समय ईंधन टंकी में ईंधन का स्तर न्यूनतम होगा अर्थात् जब टैंक खाली होने वाला होगा तब लाल रंग की LED प्रकाशित होकर इसकी सूचना देगी।

दिए गए चित्र में एक सामान्य दुपहिये वाहन की ईंधन टंकी के लिए सेन्सिंग प्रॉब की डिजाईन को दिखाया गया है। इसे आप अपने वाहन की ईंधन टंकी में उपयोग के अनुसार तैयार कर सकते हैं।

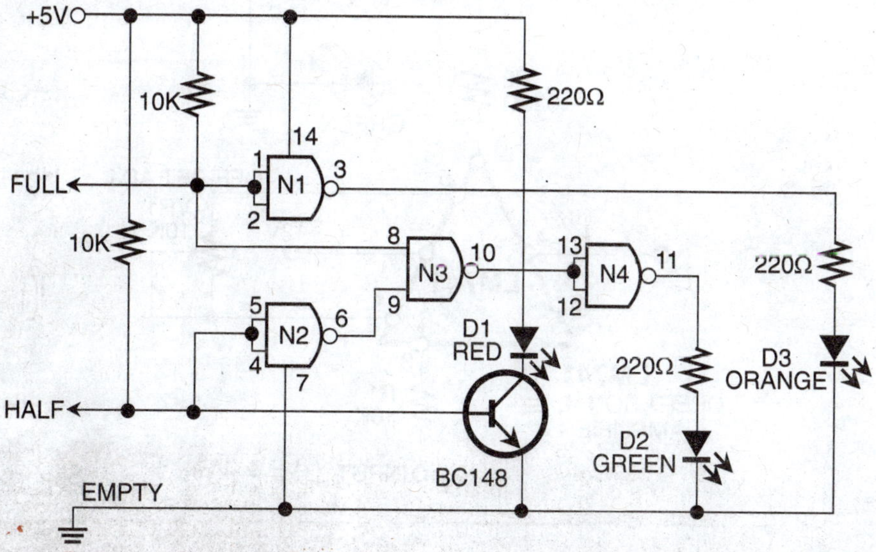

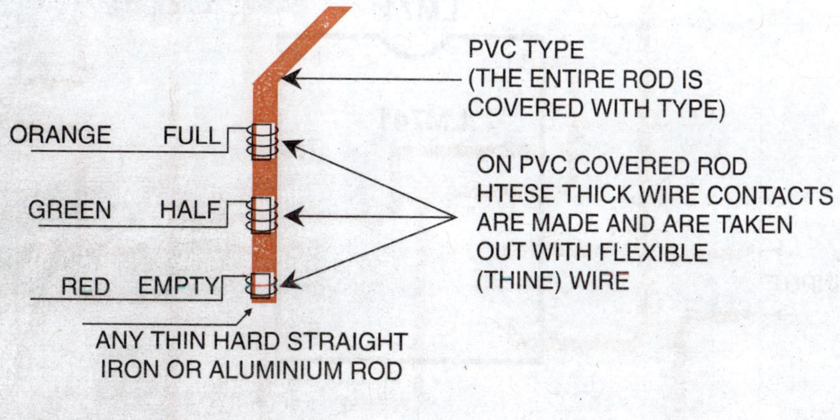

002 पोलारिटी इण्डीकेटर

ऑपरेशनल एम्प्लीफायर आई.सी. LM741 युक्त इस प्रोजेक्ट का उपयोग पोलारिटी इण्डीकेटर के रुप में किया जा सकता है। इण्डीकेशन के लिए इस प्रोजेक्ट में रेड एवं ग्रीन कलर की LEDs का उपयोग किया गया है। पॉजीटिव पोलारिटी को इण्डीकेट करने के लिए ग्रीन LED तथा निगेटिव पोलारिटी को इण्डीकेट करने के लिए रेड LED का इस्तेमाल किया गया है।

ऑपरेशनल एम्प्लीफायर आई.सी. LM741 के नॉन-इन्वर्टिंग इन्पुट (पिन नं. 3) पर 10K के एक रजिस्टर के द्वारा पॉजीटिव इन्पुट या निगेटिव इन्पुट दिया गया है। जिस समय यह इन्पुट पॉजीटिव होता है उस समय ऑपरेशनल एम्प्लीफायर की आउटपुट पिन (पिन नं. 6) से पॉजीटिव आऊटपुट निकलने के कारण ग्रीन LED प्रकाशित होती है। इसी तरह जब पिन नं. 3 पर इन्पुट निगेटिव होता है उस समय ऑपरेशनल एम्प्लीफायर की आऊटपुट पिन (पिन नं. 5) से निगेटिव आऊटपुट निकलने के कारण रेड कलर की LED प्रकाशित होती है।

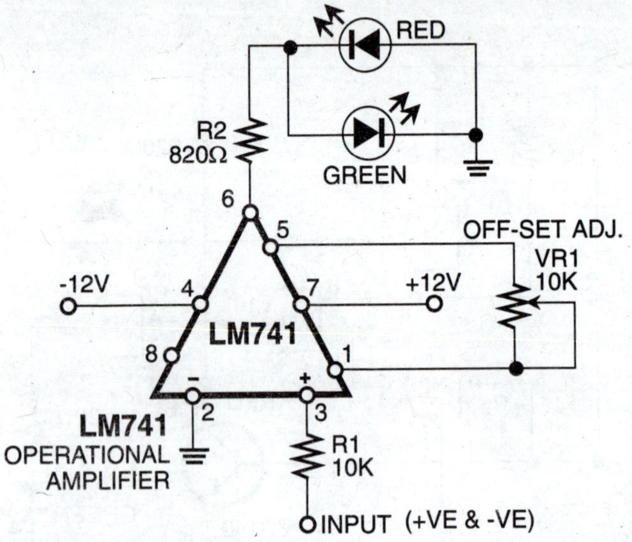

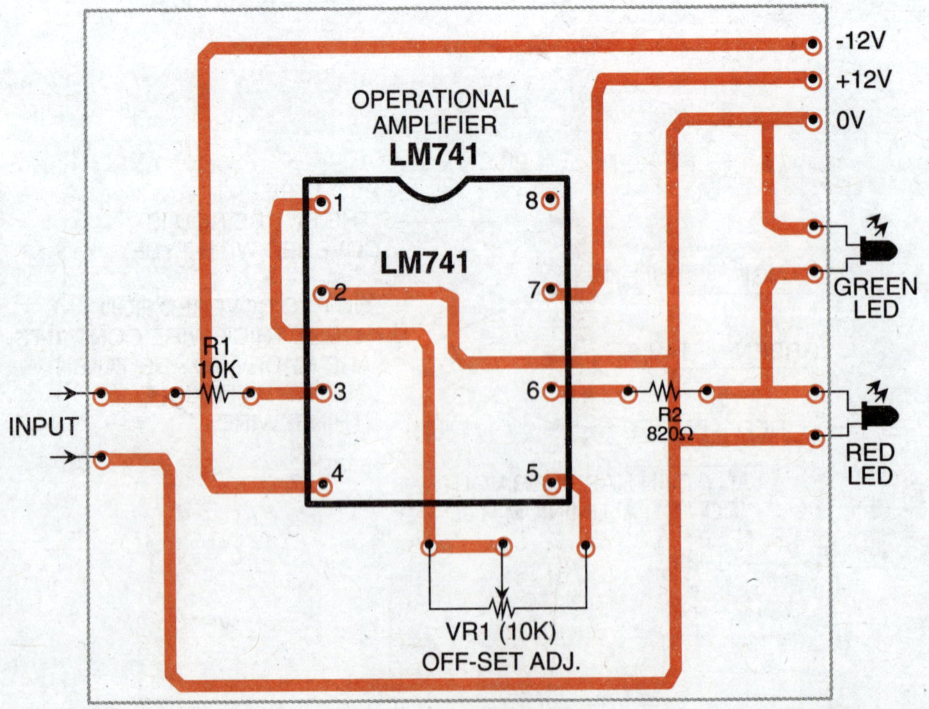

बैटरी स्टेटस इण्डीकेटर

003

इस प्रोजेक्ट का उपयोग LED के माध्यम से बैटरी के चार्ज की स्थिति को इण्डीकेट करने के लिए किया जा सकता है। यह एक ऐसा प्रोजेक्ट है जिसे किसी भी प्रकार की बाहरी सप्लाई की जरुरत नहीं पड़ती है अर्थात् इसे किसी भी चार्जर सर्किट में जोड़ने की जरुरत नहीं पड़ती है। इस प्रोजेक्ट की पॉजीटिव एवं निगेटिव प्रॉब को उस बैटरी से जोड़ा जाता है जिस बैटरी के चार्ज की स्थिति की जानकारी प्राप्त करनी होती है।

जब इस प्रोजेक्ट की पॉजीटिव व निगेटिव प्रॉब को किसी बैटरी से जोड़ा जाता है तब यह प्रोजेक्ट अपनी LED के माध्यम से निम्नलिखित 3 स्थितियों को सूचित करती है -

1 जब बैटरी पूर्णतः चार्ज्ड होगी तब इस प्रोजेक्ट में लगी LED प्रकाशित होकर बैटरी के पूर्णतः चार्ज्ड होने की सूचना देगी।

2 जब बैटरी में चार्ज कम होगा तब इस प्रोजेक्ट में लगी LED प्रकाशित न होकर बैटरी के कम चार्ज्ड होने की सूचना देगी।

3 इस प्रोजेक्ट में लगे प्रिसेट के द्वारा सप्लाई को एक निश्चित लेवल तक ड्रॉप कर प्रोजेक्ट में लगी LED की फ्लेशिंग होने की दर को 2Hz किया जा सकता है जिससे हमें मालूम चलता है कि उस स्थिति में बैटरी को बदलने की जरुरत है।

इस प्रोजेक्ट की पॉजीटिव व निगेटिव प्रॉब को जब बैटरी से जोड़ा जाता है तब प्रोजेक्ट में लगी LED बैटरी की सही स्थिति को प्रदर्शित करती है।

इस प्रोजेक्ट में लगी ऑपरेशनल एम्प्लीफायर आई.सी. 741 की नॉन-इन्वर्टिंग इन्पुट पिन (पिन नं. 3) के वोल्टेज को स्थिर रखा जाता है जबकि प्रिसेट VR1 के द्वारा आई.सी. की इन्वर्टिंग इन्पुट पिन (पिन नं. 2) के वोल्टेज को आवश्यकतानुसार बदला जाता है। प्रिसेट VR2 (47K), ऑपरेशनल एम्प्लीफायर आई.सी. 741 की इन्वर्टिंग इन्पुट पिन (पिन नं. 2) का गेन प्रिसेट कहलाता है।

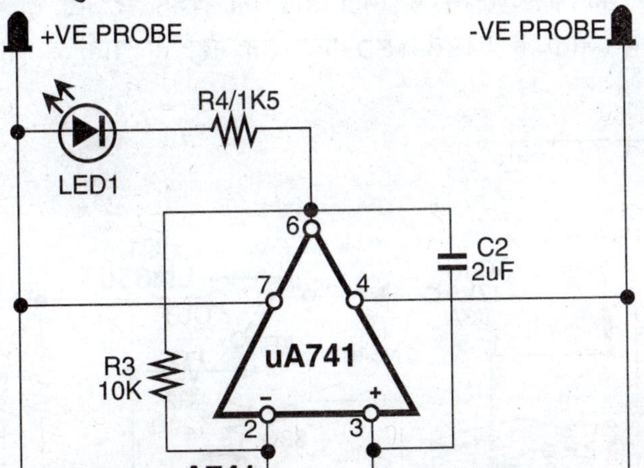

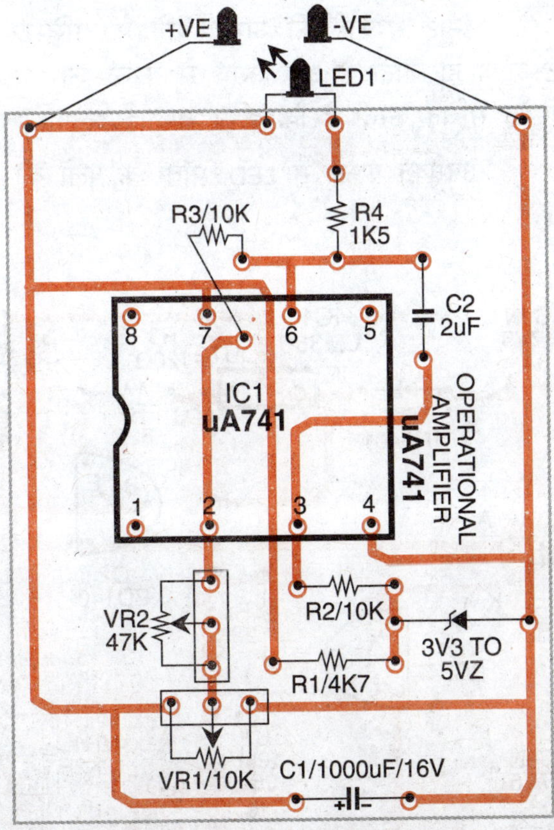

004 लेड एसिड बैटरी चार्जर में पॉवर फ्लो इण्डीकेटर

इस प्रोजेक्ट के द्वारा एक 12V/3A की लेड एसिड बैटरी को चार्ज किया जा सकता है। यह प्रोजेक्ट 12V/3A के निश्चित करन्ट चार्जिंग हेतु डिजाईन किया गया है। इसके अलावा इसे किसी 12V की बैटरी की ट्रिकल चार्जिंग के लिए भी उपयोग में लाया जा सकता है।

बैटरी की चार्जिंग के समय जब बैटरी का तापमान बढ़ने लगता है तब यह प्रोजेक्ट चार्जिंग वोल्टेज को कम होने से बचाता है। इस प्रोजेक्ट में लगा ट्रांजिस्टर BD140 एक टेम्प्रेचर सेन्सर के रुप में कार्य करता है। इसके साथ एक 2mV°C-1 का एक निगेटिव टेम्प्रेचर को-एफिसिएन्ट LM350 P टाईप सेमीकण्डक्टर के रुप में उपलब्ध 2Amp. का वोल्टेज रेग्युलेटर लगा है। इस वोल्टेज रेग्युलेटर IC1 (LM350) के इन्पुट एवं आऊटपुट टर्मिनलों के बीच 1.25V का स्थिर अन्तर रहता है। इस वोल्टेज रेग्युलेटर के आऊटपुट टर्मिनल पर हमें नियत आऊटपुट मिलते रहता है। इस वोल्टेज रेग्युलेटर (LM350) का अधिकतम इन्पुट वोल्टेज मान 30V होता है। यहां पर लगे प्रिसेट VR1 के द्वारा आऊटपुट वोल्टेज मान को 13.5V से 14.5V सेट कर सकते हैं।

इस प्रोजेक्ट में लगे ट्रांजिस्टर Q2 (BD140) को निगेटिव टेम्प्रेचर को-एफिसिएन्ट मोड में एक सेन्सर के रुप में उपयोग में लाया गया है जो कि सामान्यतः एक PNP सेमी-कण्डक्टर की तरह कार्य करता है। IC1 की आऊटपुट की लाईन पर R4 (10K), R5 (33K) एवं VR1 (2K2) से मिलकर बनी पोटेन्शियल डिवाईडर सर्किट के द्वारा ट्रांजिस्टर Q2 के बेस-बायस को निर्धारित किया गया है। प्रिसेट VR1 (2K2) के द्वारा आऊटपुट वोल्टेज के मान को एडजस्ट किया जा सकता है।

प्रोजेक्ट में प्रयुक्त लाल रंग की LED, ट्रांजिस्टर Q1 (BC547) के कलेक्टर से जुड़ी है। इस ट्रांजिस्टर के बेस को इन्पुट सप्लाई लाईन से एक रजिस्टर R1 (22K) के द्वारा बेस-बायस दिया गया है। इन्पुट वोल्टेज की उपस्थिति में ट्रांजिस्टर Q1 के बेस पर बायस वोल्टेज मिलने से ट्रांजिस्टर कार्य करते रहता है एवं इसमें करन्ट प्रवाह के कारण LED प्रकाशित होते रहती है जो कि हमें यह सूचित करती है कि इन्पुट सप्लाई उपस्थित है।

इन्पुट सप्लाई की अनुपस्थिति में ट्रांजिस्टर Q1 को बेस बायस न मिल पाने की वजह से यह ट्रांजिस्टर कट-ऑफ हो जाता है और उसमें से करन्ट का प्रवाह रुक जाता है जिससे LED प्रकाशित नहीं हो पाती है जो कि हमें यह सूचित करती है कि इन्पुट सप्लाई अनुपस्थित है।

उपरोक्त प्रकार से LED, पॉवर के फ्लो को इंगित करती है।

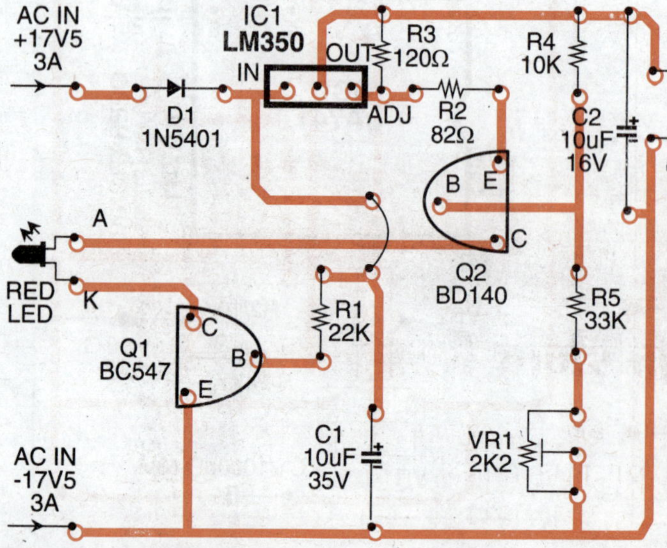

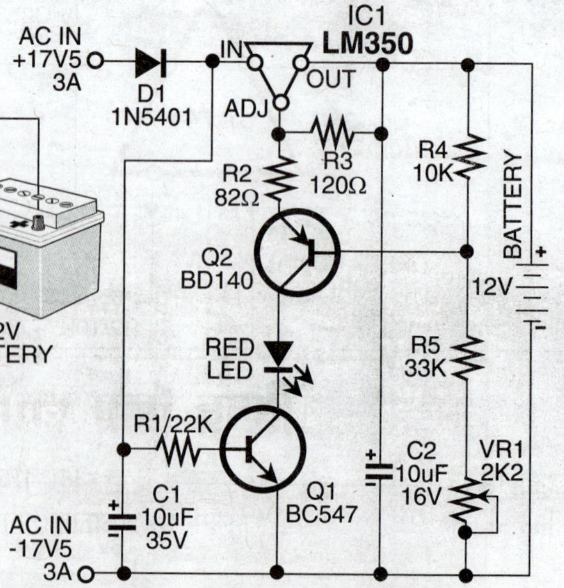

ट्रिकल चार्जिंग इण्डीकेटर

005

चित्र में दिखाई गई सर्किट में बैटरी के पूर्णतः चार्ज हो जाने की सूचना LED की ब्लिन्किंग इण्डीकेशन के रुप में प्राप्त होती है। यह सर्किट एक ऑटोमेटिक बैटरी चार्जिंग सर्किट है जिसमें ट्रिकल चार्जिंग के लिए LED का उपयोग किया गया है।

बैटरी को चार्ज करने का कार्य SCR1 (TY604) के द्वारा किया जाता है। इसके लिए इन्पुट AC सप्लाई ब्रिज रेक्टिफायर के बाद SCR1 के एनोड को दी गई है जिसे SCR अपने कैथोड से आऊट कर बैटरी को चार्ज करता है। SCR1 को ऑन कराने के लिए इसके गेट पर R3 (1K), L2, R4 (1K), D5 (1N4001) इत्यादि कम्पोनेन्ट्स से होते हुए ट्रिगर पल्स दिए गए हैं। गेट पर ट्रिगर पल्स मिलने से SCR1 कण्डक्ट होकर बैटरी को चार्ज करता है।

चार्ज की जा रही बैटरी में उपस्थित चार्ज की समीक्षा, बैटरी के पॉजीटिव व निगेटिव टर्मिनलों के समानान्तर लगे कम्पोनेन्ट्स R2 (1K8), VR1 (3K3) एवं R6 (180E) के द्वारा की जाती है। यहां लगा केपेसीटर C1 वोल्टेज को फिल्टर करता है। जब बैटरी में चार्ज पूरा-पूरा होता है तब प्रिसेट VR1 के मध्य सिरे से एक जिनर डायोड D1 (6V8) वोल्टेज को SCR2 (TY604) के गेट तक पहुंचाता है। गेट पर ट्रिगर मिलते ही SCR2 कण्डक्ट होकर अपने एनोड के वोल्टेज को अपने कैथोड से ग्राऊण्ड कर देता है जिससे SCR1 के गेट को ट्रिगर नहीं मिल पाती है और SCR1 कट-ऑफ हो जाता है। SCR1 के कट-ऑफ हो जाने से इसके कैथोड से लगी बैटरी की चार्जिंग रुक जाती है।

स्थिर करन्ट की स्थिति में यह सर्किट लगातार सही कार्य करते रहती है परन्तु पल्सेटिंग DC की पीक वेल्यू पर SCR1 रुक-रुक बैटरी को चार्ज करता है जिसे ट्रिकल चार्जिंग कहा जाता है एवं यह ट्रिकल चार्जिंग तब तक चलते रहती है जब तक कि बैटरी पूर्णतः चार्ज नहीं हो जाती है।

ट्रिकल चार्जिंग की स्थिति में, जब तक इन्पुट पॉवर अधिक रहता है तब तक LED L2 बार-बार ऑन/ऑफ होकर ब्लिन्क करते रहती है।

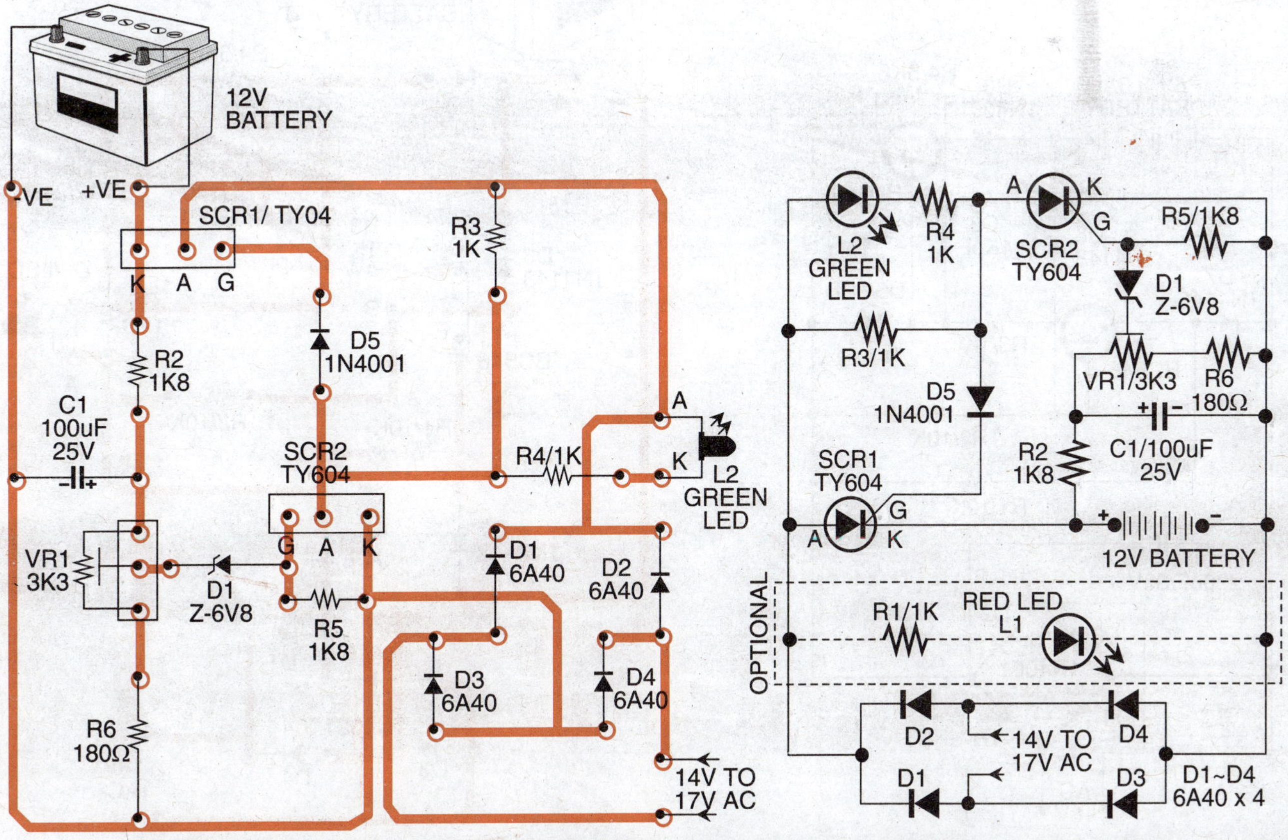

006 चार्जिंग इण्डीकेटर

यह एक साधारण सा लो-करन्ट बैटरी चार्जर है। इसकी सहायता से 10 निकल केडमियम बैटरियां या 2V वाली 6 लेड एसिड बैटरियां या फिर एक 12V की बैटरी को 60mA की करन्ट रेट पर चार्ज कर सकते हैं।

ट्रांसफॉर्मर से मिलने वाली लगभग 18V AC सप्लाई को D1, D2, D3, D4 से मिलकर बने ब्रिज रेक्टिफायर के द्वारा रेक्टिफाई एवं केपेसीटर C1 के द्वारा फिल्टर किया गया है जिसके परिणामस्वरुप मिलने वाली लगभग 22V DC सप्लाई, सीरिज ट्रांजिस्टर T2 (BD140) के अमीटर को दी गई है। इस ट्रांजिस्टर के कलेक्टर को एक डायोड D8 के द्वारा बैटरी के पॉजीटिव टर्मिनल से जोड़ा गया है।

यहां पर प्रयुक्त LED D6 को पॉजीटिव सप्लाई लाईन एवं ट्रांजिस्टर T2 के बेस से जोड़ा गया है। इस LED के एनोड को पॉजीटिव सप्लाई लाईन से तथा इसके कैथोड को R3 (1K) के द्वारा ट्रांजिस्टर T1 (BC546) के कलेक्टर से जोड़ा गया है। ट्रांजिस्टर T1 का अमीटर, फॉरवर्ड बायस में लगे डायोड D7 के द्वारा निगेटिव अर्थात् ग्राऊण्ड से जुड़ा है। ट्रांजिस्टर T1 का कलेक्टर R3 के द्वारा ट्रांजिस्टर T2 के बेस से जुड़ा है।

जब कोई चार्ज की हुई बैटरी जिसका EMF 0.3V से 0.5V होता है, इससे जोड़ी जाती है तो ट्रांजिस्टर T1 के बेस-अमीटर वोल्टेज हाई हो जाते हैं जो कि इस ट्रांजिस्टर को स्विच-ऑन करने हेतु पर्याप्त होते हैं। ट्रांजिस्टर T1 के ऑन होने से इसके कलेक्टर वोल्टेज लो हो जाते हैं जो कि R3 (1K) से होते हुए ट्रांजिस्टर T2 के बेस को प्राप्त होते हैं। बेस पर लो वोल्टेज मिलने से ट्रांजिस्टर T2 ऑन हो जाता है तथा चार्जिंग इण्डीकेटर LED D6 प्रकाशित होकर चार्जिंग के करन्ट फ्लो को सूचित करती है।

ट्रांजिस्टर T2 के कलेक्टर-अमीटर के बीच लगा रजिस्टर R4 (5K6) एक ट्रिगर रजिस्टर की तरह कार्य करते हुए बैटरी को ट्रिगरिंग करन्ट देता है ताकि उपयोग में लाए जाने के पहले बैटरी हमेशा फ्रेश रहे।

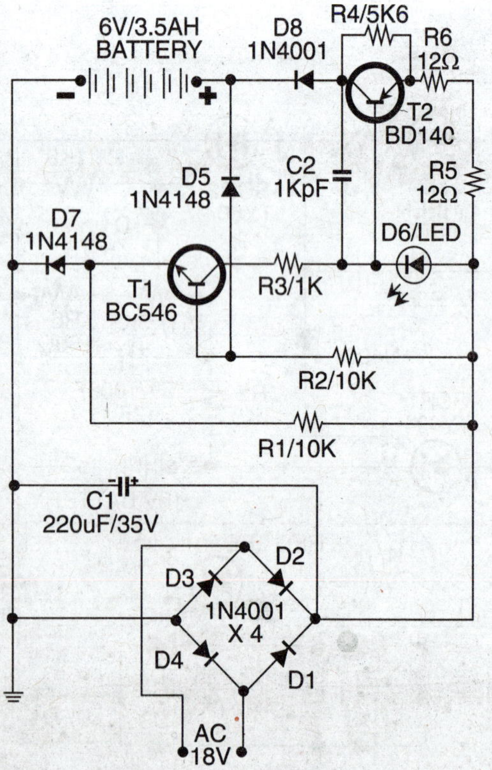

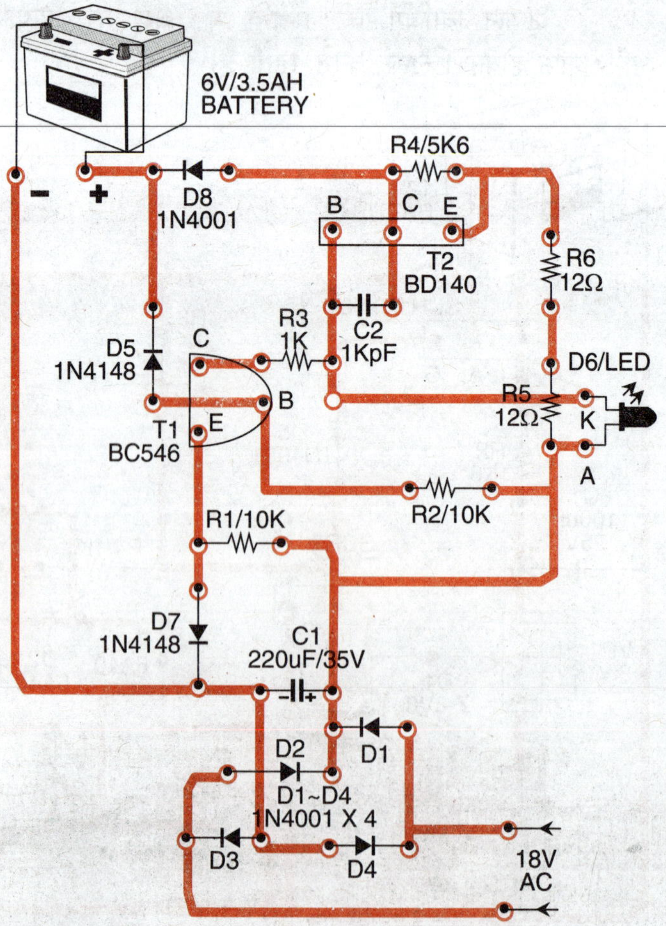

इलेक्ट्रॉनिक फ्यूज इण्डीकेटर

007

चित्र में दिखाई गई सर्किट का उपयोग किसी AC सप्लाई के फेज एवं न्यूट्रल के बीच किया जा सकता है। यह सर्किट हाई टेन्शन सप्लाई पर कार्य करती है। इसमें लगे ट्रांजिस्टर के लिए आवश्यक वोल्टेज भी हाई टेन्शन सप्लाई लाईन से ही प्राप्त किए गए हैं। यह एक साधारण सी सर्किट है जिसमें एक BC547 ट्रांजिस्टर, कुछ केपेसीटर्स, रजिस्टर्स, एवं जिनर डायोड्स लगे हैं। इण्डीकेशन हेतु इसमें एक ग्रीन कलर की LED का इस्तेमाल किया गया है।

सर्किट को ध्यान से देखने पर हमें इस सर्किट के दो भाग दिखाई देगें ; एक भाग वह है जो AC मेन्स इन्पुट से सप्लाई प्राप्त करता है तथा दूसरा भाग वह है जिसे फ्यूज के पश्चात् मिलने वाली सप्लाई प्राप्त होती है।

इस सर्किट के द्वारा सप्लाई में सीधे ही लगाये जाने वाले फ्यूज वायर को इण्डीकेशन के साथ फ्यूज सर्किट में बदल सकते हैं। यह सर्किट एक इलेक्ट्रॉनिक फ्यूज की तरह कार्य करेगी।

यहां पर लगी ग्रीन कलर की LED D1, डायोड D2 (2V7-Z) के साथ शन्ट के रुप में तथा ट्रांजिस्टर Q1 के कलेक्टर के साथ जुड़ी है। जब AC सप्लाई में फ्यूज सही स्थिति में लगा होता है तब ट्रांजिस्टर Q1 के बेस पर लगभग 3.9V आते हैं जिससे ट्रांजिस्टर स्विच-ऑन हो जाता है। इससे ट्रांजिस्टर के कलेक्टर वोल्टेज लो रहते हैं जिससे LED प्रकाशित नहीं होती है। जब फ्यूज जल जाता है अर्थात् ओपन हो जाता है तब ट्रांजिस्टर Q1 के बेस पर वोल्टेज प्राप्त नहीं होते हैं। इससे ट्रांजिस्टर के कलेक्टर वोल्टेज हाई हो जाते हैं एवं LED फॉरवर्ड बायस्ड होकर प्रकाशित हो जाती है तथा हमें फ्यूज के ओपन हो जाने का संकेत देती है।

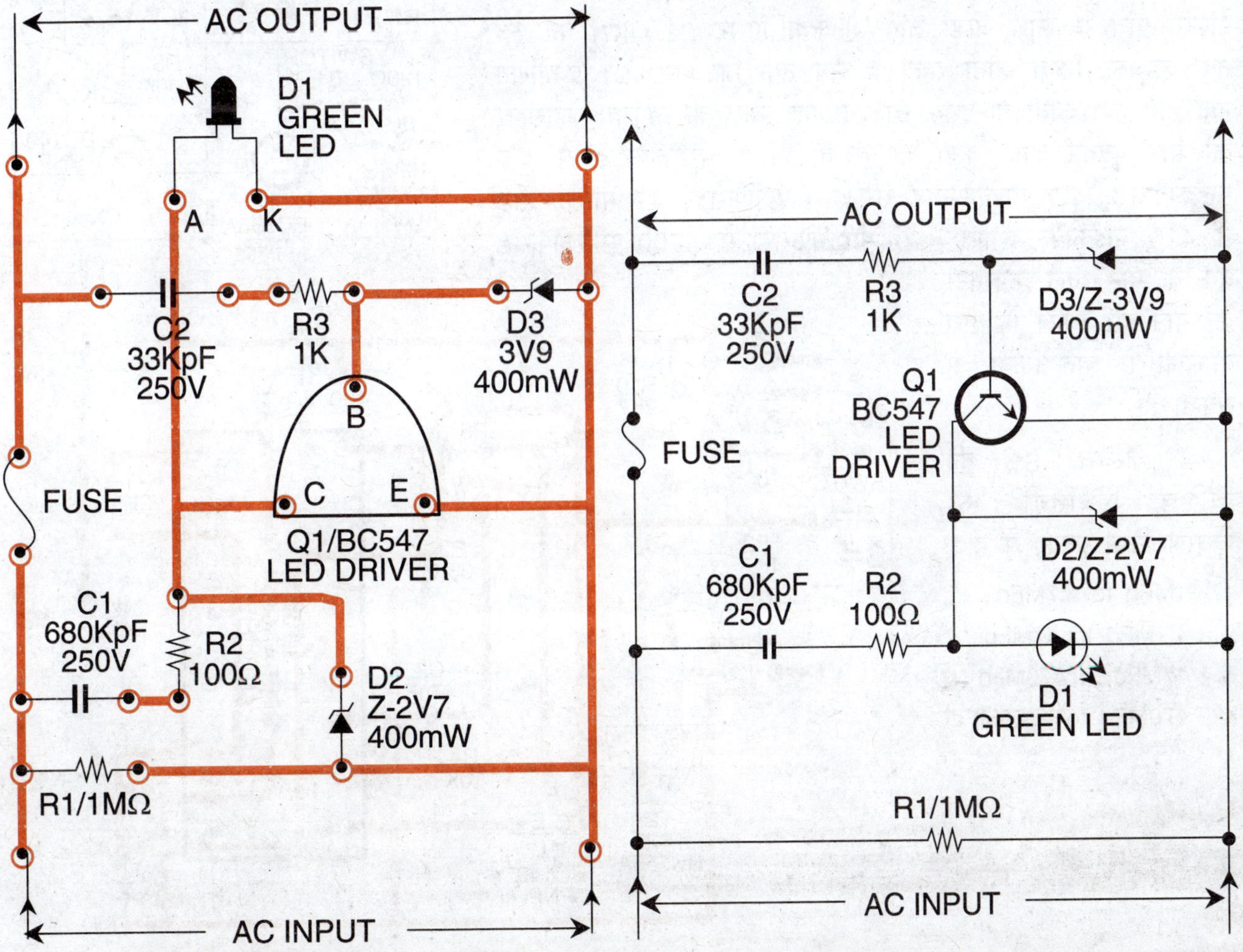

008

केपेसिटेन्स मापक यंत्र

इस प्रोजेक्ट के द्वारा किसी केपेसीटर के मान को ज्ञात किया जा सकता है। केपेसीटर के मान को सूचित करने के लिए इसमें LED का उपयोग किया गया है। इस प्रोजेक्ट में मुख्य रुप से एक ऑपरेशनल एम्प्लीफायर आई.सी. 1485 का उपयोग किया गया है।

ऑपरेशनल एम्प्लीफायर आई.सी. 1485 की पिन नं. 2 पर लगा केपेसीटर C2, रजिस्टर R2 एवं R3 के द्वारा चार्ज होता है। जैसे ही इस केपेसीटर पर चार्ज का मान, आई.सी. की नॉन-इन्वर्टिंग इन्पुट पिन के वोल्टेज मान के बराबर पहुंचता है तो आई.सी. की पिन नं. 1 से निकलने वाले आऊटपुट के कारण PNP ट्रांजिस्टर T1 (BC140) स्विच-ऑन हो जाता है। इससे केपेसीटर C2 अब रजिस्टर R2 तथा R5 एवं ट्रांजिस्टर T1 से होते हुए डिस्चार्ज होने लगता है।

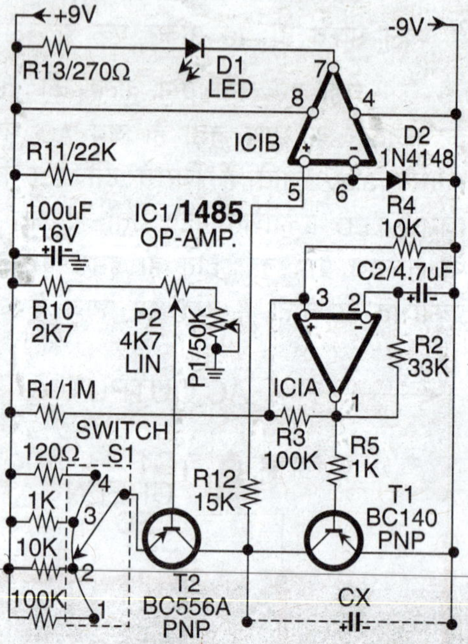

इस प्रोजेक्ट में केपेसिटेन्स मेजरिंग सर्किट R6, R7, R8, R9, स्विच S1 तथा प्रिसेट P1 व P2 से मिलकर बनी है। जिस केपेसीटर (Cx) के मान की जांच की जानी होती है उस केपेसीटर को ट्रांजिस्टर T2 (BC556A) के द्वारा चार्ज किया जाता है तथा उसे तुरन्त ही ट्रांजिस्टर T1 के द्वारा डिस्चार्ज किया जाता है।

आई.सी. 1485 का वोल्टेज कम्परेटर, इन्वर्टिंग एवं नॉन-इन्वर्टिंग इन्पुट के साथ इस वोल्टेज (0.65V) को कम्पेयर करता है।

जिस केपेसीटर के मान की जांच की जानी होती है उसे टेस्टिंग प्रॉब के साथ जोड़ा जाता है तथा प्रिसेट P2 (4K7) को तब तक एडजस्ट किया जाता रहता है जब तक कि LED D1 प्रकाशित नहीं होने लग जाती है। इसके बाद दी गई स्केल के अनुसार केपेसीटर का मान पढ़कर ज्ञात किया जा सकता है। 1 माईक्रोफैराड से 4.7 माईक्रोफैराड, 4.7 माईक्रोफैराड से 47 माईक्रोफैराड, 47 माईक्रोफैराड से 470 माईक्रोफैराड एवं 470 माईक्रोफैराड से 4700 माईक्रोफैराड तक के मान वाले केपेसीटर का मान इस स्केल के द्वारा आसानी से ज्ञात किया जा सकता है।

स्विच S1 की विभिन्न स्थितियों का विवरण निम्न प्रकार से है ;

1 - 1MFd to 4.7MFd

2 - 4.7MFd to 47MFd

3 - 47MFd to 470MFd

4 - 470MFd to 4700MFd

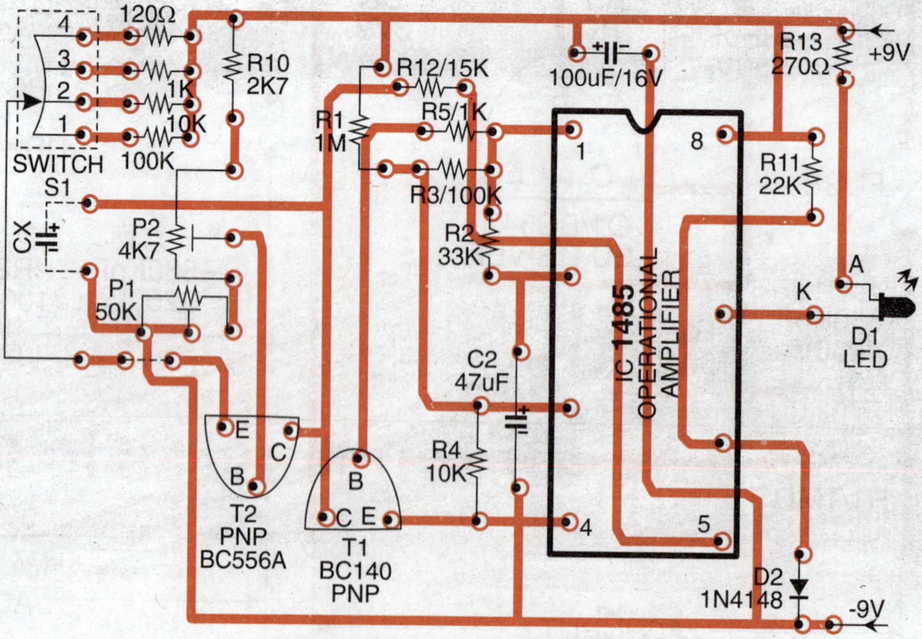

जिनर वोल्टेज की गणना करने वाला यंत्र 009

कई बार जिनर डायोड के उपर लिखे जिनर वोल्टेज मिट जाते हैं अथवा काफी अस्पष्ट नजर आते हैं। ऐसे में उस जिनर डायोड का जिनर वोल्टेज इस प्रोजेक्ट की सहायता से मालूम कर सकते हैं। इस प्रोजेक्ट में मुख्य रुप से एक ऑपरेशनल एम्पलीफायर आई.सी. 741 एवं एक LED का उपयोग किया गया है।

इस सर्किट में आई.सी. 741 की नॉन-इन्वर्टिंग इन्पुट पिन, पिन नं. 3 है जबकि आई.सी. की इन्वर्टिंग पिन, पिन नं. 2 का उपयोग एक टेस्ट इन्पुट पिन के रुप में किया गया है। इस पिन नं. 3 पर +30V की सप्लाई लाईन से R1 (4K7) के द्वारा बायस वोल्टेज दिए गए हैं। जिस जिनर डायोड का जिनर वोल्टेज ज्ञात करना होता है उस जिनर डायोड को चित्र में दिखाए अनुसार आई.सी. की पिन नं. 3 पर रिवर्स बायस के रुप में जोड़ा जाता है।

जब आई.सी. की नॉन-इन्वर्टिंग इन्पुट पिन, पिन नं. 3 तथा आऊटपुट पिन, पिन नं. 6 के वोल्टेज एक-दूसरे के समानुपाती या फिर एक समान होगें तब पिन नं. 6 पर लगी LED प्रकाशित होने लग जाएगी। अर्थात् जब आई.सी. की आऊटपुट पिन, पिन नं. 6 के वोल्टेज 0 होगें तब LED प्रकाशित होने लगेगी।

अब पिन नं. 2 पर लगे प्रिसेट VR1 को धीरे-धीरे इस तरह से एडजस्ट करेगें कि आई.सी. की पिन नं. 6 से ऐसा आऊटपुट निकले कि LED प्रकाशित होना बंद हो जाए। जिस वोल्टेज मान पर LED प्रकाशित होना बंद हो जाएगी वही वोल्टेज, जिनर डायोड का जिनर वोल्टेज माना जाएगा।

प्रिसेट VR1 को जिस पैनल पर फिट किया जाय उस पैनल पर जिनर डायोड के जिनर वोल्टेज का मान ज्ञातकर पैनल पर जिनर वोल्टेज के मान की मार्किंग की जा सकती है। प्रिसेट VR1 की जिस स्थिति पर LED प्रकाशित होना बंद हो जाती है उस स्थिति की मार्किंग ऑन के रुप में की जा सकती है।

जिस जिनर डायोड के जिनर वोल्टेज का मान ज्ञात करना है उस जिनर डायोड को आई.सी. की पिन नं. 3 पर यदि रिवर्स बायस की बजाय फॉरवर्ड बायस में जोड़ दिया जाएगा तो यह एक साधारण डायोड की भांति कार्य करने लगेगा एवं प्रिसेट VR1 की किसी भी स्थिति में LED प्रकाशित नहीं होगी।

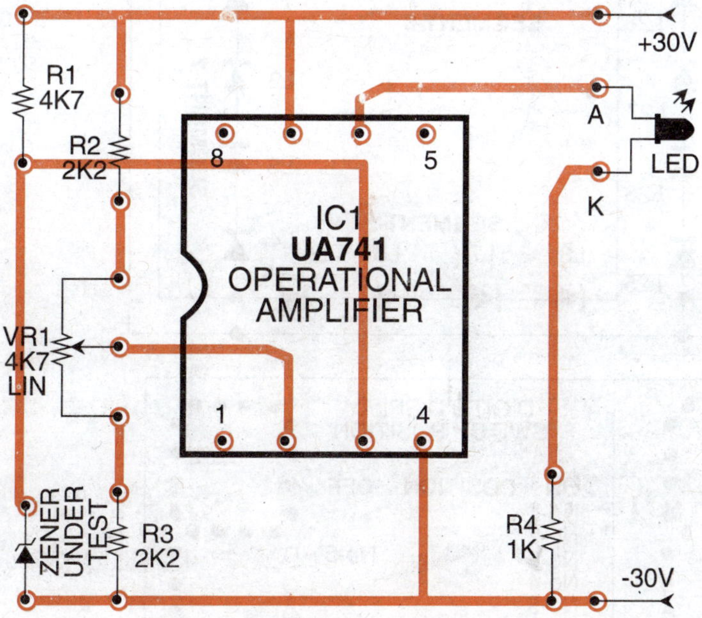

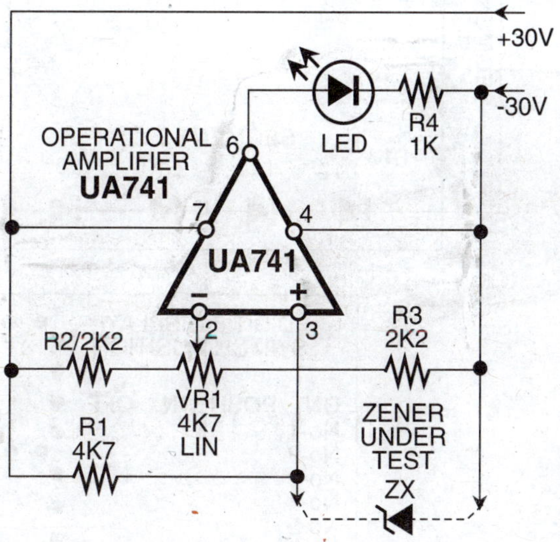

010 7 सेग्मेन्ट डिस्प्ले

इस प्रोजेक्ट में यह बताया गया है कि कई LEDs को व्यवस्थित रुप से संयोजित कर उन्हें डिजिट के रुप में दर्शाया जा सकता है। दिए गए चित्र में डिजिट की प्रत्येक लाईन में 4 LEDs को सीरिज में जोड़ा गया है एवं इस तरह की कुल 7 लाईनों की व्यवस्था की गई है। इसीलिए इसे 7 सेग्मेन्ट डिस्प्ले कहा जाता है। आप चाहें तो किसी साधारण प्रिन्टेड सर्किट बोर्ड पर भी LEDs को व्यवस्थित कर सकते हैं।

एक डिजिट बनाने के लिए 7 लाईनों में 4 LEDs प्रति लाईन के हिसाब से कुल 28 LEDs की जरुरत पड़ेगी। सभी 7 लाईनों में लगी LEDs का एनोड एक-दूसरे से सीरिज में कॉमन एनोड की तरह जोड़ा गया है। 7 सीरिज के 7 वायर्स LEDs के कैथोड के रुप में आऊट होते हैं। प्रत्येक सीरिज में अन्तिम LED के कैथोड को 330E के एक रजिस्टर तथा एक वन-पोल-7-वे स्विच से जोड़ा गया है। स्विच के कॉमन पोल को निगेटिव सप्लाई अर्थात् ग्राऊण्ड से जोड़ा गया है।

दिए गए चित्र में LEDs को डॉट्स के द्वारा दिखाया गया है। यहां पर आप चाहें तो भिन्न-भिन्न कलर्स की LEDs का उपयोग कर सकते हैं। यहां पर प्रत्येक सेग्मेन्ट में 4 LEDs का उपयोग किया गया है, यदि आप LEDs के द्वारा बनाई गई बड़ी डिजिट का उपयोग करना चाहते हैं तो सेग्मेन्ट में जुड़ी प्रत्येक LEDs को बिना किसी करन्ट लिमिटर रजिस्टर के द्वारा इन्पुट सप्लाई न दें। सेग्मेन्ट में जुड़ी प्रत्येक LEDs के अनुसार एक समान सप्लाई देना जरुरी होता है ताकि प्रत्येक सेग्मेन्ट में जुड़ी प्रत्येक LED एक समान प्रकाश से प्रकाशित हो सके। सेग्मेन्ट के द्वारा डिजिट के प्रदर्शन के लिए प्रत्येक सेग्मेन्ट को एक पृथक स्विच के द्वारा नियंत्रित किया जाता है।

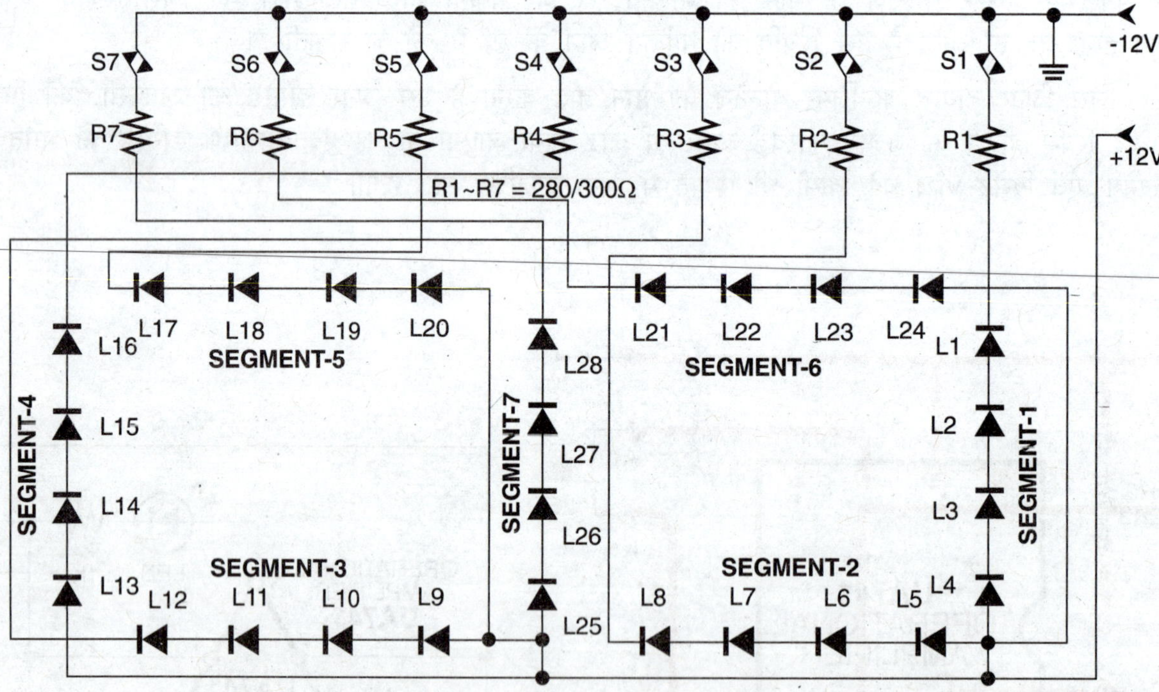

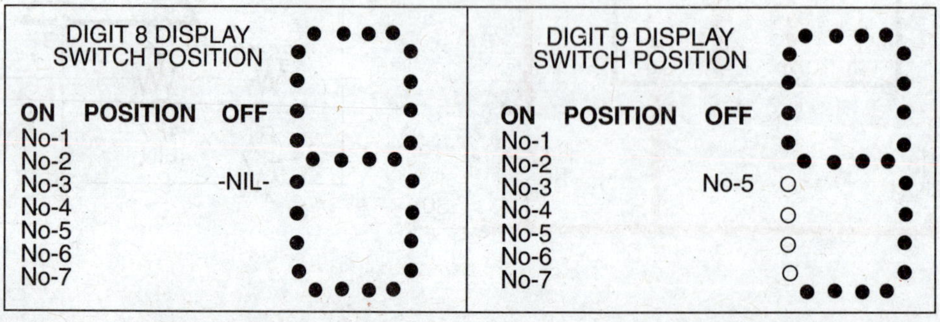

LED ब्लीन्कर

011

इस प्रोजेक्ट में प्रयुक्त की गई सभी LEDs एक ही समय में प्रकाशित होती हैं तथा उसी प्रकार ऑफ हो जाती हैं।

इस प्रोजेक्ट में क्वाड NAND गेट ड्यूल इन्पुट CMOS टाईप आई.सी. CD4011 का इस्तेमाल किया गया है। इस आई.सी. के भीतर 4 NAND गेट्स बने हुए हैं जिसमें से गेट क्रमांक 1 तथा गेट क्रमांक 2 फ्रिक्वेन्सी ऑसीलेटर के रुप में कार्य करते हैं। इन दोनों गेट्स के आऊटपुट पर मिलने वाली स्क्वेयर वेव एक समान होती हैं।

आई.सी. के अन्दर बने गेट क्रमांक 2 की आऊटपुट पिन, पिन नं. 4 से मिलने वाला आऊटपुट आई.सी. के गेट क्रमांक 3 व गेट क्रमांक 4 को इन्पुट के रुप में दिया गया है। ये दोनों गेट्स (गेट क्रमांक 3 व 4) एक-दूसरे से समानान्तर क्रम में जुड़े हैं।

गेट क्रमांक 3 व गेट क्रमांक 4 से मिलने वाला आऊटपुट क्रम से लगी LEDs को दिया गया है। गेट क्रमांक 3 की आऊटपुट पिन, पिन नं. 11 है तथा गेट क्रमांक 4 की आऊटपुट पिन, पिन नं. 10 है।

पिन नं. 11 तथा पिन नं. 10 पर जुड़ी सभी LEDs एक ही समय में प्रकाशित होती है तथा उसी प्रकार ऑफ हो जाती हैं।

इस तरह से यह LED ब्लिन्कर प्रोजेक्ट कार्य करता है।

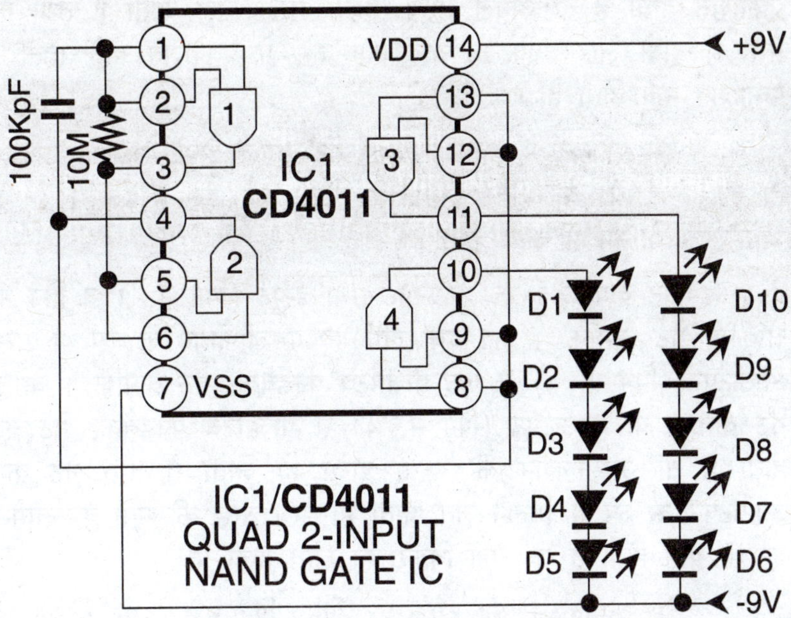

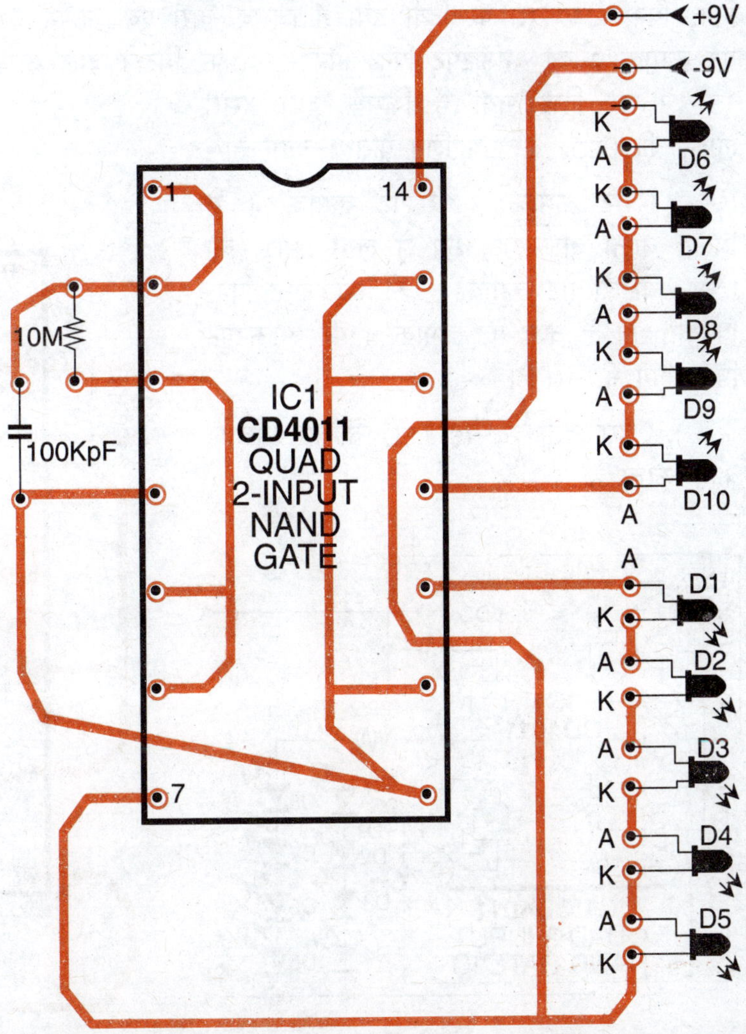

012 LED वीन्कर

वीन्कर का तात्पर्य है LEDs का क्रम से झपकना। इस प्रोजेक्ट में LEDs की एक लाईन एक समय में प्रकाशित होती है तो अगले समय पहली लाईन बुझ जाती है तथा दूसरी लाईन प्रकाशित होने लग जाती है। इस तरह से दोनों लाईनें एक के बाद एक क्रम से प्रकाशित होते रहती हैं, दोनों लाईनें एक ही समय में एक साथ प्रकाशित नहीं होती हैं।

इस प्रोजेक्ट में क्वाड NAND गेट ड्यूल इन्पुट CMOS टाईप आई.सी. CD4011 का इस्तेमाल किया गया है। इस आई.सी. के भीतर 4 NAND गेट्स बने हुए हैं जिसमें से गेट क्रमांक 1 तथा गेट क्रमांक 2 फ्रिक्वेन्सी ऑसीलेटर के रुप में कार्य करते हैं।

गेट क्रमांक 1 के आऊटपुट तथा इन्पुट (पिन नं. 3 व पिन नं. 2) के बीच एक फीडबैक रजिस्टर लगा है जो कि गेट क्रमांक 1 को एक लीनियर एम्प्लीफायर के रुप में प्रस्तुत करता है। इसी तरह गेट क्रमांक 2 के आऊटपुट (पिन नं. 4) से एक पॉजीटिव फीडबैक, गेट क्रमांक 1 के इन्पुट (पिन नं. 1-2) को दिया गया है। जब गेट क्रमांक के आऊटपुट (पिन नं. 4) से पॉजीटिव फीडबैक, गेट क्रमांक 1 के इन्पुट (पिन नं. 1-2) को प्राप्त होता है तो ऑसीलेशन की क्रिया प्रारंभ हो जाती है तथा गेट क्रमांक 2 के आऊटपुट पर एक स्क्वेयर वेव आऊटपुट के रुप में मिलने लग जाती है। इसी तरह की एक कम्प्लीमेन्ट्री स्क्वेयर वेव, गेट क्रमांक 1 के आऊटपुट पर भी प्राप्त होती है एवं यही विंकर का स्त्रोत होती है।

गेट क्रमांक 1 की आऊटपुट पिन, पिन नं. 3 पर मिलने वाले आऊटपुट को गेट क्रमांक 4 की इन्पुट पिन, पिन नं. 9-10 पर दिया गया है जिसके द्वारा एक लाईन की LEDs को प्रकाशित कराया जाता है। इसी तरह गेट क्रमांक 2 की आऊटपुट पिन, पिन नं. 4 पर मिलने वाले आऊटपुट को गेट क्रमांक 3 की इन्पुट पिन, पिन नं. 12-13 पर दिया गया है जिसके द्वारा दूसरी लाईन की LEDs को प्रकाशित कराया जाता है।

गेट क्रमांक 3 व गेट क्रमांक 4 से मिलने वाला आऊटपुट क्रम से लगी LEDs को दिया गया है। गेट क्रमांक 3 की आऊटपुट पिन, पिन नं. 11 है तथा गेट क्रमांक 4 की आऊटपुट पिन, पिन नं. 10 है।

इस तरह से यह LED वीन्कर प्रोजेक्ट कार्य करता है।

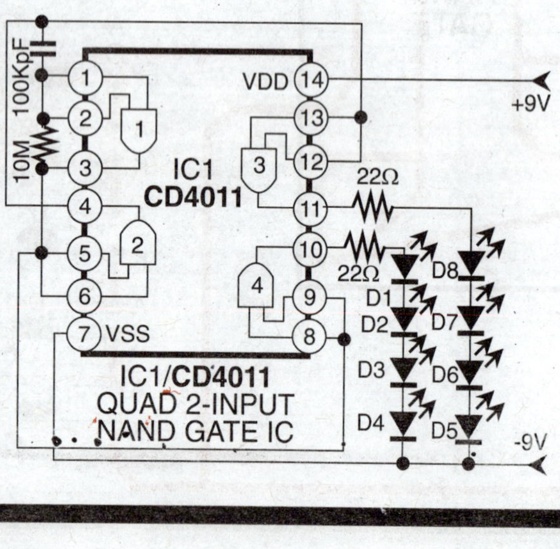

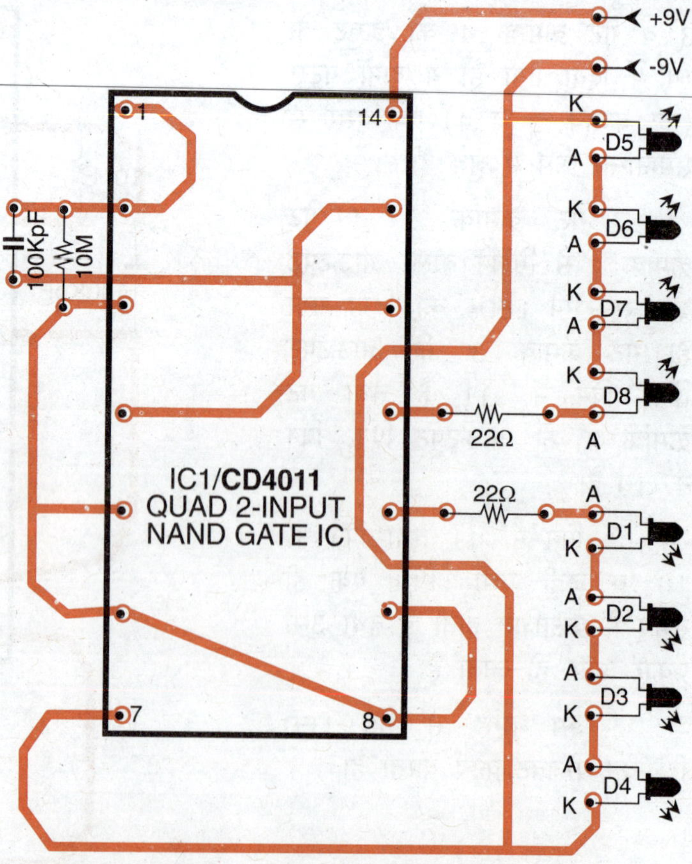

डिस्को लाईट-कम-आई.सी. टेस्टर **013**

इस प्रोजेक्ट का उपयोग आप डिस्को लाईट के रुप में तथा एक आई.सी. टेस्टर के तौर पर कर सकते हैं। इस प्रोजेक्ट में एक बहुप्रचलित टाईमर आई.सी. 555 का उपयोग किया गया है जो कि इस प्रोजेक्ट में एक स्टेबल मल्टीवाईब्रेटर मोड के रुप में कार्य करती है। इस आई.सी. की आऊटपुट पिन, पिन नं. 3 पर स्कवेयर वेव का आऊटपुट मिलता है। पिन नं. 3 पर मिलने वाला आऊटपुट एक NPN ट्रांजिस्टर Q1 तथा एक PNP ट्रांजिस्टर Q2 के बेस को दिया गया है। इन दोनों ट्रांजिस्टरों से 4-4 LEDs को ड्राईव कराया गया है जो कि ट्रांजिस्टर Q1 एवं Q2 के समानान्तर क्रम में जुड़ी है। ट्रांजिस्टर Q1 के कलेक्टर से जुड़ी LEDs D1, D2, D3, D4 रेड कलर की LEDs हैं जबकि ट्रांजिस्टर Q2 के कलेक्टर से जुड़ी LEDs D5, D6, D7, D8 ग्रीन कलर की LEDs हैं। इन LEDs के सीरिज में 100E का एक करन्ट लिमिटिंग रजिस्टर जुड़ा है।

सर्किट के कार्य करने से आई.सी. 555 की पिन नं. 3 पर आऊटपुट के रुप में स्क्वेयर पल्स प्राप्त होती है। जब पिन नं. 3 पर स्क्वेयर वेव की पॉजीटिव हाफ सायकल प्राप्त होती है तब NPN ट्रांजिस्टर Q1 कार्य करने लग जाता है तथा इसमें से होने वाले करन्ट प्रवाह के कारण इसके कलेक्टर से जुड़ी D1, D2, D3, D4 LEDs प्रकाशित होने लग जाती है और लगभग 1 सेकेण्ड्स तक प्रकाश देते रहती हैं। इस समय PNP ट्रांजिस्टर Q2 के कट-ऑफ रहने के कारण इसके अमीटर से जुड़ी D5, D6, D7, D8 LEDs प्रकाशित नहीं होती हैं। जब पिन नं. 3 पर स्क्वेयर वेव की निगेटिव हाफ सायकल प्राप्त होती है तब PNP ट्रांजिस्टर Q2 कार्य करने लग जाता है तथा इसमें से होने वाले करन्ट प्रवाह के कारण इसके अमीटर से जुड़ी D5, D6, D7, D8 LEDs प्रकाशित होने लग जाती है और लगभग 0.7 सेकेण्ड्स तक प्रकाश देते रहती हैं। इस समय NPN ट्रांजिस्टर Q1 के कट-ऑफ रहने के कारण इसके कलेक्टर से जुड़ी D1, D2, D3, D4 LEDs प्रकाशित नहीं होती हैं।

इस तरह से इस प्रोजेक्ट में लगी LEDs बारी-बारी से जलते-बुझते रहती है। इस प्रोजेक्ट में बहुत कम मान की फ्रिक्वेन्सी होने के कारण LEDs के बारी-बारी से ऑन/ऑफ होने पर एक इन्द्रधनुषी प्रभाव प्राप्त होता है।

आई.सी. टेस्टर के रुप में प्रोजेक्ट का उपयोग

इस प्रोजेक्ट का एक अन्य उपयोग आई.सी. 555 की टेस्टिंग के लिए भी किया जा सकता है। आई.सी. 555 की टेस्टिंग के लिए इस प्रोजेक्ट की PCB पर 555 आई.सी. का एक बेस सॉकेट लगा लें। जिस 555 आई.सी. को टेस्ट किया जाना हो उसे इस बेस सॉकेट में लगाएं और प्रोजेक्ट को सप्लाई देकर कार्य कराएं और यह देखें कि क्या इसमें लगी LEDs बारी-बारी से ऑन/ऑफ होती हैं या नहीं? यदि LEDs बारी-बारी से ऑन/ऑफ होती हैं तो इससे स्पष्ट होता है कि टेस्ट की जा रही आई.सी. बिल्कुल सही है।

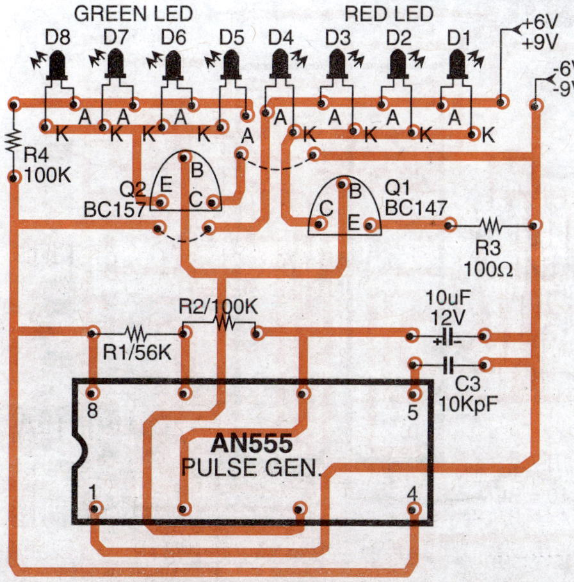

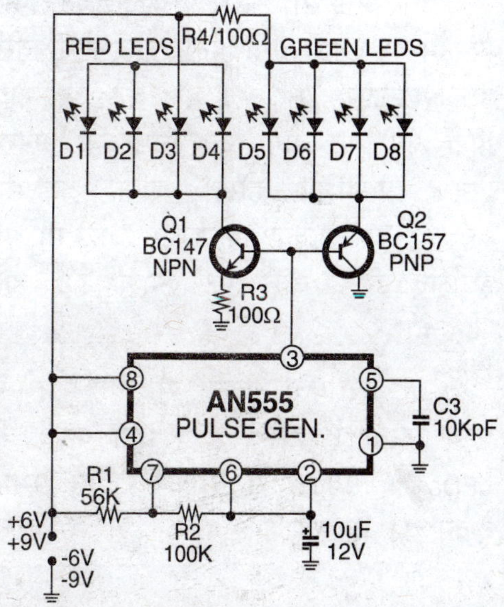

014 द्वि-रंगी डिस्को डिस्प्ले

यह प्रोजेक्ट दो अलग-अलग रंगों लाल रंग तथा हरे रंग का डिस्को डिस्प्ले प्रस्तुत करता है। इस प्रोजेक्ट में मुख्य रुप से एक टाईमर आई.सी. 555 तथा एक डिकेड काऊण्टर आई.सी. 4017 तथा रेड व ग्रीन कलर की LEDs का उपयोग किया गया है।

आई.सी. 555 से बनी टाईमर सर्किट काफी कम फ्रिक्वेन्सी वाली स्क्वेयर वेव का निर्माण करती है। इस कार्य में प्रिसेट VR1 (10K) तथा 22MFd का केपेसीटर महत्वपूर्ण भूमिका निभाते हैं। ये कम्पोनेन्ट्स टाईमिंग कम्पोनेन्ट्स कहलाते हैं जो कि 0.3 सायकल प्रति सेकेण्ड से लेकर 6.5 सायकल प्रति सेकेण्ड तक के टाईमिंग वाले पल्सेस उत्पन्न करते हैं। इन कम्पोनेन्ट्स को 5 पल्स प्रति सेकण्ड जनरेट कर सकने के लिए सेट किया गया होता है। पहली 5 पल्सें ग्रीन LEDs को तथा अगली 5 पल्सें रेड LEDs को प्रकाशित करवाती हैं।

आई.सी. 555 से मिलने वाली कम फ्रिक्वेन्सी वाली स्क्वेयर वेव के आऊटपुट को डिकेड काऊण्टर आई.सी. 4017 की इन्पुट पिन, पिन नं. 14 को दिया गया है। पिन नं. 14 पर दिए गए इन्पुट का आऊटपुट आई.सी. 4017 की आऊटपुट पिनों, क्रमशः पिन नं. 3 (Q0), पिन नं. 2 (Q1), पिन नं. 4 (Q2), पिन नं. 7 (Q3), पिन नं. 10 (Q4), पिन नं. 1 (Q5), पिन नं. 5 (Q6), पिन नं. 6 (Q7), पिन नं. 9 (Q8) तथा पिन नं. 11 (Q9) पर प्राप्त होता है। इन पिनों से मिलने वाले आऊटपुट को दो भागों में बांटा गया है, एक भाग के द्वारा रेड कलर की LEDs को तथा दूसरे भाग के द्वारा ग्रीन कलर की LEDs को ड्राईव कराया गया है। आऊटपुट के दो भागों में से एक भाग पिन नं. 3 (Q0), पिन नं. 2 (Q1), पिन नं. 4 (Q2), पिन नं. 7 (Q3) तथा पिन नं. 10 (Q4) से मिलकर बना है तथा दूसरा भाग पिन नं. 1 (Q5), पिन नं. 5 (Q6), पिन नं. 6 (Q7) और पिन नं. 11 (Q9) से मिलकर बना है।

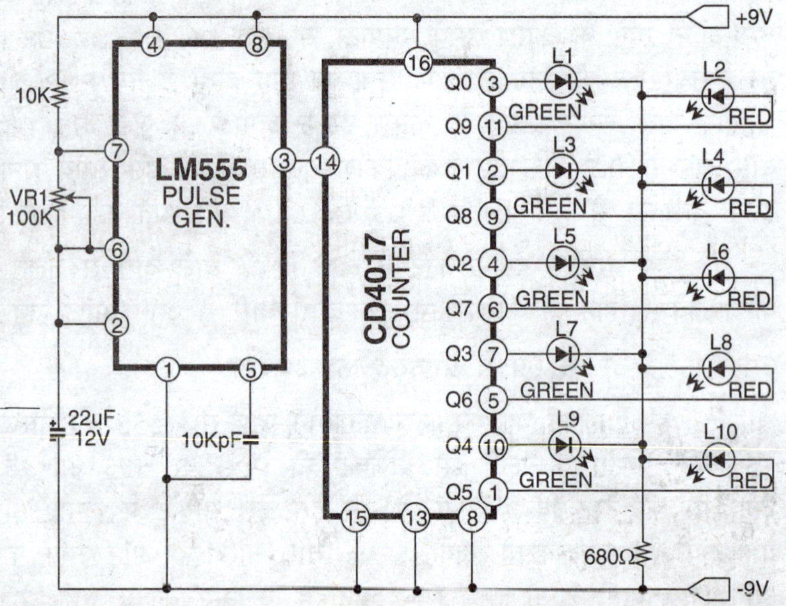

आई.सी. 4017 की इन्पुट पिन, पिन नं. 14 पर जैसी पल्स प्राप्त होगी वैसा ही आऊटपुट इस आई.सी. की आऊटपुट पिनों पर प्राप्त होगा और उसी के अनुरुप LEDs प्रकाशित होंगी। चूंकि आई.सी. 4017 एक डिकेड काऊण्टर आई.सी. है इसलिए इसके आऊटपुट क्रमशः हाई होते जाते हैं।

उपरोक्त प्रकार से यह प्रोजेक्ट कार्य करता है तथा रेड व ग्रीन कलर की LEDs के प्रकाश से आकर्षण भरा प्रभाव देखने को मिलता है।

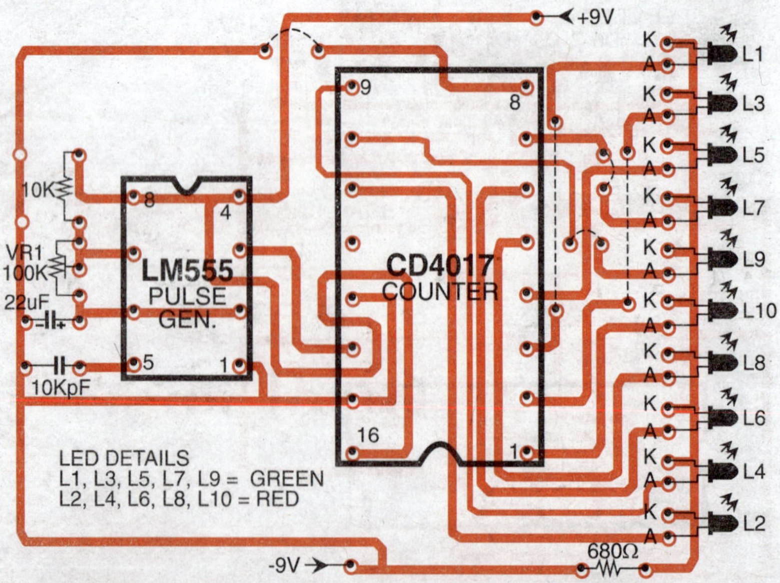

चकाचौंध कर देने वाला डिस्प्ले बोर्ड 015

यह एक काफी लोकप्रिय प्रोजेक्ट है जिसमें कुल 40 LEDs का उपयोग किया गया है। इस प्रोजेक्ट में मुख्य रुप से एक टाईमर आई.सी. 555 तथा एक डिकेड काऊण्टर आई.सी. 4017 तथा 40 LEDs का उपयोग किया गया है। यह प्रोजेक्ट +9V DC सप्लाई से कार्य करता है। यह सप्लाई इसे किसी बैटरी से अथवा 9V के बैटरी एलीमिनेटर से अथवा अन्य किसी 9V DC सप्लाई के स्रोत से दी जा सकती है।

यहां पर आई.सी. 555 का उपयोग एक अस्टेबल मल्टीवाईब्रेटर के रुप में क्लॉक पल्सेस उत्पन्न करने के लिए किया गया है। आई.सी. के द्वारा उत्पन्न की जाने वाली क्लॉक पल्सों को पिन नं. 7 पर लगे प्रिसेट के द्वारा नियंत्रित किया जाता है। आई.सी. के द्वारा उत्पन्न क्लॉक पल्सों का आऊटपुट आई.सी. की पिन नं. 3 पर प्राप्त होता है जो कि सीधे डिकेड काऊण्टर आई.सी. 4017 की इन्पुट पिन, पिन नं. 14 को दिया गया है।

जैसे ही इस प्रोजेक्ट को सप्लाई देकर ऑन किया जाता है वैसे ही डिकेड काऊण्टर आई.सी. 4017 की आऊटपुट पिन Q0 (पिन नं. 3) लो हो जाती है जिससे इस पिन से जुड़ी LEDs प्रकाशित होने लग जाती हैं। इसके बाद आई.सी. 555 की पिन नं. 3 से आई.सी. 4017 को पिन नं. 14 पर जैसे ही पहली क्लॉक पल्स मिलती है वैसे ही आई.सी. 4017 की आऊटपुट पिन Q1 (पिन नं. 2) लो हो जाती है तथा आई.सी. के शेष अन्य आऊटपुट्स हाई रहते हैं। इससे आई.सी. 4017 की पिन नं. 3 से जुड़ी LEDs बुझ जाती हैं एवं पिन नं. 2 से जुड़ी LEDs प्रकाशित होने लग जाती हैं। इसी क्रम में, जब आई.सी. 555 की पिन नं. 3 से आई.सी. 4017 को पिन नं. 14 पर जैसे ही दूसरी क्लॉक पल्स मिलती है वैसे ही आई.सी. 4017 की आऊटपुट पिन Q2 (पिन नं. 4) लो हो जाती है तथा आई.सी. के शेष अन्य आऊटपुट्स हाई रहते हैं। इससे अब तक प्रकाशित हो रही LEDs बुझ जाती हैं तथा पिन नं. 4 से जुड़ी LEDs प्रकाशित होने लग जाती हैं। इस तरह से जैसे-जैसे आई.सी. 555 की पिन नं. 3 से आई.सी. 4017 की पिन नं. 14 पर अगली क्लॉक पल्स आते जाती हैं वैसे-वैसे आई.सी. 4017 एक-एक आऊटपुट पिन क्रम से लो होते जाती हैं तथा उन पिनों से जुड़ी LEDs प्रकाशित होते जाती हैं तथा शेष पिनों की LEDs बुझी हुई रहती हैं।

आई.सी. 4017 की आऊटपुट पिन Q5 (पिन नं. 1) को इसी आई.सी. की रिसेट पिन, पिन नं. 15 से जोड़ा गया है। अतः जब आई.सी. 4017 की आऊटपुट पिन Q4 के हाई हो जाने के बाद अगली क्लॉक पल्स के आने पर पुनः आऊटपुट पिन Q0 हाई होगी तथा यही चक्र बार-बार चलता रहेगा।

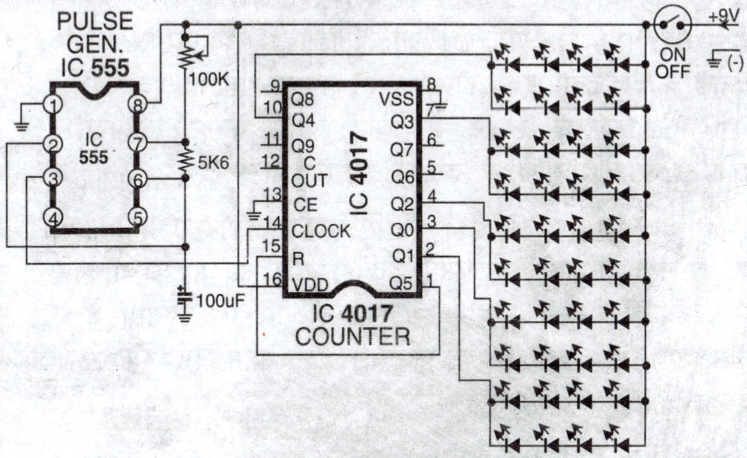

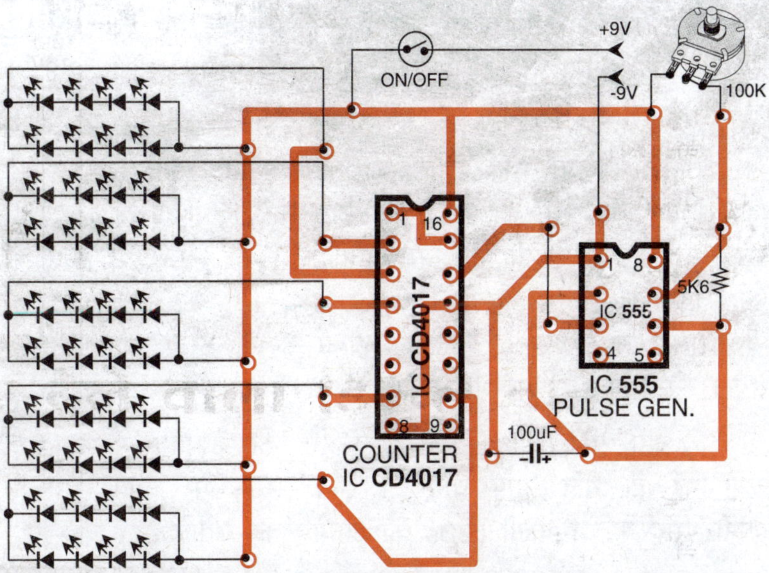

016 सिग्नल की शक्ति का मापन

इस प्रोजेक्ट के द्वारा आप LEDs के प्रकाश से किसी सिग्नल की शक्ति (सिग्नल स्ट्रेन्थ) का मापन कर सकते हैं। इस प्रोजेक्ट में मुख्य रुप से एक डॉट/बार ग्राफ ड्रायवर आई.सी. LM3914 एवं 10 LEDs का उपयोग किया गया है। इस प्रोजेक्ट में खास बात यह है कि इसमें लगी LEDs को किसी करन्ट लिमिटर रजिस्टर के बिना सीधे ही ड्राईव कराया गया है अर्थात् इसमें LEDs को आई.सी. की आऊटपुट पिनों से सीधे ही जोड़ा गया है।

आई.सी. LM3914 का उपयोग बार/ग्राफ मोड में किया गया है। LED की इन्पुट वोल्टेज रेन्ज 0 पर चालू हो जाती है इसलिए LEDs का बार/ग्राफ इण्डीकेशन किसी मूविंग क्वायल मीटर या VL मीटर की तुलना में बेहतर माना जाता है। फुल स्केल वोल्टेज लेवल की जरुरत के मुताबिक इस प्रोजेक्ट में उचित मान के कम्पोनेन्ट्स का उपयोग किया गया है।

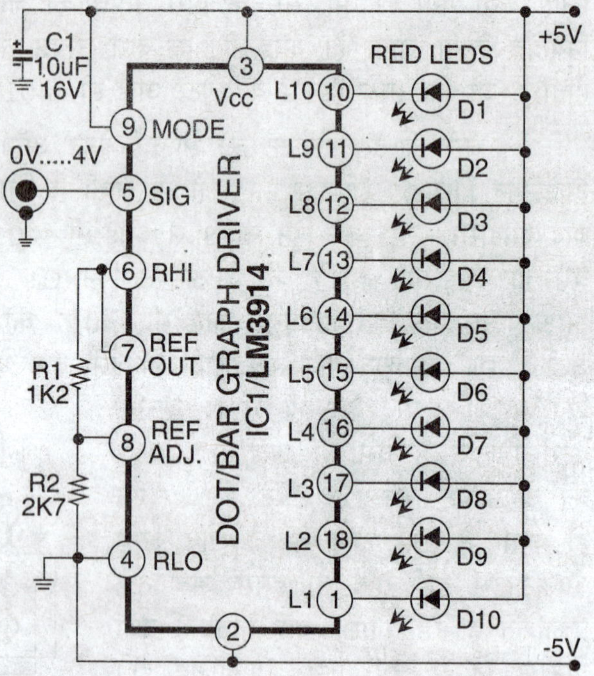

आई.सी. की आऊटपुट पिनों, पिन नं. 1 (L1), पिन नं. 18 (L2), पिन नं. 17 (L3), पिन नं. 16 (L4), पिन नं. 15 (L5), पिन नं. 14 (L6), पिन नं. 13 (L7), पिन नं. 12 (L8), पिन नं. 11 (L9) एवं पिन नं. 10 (L10) से एक-एक LEDs क्रमशः D10, D9, D8, D7, D6, D5, D4, D3, D2 एवं D1 जोड़ी गई हैं। सभी LEDs के एनोड को जोड़कर एक कॉमन एनोड बनाया गया है एवं उसे +5V की सप्लाई लाईन से बिना किसी करन्ट लिमिटर रजिस्टर के द्वारा सीधे ही जोड़ दिया गया है।

आई.सी. LM3914 की रिफ्रेन्स आऊटपुट पिन, पिन नं. 7 तथा रिफ्रेन्स एडजस्टमेन्ट पिन, पिन नं. 8 के बीच फुल स्केल वोल्टेज (1.25V) रिफ्रेन्स के तौर पर उपयोग में लाये गये हैं। यहां पर रजिस्टेंस R1 का मान 1K2, LED करन्ट 10mA के लिए रखा गया है।

यह सर्किट लगभग 5V की सप्लाई पर कार्य करती है जो कि इसे आई.सी. की पिन नं. 3 पर दिए गए हैं। आई.सी. की पिन नं. 2 निगेटिव सप्लाई है जिसे सीधे ग्राऊण्ड से जोड़ा गया है।

जिस सिग्नल की शक्ति का मापन करना होता है वह सिग्नल, आई.सी. LM3914 की पिन नं. 5 पर इन्पुट कराया जाता है एवं इसी के अनुसार आई.सी. की आऊटपुट पिनों, पिन नं. 1, 18, 17, 16, 15, 14, 13, 12, 11 एवं 10 से जुड़ी LEDs प्रकाशित होकर इन्पुट कराए गए सिग्नल की शक्ति को प्रदर्शित करती हैं।

यहां पर सभी LEDs लाल रंग की उपयोग में लायी गई हैं। यदि आप चाहें तो इनके स्थान पर आप अपनी पसंद के रंग वाली LEDs का उपयोग कर सकते हैं।

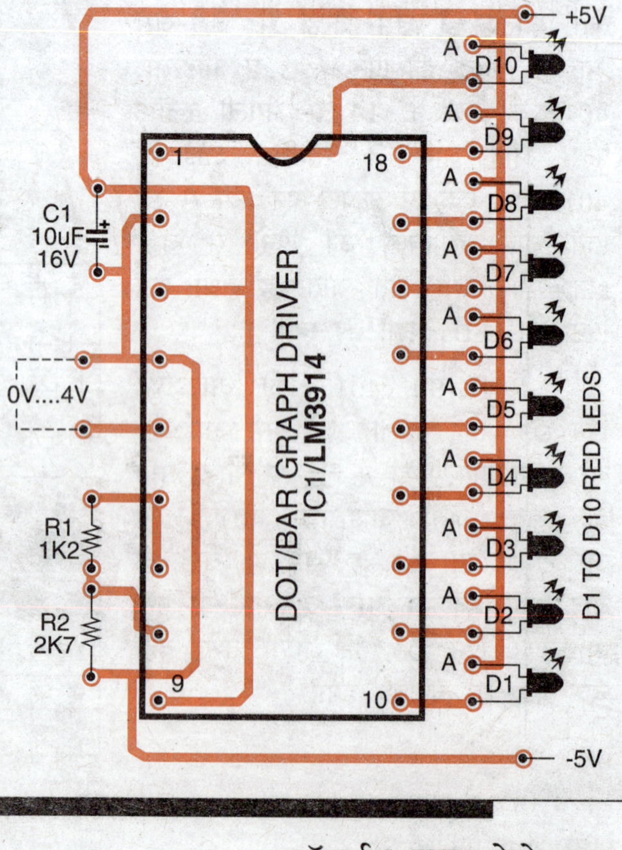

अंधेरा होते ही प्रकाश देने वाला लैम्प 017

यदि आप चाहते हैं कि अन्धेरा होते ही LEDs स्वतः ही प्रकाशित होकर लैम्प के रुप में कार्य करने लगे तब यह प्रोजेक्ट आपके लिए उपयुक्त होगा। किसी नाईट लैम्प के जैसा प्रकाश LEDs से प्राप्त करने के लिए इस प्रोजेक्ट में 8mm की 4 LEDs का उपयोग किया गया है। अन्धेरे की स्थिति को डिटेक्ट करने के लिए इस प्रोजेक्ट में एक फोटो ट्रांजिस्टर लगा है। इसके अलावा इसमें 3 ट्रांजिस्टर्स भी लगे हैं। अंधेरा हो जाने पर इस प्रोजेक्ट में लगी LEDs प्रकाशित होकर नाईट लैम्प के रुप में कार्य करते हुए प्रकाश देने लगती हैं।

उजाले के समय फोटो ट्रांजिस्टर T1 पर पड़ने वाले प्रकाश के कारण फोटो ट्रांजिस्टर कार्य करता है एवं इसके कलेक्टर वोल्टेज लो हो जाते हैं जो कि प्रिसेट P1 एवं R2 के द्वारा ट्रांजिस्टर T2 (BC557) के बेस को दिए गए हैं। इस लो वोल्टेज से ट्रांजिस्टर T2 ऑन हो जाता है एवं इसके अमीटर के सप्लाई वोल्टेज इसके कलेक्टर पर प्राप्त होने लगते हैं जो कि R5 के द्वारा ट्रांजिस्टर T3 (BC547) के बेस को मिलते हैं। इससे ट्रांजिस्टर T3 ऑन हो जाता है एवं इसके कलेक्टर वोल्टेज ड्रॉप हो जाते हैं। चूंकि T3 का कलेक्टर, ट्रांजिस्टर T4 के बेस से सीधे जुड़ा है इसलिए T3 के कलेक्टर वोल्टेज लो होने से T4 के बेस वोल्टेज भी लो होंगे। इसके कारण ट्रांजिस्टर T4 कार्य नहीं करता है और इसके कलेक्टर से जुड़ी LEDs D2, D3, D4, D5 प्रकाशित नहीं होती हैं।

जिस समय अंधेरा छा जाता है उस समय फोटो ट्रांजिस्टर T1 पर कोई प्रकाश नहीं पड़ता है जिससे इसके कलेक्टर पर मिलने वाले वोल्टेज के हाई हो जाने के कारण ट्रांजिस्टर T2 का बेस भी हाई हो जाता है और PNP ट्रांजिस्टर T2 कट-ऑफ हो जाता है। इससे इसके कलेक्टर से ट्रांजिस्टर T3 के बेस को कोई वोल्टेज प्राप्त नहीं होता है जिसके कारण ट्रांजिस्टर T3 भी कट-ऑफ हो जाता है एवं इसके कलेक्टर वोल्टेज हाई हो जाते हैं। ट्रांजिस्टर T3 के कलेक्टर के हाई वोल्टेज ट्रांजिस्टर T4 के बेस पर पहुंच कर उसे ऑन कर देते हैं। ट्रांजिस्टर T4 के ऑन हो जाने से उसमें से करन्ट का प्रवाह होने लग जाता है जिससे इसके कलेक्टर पर जुड़ी LEDs D2, D3, D4, D5 प्रकाशित होने लग जाती हैं।

इस सर्किट में R4 (5M6) पॉजीटिव फीडबैक के लिए प्रयुक्त किया गया है। प्रिसेट P1 को अंधेरे एवं प्रकाश की स्थिति के लिए एडजस्ट किया जाता है ताकि यह प्रोजेक्ट अंधेरा होते ही LEDs को प्रकाशित कर नाईट लैम्प जैसा प्रकाश देने लग जाय। LEDs से उचित तीव्रता का प्रकाश प्राप्त करने के लिए इस प्रिसेट को घुमाकर बायस वोल्टेज का मान कम/ज्यादा कर सकते हैं।

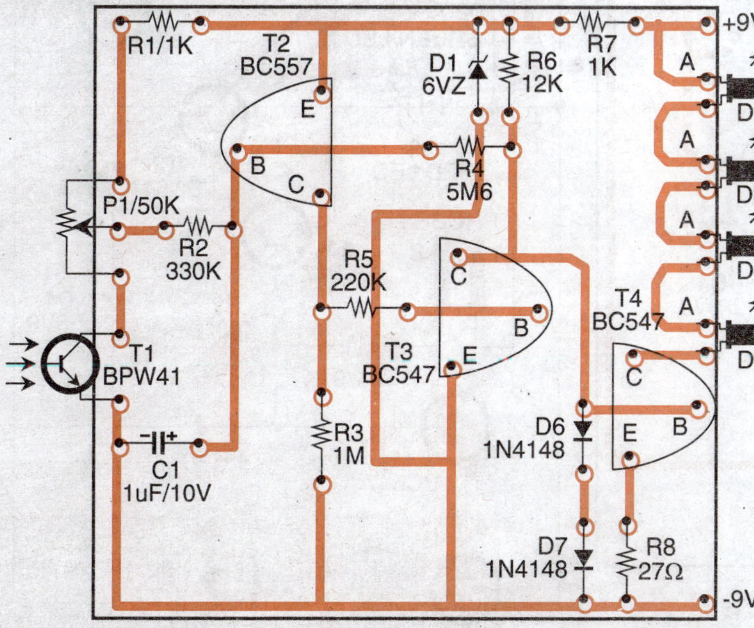

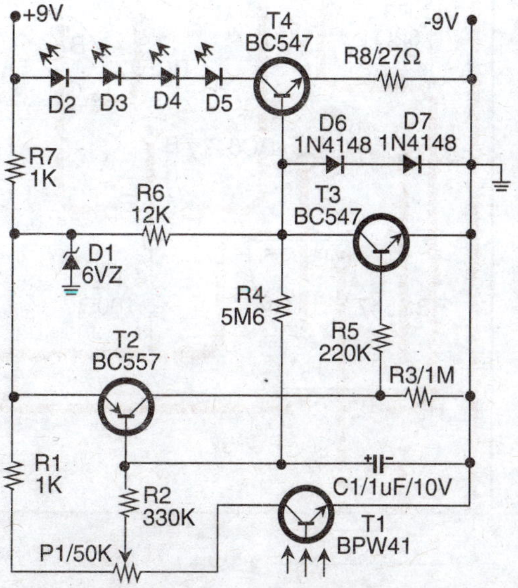

018 डिजिटल टेस्ट प्रॉब

इस प्रोजेक्ट में वर्णित डिजिटल टेस्ट प्रॉब का उपयोग आप डिजिटल गेट्स पर वोल्टेज का मान, फ्यूज, डायोड, बैटरी इत्यादि की जांच करने के लिए कर सकते हैं। इस प्रोजेक्ट में मुख्य रुप से 5 ट्रांजिस्टर्स तथा विभिन्न इण्डीकेशन्स के लिए भिन्न-भिन्न रंगों की LEDs का उपयोग किया गया है।

इस प्रोजेक्ट के द्वारा मेजरमेन्ट के लिए दो प्रॉब्स निकली हुई हैं ; प्रॉब A एवं प्रॉब B । इनमें से प्रॉब A एक रिफ्रेन्स प्रॉब है जिस पर 3V की सप्लाई दी गई है। किसी भी टेस्टिंग के समय जब प्रॉब A एवं प्रॉब B के बीच वोल्टेज का अन्तर 1.9V से 2V जितना होता है तब LED D2 प्रकाशित होती है और जब प्रॉब B पर प्रॉब A की अपेक्षा वोल्टेज का मान 1.4V से कम होता है या समान होता है तो प्रोजेक्ट में लगी LED D3 प्रकाशित होती है। इसी तरह प्रॉब B पर वोल्टेज का मान प्रॉब A की तुलना में यदि 11V या इससे अधिक होगा तो फिर इस प्रोजेक्ट में लगी LED D1 प्रकाशित होगी।

"ट्रांजिस्टर लो-करन्ट पर जिनर डायोड की तरह वोल्टेज को स्थिर रखने का कार्य करता है" इसी बात को ध्यान में रखते हुए इस प्रोजेक्ट में ट्रांजिस्टर T5 (BC547) का उपयोग एक जिनर डायोड के रुप में किया गया है।

इस प्रोजेक्ट के द्वारा आप AC वोल्टेज का मापन भी कर सकते हैं। यदि रजिस्टर R1 का वॉटेज 1/2W है तो इस प्रोजेक्ट के द्वारा आप 200V तक के AC वोल्टेज को माप सकते हैं।

इस प्रोजेक्ट की सर्किट 3V DC सप्लाई से कार्य करती है जिसके लिए बैटरी का उपयोग किया गया है।

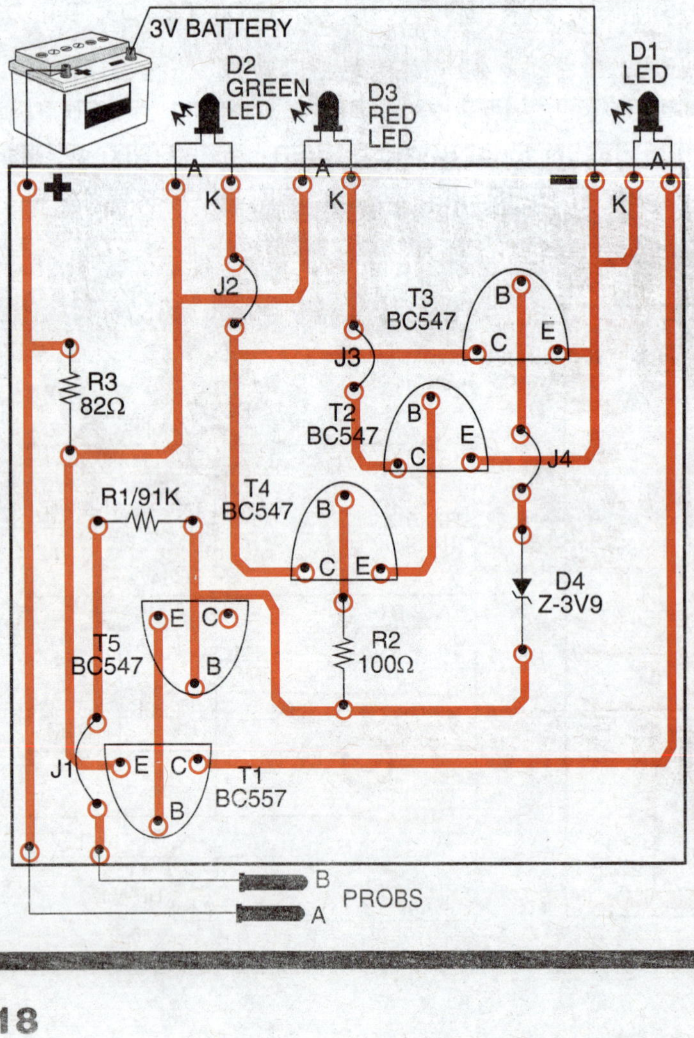

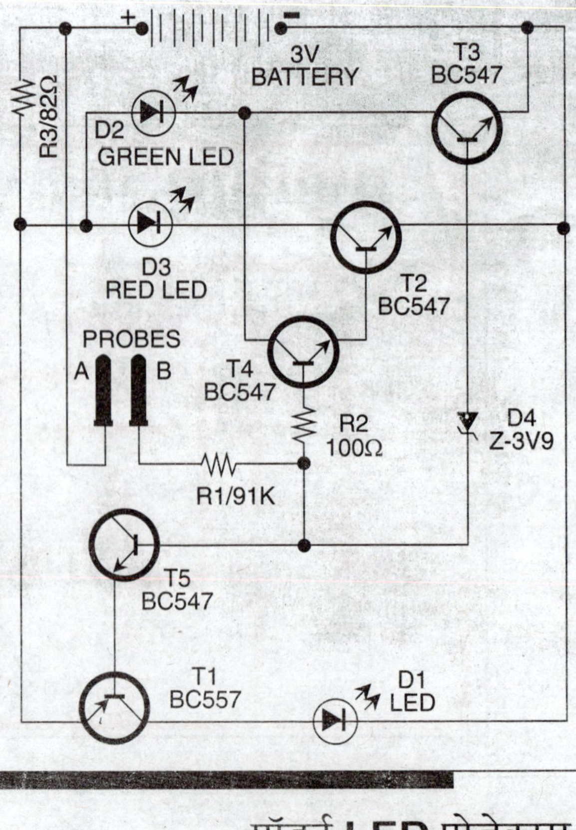

हाई/लो लॉजिक स्टेट प्रदर्शक

019

इस प्रोजेक्ट के द्वारा आप किसी गेट की हाई या लो लॉजिक स्थिति की जांच कर सकते हैं। इस प्रोजेक्ट में मुख्य रुप से एक आई.सी. 7400 तथा 2 LEDs का उपयोग किया गया है। आई.सी. 7400 के भीतर कुल चार NAND गेट्स बने हुए हैं जिनमें से यहां पर केवल तीन का ही उपयोग किया गया है, आई.सी. के चौथे गेट को खाली छोड़ दिया गया है। चित्र में देखने से स्पष्ट होता है कि गेट क्रमांक 3 को यहां पर एक इन्वर्टर के रुप में उपयोग में लाया गया है।

प्रोजेक्ट में लगी LED1 लो लॉजिक स्थिति को सूचित करती है जबकि LED2 हाई लॉजिक स्थिति को सूचित करती है। प्रोजेक्ट्स की प्रॉब्स को किसी आई.सी. के आऊटपुट से लगाकर उस आई.सी. की लो तथा हाई लॉजिक स्थिति को इस प्रोजेक्ट में लगी LEDs के इण्डीकेशन से मालूम किया जा सकता है। इस प्रोजेक्ट में दोनों LEDs बिना किसी करन्ट लिमिटर रजिस्टर के सीधे ही ग्राऊण्ड से जोड़ी गयी है क्योंकि प्रत्येक गेट के साथ एक 130E का रजिस्टर आई.सी. के आन्तरिक रुप से जुड़ा हुआ है।

जांच करने हेतु जब टेस्टिंग प्रॉब को किसी टेस्ट प्वाईन्ट से लगाया जाता है तब टेस्टिंग प्रॉब से मिलने वाला सिग्नल R1 के द्वारा गेट क्रमांक 3 की इन्पुट पिनों 12-13 को तथा गेट क्रमांक 1 की इन्पुट पिन, पिन नं. 10 को मिलता है। यह गेट क्रमांक 3 इन सिग्नलों को इन्वर्ट कर अपनी आऊटपुट पिन, पिन नं. 11 से गेट क्रमांक 2 की इन्पुट पिन, पिन नं. 5 को देता है। गेट क्रमांक 2 की आऊटपुट पिन, पिन नं. 6 से LED2 तथा गेट क्रमांक 1 की आऊटपुट पिन, पिन नं. 3 से LED1 जुड़ी है।

टेस्ट की जा रही डिवाईस यदि लो लॉजिक स्थिति में होती है तब टेस्टिंग प्रॉब से लो लेवल का सिग्नल R1 के द्वारा गेट-1 की इन्पुट पिन, पिन नं. 10 को प्राप्त होता है जिससे यह गेट अपनी आऊटपुट पिन, पिन नं. 3 पर हाई आऊटपुट प्रदान करता है जिसके परिणामस्वरुप LED1 प्रकाशित होकर टेस्ट की जा रही डिवाईस के लो लॉजिक स्थिति पर होने को सूचित करती है।

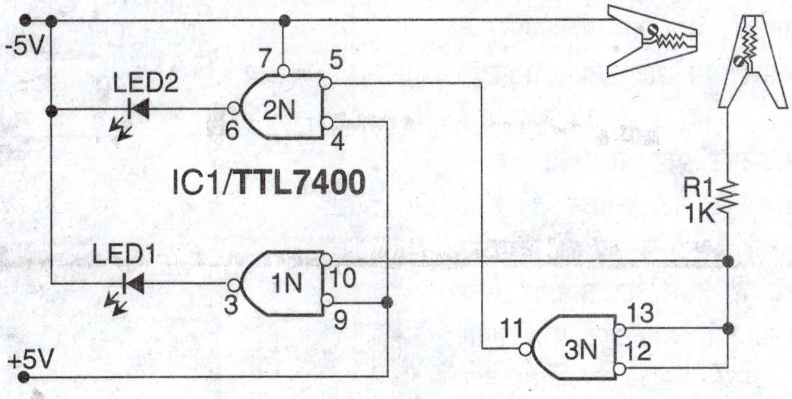

उपरोक्त प्रकार से ही, टेस्ट की जा रही डिवाईस यदि हाई लॉजिक स्थिति में होती है तब टेस्टिंग प्रॉब से हाई लेवल का सिग्नल R1 के द्वारा गेट क्रमांक 3 की इन्पुट पिन, पिन नं. 12-13 को प्राप्त होता है जिसे यह इन्वर्ट कर अपनी आऊटपुट पिन, पिन नं. 11 पर इन्वर्टेड आऊटपुट (अर्थात् लो आऊटपुट) प्रदान करता है। पिन नं. 11 से यह इन्वर्टेड आऊटपुट (लो आऊटपुट) गेट क्रमांक 2 की इन्पुट पिन, पिन नं. 5 को प्राप्त होता है जिससे यह गेट अपनी आऊटपुट पिन, पिन नं. 6 पर हाई आऊटपुट प्रदान करता है जिसके परिणामस्वरुप LED2 प्रकाशित होकर टेस्ट की जा रही डिवाईस के हाई लॉजिक स्थिति पर होने को सूचित करती है।

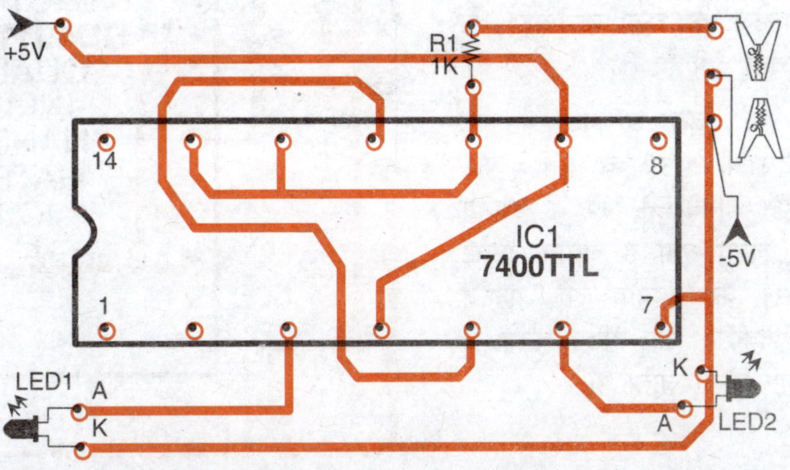

020 अन्डर-वोल्टेज इण्डीकेटर

इस प्रोजेक्ट के माध्यम से किसी डिवाईस के लो वोल्टेज को LED के द्वारा इण्डीकेट किया जाता है। यह प्रोजेक्ट में आई.सी. CD4011AE का उपयोग किया गया है। इस आई.सी. के अन्दर 4 NAND गेट्स बने हुए हैं। प्रत्येक गेट की 2 इन्पुट पिनें तथा 1 आऊटपुट पिन है। यहां पर गेट क्रमांक 1 तथा गेट क्रमांक 2 एक शिमिट ट्रिगर हैं।

जिस वोल्टेज की जांच की जा रही होती है उसे मॉनीटरिंग वोल्टेज कहा जाता है। मॉनीटरिंग वोल्टेज एक प्रिसेट VR1 एवं एक 2M2 के रजिस्टर के द्वारा गेट क्रमांक 1 की इन्पुट पिनों, पिन नं. 1 व 2 को दिए गए हैं। गेट क्रमांक 1 की आऊटपुट पिन, पिन नं. 3 को गेट क्रमांक 2 की इन्पुट पिन, पिन नं. 5-6 से तथा गेट क्रमांक 3 की इन्पुट पिनों, पिन नं. 12-13 से तथा गेट क्रमांक 4 की इन्पुट पिन, पिन नं. 8-9 से सीधे जोड़ा गया है। गेट क्रमांक 3 की आऊटपुट पिन, पिन नं. 11 तथा गेट क्रमांक 4 की आऊटपुट पिन, पिन नं. 10 को आपस में जोड़कर इसके साथ 1K के एक रजिस्टर के साथ एक LED को कनेक्ट किया गया है।

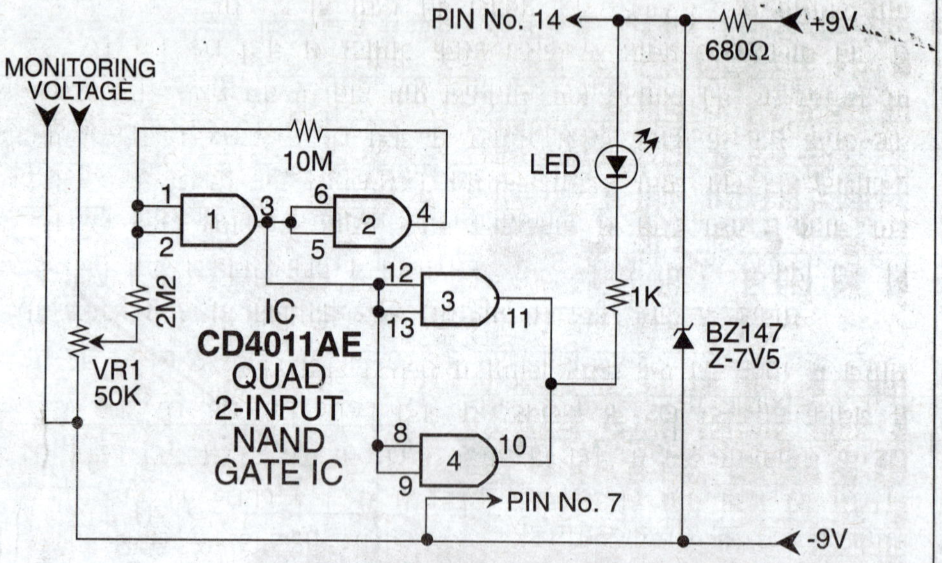

जब मॉनीटरिंग किए जाने वाले वोल्टेज कम हो जाते हैं तो गेट क्रमांक 1 के इन्पुट वोल्टेज भी लो हो जाते हैं जिससे इस गेट की आऊटपुट पिन, पिन नं. 3 पर हाई आऊटपुट प्राप्त होता है। यह आऊटपुट गेट क्रमांक 3 व 4 को इन्पुट के रुप में दिया गया है। इससे गेट क्रमांक 3 व 4 से जो आऊटपुट प्राप्त होता है उससे LED प्रकाशित होने लगती है और मॉनीटरिंग वोल्टेज के कम हो जाने की सूचना देती है।

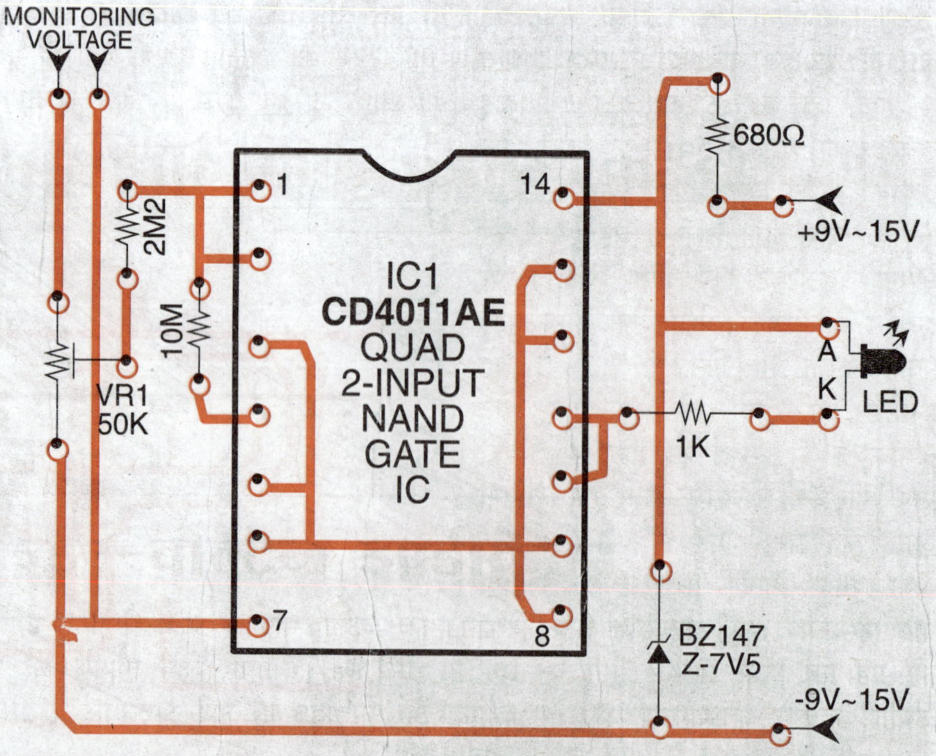

इस प्रोजेक्ट में गेट क्रमांक 3 व 4 को बफर/ड्रायवर के रुप में उपयोग में लाया गया है जबकि प्रिसेट VR1 का उपयोग लो वोल्टेज इण्डीकेशन की सेटिंग करने के लिए किया जाता है।

ओवर-वोल्टेज इण्डीकेटर

021

इस प्रोजेक्ट के माध्यम से किसी डिवाईस के ओवर वोल्टेज को LED के द्वारा इण्डीकेट किया जाता है। इस प्रोजेक्ट में आई.सी. CD4011 का उपयोग किया गया है। इस आई.सी. के अन्दर 4 NAND गेट्स बने हुए हैं। प्रत्येक गेट की 2 इन्पुट पिनें तथा 1 आऊटपुट पिन है। यहां पर गेट क्रमांक 1 तथा गेट क्रमांक 2 एक शिमिट ट्रिगर हैं।

जिस वोल्टेज की जांच की जा रही होती है उसे मॉनीटरिंग वोल्टेज कहा जाता है। मॉनीटरिंग वोल्टेज एक प्रिसेट VR1 एवं एक 2M2 के रजिस्टर के द्वारा गेट क्रमांक 1 की इन्पुट पिनों, पिन नं. 1 व 2 को दिए गए हैं। गेट क्रमांक 1 की आऊटपुट पिन, पिन नं. 3 को गेट क्रमांक 2 की इन्पुट पिन, पिन नं. 5-6 से सीधे जोड़ा गया है। गेट क्रमांक 2 की आऊटपुट पिन, पिन नं. 4 को गेट क्रमांक 3 की इन्पुट पिन, पिन नं. 8-9 से तथा गेट क्रमांक 4 की इन्पुट पिन, पिन नं. 12-13 से सीधे जोड़ा गया है। गेट क्रमांक 3 की आऊटपुट पिन, पिन नं. 10 तथा गेट क्रमांक 4 की आऊटपुट पिन, पिन नं. 11 को आपस में जोड़कर इसके साथ 1K के एक रजिस्टर के साथ एक LED को कनेक्ट किया गया है।

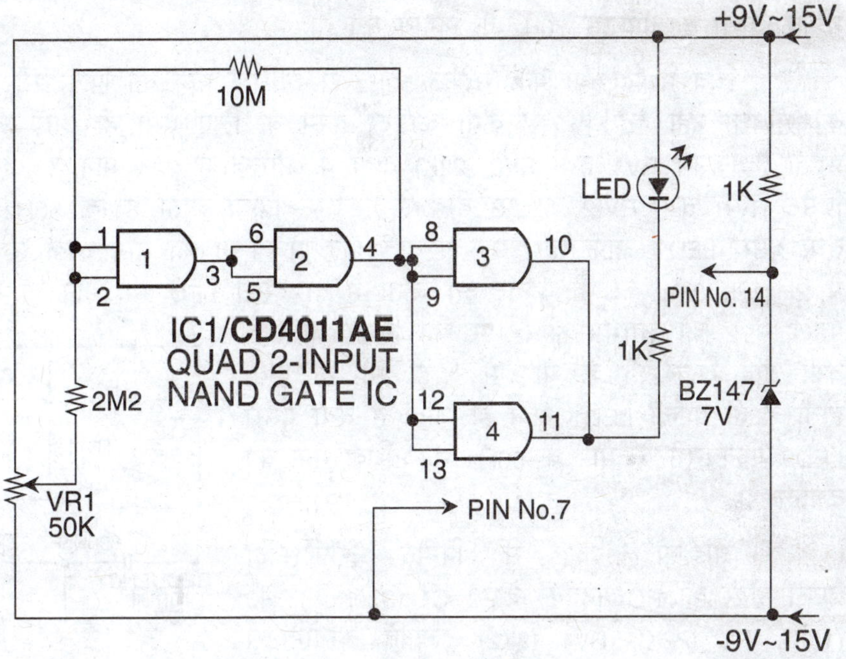

जब मॉनीटरिंग किए जाने वाले वोल्टेज बढ़ जाते हैं तो गेट क्रमांक 1 के इन्पुट वोल्टेज भी बढ़ जाते हैं जिससे इस गेट की आऊटपुट पिन, पिन नं. 3 पर लो आऊटपुट प्राप्त होता है। यह आऊटपुट गेट क्रमांक 2 को इन्पुट के रुप में दिया गया है। इससे गेट क्रमांक 2 से पिन नं. 4 पर हाई आऊटपुट प्राप्त होता है जो कि गेट क्रमांक 3 की इन्पुट पिनों (पिन नं. 8-9) तथा गेट क्रमांक 4 की इन्पुट पिनों (पिन नं. 12 एवं 13) को मिलता है। इससे गेट क्रमांक 3 व 4 से जो आऊटपुट प्राप्त होता है उससे LED प्रकाशित होने लगती है और मॉनीटरिंग वोल्टेज के बढ़ जाने की सूचना देती है।

इस प्रोजेक्ट में गेट क्रमांक 3 व 4 को बफर/ड्रायवर के रुप में उपयोग में लाया गया है जबकि प्रिसेट VR1 का उपयोग हाई वोल्टेज इण्डीकेशन की सेटिंग करने के लिए किया जाता है।

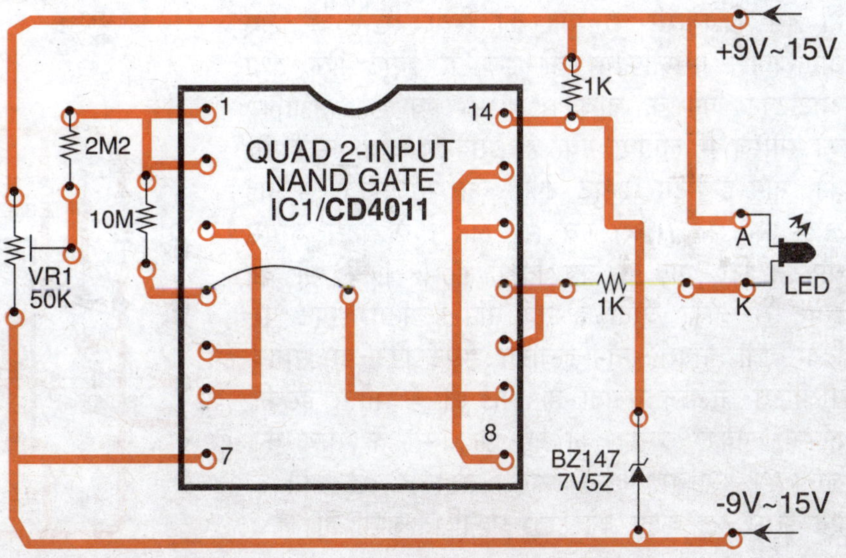

022 फ्रिक्वेन्सी इण्डीकेटर

इस प्रोजेक्ट का उपयोग किसी फ्रिक्वेन्सी-विशेष को इण्डीकेट कराने के लिए कर सकते हैं। इसमें एक ऑपरेशनल एम्प्लीफायर आई.सी. 741 का उपयोग एक ऑसीलेटर के रुप में किया गया है। इस आई.सी. के दो इन्पुट्स में से एक इन्पुट पर सलेक्ट तथा केलकुलेटेड RC नेटवर्क लगाकर एक फ्रिक्वेन्सी निर्मित की जाती है। आई.सी. के दुसरे इन्पुट पर VR1 तथा इससे संबंधित कम्पोनेन्ट्स के द्वारा पहले इन्पुट के जैसे ही बायस वोल्टेज रखे जाते हैं। जब तक दोनों इन्पुट्स बराबर रहेगें तब तक आई.सी. से निकलने वाले आऊटपुट के कारण LED प्रकाशित नहीं होगी।

जिस समय आई.सी. के रिफ्रेन्स इन्पुट पर 50Hz की फ्रिक्वेन्सी आएगी जो कि वहीं पर जनरेट होने वाली फ्रिक्वेन्सी के समतुल्य होती है तो इसके कारण रिफ्रेन्स इन्पुट पर बायस का मान बढ़ने लग जाएगा। इससे आई.सी. के दोनों इन्पुट्स असंतुलित हो जाएगें जिसके कारण आई.सी. के आऊटपुट वोल्टेज सप्लाई वोल्टेज के आधे वोल्टेज से भी अधिक हो जाएगें और इससे LED प्रकाशित होने लग जाएगी। LED लगभग 50Hz के मान पर प्रकाशित होती है। 50Hz से कम मान पर LED प्रकाशित नहीं होती है। यह हमें यह सूचित करता है कि इस विभाग में फ्रिक्वेन्सी कम्पोनेन्ट्स 50Hz के लगाये गये हैं।

चित्र में दिखाया गया सर्किट 50Hz से अधिक मान की फ्रिक्वेन्सी के निश्चित मान को प्रदर्शित कर सकने की सुविधा नहीं देता है। इस कमी को दूर करने के लिए ऐसा ही और ऑपरेशनल एम्प्लीफायर उपयोग में लाना पड़ता है जिसमें RV1 तथा RV2 (22K) दोनों के सीरिज में 22K मान का एक फिक्स रजिस्टर लगाते हैं। इसके बाद प्रिसेट RV-1 तथा RV-2 को इस तरह से एडजस्ट किया जाता है कि 50Hz फ्रिक्वेन्सी के मान पर LED1 ऑन हो तथा दूसरी LED2 ऑफ रहे। इसके पश्चात् यदि फ्रिक्वेन्सी का मान थोड़ा सा भी बढ़ता है अर्थात् फ्रिक्वेन्सी के मान में 2Hz या 3Hz का भी अन्तर आ जाता है तो दुसरी LED भी ऑन हो जाती है। इस प्रकार की सेटिंग के लिए पहले RV2 को लगभग 53Hz पर सेट किया जाता है तथा यदि फ्रिक्वेन्सी के मान में थोड़ी सी भी कमी होती है तो पहली LED1 ऑन हो जाती है तथा दुसरी LED2 फ्रिक्वेन्सी के मान के 50Hz से अधिक मान को दर्शाती है।

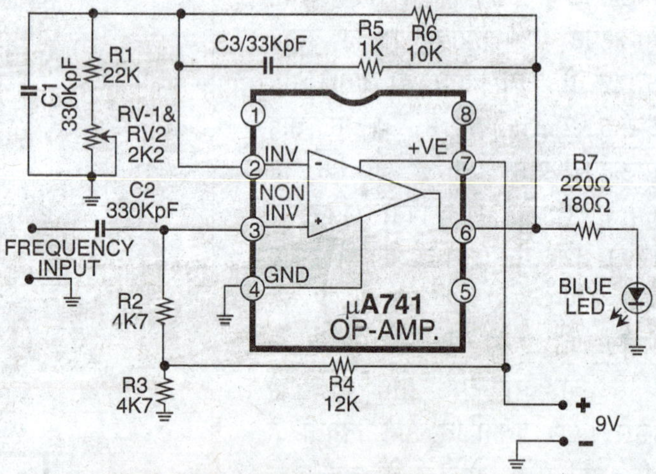

आई.सी. 741 से निर्मित ऑपरेशनल एम्प्लीफायर का RC नेटवर्क जिसमें C1 (330KpF), R6 (10K), R1 (22K), RV1 (2K2) इत्यादि कम्पोनेन्ट्स शामिल हैं, लगभग 50Hz की फ्रिक्वेन्सी जनरेट करता है। इस फ्रिक्वेन्सी के मान को स्थिर रखने के लिए ऑपरेशनल एम्प्लीफायर की इन्वर्टिंग इन्पुट पिन तथा आऊटपुट पिन के बीच R5 (1K) एवं C3 (33KpF) को सीरिज में लगाया गया है। इसके अलावा आई.सी. की नॉन-इन्वर्टिंग इन्पुट पिन को पॉजीटिव सप्लाई लाईन से R4 (12K) एवं R2 (4K7) के द्वारा बायस वोल्टेज दिए गए हैं। जब किसी 50Hz फ्रिक्वेन्सी को इन्पुट से जोड़ा जाता है तब नॉन-इन्वर्टिंग इन्पुट पर दिया गया बायस, नॉन-इन्वर्टिंग इन्पुट पिन पर समान पॉजीटिव वोल्टेज बनाता है। आई.सी के भीतर इसकी तुलना लोकल जनरेट की गई फ्रिक्वेन्सी के साथ की जाती है। इस तरह दोनों इन्पुट्स संतुलित रखे जाते हैं एवं इससे ब्लू कलर की LED प्रकाशित होती है।

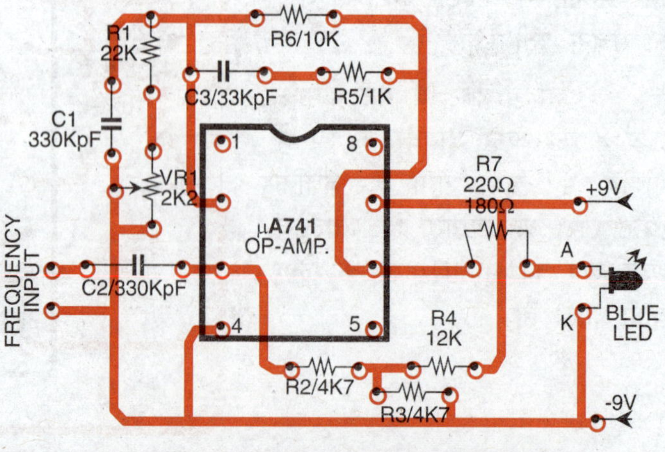

म्यूट एक्शन LED इण्डीकेटर

023

इस प्रोजेक्ट में लगी फिंगर टच प्लेट को छुने पर यह प्रोजेक्ट म्यूट एक्शन का कार्य करता है जिसे प्रदर्शित करने के लिए इस प्रोजेक्ट में एक LED लगायी गयी है। इस प्रोजेक्ट में मुख्य रुप से एक बहु-प्रचलित आई.सी. 555 का उपयोग किया गया है। ऑन/ऑफ के कार्य के लिए इस प्रोजेक्ट में औपचारिक स्विच का उपयोग किया जा सकता है। इस इलेक्ट्रॉनिक स्विच टच प्लेट पर ऊंगली से स्पर्श किए जाने पर वह प्रत्येक बार ऑन/ऑफ हो सकता है क्योंकि आई.सी. में एक फ्लिप-फ्लॉप होता है जो कि लैच का कार्य करता है एवं इसके द्वारा लगातार ऑन या ऑफ का कार्य करवाया जा सकता है।

यद्धपि मेकेनिकल स्विच में स्विचिंग की उपरोक्त क्रिया एक सामान्य क्रिया होती है एवं इलेक्ट्रॉनिक स्विचिंग भी मेकेनिकल स्विचिंग की तरह ही होती है लेकिन इलेक्ट्रॉनिक स्विचिंग में मेकेनिकल स्विचिंग की तरह कोई बाऊन्सिंग इफेक्ट नहीं होता है।

चित्र में दिखाई गई सर्किट को LED के लिए बनाया गया है परन्तु लोड को सही रुप से कन्ट्रोल करने के लिए इसे ट्रांजिस्टर से भी बनाया जा सकता है।

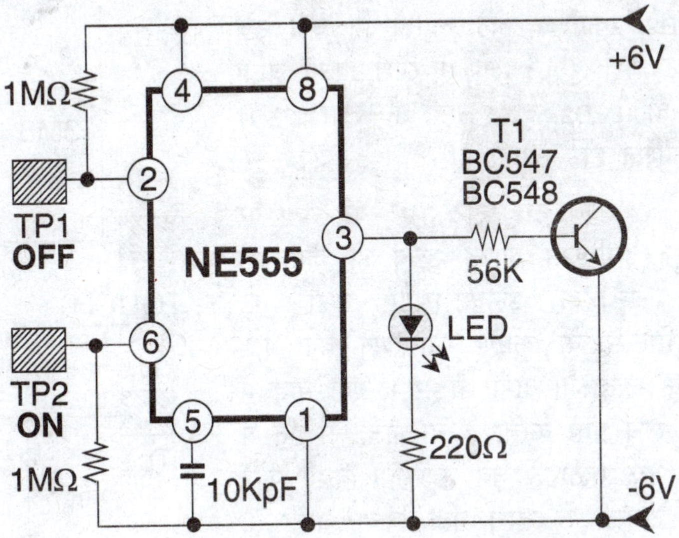

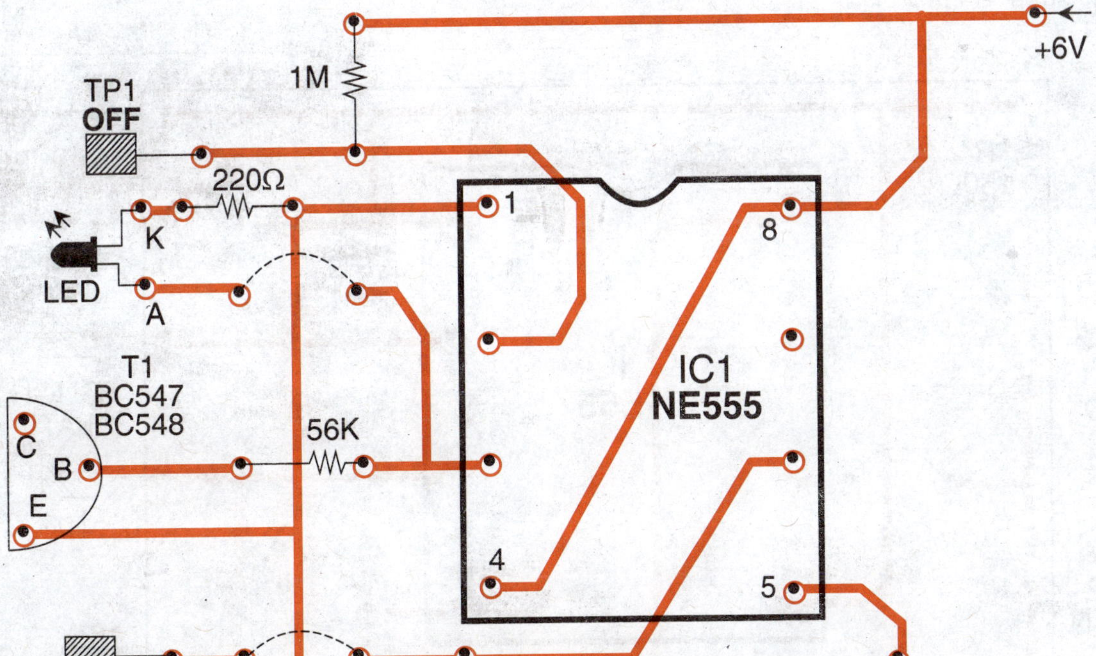

024 बाय-स्टेबल मोड LED इण्डीकेटर्स

इस प्रोजेक्ट में लगी टच प्लेट्स पर ऊंगली से स्पर्श कर LED1 तथा LED2 को प्रकाशित करवाया जा सकता है। इस प्रोजेक्ट में मुख्य रुप से एक बहु-प्रचलित आई.सी. 555 एवं दो LEDs का उपयोग किया गया है। ऊंगली से स्पर्श करने हेतु दो फिंगर टच प्लेट TP1 एवं TP2 दी गई हैं।

जब टच प्लेट TP2 पर ऊंगली से स्पर्श किया जाता है अर्थात् इसे ऑन किया जाता है तब आई.सी. 555 की आऊटपुट पिन, पिन नं. 3 पर हाई लेवल का आऊटपुट मिलता है जिससे LED2 प्रकाशित होने लगती है। जब टच प्लेट TP1 पर ऊंगली से स्पर्श किया जाता है तो LED2 बुझ जाती है तथा LED1 प्रकाशित होने लगती है।

जब टच प्लेट TP1 या TP2 पर इन्पुट इम्पीडेन्स काफी उच्च हो जाता है तब स्टेटिक इलेक्ट्रीसिटी तथा स्ट्रे केपेसिटेन्स के कारण ऑपरेशन का मोड बदल जाता है। दोनों मोड्स में एक मोड में गेट लैच प्राप्त करता है या लैच्ड स्थिति में तब तक रहता है जब तक कि किसी प्लेट को ऊंगली से स्पर्श नहीं किया जाता है। लॉजिक गेट्स के फंक्शन को LED अपने प्रकाश के रुप में इण्डीकेट करती है।

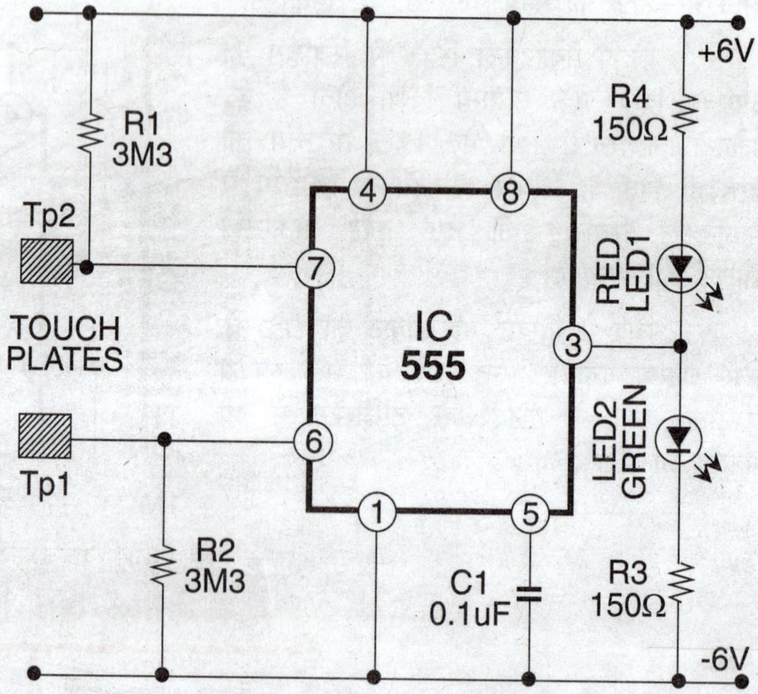

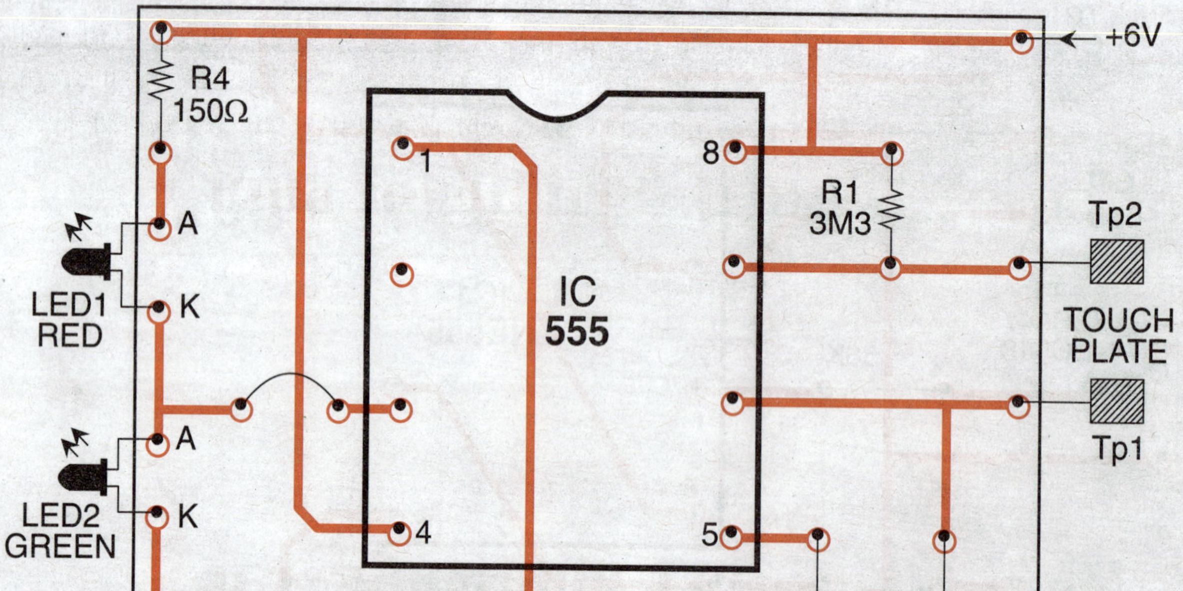

टच प्लेट वाली इलेक्ट्रॉनिक गोटी

025

इस प्रोजेक्ट में एक डिकेड काऊण्टर आई.सी. 4017 का उपयोग किया गया है। इस आई.सी. की पिन नं. 14 क्लॉक इन्पुट पिन है जिस पर एक टच प्लेट को जोड़ा गया है। जैसे ही इस टच प्लेट पर ऊंगली से स्पर्श किया जाता है वैसे ही आई.सी. 4017 की आऊटपुट पिनों पर लगी LEDs प्रकाशित होकर भागती हुई सी दिखाई देती है। इसके बाद जैसे ही टच प्लेट से ऊंगली को हटा लिया जाता है वैसे ही केवल एक LED प्रकाशित रहती है एवं शेष सभी LEDs बुझ जाती हैं।

यहां पर प्रयुक्त कुल 6 LEDs को 1 से 6 संख्या लिखी हुई किसी प्लेट से लगाकर किसी एक संख्या का प्रदर्शित किया जा सकता है। चूंकि प्रदर्शित होने वाली संख्या अज्ञात होती है इसलिए यही इस प्रोजेक्ट की विश्वसनीयता है।

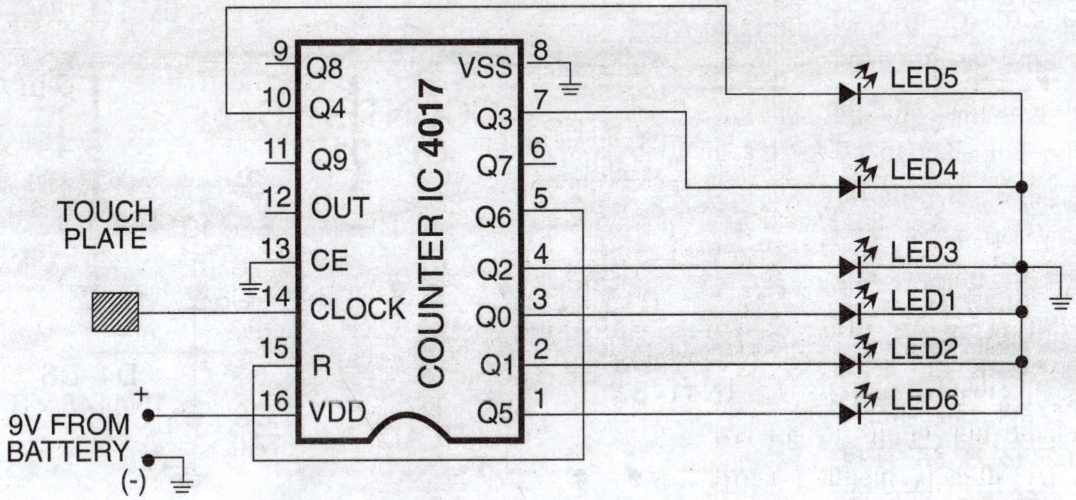

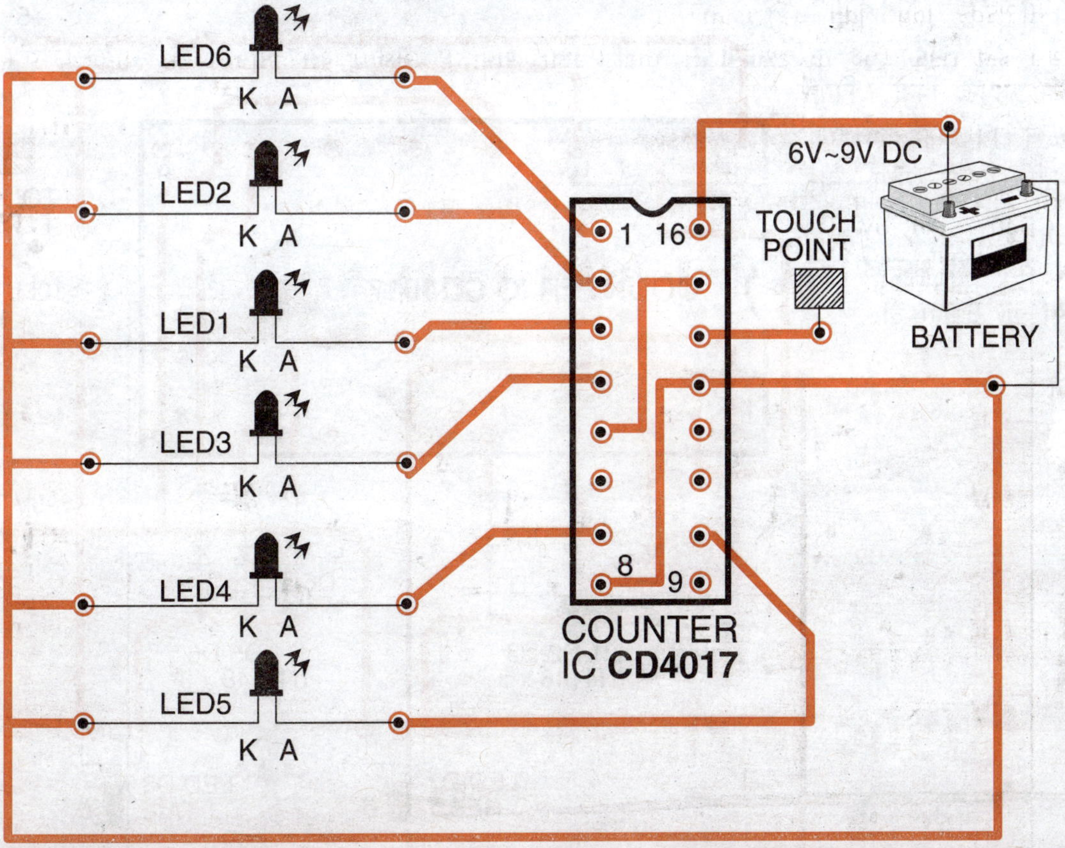

026 हैड एवं टैल इण्डीकेटर

चित्र में दिखाए अनुसार इस प्रोजेक्ट में एक CMOS डिकेड काऊण्टर आई.सी. CD4017 का उपयोग किया गया है। यद्धपि इस आई.सी. में 10 केसकेड आऊटपुट्स हैं परन्तु यहां पर केवल 6 आऊटपुट्स का ही उपयोग किया गया है। इस आई.सी. के 6 आऊटपुट्स (पिन नं. 3, 2, 4, 1, 10, 7) में से 3-3 आऊटपुट्स को कम्बाईन कर कुल 2 आऊटपुट्स बनाए गए हैं जिनसे एक-एक LED इण्डीकेशन के लिए लगी है। पिन नं. 3, 2 व 4 से एक-एक डायोड क्रमशः D1, D2 D3 लगाकर इनके कैथोड्स को जोड़कर एक आऊटपुट बनाया गया है जिससे हैड को सूचित करने वाली LED D7 जुड़ी है। इसी प्रकार पिन नं. 7, 10 व 1 से एक-एक डायोड क्रमशः D4, D5 व D6 लगाकर इनके कैथोड्स को जोड़कर दूसरा आऊटपुट बनाया गया है जिससे टैल को सूचित करने वाली LED D8 जुड़ी है।

आई.सी. CD4017 की एक अन्य आऊटपुट पिन, पिन नं. 5 को इसी आई.सी. की रिसेट पिन, पिन नं. 15 से सीधे जोड़ा गया है। आई.सी. की पिन नं. 14 क्लॉक इन्पुट पिन है जिस पर एक टच प्लेट को जोड़ा गया है। इस टच प्लेट पर ऊंगली रखते ही क्लॉक पल्स जनरेट होने लग जाती है जिसके आऊटपुट से हैड अथवा टैल LED प्रकाशित होने लग जाती है।

आऊटपुट पिनों, पिन नं. 6, 9 व 11 का यहां पर उपयोग नहीं किया गया है। आई.सी. CD4017 को 5V से लेकर 15V तक की सप्लाई पर कार्य कराया जा सकता है।

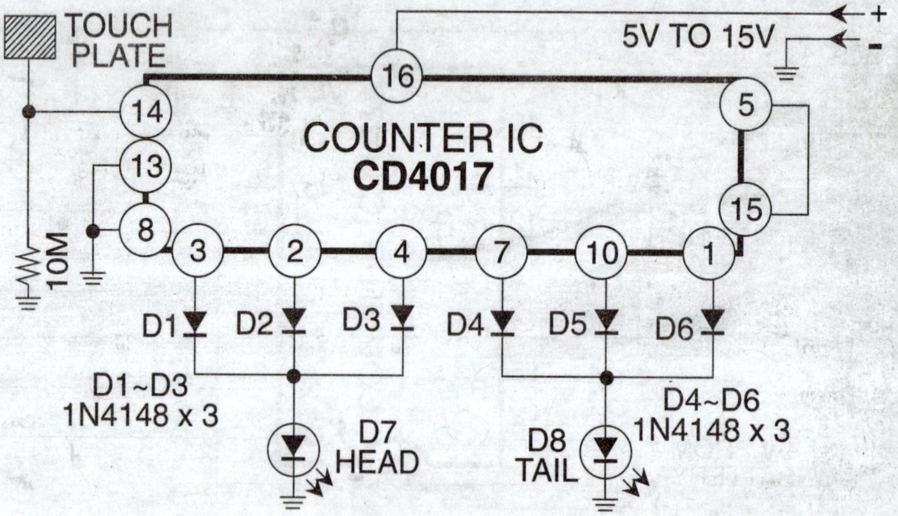

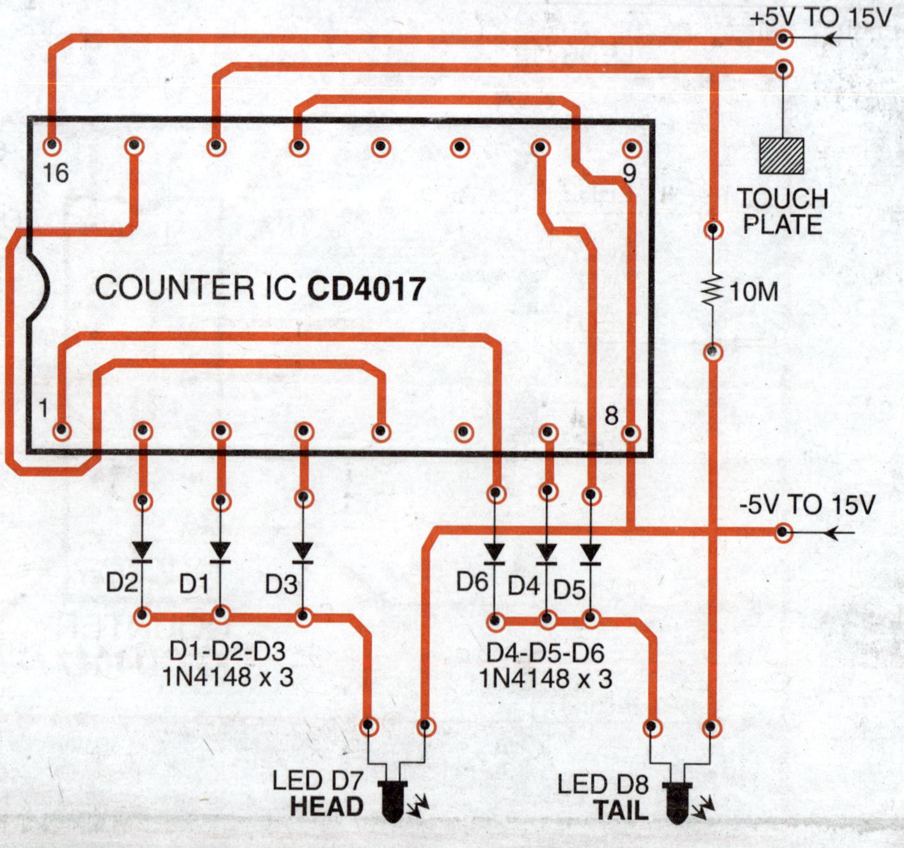

डबल कलर डिस्प्ले

027

इस प्रोजेक्ट में एक LED D1 का उपयोग किया गया है जो कि रेड LED एवं ग्रीन LED का कार्य संयुक्त रुप से करती है। इस तरह की LED को Bi-Coloured LED कहा जाता है। इसके अलावा इस प्रोजेक्ट में एक ऑपरेशनल एम्प्लीफायर आई.सी. TLC272 का उपयोग किया गया है।

इस सर्किट में जब ऑपरेशनल एम्प्लीफायर के इन्पुट वोल्टेज 0V से लेकर 12V के बीच बदले जाते हैं तो ऑपरेशनल एम्प्लीफायर का कार्य प्रभावित होता है जिसके कारण Bi-Coloured LED D1 पहले ग्रीन रंग में प्रकाशित होती है और फिर धीरे-धीरे इसका प्रकाश नारंगी रंग से पीले रंग में बदलता जाता है तथा अन्त में इसका प्रकाश लाल रंग का हो जाता है।

LED के प्रकाश में ग्रीन से रेड कलर के बीच विभिन्न रंगों में होने वाला बदलाव यहां पर लगी ऑपरेशनल एम्प्लीफायर आई.सी. के आऊटपुट में होने वाले बदलाव के कारण होता है। ऑपरेशल एम्प्लीफायर आई.सी. की दो आऊटपुट पिनों, पिन नं. 1 व पिन नं. 7 को 470E के एक-एक रजिस्टर के द्वारा LED D1 के दोनों एनोड्स से जोड़ा गया है। सर्किट डायग्राम में प्रदर्शित दो एम्प्लीफायरों में से एम्प्लीफायर IC1A की एम्प्लीफिकेशन की क्षमता दुगुनी होती है। इसी वजह से इन्पुट पर 0.5V प्राप्त हो जाने पर भी रेड LED प्रकाशित हो जाती है।

जिस समय इन्पुट वोल्टेज का मान, सप्लाई वोल्टेज के आधे से कुछ अधिक हो जाता है तब LED अधिकतम चमक के साथ प्रकाशित होने लगती है। Bi-Coloured LED D1 के इन्पुट पर ऑपरेशनल एम्प्लीफायर की आऊटपुट पिनों से मिलने वाले वोल्टेज में बदलाव से ही यह LED भिन्न-भिन्न रंगों के प्रकाश में प्रकाशित होती है। ऑपरेशनल एम्प्लीफायर के इन्पुट पर वोल्टेज में बदलाव लाने के लिए आप किसी सरल प्रकार के टाईमर का इस्तेमाल कर सकते हैं जबकि इन्पुट वोल्टेज में मेन्युअली बदलाव लाकर आप अपनी इच्छानुसार LED के कलर तथा चमक में बदलाव ला सकते हैं।

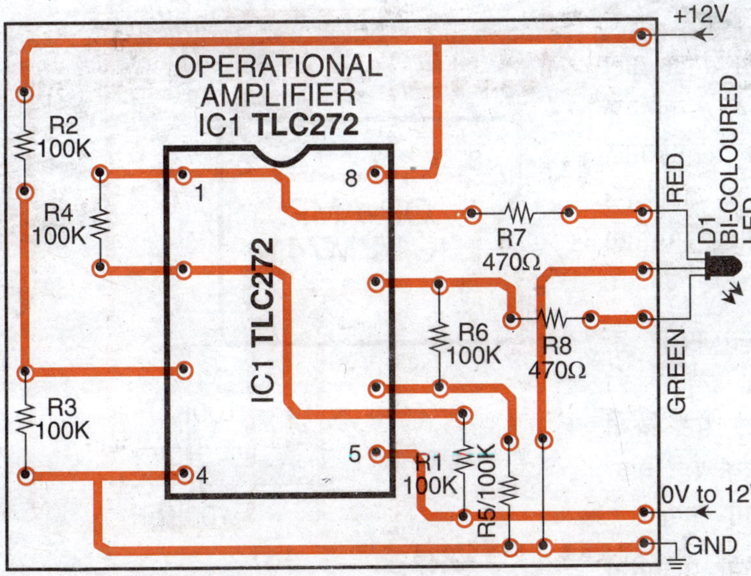

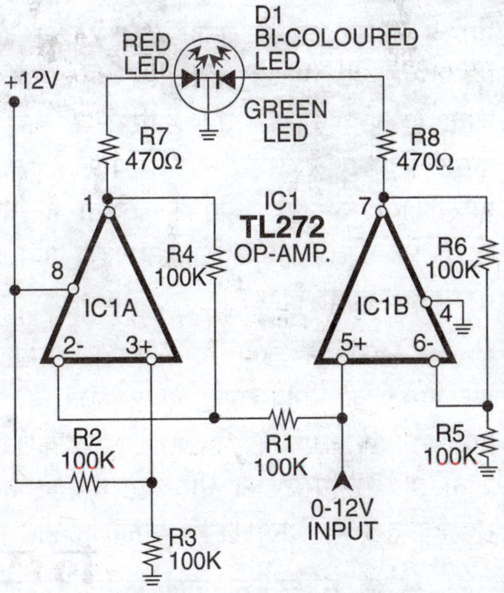

028

NULL इण्डीकेटर

वोल्टेज फ्रिक्वेन्सी ऑसीलेटर, रेडियो रिसीवर, टेस्टिंग के विभिन्न उपकरणों में NULL इण्डीकेटर एक महत्वपूर्ण सर्किट होता है। इस NULL इण्डीकेटर सर्किट को ड्यूल पोलारिटी मोड में ऑपरेशनल एम्प्लीफायर आई.सी. 741 के साथ प्रयुक्त कर और अधिक सुग्राही बनाया जा सकता है। ऑपरेशनल एम्प्लीफायर आई.सी. 741 का उपयोग ड्यूल पोलारिटी मोड में किया जाता है। पूर्ण गेन प्राप्त करने के लिए ऑपरेशनल एम्प्लीफायर को ओपन लूप (अर्थात् फीडबैक रहित) रुप में उपयोग में लाया जाता है। इस तरह का ऑपरेशनल एम्प्लीफायर 1 मिली-वोल्ट से भी कम बदलाव को डिटेक्ट कर सकता है। इससे ऑपरेशनल एम्प्लीफायर से मिलने वाला आऊटपुट, दुसरी स्थिति के मान में बदल जाता है।

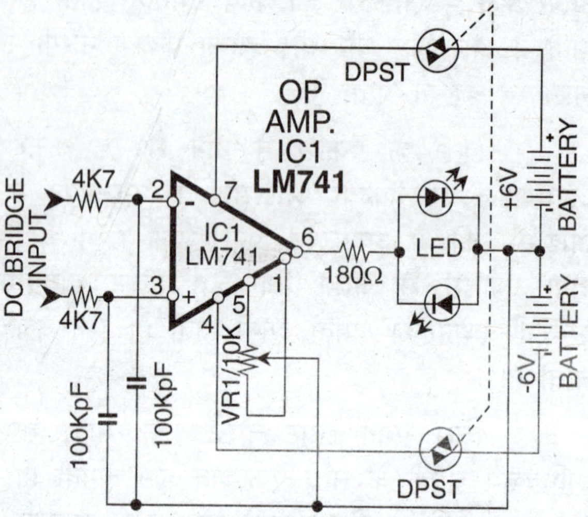

यहां पर ऑपरेशनल एम्प्लीफायर के आऊटपुट पर 180E के करन्ट लिमिटर रजिस्टर के द्वारा दो LEDs को बैक-टु-बैक मोड में कनेक्ट किया गया है। इन्हीं LEDs के द्वारा ऑपरेशनल एम्प्लीफायर की आऊटपुट स्थिति को इण्डीकेट किया जाता है। इन दोनों LEDs को ऑपरेशनल एम्प्लीफायर से एक समान रुप से इन्पुट प्राप्त होता है। इन LEDs का प्रकाशित होना सर्किट की सही कार्य-प्रणाली को सूचित करता है जबकि LEDs का बुझ जाना NULL इण्डीकेशन को सूचित करता है।

जिस समय दोनों LEDs एक साथ बुझ जाएगी तब वह स्थिति NULL स्थिति मानी जाएगी। ऑपरेशनल एम्प्लीफायर के दोनों इन्वर्टिंग एवं नॉन-इन्वर्टिंग इन्पुट्स या तो DC ब्रिज से बनाए जाते हैं या फिर किसी सर्किट में प्राप्त दो विभिन्न आऊटपुट्स से बनाए जाते हैं। इन दोनों इन्पुट्स में से एक इन्पुट को रिफ्रेन्स तथा दुसरे इन्पुट को ऑपरेशनल कहा जाता है। यहां पर इन दोनों इन्पुट्स के मार्ग में 4K7 का एक करन्ट लिमिटर रजिस्टर लगाया गया है जो कि ऑपरेशनल एम्प्लीफायर को लोड होने से बचाता है। यहां पर आप देख रहे हैं कि फीडबैक लूप को हटा दिया गया है इससे सुग्राहिता में बढ़ोत्तरी होती है।

यहां पर लगा प्रिसेट VR1, NULL OFF प्रिसेट है। इस प्रिसेट को ऑपरेशनल एम्प्लीफायर के दोनों इन्पुट्स की ग्राऊण्डिंग के माध्यम से NULL इण्डीकेशन हेतु सेट किया जाता है। इस प्रिसेट को धीरे-धीरे घुमाकर तब तक सेट करते रहें जब तक कि दोनों LEDs प्रकाशित होने न लग जांए।

इस सर्किट को कार्य करने के लिए दोनों पोलारिटी वाली सप्लाई की जरुरत नहीं पड़ती है। सप्लाई इन्पुट की दोनों पोलारिटी एक DPST टोगल स्विच के द्वारा नियंत्रित की जाती है।

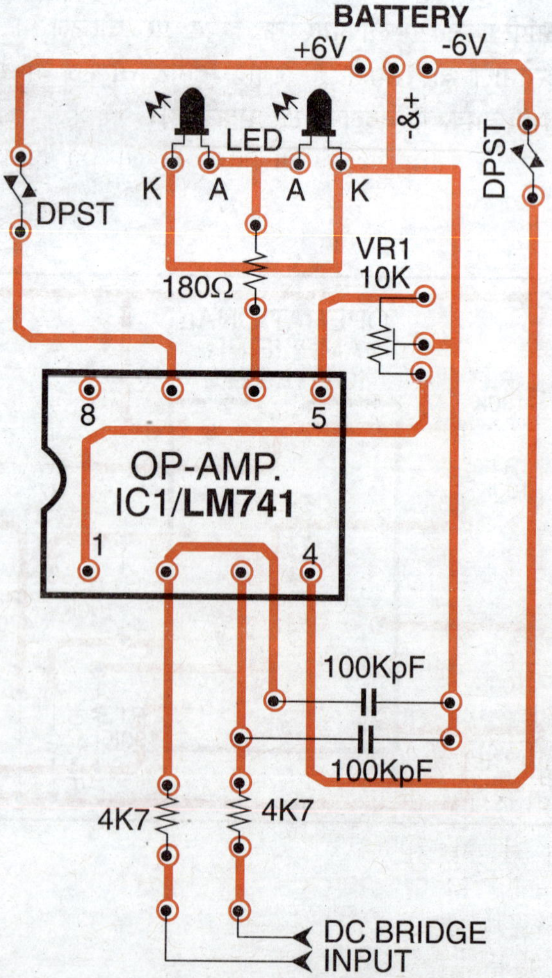

प्रोग्रामेबल टाईमिंग इण्डीकेटर

029

इस प्रोजेक्ट में मुख्य रुप से एक बायनरी काऊण्टर आई.सी. CD4060 का उपयोग किया गया है। इस सर्किट में 8 स्विचों के द्वारा 250 दफे भिन्न-भिन्न प्रोग्राम्स बनते हैं। जब तक एक स्विच दबा रहता है तब तक ऑसीलेटर, पल्स उत्पन्न करते रहता है। आई.सी. CD4060 का काऊण्टर तब तक पल्स काऊण्टिंग करता रहता है जब तक कि आई.सी. CD4060 का बायनरी काऊण्टर का आऊटपुट हाई नहीं हो जाता है। जैसे ही आऊटपुट हाई हो जाता है वैसे ही LED प्रकाशित होने लगती है जो कि स्विच के द्वारा सेट किए गए समय को प्रदर्शित करती है।

आई.सी. CD4060 का 14-स्टेज बायनरी काऊण्टर इस आई.सी./सर्किट की प्रमुख विशेषता है। आई.सी. की पिन नं. 9, 10 व 11 ऑसीलेटर पिनें हैं जिन पर लगे कम्पोनेन्ट्स C1 (1MFd), R4 (820E), VR1 (100K), R3 (2M2) के अनुसार आई.सी. का ऑसीलेटर क्लॉक पल्सेस जनरेट करता है।

आई.सी. की आऊटपुट पिनों, पिन नं. 4, 6, 14, 13, 15, 1, 2, व 3 पर लगे डायोड्स D1, D2, D3, D4, D5, D6, D7 व D8 AND गेट की तरह कार्य करते हैं। टाईमर में 8 प्रोग्रामेबल स्विचेस लगे हैं। स्विच S1 डायोड D1 के माध्यम से आई.सी. की पिन नं. 4 से जुड़ा है। स्विच S1 को दबाने पर आई.सी. 64 पल्स प्राप्त होने तक काऊण्टिंग करती रहती है तथा पिन नं. 4 पर लेवल हाई हो जाता है। इस इण्डीकेशन के लिए LED प्रकाशित होने लगती है।

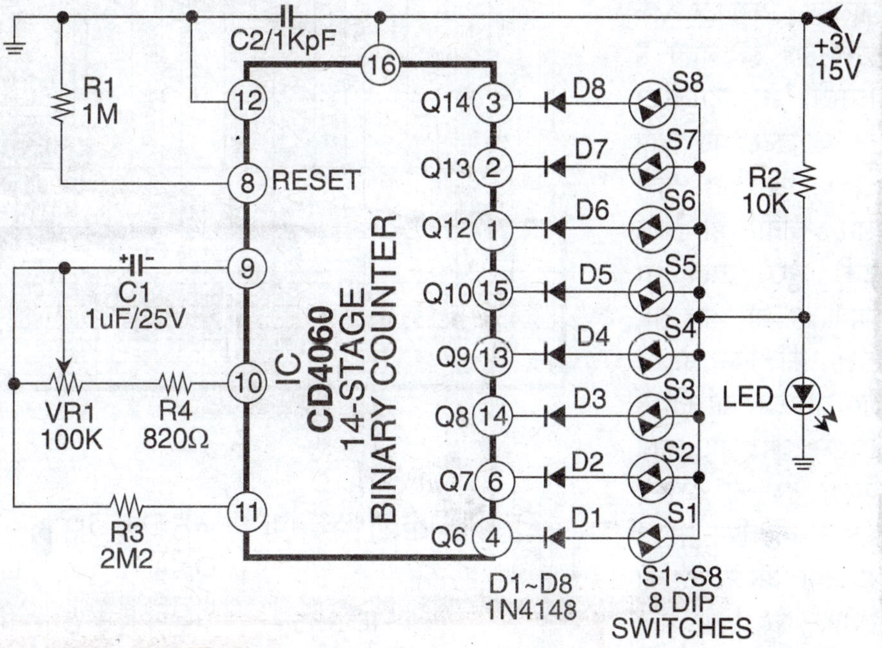

स्विच S1 तथा S8 को एक साथ दबाए जाने पर इनका टाईम इन्टरवेल जुड़कर प्राप्त होगा क्योंकि दोनों ही AND गेट्स हैं। इस सर्किट के द्वारा विभिन्न टाईम इन्टरवेल प्रोग्राम बनाए जा सकते हैं तथा इनमें आपस में तालमेल स्थापित रहता है।

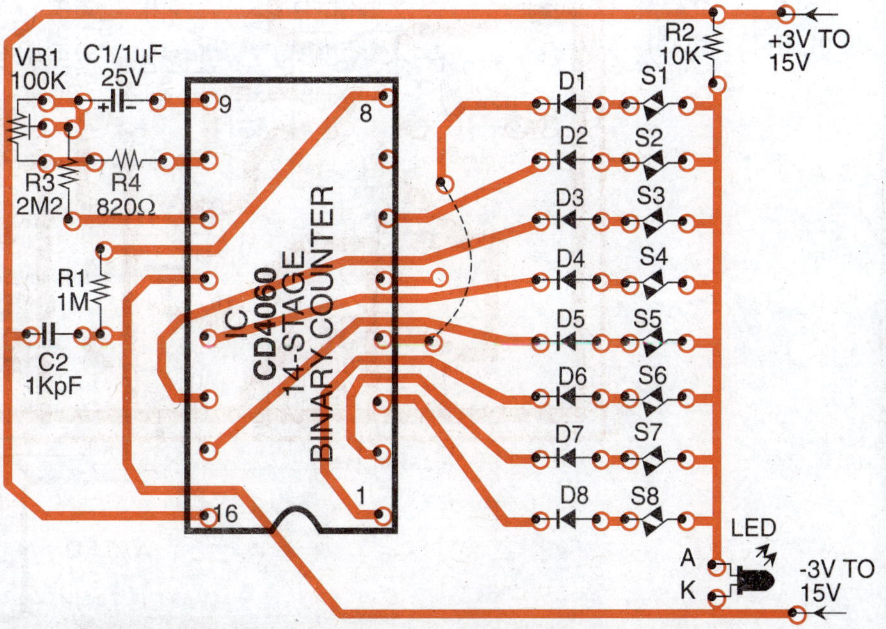

स्विच S1 को 1 मिनट तक दबाकर रखने से $2^6=64$ पल्स का आऊटपुट प्राप्त होता है। उतने ही समय में पिन नं. 3 हाई होकर $2^{14}=16384$ पल्सेस प्राप्त करती है।

030 वॉटर लेवल इण्डीकेटर (ट्रांजिस्टर युक्त)

यह प्रोजेक्ट यह दर्शाएगा कि पानी की टंकी में अभी पानी का स्तर कितना है, तथा साथ ही टंकी के पूरा भर जाने पर वह आपको एक अलार्म के द्वारा इण्डीकेट करेगा कि मोटर को बंद कर दें।

यह बहुत ही सरल सर्किट है जो सीधे-सीधे ट्रांजिस्टरों की बायसिंग पर आधारित है। सप्लाई की पॉजीटिव लाईन टंकी की सबसे निचली सतह पर है तथा प्रत्येक ट्रांजिस्टरों के बेस से टंकी के अलग-अलग लेवल पर कनेक्टर वायर लगे हुए हैं। जैसे ही टंकी में पानी भरना शुरु होता है वैसे ही पहले ट्रांजिस्टर का बेस वोल्टेज कनेक्टर के द्वारा हाई हो जाता है जिससे इस ट्रांजिस्टर के कलेक्टर पर लगी LED प्रकाशित होने लग जाती है। जब टंकी पुरी तरह भर जाती है तो आई.सी. 555 की पिन नं. 4 पर वोल्टेज पहुंचते हैं जिससे आई.सी. कार्य करना शुरु कर देती है एवं इसकी पिन नं. 3 से प्राप्त आऊटपुट को स्पीकर पर दिया गया है जिसके कारण हमें अलार्म सुनाई देता है।

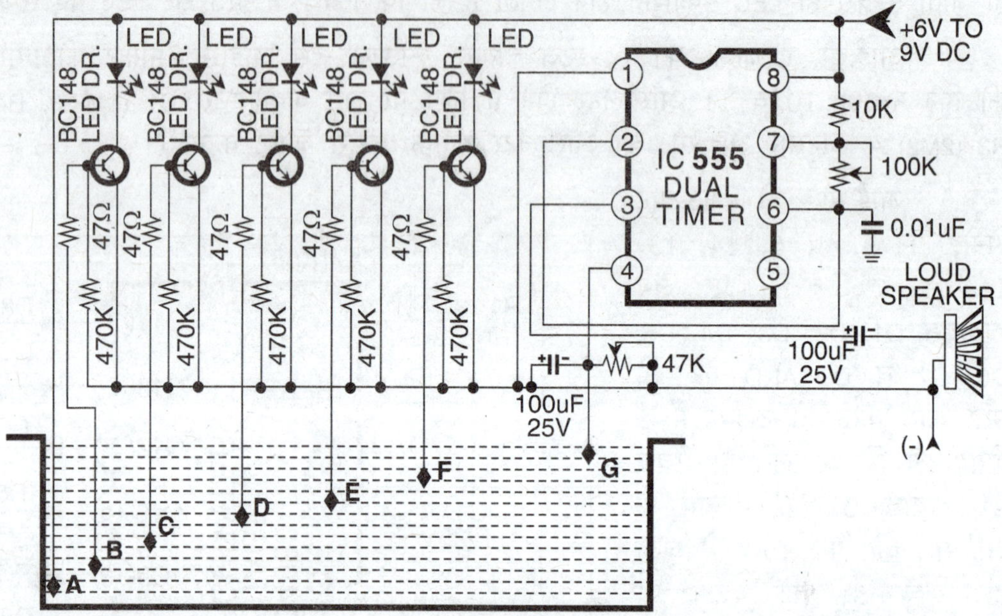

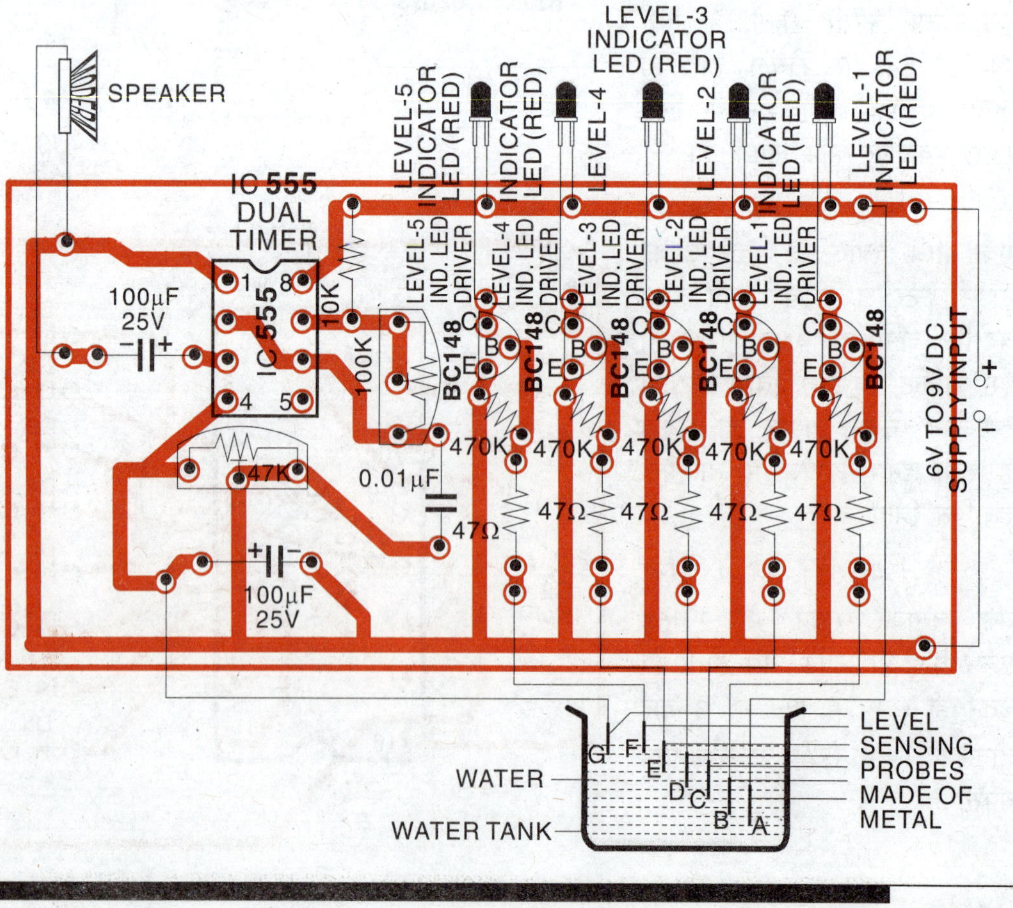

वॉटर लेवल इण्डीकेटर (आई.सी. युक्त) 031

यह प्रोजेक्ट यह दर्शाएगा कि पानी की टंकी में अभी पानी का स्तर कितना है। इस प्रोजेक्ट में 6 इन्वर्टर वाली आई.सी. CD4049 का उपयोग किया गया है। इस आई.सी. की इन्वर्टर गेट आऊटपुट पिनें, पिन नं. 2, 4, 6, 10 व 12 पर एक-एक LED का कैथोड लगा है तथा इन सभी LEDs के एनोड को 100E के एक-एक रजिस्टर के द्वारा +9V की सप्लाई लाईन से जोड़ा गया है। आई.सी. की इन्वर्टर गेट की इन्पुट पिनें, पिन नं. 3, 5, 7, 9 व 11 से एक-एक सेन्सर कनेक्टर वायर्स क्रमशः A, B, C, D और E लगे हैं जिन्हें पानी की टंकी में विभिन्न स्तर पर फिट किया गया है। इन 5 सेन्सर कनेक्टर वायर्स के अलावा एक कनेक्टर वायर पॉजीटिव सप्लाई से जुड़ा है जो कि टंकी में सबसे निचली सतह पर फिट किया गया है।

जब टंकी में पानी का लेवल A तक होता है तो कनेक्टर वायर के माध्यम से आई.सी. की पिन नं. 3 पर हाई इन्पुट प्राप्त होता है जो कि इस पिन से अन्दर बने इन्वर्टर के द्वारा इन्वर्ट होकर पिन नं. 2 पर लो आऊटपुट के रुप में प्राप्त होता है। इससे पिन नं. 2 पर लगी LED प्रकाशित होकर पानी के A स्तर को सूचित करने लगती है। इसी प्रकार जब पानी का स्तर B तक होता है तब पिन नं. 4 पर लगी LED प्रकाशित होती है, जब पानी का स्तर C तक होता है तब पिन नं. 6 पर लगी LED प्रकाशित होती है। जब पानी का स्तर D तक होता है तब पिन नं. 10 पर लगी LED प्रकाशित होती है। जब टंकी भर जाती है अर्थात् जब पानी का स्तर E तक पहुंच जाता है तब पिन नं. 12 पर लगी LED प्रकाशित होने लग जाती है।

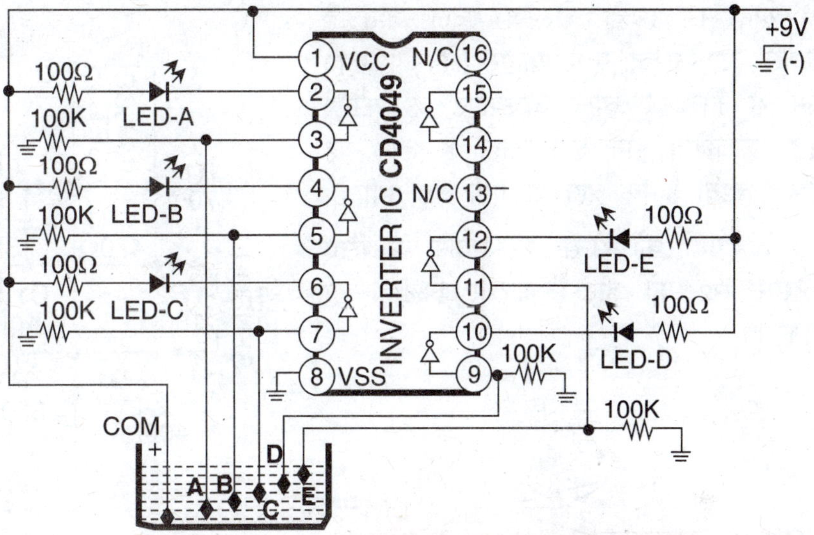

आई.सी. CD4049 की पिन नं. 1 पॉजीटिव सप्लाई पिन है जिसे +9V की सप्लाई दी गई है तथा पिन नं. 8 निगेटिव सप्लाई पिन है जिसे सीधे ग्राऊण्ड से जोड़ा गया है।

इस प्रोजेक्ट में सेन्सर कनेक्टर वायर्स जो कि पानी की टंकी में डूबते हैं वे पतली मेटेलिक रॉड से बनाए जाने चाहिए तथा इन्हें एक नॉन-कण्डक्टिव फ्रेम पर क्लिप के द्वारा कस कर टंकी में लगाया जाना चाहिए।

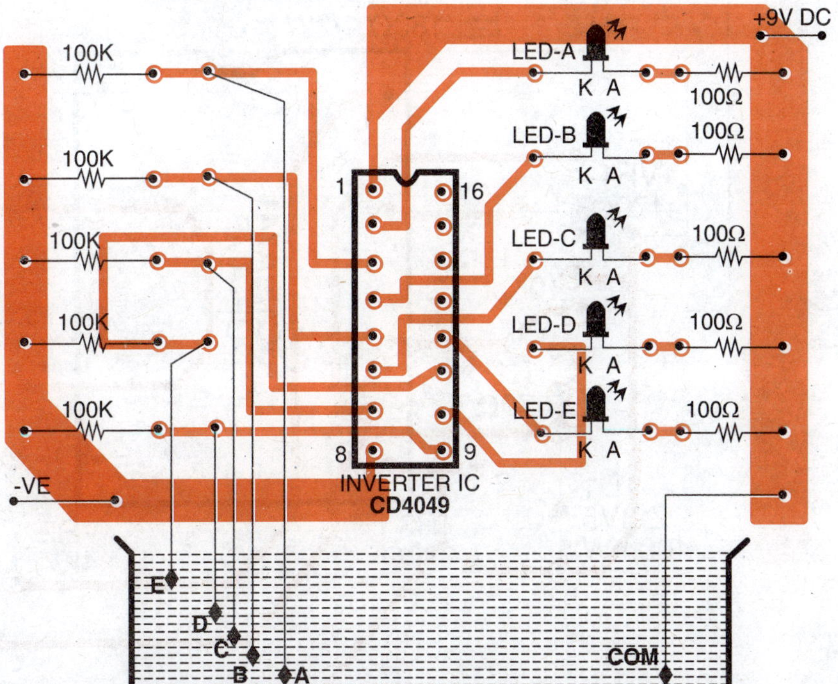

032

टेम्प्रेचर इण्डीकेटर

आऊटपुट विभाग में लगे कम्पोनेन्ट्स उच्च करन्ट पर कार्य करते हैं जिससे वहां पर गर्मी उत्पन्न होती है। इस गर्मी को इस प्रोजेक्ट के माध्यम से LED के द्वारा प्रदर्शित कराया जा सकता है।

यहां पर दी जा रही सर्किट में मुख्य रुप से एक ऑपरेशनल एम्प्लीफायर आई.सी. 741 तथा इण्डीकेशन के लिए एक LED का उपयोग किया गया है। सेन्सर रजिस्टर R2 एक थर्मोमीटर के रुप में कार्य करता है। इस रजिस्टर का मान आप अपनी आवश्यकता के अनुसार निर्धारित कर सकते हैं। इसी तरह प्रिसेट VR1 की सेटिंग भी आप अपनी आवश्यकता के अनुसार अर्थात् जहां पर इस सर्किट का उपयोग कर रहे हैं वहां पर उत्पन्न होने वाली गर्मी के अनुसार कर सकते हैं।

जिस समय गर्मी नहीं होती है उस समय ऑपरेशनल एम्प्लीफायर की इन्वर्टिंग तथा नॉन-इन्वर्टिंग इन्पुट पिनों पर समान बायस मिलने से पिन नं. 6 से निकलने वाले आऊटपुट के कारण LED प्रकाशित नहीं होती है। जिस समय गर्मी बढ़ जाती है तब आई.सी. की पिन नं. 3 के वोल्टेज बदल जाते हैं जिससे ऑपरेशनल एम्प्लीफायर की आऊटपुट पिन से निकलने वाले आऊटपुट के कारण LED प्रकाशित होने लग जाती है तथा यह सूचित करती है कि वहां पर गर्मी बढ़ गयी है।

गर्मी को सेन्स कर सकने के लिए रजिस्टर R2 को हीट-सिंक पर फिट किया जाता है।

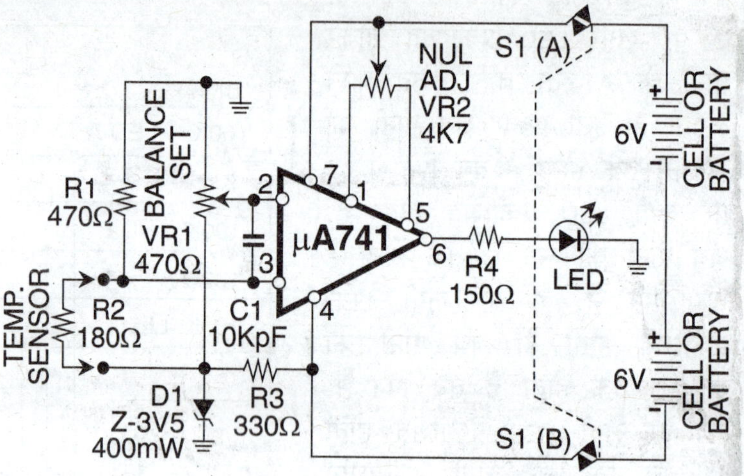

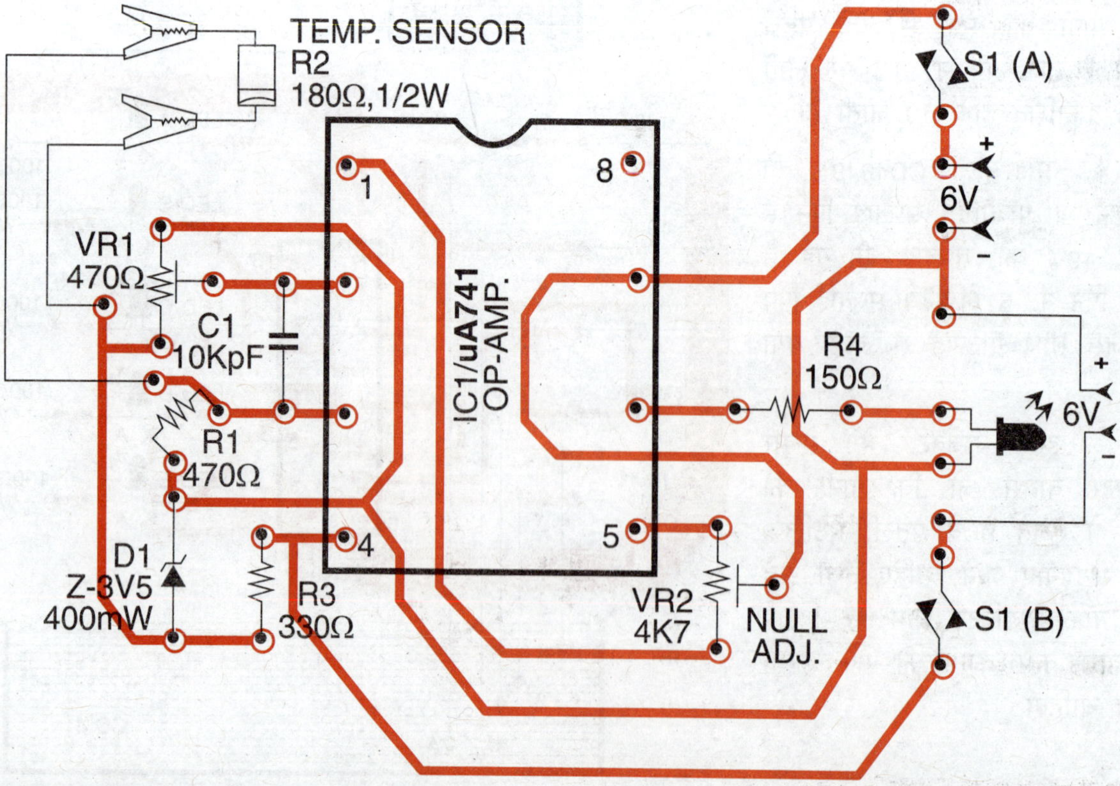

तापमान में बदलाव को सूचित करने वाला यंत्र 033

इस प्रोजेक्ट के माध्यम से आप तापमान में होने वाली वृद्धि को इसमें लगी LED के द्वारा इण्डीकेट करा सकते हैं। इस प्रोजेक्ट में मुख्य रुप से एक ऑपरेशनल एम्प्लीफायर आई.सी. 741 तथा इण्डीकेशन के लिए LED लगी है।

तापमान में होने वाले बदलाव को सेन्स करने के लिए यहां पर एक डायोड 1N4148 को ऑपरेशनल एम्प्लीफायर आई.सी. की पिन नं. 2 पर जोड़ा गया है। यह डायोड एक सेन्सर डायोड के रुप में कार्य करता है तथा यहां पर इसे फीडबैक जिनर के रुप में कनेक्ट किया गया है जो कि ऑपरेशनल एम्प्लीफायर आई.सी. की इन्पुट व आऊटपुट पिनों के बीच के अन्तर का निर्धारण करता है। ऑपरेशनल एम्प्लीफायर आई.सी. 741 की नॉन-इन्वर्टिंग इन्पुट पिन पर R1, VR1 तथा R2 इत्यादि कम्पोनेन्ट्स से बायस वोल्टेज को सेट किया गया है।

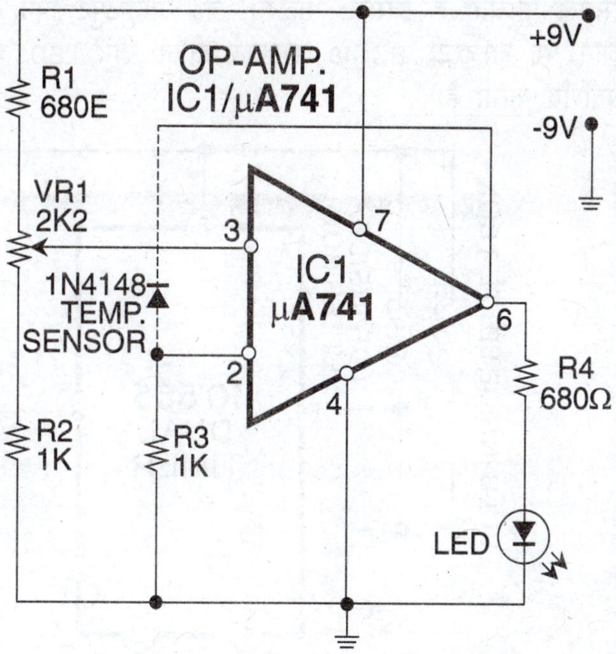

प्रिसेट VR1 को इस तरह सेट किया जाता है कि LED प्रकाशित न हो। यह सेटिंग कमरे के तापमान की सेटिंग होती है। अब यदि वहां तापमान बढ़ता है तो ऑपरेशनल एम्प्लीफायर की दोनों इन्पुट पिनों के वोल्टेज में अन्तर आ जाने के कारण पिन नं. 6 से निकलने वाले आऊटपुट के कारण LED प्रकाशित होने लग जाती है जो कि यह सूचित करती है कि वहां का तापमान कमरे के तापमान से अधिक हो गया है।

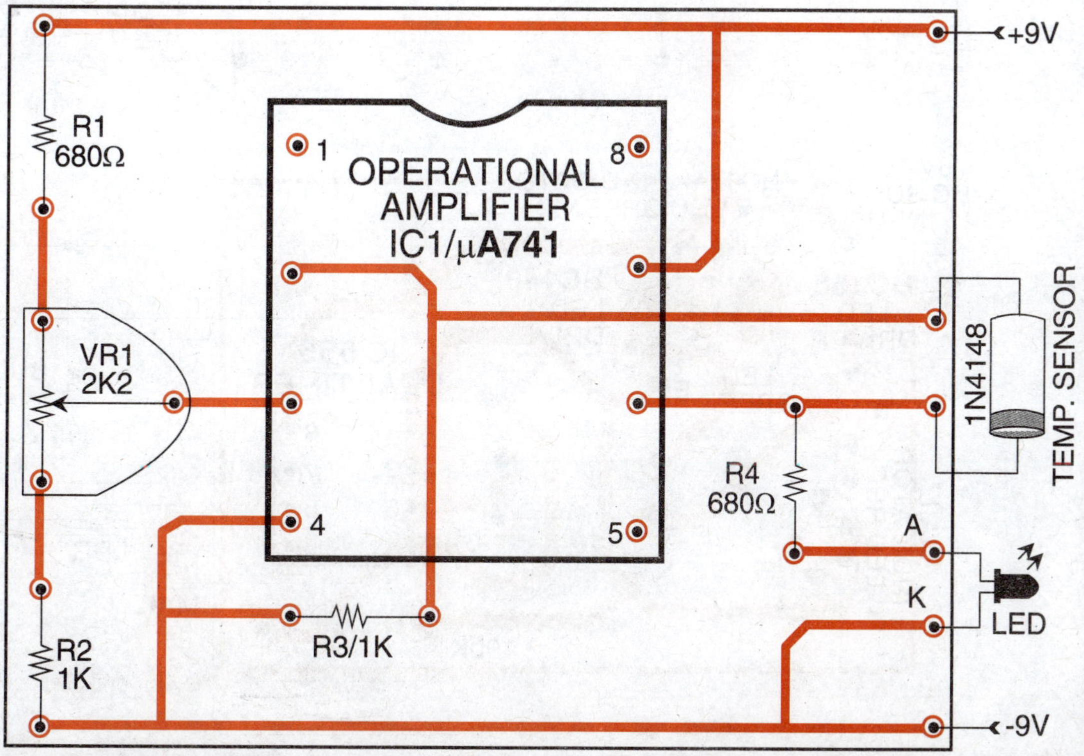

034 लेटर बॉक्स इण्डीकेटर

यह एक बहुउपयोगी प्रोजेक्ट है जिसका उपयोग आप लेटर बॉक्स इण्डीकेटर, स्मोक डिटेक्टर, चोर अलार्म, मेजिक आई के रुप में कर सकते हैं। यह प्रोजेक्ट 6V से 9V तक की DC सप्लाई पर कार्य करता है।

इस प्रोजेक्ट की कार्य-प्रणाली मुख्यतः आई.सी. 555 तथा LDR पर आधारित है। जब तक LDR पर प्रकाश पड़ते रहता है तब तक आई.सी. की पिन नं. 4 पर हाई सिग्नल पहुंचने से पिन नं. 3 से लो सिग्नल निकलते रहता है जिसके कारण ट्रांजिस्टर BC158 के कण्डक्शन से रेड LED प्रकाशित होते रहती है। परन्तु जैसे ही LDR पर प्रकाश पड़ना बंद हो जाता है वैसे ही LDR का रजिस्टेंस बढ़ जाने के कारण आई.सी. की पिन नं. 4 पर लो सिग्नल पहुंचता है जिससे आई.सी. की आऊटपुट पिन, पिन नं. 3 अब हाई हो जाती है। पिन नं. 3 के हाई हो जाने पर ट्रांजिस्टर BC148 कण्डक्ट होकर ग्रीन LED को प्रकाशित कर लेटर बॉक्स में पत्र आने की सूचना को प्रदर्शित करता है।

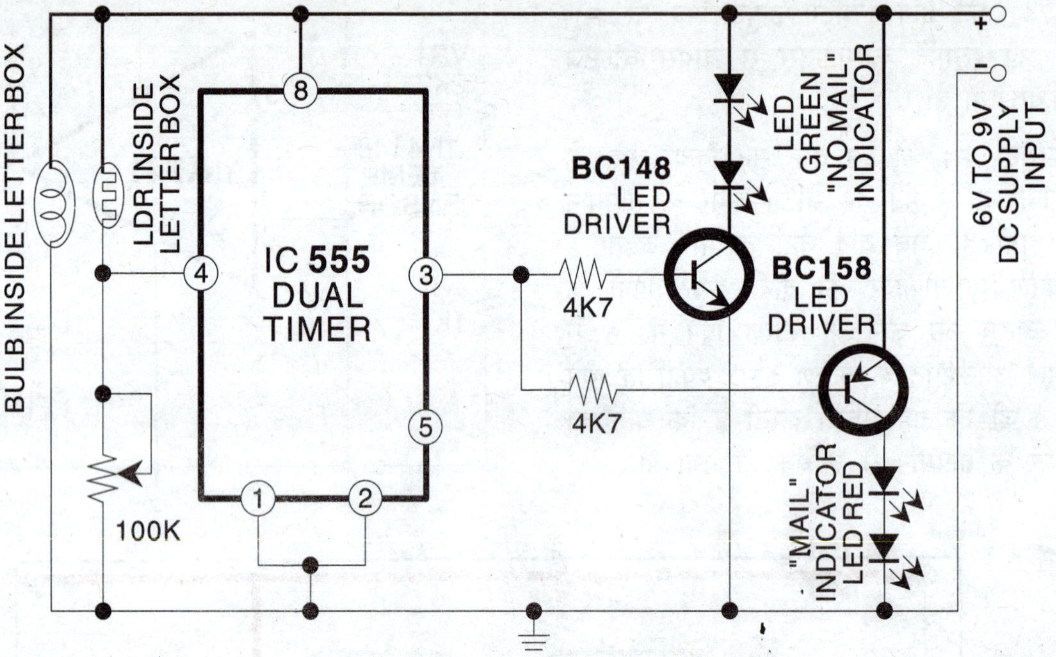

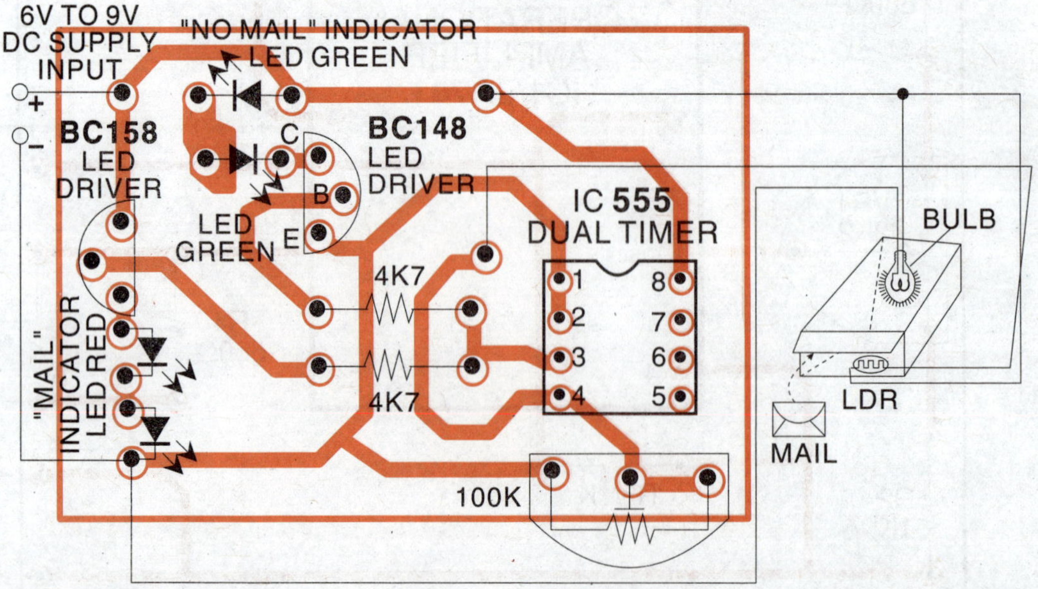

इन्फ्रा-रेड रिसीवर

035

यहां पर दिखाई जा रही सर्किट के द्वारा आप किसी स्त्रोत से निकलने वाली इन्फ्रा-रेड किरणों को रिसीव कर सकते हैं। इस सर्किट में मुख्य रुप से एक इन्फ्रा-रेड डिटेक्टर/सेन्सर डायोड, एक आई.सी. μPC1373H तथा एक LED का उपयोग किया गया है।

जब यहां पर लगे इन्फ्रा-रेड डिटेक्टर डायोड पर किसी स्त्रोत से आकर इन्फ्रा-रेड प्रकाश किरणें टकराती हैं तो यह डायोड उसे विद्युत सिग्नल में बदल देता है जो कि आई.सी. μPC1373H की पिन नं. 7 को दिये गए हैं। इन सिग्नलों का यह आई.सी. डिटेक्शन करती है। डिटेक्शन के पश्चात् सिग्नलों का आऊटुपट आई.सी. की पिन नं. 1 पर प्राप्त होता है जिसे केपेसीटर C7 से फिल्टर कर ट्रांजिस्टर Q2 के बेस पर भेजा गया है। इस ट्रांजिस्टर से एम्प्लीफिकेशन के पश्चात् सिग्नल इसके कलेक्टर से निकल कर ट्रांजिस्टर Q1 के बेस पर पहुंचते हैं। बेस पर सिग्नलों के आने से जब ट्रांजिस्टर कार्य करता है तो इसके कलेक्टर पर लगी रेड LED प्रकाशित होने लग जाती है जो इस प्रोजेक्ट के द्वारा इन्फ्रा-रेड प्रकाश किरणों के रिसेप्शन को सूचित करती है।

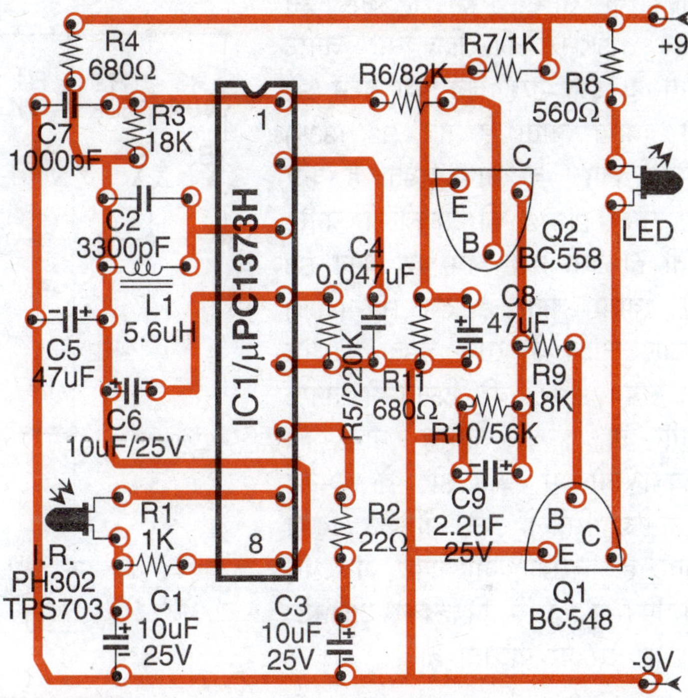

आई.सी. की पिन नं. 3 लगी क्वायल L1 तथा केपेसीटर C2 मिलकर उस फ्रिक्वेन्सी का निर्धारण करते हैं जो कि आई.सी. के द्वारा डिटेक्शन किए जाने के काम आती है।

आई.सी. को कार्य करने के लिए इसकी पिन नं. 8 पर रजिस्टर R4 से होते हुए सप्लाई वोल्टेज दिए गए हैं जबकि आई.सी. की निगेटिव सप्लाई पिन, पिन नं. 5 को सीधे ग्राऊण्ड से जोड़ा गया है।

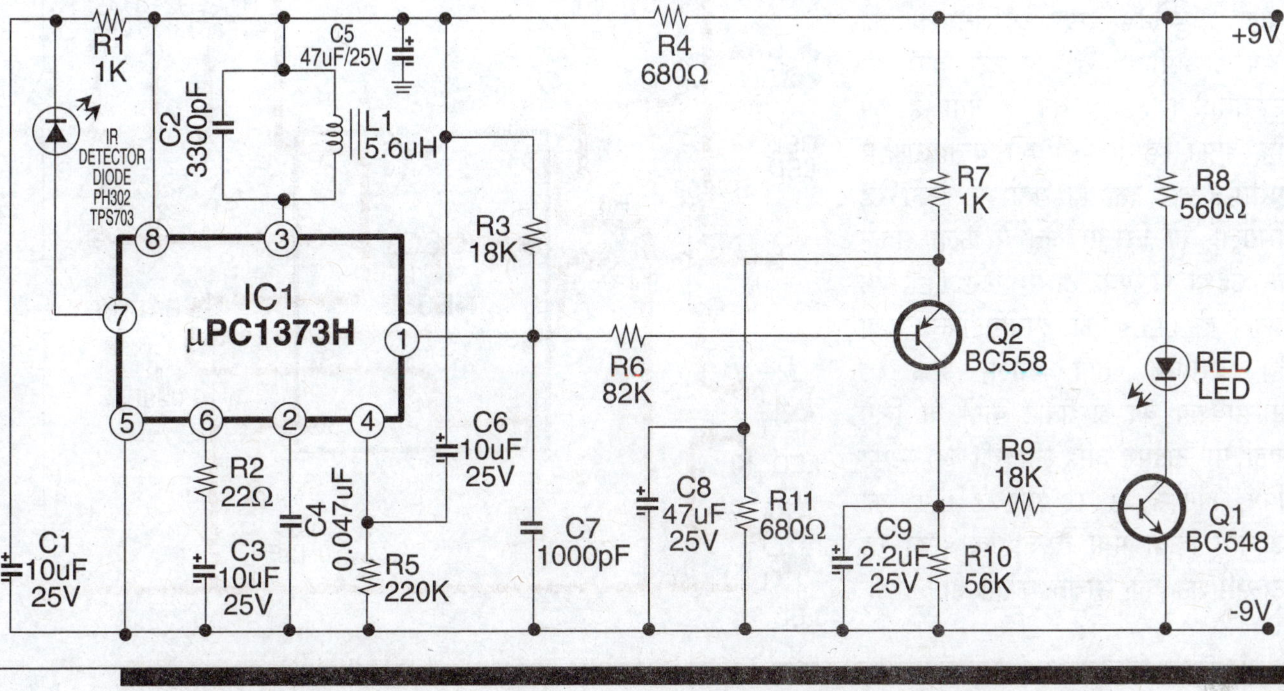

036 इन्फ्रा-रेड ट्रांसमिशन इण्डीकेटर

हम सभी यह जानते हैं कि इन्फ्रा-रेड प्रकाश अदृश्य प्रकाश होता है। किसी स्त्रोत से इन्फ्रा-रेड प्रकाश का ट्रांसमिशन हो रहा है या नहीं, यह जानने के लिए इस प्रोजेक्ट में एक बहु-प्रचलित टाईमर आई.सी. 555 का उपयोग किया गया है। इसके अलावा यहां पर एक ट्रांजिस्टर, तथा LEDs का भी उपयोग किया गया है।

टाईमर आई.सी. 555 एक वोल्टेज कन्ट्रोल्ड ऑसीलेटर की तरह कार्य करते हुए 1KHz से 5KHz तक के मान वाली फ्रिक्वेन्सी जनरेट करती है। फ्रिक्वेन्सी का मान बदलने के लिए इस आई.सी. की पिन नं. 7 पर सप्लाई लाईन से एक-एक रजिस्टर्स R1 (47K), R2 (33K) तथा R3 (10K) के द्वारा एक-एक पुश बटन क्रमशः S1, S2 तथा S3 जुड़े हैं। जब पुश बटन S1 को दबाया जाता है तो आई.सी. की पिन नं. 7, R1 (47K) से होते हुए सप्लाई लाईन के साथ जुड़ती है और इस समय 1.5KHz की फ्रिक्वेन्सी जनरेट होती है। इसी तरह जब पुश बटन S2 को दबाया जाता है तब R2 (33K) सप्लाई लाईन के साथ जुड़ता है और इस समय 2KHz की फ्रिक्वेन्सी जनरेट होती है। इसी तरह जब पुश बटन S3 को दबाया जाता है तब R3 (10K) सप्लाई लाईन के साथ जुड़ता है और इस समय 5KHz की फ्रिक्वेन्सी जनरेट होती है। इन्हीं विभिन्न मान की फ्रिक्वेन्सियों से आई.सी. के अन्दर इन्फ्रा-रेड सिग्नलों को मॉडुलेट किया जाता है जिसका आऊटपुट आई.सी. की पिन नं. 3 से निकलकर ट्रांजिस्टर Q1 के बेस पर पहुंचता है।

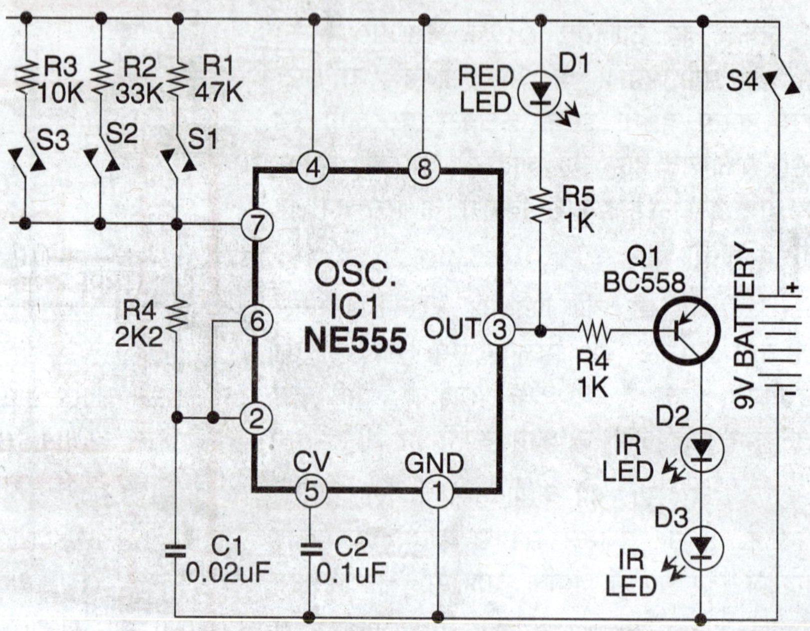

ट्रांजिस्टर Q1 बेस पर आने वाले मॉडुलेटेड इन्फ्रा-रेड सिग्नलों को अपने अमीटर से आऊट कर IR ट्रान्समीटिंग LEDs को दे देता है जो कि इन्फ्रा-रेड सिग्नलों को वातावरण में प्रसारित कर देता है। यहां पर इन्फ्रा-रेड सिग्नलों को विस्तृत क्षेत्र में फैला सकने के उद्देश्य से एक ट्रान्समीटिंग LED के बदले दो LEDs का उपयोग किया गया है। प्रसारित होने वाले इन्फ्रा-रेड ट्रान्समिशन को इण्डीकेट करने के लिए यहां पर टाईमर आई.सी. की आऊटपुट पिन, पिन नं. 3 पर एक रेड LED का उपयोग किया गया है जो कि इन्फ्रा-रेड ट्रान्समिशन को सूचित करती है।

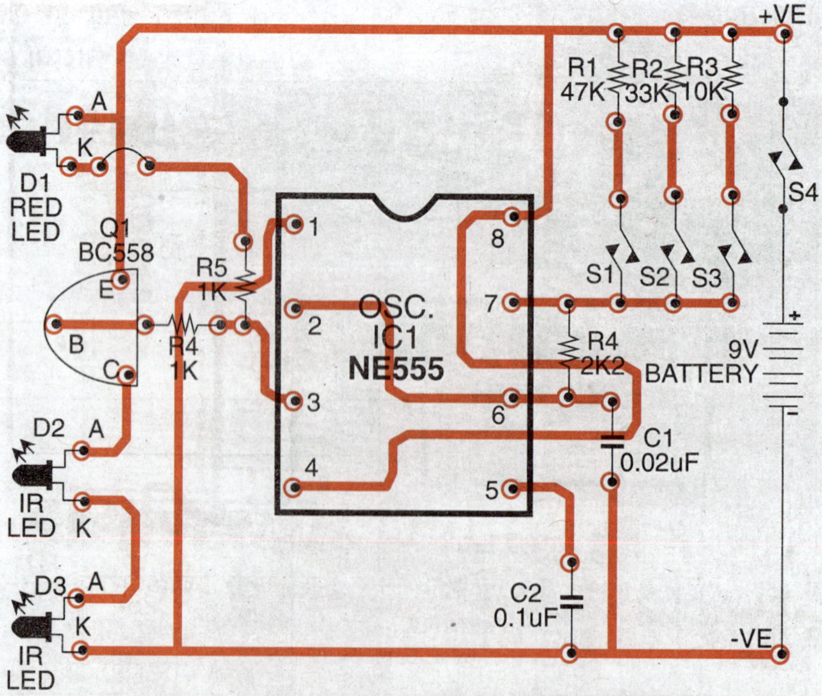

मेमोरी इण्डीकेटर

037

जब कोई व्यक्ति हमारे घर आता है तो वह दरवाजे पर लगा घण्टी का बटन दबाता है परन्तु हमारी अनुपस्थिति में जब उसे कोई रिस्पॉन्स नहीं मिलता है तो वह वापस चला जाता है। बाद में जब हम अपने घर पर पहुंचते हैं तो हमें एक LED चमकती हुई नजर आती है जो कि हमें यह सूचित करती है कि हमारी अनुपस्थिति में कोई व्यक्ति हमारे घर आया था। ऐसी परिस्थिति में हम उन संभावनाओं की तलाश करते हैं कि कौन व्यक्ति हमारे घर पर आया होगा तथा हम अपनी याददाश्त पर जोर डालने लग जाते हैं। इस तरह यह प्रोजेक्ट हमें हमारी अनुपस्थिति में हमारे घर पर पहुंचने वाले आगन्तुक की जानकारी देता है जो कि एक सामान्य से टेलीफोन मेमोरी प्रोजेक्ट की तरह ही उपयोगी साबित होता है।

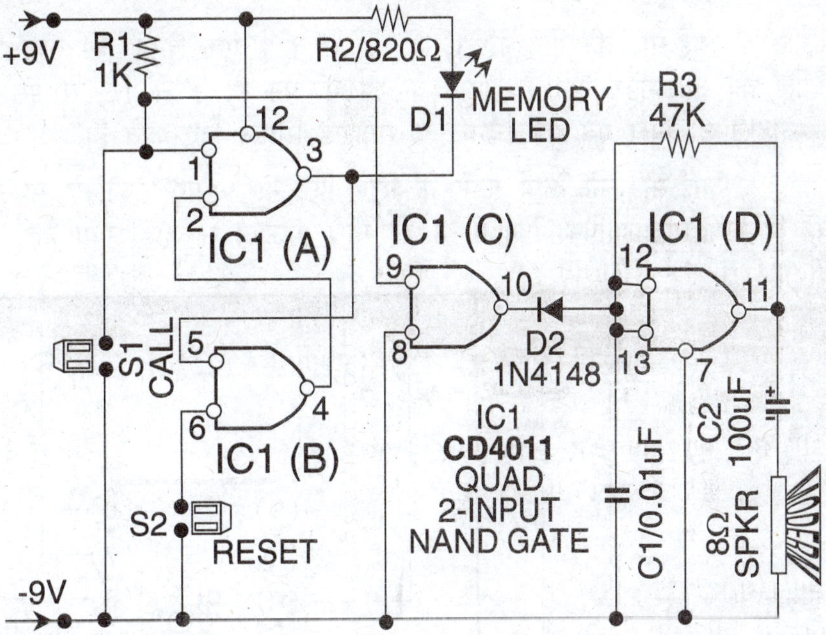

इस प्रोजेक्ट में मुख्य रुप में क्वाड 2 इन्पुट NAND गेट आई.सी. CD4011AE का उपयोग किया गया है। इस आई.सी. में 4 NAND गेट्स बने हुए हैं जिसमें गेट-A एवं गेट-B का उपयोग एक लैच सर्किट की तरह किया गया है। इसके अलावा एक LED का भी उपयोग किया गया है जिसे मेमोरी LED कहा जाता है। आई.सी. के शेष दो गेट्स, गेट-C तथा गेट-D ऑसीलेटर सर्किट के रुप में कार्य करते हैं जो एक स्पीकर को कार्य कराते हैं। इनमें से गेट-D एक ऑसीलेट-कम-ड्रायवर है। इससे जुड़े कम्पोनेन्ट्स R3 तथा C1 टाईमिंग कम्पोनेन्ट्स कहलाते हैं।

कॉल स्विच S1 को दबाकर छोड़ देने पर यह सर्किट कार्य करता रहता है और यह तब तक कार्य करता रहता है जब तक कि रिसेट बटन S2 को न दबाया जाय। जब तक यह सर्किट कार्य करता रहेगा तब तक इसमें लगी LED प्रकाशित होते रहती है।

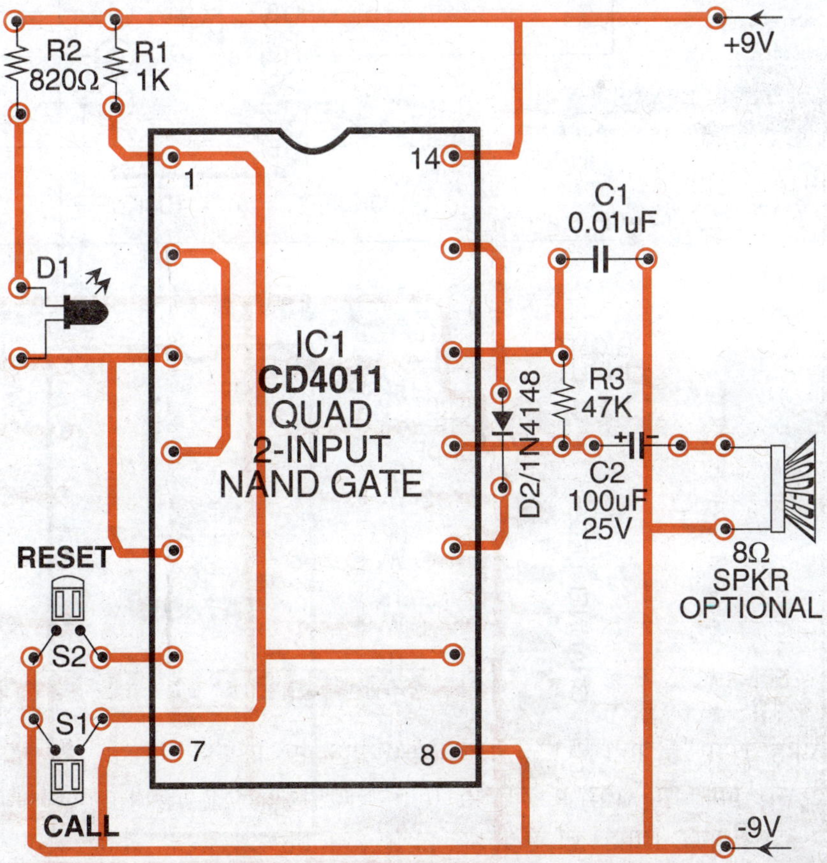

038 साऊण्ड लेवल इण्डीकेटर

इसके द्वारा आप लेफ्ट एवं राईट चैनल के साऊण्ड के स्तर को LED के माध्यम से इण्डीकेट करा सकते हैं। यहां पर बतायी जा रही सर्किट में आई.सी. TA7666P का उपयोग किया गया है। इस आई.सी. में स्टीरियो साऊण्ड के लेवल के डिस्प्ले के लिए दो विभाग बने हैं। लेफ्ट चैनल एवं राईट चैनल के साऊण्ड लेवल को 5-5 LEDs के द्वारा इण्डीकेट किया जाता है।

आई.सी. की पिन नं. 3, 4, 5, 6 व 7 एक चैनल की तथा पिन नं. 14, 13, 12, 11 व 10 दुसरे चैनल की आऊटपुट पिन है। इन्पुट के रुप में पिन नं. 1 व 16 पर इस आई.सी. को प्री-एम्प्लीफायर विभाग से क्रमशः लेफ्ट चैनल एवं राईट चैनल के साऊण्ड सिग्नल दिए जाते हैं।

आई.सी. को कार्य करने के लिए पिन नं. 9 पर पॉजीटिव सप्लाई वोल्टेज दिए गए हैं जबकि आई.सी. की निगेटिव सप्लाई पिन, पिन नं. 8 को सीधे ग्राऊण्ड से जोड़ा गया है।

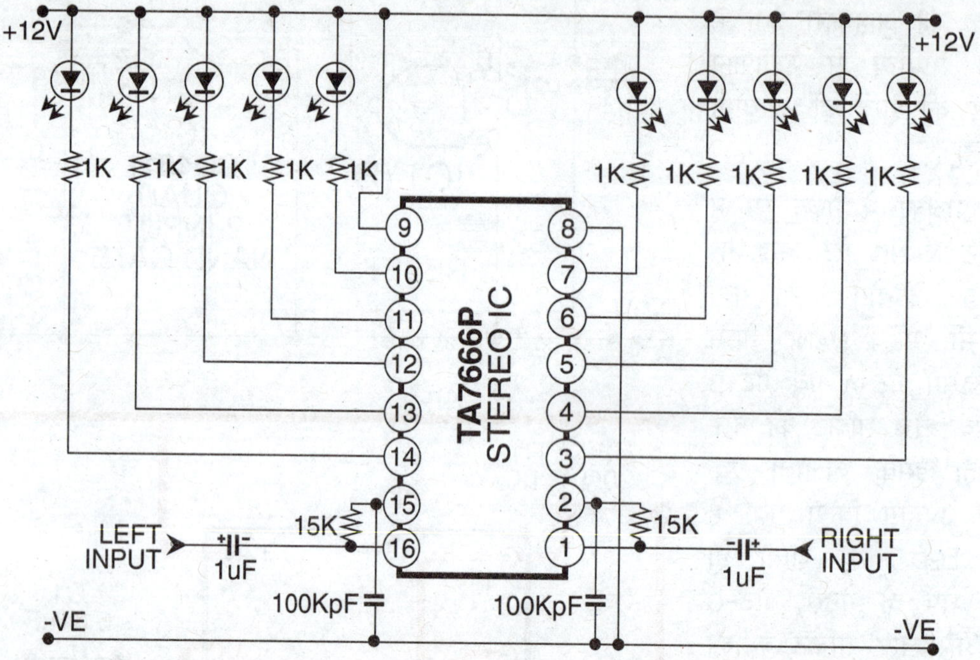

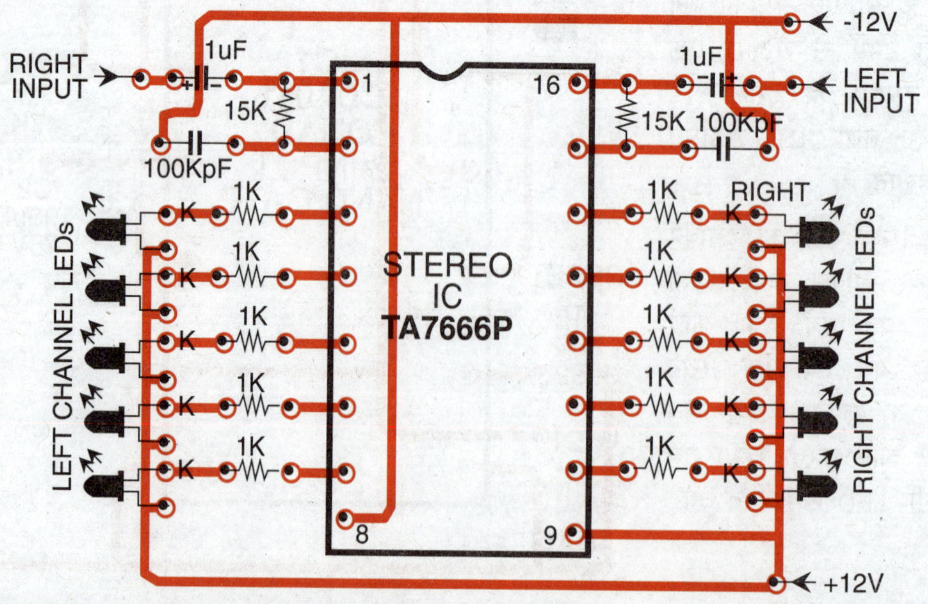

दो रंगों वाला साऊण्ड लेवल इण्डीकेटर 039

यहां पर दिखाई गई सर्किट में रेड एवं ग्रीन कलर वाली Bi-Coloured LED का उपयोग लेफ्ट चैनल तथा राईट चैनल के साऊण्ड अर्थात् स्टीरियो साऊण्ड के लेवल को इण्डीकेट कराने के लिए किया गया है। इस सर्किट में आई.सी. KA2281, बफर आई.सी. CD4050 तथा इन्वर्टर आई.सी. CD4049 का उपयोग किया गया है। इस आई.सी. में लेफ्ट चैनल के 5 तथा राईट चैनल के लिए 5 याने कुल 10 इन्वर्टिंग इन्पुट्स तथा कम्पेरेटर्स बने हुए हैं। प्रत्येक विभाग में एक स्वतंत्र इन्पुट होता है। सभी चैनल के आऊटपुट, इन्पुट सिग्नल की शक्ति के अनुसार एक के बाद एक क्रम से हाई होते जाते हैं। प्रत्येक आऊटपुट से एक-एक बफर एवं एक-एक इन्वर्टर से होते हुए Bi-Coloured LED को जोड़ा गया है। इस तरह की व्यवस्था के कारण सभी चैनल्स के इन्वर्टर आऊटपुट किसी एक कलर की LED से तथा और किसी चैनल के बफर्स दुसरे कलर की LED से जुड़ते हैं।

यहां पर IC2 एवं IC3 (CD4050) बफर आई.सी. हैं तथा IC4 एवं IC5 (CD4049) इन्वर्टर आई.सी. हैं। प्रत्येक Bi-Coloured LED के कॉमन कैथोड तथा ग्राऊण्ड के बीच एक-एक करन्ट लिमिटर रजिस्टर लगा है। आई.सी. KA2281 की सभी आऊटपुट पिनों, पिन नं. 3, 4, 5, 6, 7, 10, 11, 12, 13 व 14 पर पॉजीटिव सप्लाई लाईन से 100K के एक-एक रजिस्टर क्रमशः R5, R4, R3, R2, R1, R10, R9, R8, R7 तथा R6 लगाए गए हैं।

आई.सी. KA2281 को पिन नं. 1 व 16 पर लेफ्ट व राईट चैनल के इन्पुट सिग्नल दिए गए हैं। पिन नं. 2 व 15 पर लगे प्रिसेट VR1 तथा VR2 दोनों चैनल्स के साऊण्ड को बेलेन्स रखते हैं। ये दोनों चैनल्स के लिए गेन कन्ट्रोल प्रिसेट हैं जिन्हें अधिकतम सुग्राहिता प्राप्त करने के लिए सेट किया जाता है।

आई.सी. KA2281 को कार्य करने के लिए पिन नं. 9 पर पॉजीटिव सप्लाई दी गई है तथा इसकी निगेटिव सप्लाई पिन, पिन नं. 8 को सीधे ग्राऊण्ड से जोड़ा गया है।

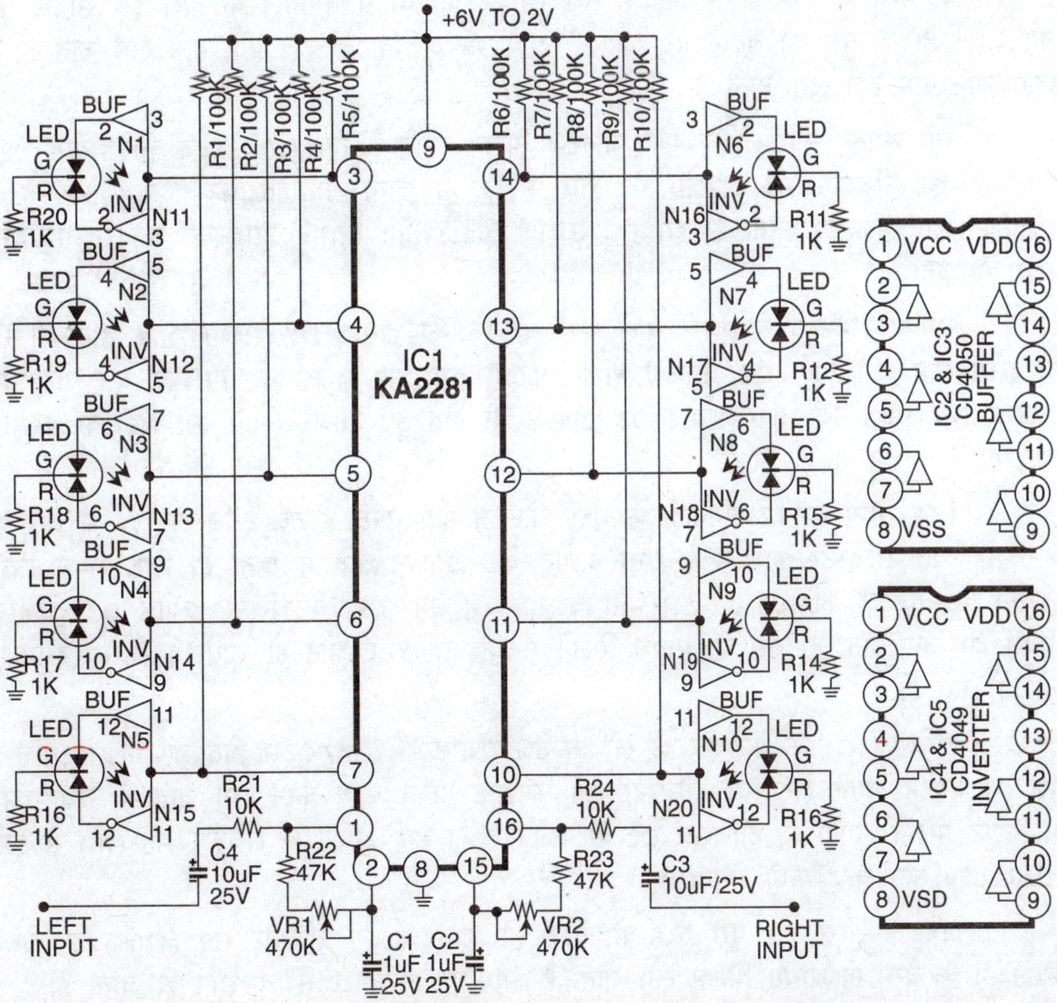

040 पीक ऑडियो पॉवर की सावधानी के लिए LED का प्रयोग

कई बार किसी ऑडियो उपकरण पर निर्माता द्वारा अंकित वॉटेज लेवल वहां पर मौजूद नहीं होता है ऐसी स्थिति में उस ऑडियो उपकरण से आवाज को सुनकर हमें उसका अनुमानित वॉटेज मालूम करना पड़ता है। इसके अलावा स्पीकर क्वायल को सही ऑडियो करन्ट न मिल पाने से स्पीकर की वॉईस क्वायल गर्म होने लग जाती है और हमारे कान डिस्टॉर्शन लेवल से नीचे के लेवल को सेन्स नहीं कर पाते हैं। जब तक हमारे कान निर्णय करेंगे तब तक इस परिणाम से इन्पुट सप्लाई का मान असंतुलित हो जाएगा तथा स्पीकर की वॉईस क्वायल जल जाएगी। इस तरह की अनहोनी से बचने के लिए यहां पर एक सर्किट बताया जा रहा है। इस सर्किट में मुख्य रुप से 5 ट्रांजिस्टर्स एवं एक LED का उपयोग किया गया है।

यह सर्किट एक प्रकार का एडॉप्टर ही है जिसे कार्य करने के लिए सप्लाई की जरुरत नहीं होती है। स्पीकर पर बनने वाले वोल्टेज ही इस सर्किट के सप्लाई वोल्टेज होते हैं। वर्तमान में बन रहे ऑडियो उपकरणों में एम्प्लीफायर का वॉल्युम लेवल स्पीकर की वॉईस क्वायल के वॉटेज से 50% कम पर सेट होता है ताकि स्पीकर की वॉईस क्वायल को खराब होने से बचाया जा सके। इन सभी सेटिंग्स को इस सर्किट में लगी LED के प्रकाश से जाना जा सकता है। पीक सिग्नल पर इस LED का प्रकाश अधिक तथा लो सिग्नल पर LED का प्रकाश कम होता जाता है। यदि वॉल्युम को धीरे-धीरे बढ़ाया जाय तो लो रेट पर शॉर्ट पीरियड के लिए LED ब्लिन्क करती है जो कि हमें यह सूचित करती है कि स्पीकर का पॉवर सामान्य पॉवर से अधिक हो रहा है।

इस सर्किट को स्पीकर की वॉईस क्वायल के समानान्तर क्रम में लगाया जाता है। जब कभी स्पीकर टर्मिनलों के मध्य वोल्टेज उत्पन्न होते हैं तब स्पीकर की वॉईस क्वायल के द्वारा इस सर्किट को सप्लाई प्राप्त होने लग जाती है। वॉल्युम को बढ़ाने पर इस सर्किट में भी अधिक वोल्टेज प्राप्त होने लग जाते हैं और LED से इसका इण्डीकेशन प्राप्त होने लग जाता है।

जब स्पीकर टर्मिनलों के मध्य वोल्टेज मिलने लगते हैं तब इस वोल्टेज को डायोड D2 (1N4007) के द्वारा रेक्टिफाई कर रजिस्टर R4 (220E) के द्वारा सर्किट में आगे प्रवाहित कर दिया जाता है जिसे केपेसीटर C2 (220MFd/63V) फिल्टर करता है। इस DC सप्लाई का उपयोग विभिन्न ट्रांजिस्टरों को सप्लाई वोल्टेज देने के रुप में किया गया है।

स्पीकर टर्मिनलों से मिलने वाले इन्हीं वोल्टेज को डायोड D1 (1N4007) के द्वारा भी रेक्टिफाई किया जाता है। इससे प्राप्त होने वाले DC वोल्टेज VR1 (100K) तथा R2 (10K) से मिलकर बने पोटेंशियल नेटवर्क के द्वारा रजिस्टर R3 (10K) एवं जिनर डायोड D3 (3V3-Z) से होते हुए ट्रांजिस्टर Q1 (BC546) के बेस को बायस के रुप में दिए गए हैं।

जिस समय स्पीकर टर्मिनलों के मध्य वोल्टेज नहीं बनते हैं तब ट्रांजिस्टर Q1 के बेस पर बायस के अभाव के कारण यह ट्रांजिस्टर कार्य नहीं करता है एवं कट-ऑफ स्थिति में रहता है। जिस समय रजिस्टर R2 व R3 के जंक्शन पर वोल्टेज का मान 4.5V से अधिक होता है तब 3.3V का जिनर डायोड D3 ट्रांजिस्टर Q1 के बेस को बायस देने लग जाता है। बेस पर बायस मिलने से यह ट्रांजिस्टर ऑन हो जाता है जिससे इसके कलेक्टर के वोल्टेज लो हो जाते हैं।

ट्रांजिस्टर Q1 के कलेक्टर के लो वोल्टेज रजिस्टर R7 (47K) से होते हुए PNP ट्रांजिस्टर Q2 (BC556) के बेस को मिलने लगते हैं। इससे ट्रांजिस्टर Q2 कण्डक्ट होकर कार्य करने लग जाता है तथा इसके कलेक्टर से हाई आऊटपुट मिलने लगता है। ट्रांजिस्टर Q2 के कलेक्टर का हाई आऊटपुट रजिस्टर R8 (1K) से होते हुए केपेसीटर C1 (1MFd/63V) को चार्ज करने लगता है।

जब केपेसीटर C1 पूरी तरह से चार्ज हो जाता है तो रजिस्टर R9 (470K) से होते हुए ट्रांजिस्टर Q3 (BC546) के बेस को बायस मिलने लग जाता है और यह ट्रांजिस्टर स्विच-ऑन हो जाता है।

ट्रांजिस्टर Q3 के ऑन होने से इसके कलेक्टर वोल्टेज ड्रॉप हो जाते हैं जो कि R10 (10K) से होते हुए ट्रांजिस्टर Q5 (BC556) के बेस को मिलते हैं एवं इससे ट्रांजिस्टर Q5 स्विच-ऑन हो जाता है। इससे इस ट्रांजिस्टर के कलेक्टर से निकलने वाला आऊटपुट रेड LED D6 को प्रकाशित कर देता है एवं यह LED प्रकाशित होने लग जाती है। यही LED ट्रांजिस्टर Q4 (BC546) को बेस-बायस प्रदान करती है जिससे यह ट्रांजिस्टर कार्य करता है। इस समय (अर्थात् जब तक LED प्रकाशित रहते हुए Q4 को कार्य कराती रहती है) केपेसीटर C1 में जमा चार्ज, R9 (470K), Q3 (BC546), R13 (1K) एवं Q4 (BC546) से होते हुए डिस्चार्ज होने लगता है। यह डिस्चार्जिंग लगभग 1/2 सेकेण्ड की होती है। प्रिसेट VR1 (100K) को घुमाकर सर्किट की सुग्राहिता (सेन्सिटीवीटि) को एडजस्ट किया जा सकता है। इसके द्वारा 1W से 300W तक की सेन्सीटीवीटि को सेट किया जा सकता है।

पीक ऑडियो पॉवर की सावधानी के लिए LED का प्रयोग

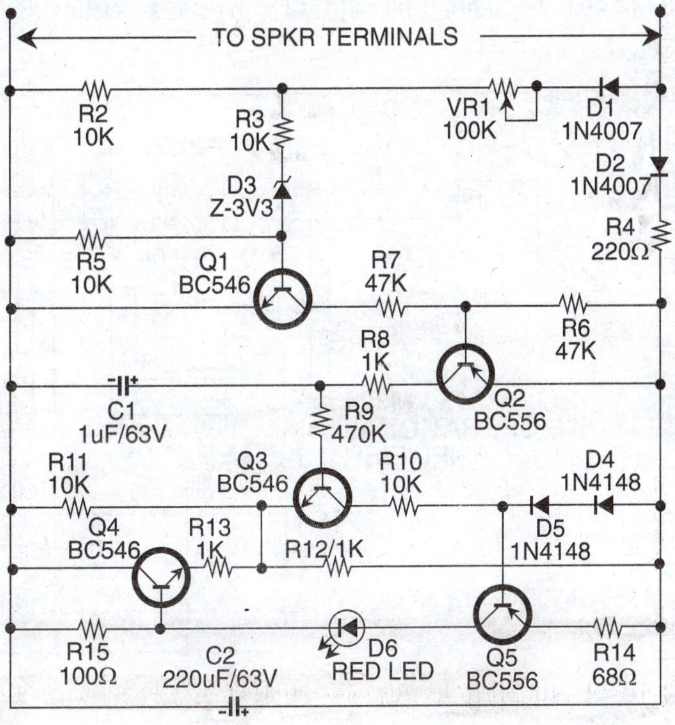

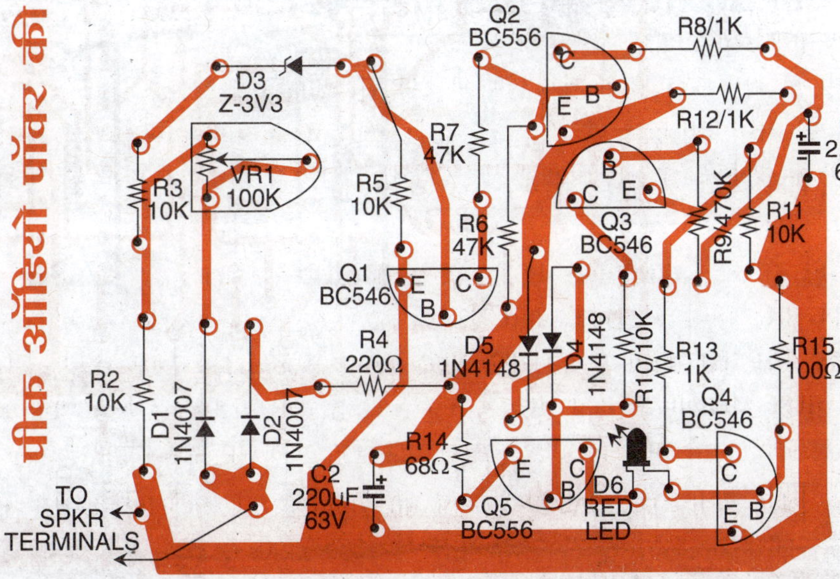

041 रिमोट ऑडियो लेवल इण्डीकेटर

इस प्रोजेक्ट में लगी LEDs माईक्रोफोन पर बोली जाने वाली आवाज के अनुसार जलती-बुझती हैं। इस प्रोजेक्ट में मुख्य रुप से 2 ऑपरेशनल एम्प्लीफायर आई.सी. LM324 का उपयोग किया गया है। प्रत्येक आई.सी. में 4 ऑपरेशनल एम्प्लीफायर्स हैं। इस तरह से इस प्रोजेक्ट में कुल 8 ऑपरेशनल एम्प्लीफायर्स का उपयोग हुआ है।

2 ऑपरेशनल एम्प्लीफायर आई.सी. LM324 में से पहली ऑपरेशनल एम्प्लीफायर आई.सी. के एक ऑपरेशनल एम्प्लीफायर का उपयोग नॉन-इन्वर्टिंग मोड में किया गया है जबकि दोनों आई.सी. के शेष 7 ऑपरेशनल एम्प्लीफायर्स का उपयोग इन्वर्टर के रुप में किया गया है।

ऑडियो को ग्रहण करने के लिए इस प्रोजेक्ट में कण्डेन्सर माईक्रोफोन का उपयोग किया गया है। इस माईक्रोफोन पर बोली जाने वाली आवाज को माईक्रोफोन ऑडियो सिग्नलों में बदलता है। ये ऑडियो सिग्नल, प्री-एम्प्लीफायर ट्रांजिस्टर BC148 के द्वारा एम्प्लीफाई किए जाते हैं। ट्रांजिस्टर के अमीटर से एम्प्लीफाईड ऑडियो सिग्नल पहली OP-AMP ऑपरेशनल एम्प्लीफायर आई.सी. LM324 की पिन नं. 3 को दिए गए हैं। पिन नं. 3 पर आए ऑडियो सिग्नलों का आऊटपुट इसी आई.सी. की पिन नं. 1 पर मिलता है जहां से इसे अन्य ऑपरेशनल एम्प्लीफायरों की इन्वर्टर पिनों को इन्पुट के रुप में दिया गया है। इन शेष 7 ऑपरेशनल एम्प्लीफायरों की आऊटपुट पिनों पर 220E के एक-एक करन्ट लिमिटर रजिस्टर से होते हुए एक-एक LED लगी हैं जो कि माईक्रोफोन पर बोली जाने वाली आवाज के अनुसार जलती-बुझती हैं।

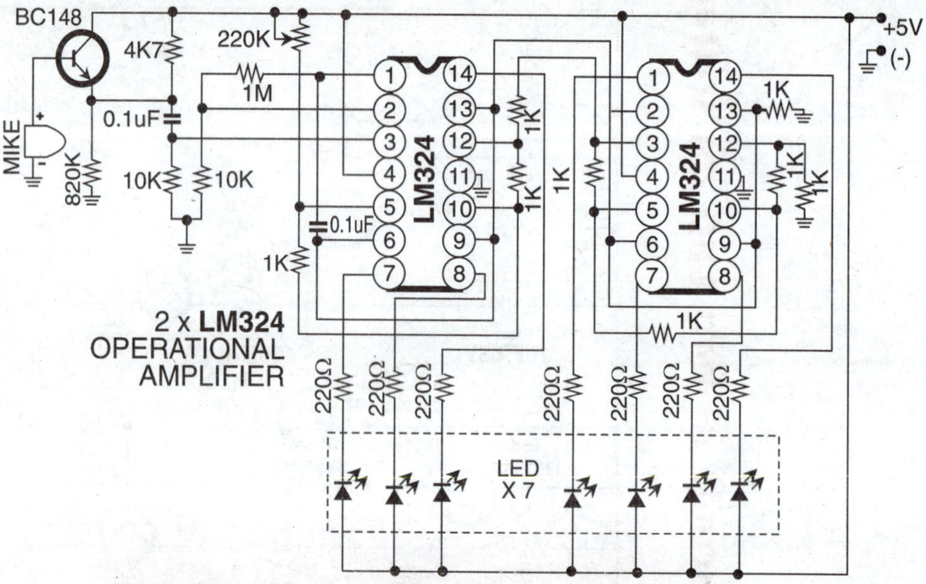

इस प्रोजेक्ट को +5V DC सप्लाई से कार्य कराया जा सकता है। यह +5V DC सप्लाई दोनों ऑपरेशनल एम्प्लीफायर आई.सी. को उनकी पिन नं. 4 पर दी गई है जबकि आई.सी. की निगेटिव सप्लाई पिन, पिन नं. 11 को सीधे ग्राऊण्ड से जोड़ा गया है।

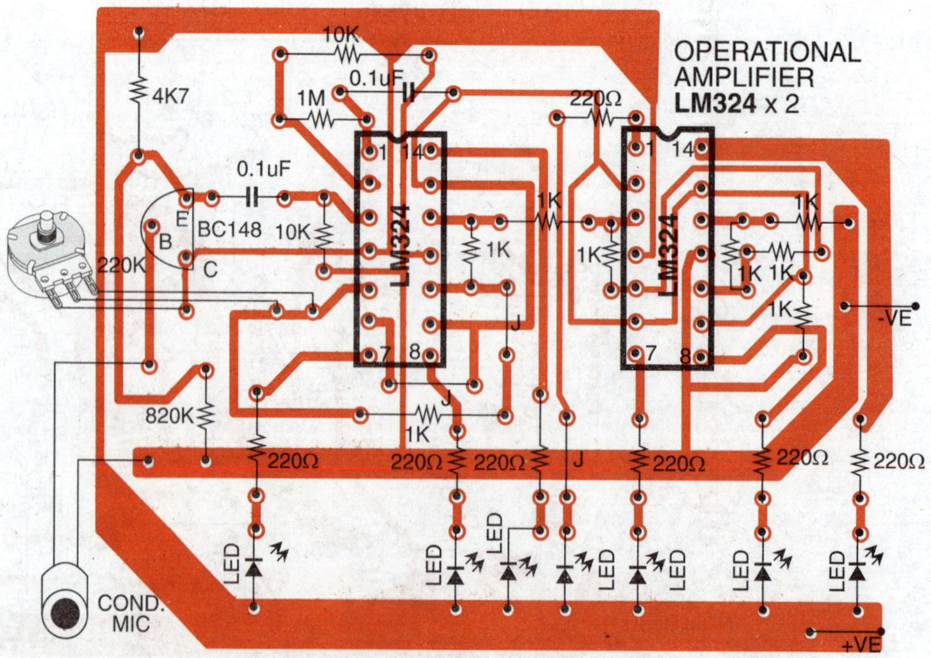

स्टीरियो बेलेन्स इण्डीकेटर

042

लेफ्ट चैनल तथा राईट चैनल के बेलेन्स को आप इस सर्किट में लगी LEDs के प्रकाश से मालूम कर सकते हैं। यह सर्किट दो चैनलों के साऊण्ड लेवल के बेलेन्स को LEDs के माध्यम से इण्डीकेट करती है। इस सर्किट में मुख्य रुप से 2 NPN तथा 2 PNP ट्रांजिस्टरों एवं 2 LEDs का उपयोग किया गया है।

किसी स्रोत से मिलने वाले लेफ्ट चैनल एवं राईट चैनल के ऑडियो सिग्नल एक-एक डायोड क्रमशः D1 व D2 तथा एक-एक रजिस्टर R10 (470E) व R9 (470E) एवं और एक-एक रजिस्टर R3 (10K) व R8 (10K) के द्वारा क्रमशः ट्रांजिस्टर Q1 (BC547) व Q2 (BC547) के बेस को दिए गए हैं। इन ट्रांजिस्टरों के कलेक्टर को एक-एक रजिस्टर R4 (22K) व R7 (22K) से एक-एक ट्रांजिस्टर Q3 (BC558) व Q4 (BC558) का बेस जुड़ा है। इन ट्रांजिस्टरों के अमीटर पर एक-एक LED क्रमशः लेफ्ट चैनल के लिए एवं राईट चैनल के लिए लगायी गयी है।

जिस समय किसी एक चैनल का साऊण्ड लेवल दुसरे चैनल की अपेक्षा अधिक हो जाता है तो उस चैनल की LED प्रकाशित होकर इसकी सूचना देने लग जाती है। उदाहरण के लिए यदि लेफ्ट चैनल का साऊण्ड लेवल राईट चैनल के साऊण्ड लेवल की अपेक्षा अधिक हो जाएगा तो ट्रांजिस्टर Q1 के बेस पर बायस वोल्टेज बढ़ जाने से इस ट्रांजिस्टर का कण्डक्शन बढ़ जाएगा एवं इसके कलेक्टर वोल्टेज ड्रॉप हो जाएगें। इससे ट्रांजिस्टर Q3 के बेस वोल्टेज भी ड्रॉप हो जाएगें तथा ट्रांजिस्टर Q3 का भी कण्डक्शन बढ़ जाएगा। ट्रांजिस्टर Q3 का कण्डक्शन बढ़ने से इसके कलेक्टर से अधिक आऊटपुट निकलने लगेगा जिससे लेफ्ट चैनल की LED प्रकाशित होकर हमें यह सूचित करेगी कि लेफ्ट चैनल का साऊण्ड लेवल राईट चैनल के साऊण्ड लेवल की तुलना में अधिक है।

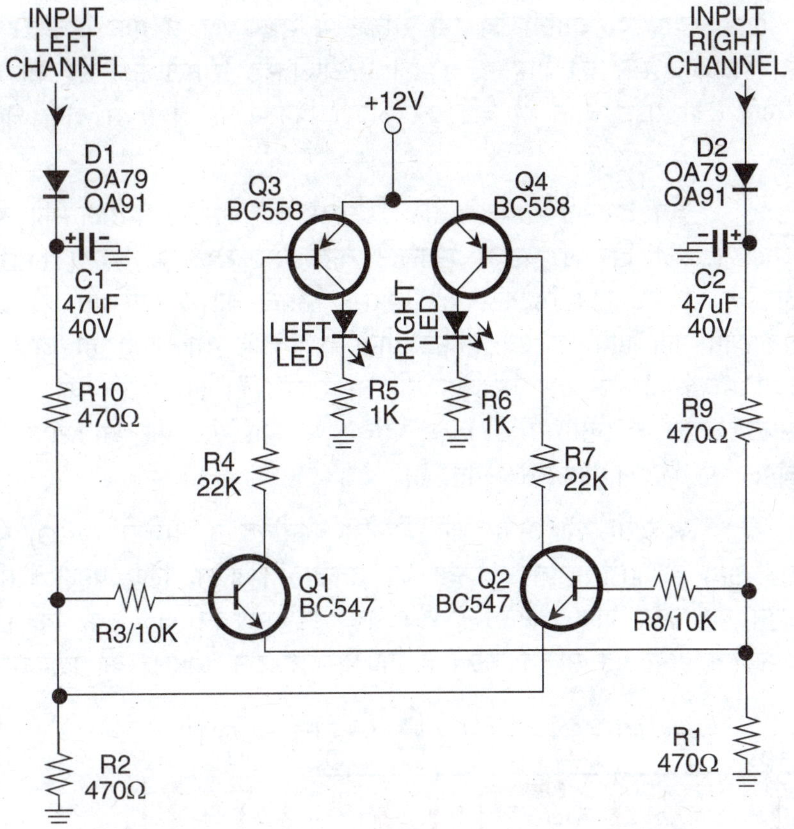

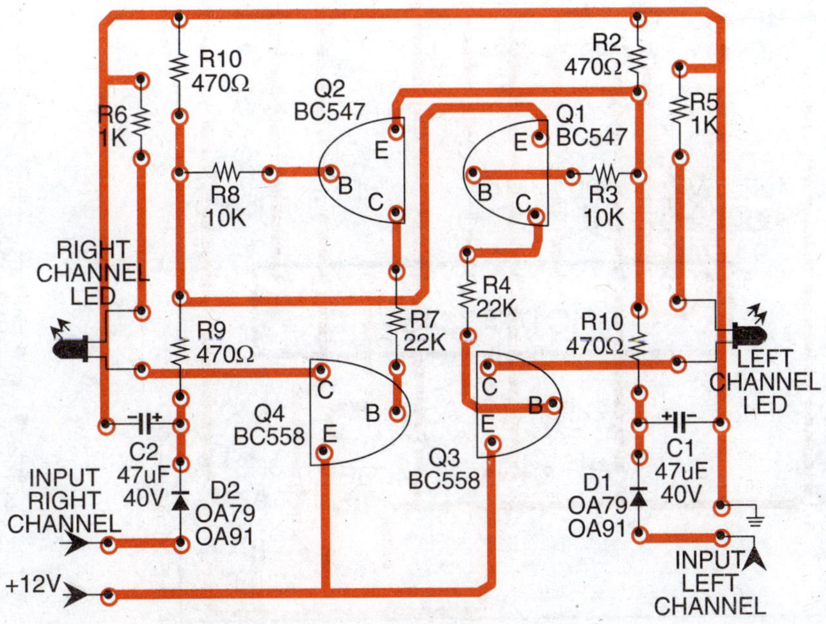

043 स्टीरियो डिकोडर इण्डीकेटर

किसी मल्टीप्लेक्स स्टीरियो स्त्रोत से लेफ्ट चैनल तथा राईट चैनल के सिग्नल को पृथक करना काफी मुश्किल होता है। इसके लिए ट्रान्समीटर में एक जैसे फेज वाली एक सहायक 38KHz की कैरियर फ्रिक्वेन्सी की जरुरत पड़ती है। यह कैरियर फ्रिक्वेन्सी एक वोल्टेज कन्ट्रोल्ड ऑसीलेटर (VCO) के द्वारा बनायी जाती है। इस व्यवस्था में मल्टीप्लेक्स्ड सिग्नल में 19KHz पायलट टोन के साथ सिन्क्रोनाईज करने की जरुरत होती है। पायलट टोन के इण्डीकेशन के लिए LED का उपयोग किया जाता है।

यहां पर बतायी जा रही सर्किट में मुख्य रुप से एक डिकोडर आई.सी. TA7343P का उपयोग किया गया है। इस आई.सी. की पिन नं. 1 को मल्टीप्लेक्स्ड सिग्नल दिए गए हैं। आई.सी. इन मल्टीप्लेक्स्ड सिग्नलों को लेफ्ट चैनल तथा राईट चैनल में बांट कर अपनी पिन नं. 8 व 9 से दोनों चैनलों का पृथक-पृथक आऊटपुट प्रदान करती है।

जब इन्टर्नल पायलट टोन डिटेक्टर को 19KHz सिग्नल की मौजूदगी की जानकारी मिलती है तब इससे आई.सी. की पिन नं. 6 से निकलने वाले आऊटपुट के कारण LED D1 प्रकाशित होने लगती है। जिस समय इन्टर्नल पायलट टोन डिटेक्टर को 19KHz सिग्नल की अनुपस्थिति की जानकारी मिलती है तब इस समय LED D1 प्रकाशित नहीं होती है एवं सर्किट मोनो स्थिति में आ जाती है। आई.सी. की पिन नं. 7 पर लगे स्विच S1 के द्वारा मोनो की मेन्युअल स्विचिंग की जा सकती है। इस स्विच की ऑन पोजिशन में आई.सी. की पिन नं. 7 पर सप्लाई वोल्टेज (लगभग 8V) के पहुंचने से आई.सी. की आऊटपुट पिनों, पिन नं. 8 व 9 से लेफ्ट एवं राईट चैनल का सिग्नल निकलने लगता है।

आई.सी. के अन्दर बने वोल्टेज कन्ट्रोल्ड ऑसीलेटर (VCO) को आई.सी. की पिन नं. 4 पर लगे प्रिसेट P1 (5K) के द्वारा एडजस्ट किया जा सकता है। इसके लिए पहले रिसीवर को चालू करके स्टीरियो ट्रान्समीटर से ट्यून करें और फिर प्रिसेट को तब तक एडजस्ट करें जब तक कि LED प्रकाशित न होने लग जाए। LED का प्रकाशित होना यह सूचित करता है कि पायलट टोन 19KHz की फ्रिक्वेन्सी पर सेट है।

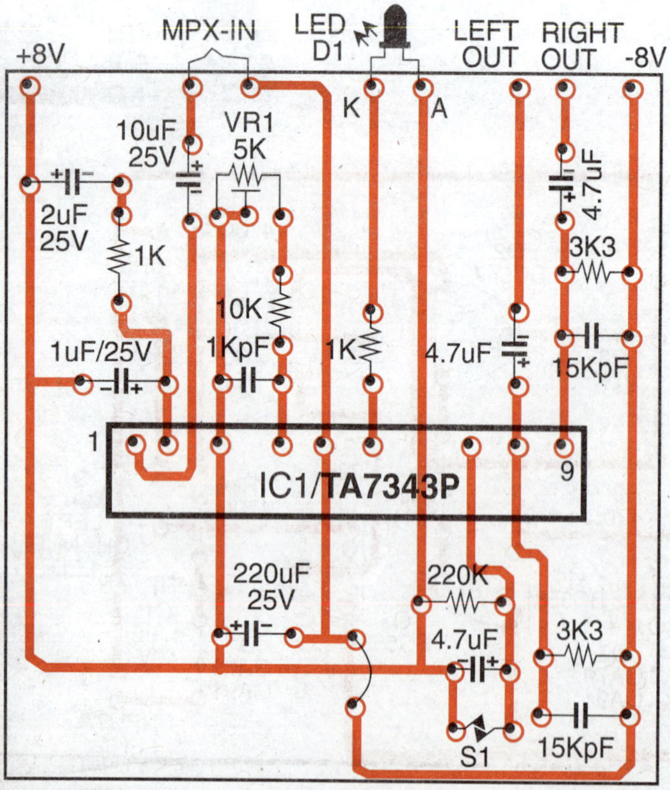

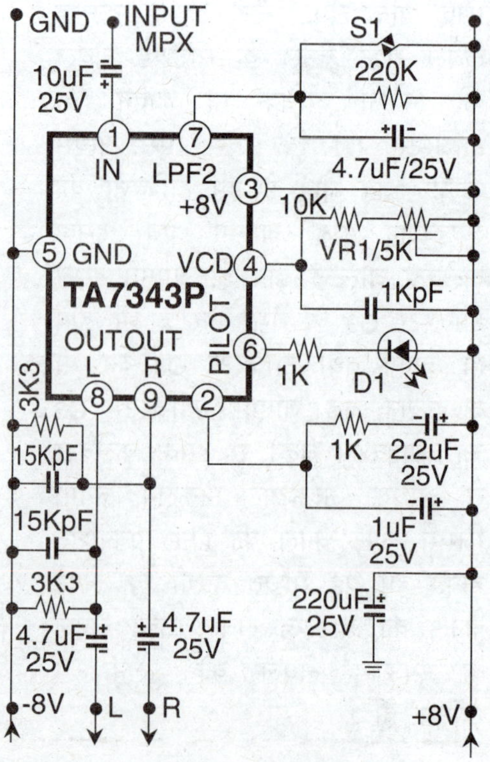

CD प्लेयर में LED का उपयोग

044

CD प्लेयर के बारे में हम सभी यह जानते हैं कि CD प्लेयर टाईमर से मिलकर बना होता है जो कि प्रोग्रामेबल टाईमिंग के पश्चात् प्लेयर को चालू करता है। यहां पर दिखाई जा रही सर्किट में एक ड्यूल टाईमर आई.सी. 556 का उपयोग किया गया है। इस आई.सी. में दो स्वतंत्र टाईमर हैं। सर्किट डायग्राम में IC1(A) एक टाईमर है जबकि IC1(B) दुसरा टाईमर है।

पहले टाईमर IC1(B) की पिन नं. 12-13 पर लगे कम्पोनेन्ट्स R2 एवं C2 टाईम कॉन्स्टेन्ट कम्पोनेन्ट्स हैं। टाईमर IC1(B), के द्वारा उत्पन्न टाईम डिले ट्रिगर केपेसीटर C3 से होते हुए दुसरे टाईमर IC1(A) के इन्पुट पर प्राप्त होता है। IC1(A) के ट्रिगर टर्मिनल (पिन नं. 6) पर पॉजीटिव सप्लाई लाईन से R3 (47K) के द्वारा फिक्स्ड बायस दिया गया है। इस दुसरे टाईमर की आऊटपुट पिन, पिन नं. 5 से पल्सेस R6 के द्वारा ट्रांजिस्टर Q1 के बेस को दी गई हैं। इस ट्रांजिस्टर का कलेक्टर CD प्लेयर के प्ले बटन से जुड़ा है जिस पर +5V की सप्लाई दी गई है तथा प्ले बटन का दुसरा टर्मिनल ट्रांजिस्टर Q1 के अमीटर से जोड़ा गया है।

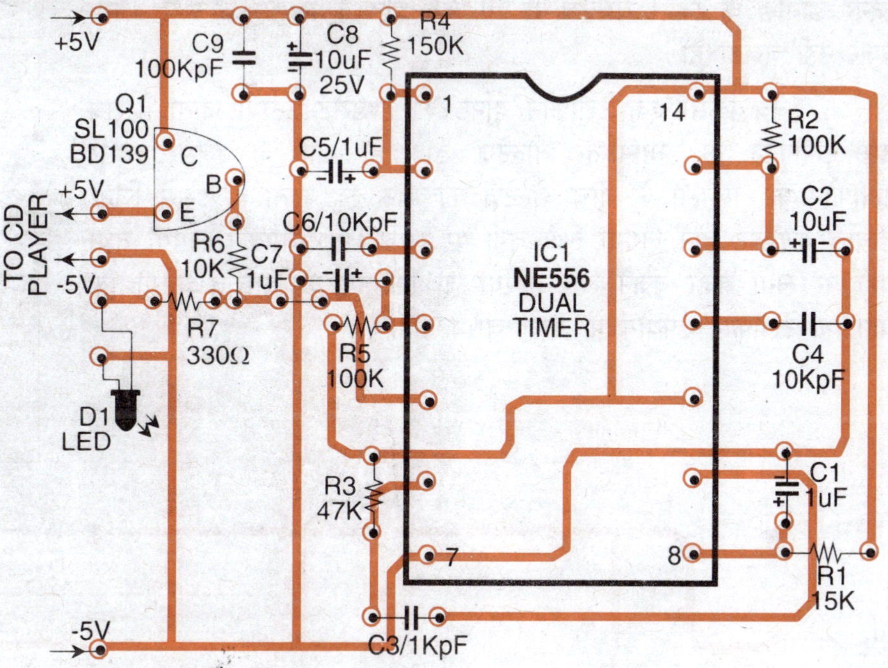

जब ट्रांजिस्टर के बेस पर पल्सेस पहुंचती है तब यह ट्रांजिस्टर कार्य करने लग जाता है एवं इस ट्रांजिस्टर से होते हुए CD प्लेयर के प्ले बटन को सप्लाई मिलने लग जाती है। इससे CD प्लेयर में फंक्शन शुरु हो जाते हैं।

यहां पर ट्रांजिस्टर Q1 के स्थान पर आप ऑप्टो-कपलर (CNY17) का उपयोग कर सकते हैं जो कि ट्रांजिस्टर के द्वारा किए जाने वाले कार्य के समान ही कार्य करता है।

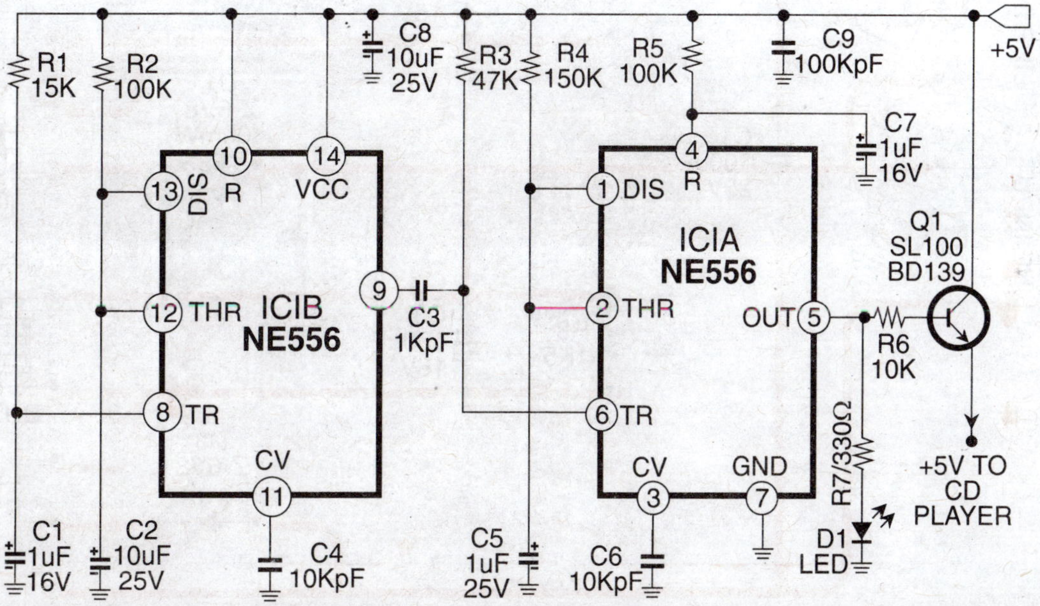

045 टेलीफोन इण्डीकेटर

इस प्रोजेक्ट के द्वारा घर में अलग-अलग कमरों में रखे टेलीफोन को इस प्रोजेक्ट में लगी LED के द्वारा इण्डीकेट करा सकते हैं। इस प्रोजेक्ट में मुख्य रुप से LED, जिनर डायोड, रजिस्टेंस व केपेसीटर का उपयोग किया गया है। एक जैसी दो टेलीफोन यूनिटों के लिए इस प्रोजेक्ट का उपयोग करने के लिए एक पृथक 12V के पॉवर यूनिट एडॉप्टर की आवश्यकता पड़ती है।

जब दो टेलीफोन यूनिट्स को एक-दूसरे के सीरिज में उपयोग में लाया जाता है तब इनमें दोनों के बीच सप्लाई के आधे वोल्टेज उपलब्ध होते हैं। इस समय जिनर डायोड D1 तथा D3 के बीच सप्लाई वोल्टेज, जिनर डायोड के जिनर वोल्टेज से भी कम होते हैं जिससे वहां पर लगा बजर नहीं बजता है।

जब किसी एक टेलीफोन यूनिट का हेण्डसेट उठाया जाता है तब उस टेलीफोन के समानान्तर वोल्टेज ड्रॉप हो जाते हैं जिससे दुसरे टेलीफोन के टर्मिनलों के बीच वोल्टेज का मान बढ़ जाता है। इससे जिनर डायोड कण्डक्ट होने लगेगा तथा वहां पर लगी LED चमकने लगेगी तथा वहां पर लगा बजर बजने लग जाएगा जो कि हमें यह सूचित करेगी कि वहां का टेलीफोन उपयोग में लाया जा रहा है।

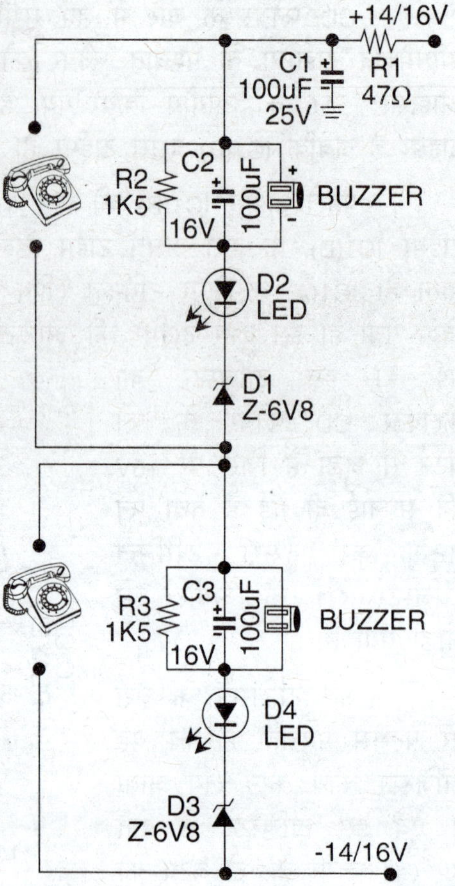

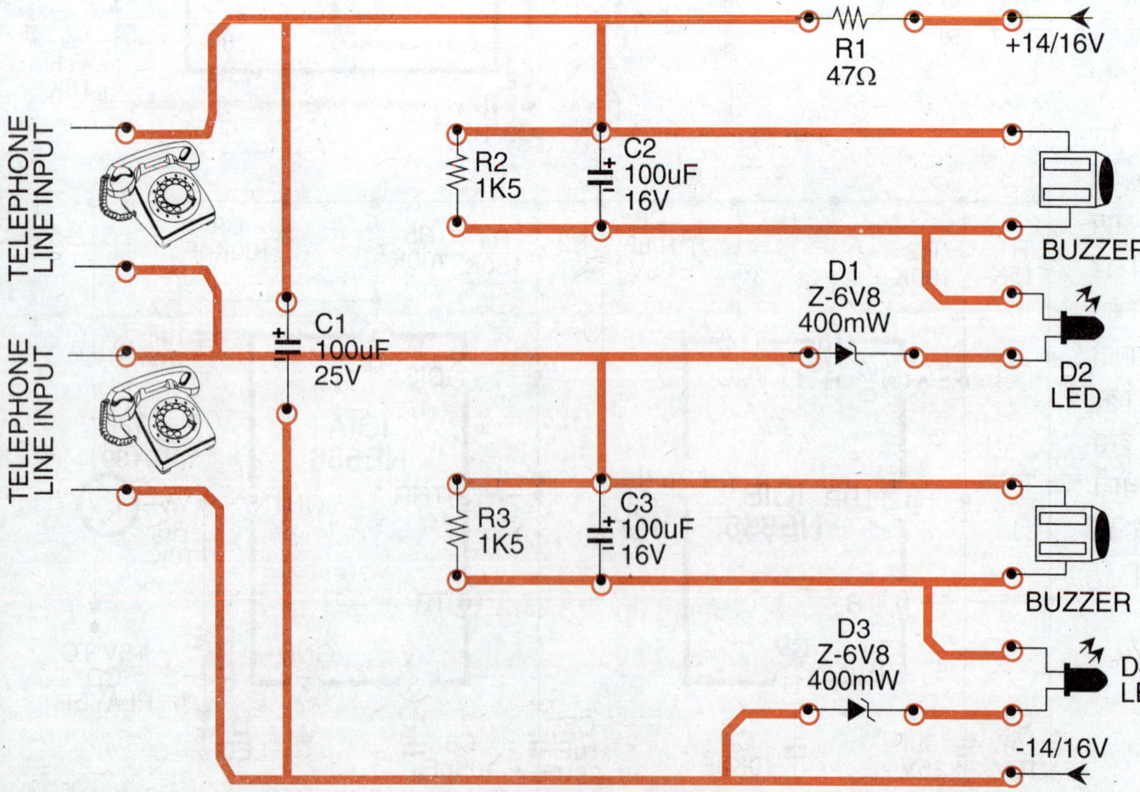

टेलीफोन टेस्टर

046

यहां पर एक साधारण प्रकार के टेलीफोन टेस्टर को बताया जा रहा है जिसमें एक ट्रांसफॉर्मर, दो चेन्ज-ओवर स्विच, एक ट्रांजिस्टर तथा कुछ LEDs का उपयोग किया गया है। यहां पर लगी रेड कलर की LED पॉवर-ऑन इण्डीकेटर LED है।

इस सर्किट के आऊटपुट टर्मिनलों के साथ किसी टेलीफोन को जोड़ कर तथा स्विच S1 को नॉर्मल स्थिति (अर्थात् कॉन्टेक्ट नं. 1) पर रख कर यह जांच करें कि क्या LED D5 तथा D6 प्रकाशित होती है अथवा नहीं। यदि ये LED प्रकाशित होती हैं तो इसका मतलब समझें कि टेलीफोन में कहीं पर शॉर्ट सर्किट है। यदि LED प्रकाशित नहीं होती है तो फिर टेलीफोन के हेण्डसेट को उसके क्रेडल पर से उठाएं। यदि इससे LED D6 प्रकाशित होने लगती है तो इसका मतलब समझें कि टेलीफोन सही है। इसके बाद टेलीफोन के की-पैड पर किसी भी बटन को दबाएं। यदि इससे LED D6 फ्लिकरिंग करने लग जाय तो इसका मतलब यह समझें कि डायलिंग फंक्शन ठीक है।

अब स्विच S1 को रिंग स्थिति (अर्थात् कॉन्टेक्ट नं. 2) पर रखें। इससे इस सर्किट का संबंध टेलीफोन के रिसीविंग विभाग से हो जाता है। अब यह जांच करें कि जब तक स्विच S2 को नहीं दबाया जाता है तब तक टेलीफोन की रिंग की आवाज लगातर आ रही है या नहीं? यदि रिंग की आवाज लगातार सुनाई दे रही है तब इसका मतलब यह समझें कि टेलीफोन का रिसीविंग विभाग भी सही है।

इस तरह से इस सर्किट में लगी LED के इण्डीकेशन से टेलीफोन के विभिन्न विभागों की खराबियों को जान सकते हैं।

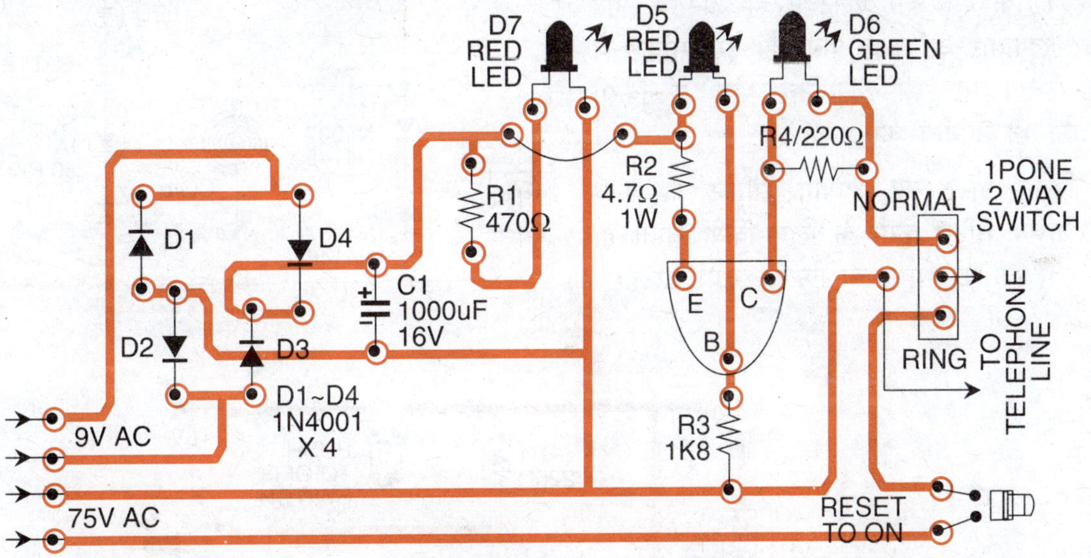

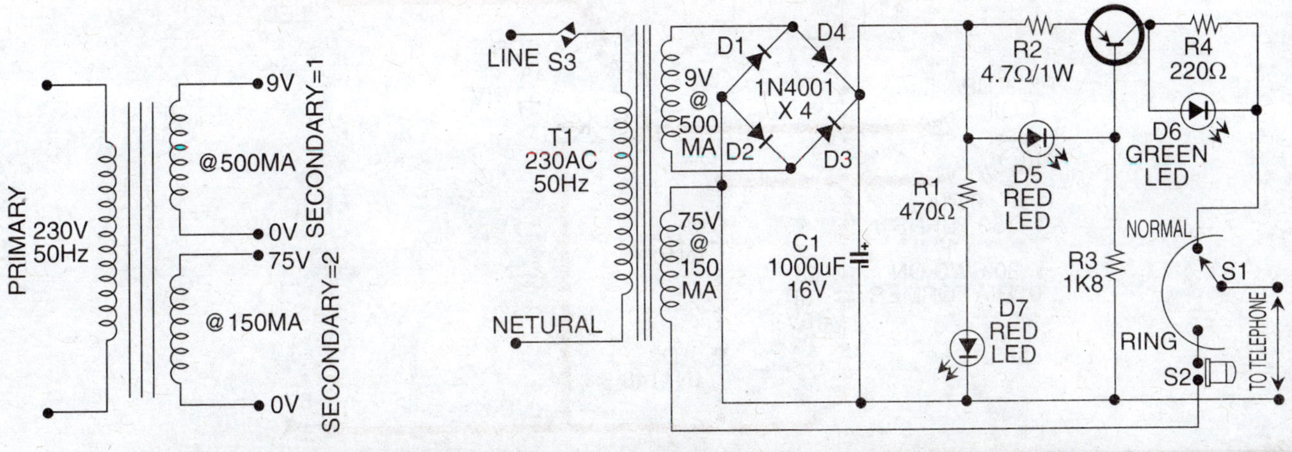

047 टेलीफोन कॉल इण्डीकेटर

इस प्रोजेक्ट के माध्यम से आपको यह जानकारी मिल सकती है कि आपकी अनुपस्थिति में कोई टेलीफोन कॉल आया था या नहीं? इसे टेलीफोन मेमोरी सर्किट भी कहा जाता है।

इस प्रोजेक्ट में 30 गेज की वायर के 150 टर्न की 6 इन्च चक्राकार क्वायल को एक हार्डबोर्ड के टुकड़े पर लपेट कर लगायी गई है। इस क्वायल को टेलीफोन के पास रखा जाता है। जब टेलीफोन में कोई कॉल आता है तब टेलीफोन के चारो ओर एक चुम्बकीय क्षेत्र उत्पन्न होता है। इससे इस प्रोजेक्ट की क्वायल में वोल्टेज उत्पन्न होते हैं। ये वोल्टेज इस प्रोजेक्ट में लगे SCR के गेट को मिलते हैं। इससे SCR कण्डक्ट करने लग जाता है और SCR के एनोड पर लगी LED की सर्किट SCR से होते हुए कम्पलीट होती है जिसके कारण LED प्रकाशित होने लग जाती है। यह LED तब तक प्रकाशित होते रहती है जब तक कि वहां पर लगे पुश बटन को दबाया नहीं जाता है।

इस प्रकार हमारी अनुपस्थिति में टेलीफोन कॉल आने पर इस प्रोजेक्ट में लगी LED प्रकाशित होने लग जाती है। जब हम टेलीफोन के समक्ष उपस्थित होते हैं तब इस LED के प्रकाश से हमें यह सूचित होता है कि हमारी अनुपस्थिति में कोई टेलीफोन कॉल आया था। यह जानकारी प्राप्त कर लेने के बाद हम इस प्रोजेक्ट में लगे पुश बटन को दबाकर LED को ऑफ कर देते हैं।

इस प्रोजेक्ट में प्रयुक्त SCR लो-वोल्टेज, लो-करन्ट वाला होता है जिसके गेट के ट्रिगर वोल्टेज लगभग 2V तथा ट्रिगर करन्ट लगभग 1mA होता है। यही वजह है कि एक बार एक्टिवेट हो जाने के बाद यह सर्किट लगातार ऑन रह पाती है। इस सर्किट में SCR के स्थान पर आप निगेटिव मोड में किसी ट्रांजिस्टर का भी उपयोग कर सकते हैं।

प्रिसेट VR1 का उपयोग सर्किट के कार्य करने की उचित सेटिंग करने के लिए किया जाता है। केपेसीटर C1 एक कम मान का फिल्टर केपेसीटर है।

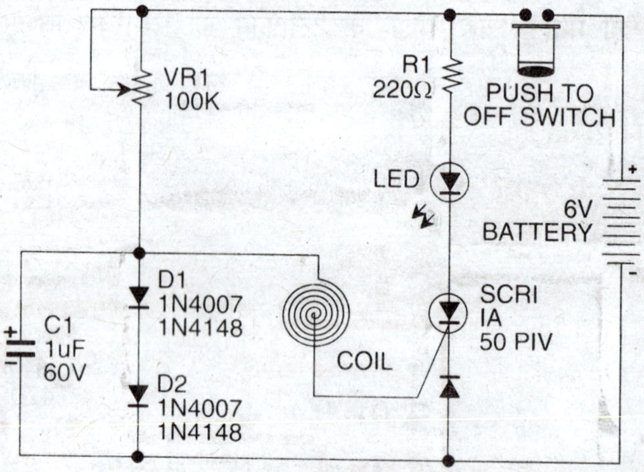

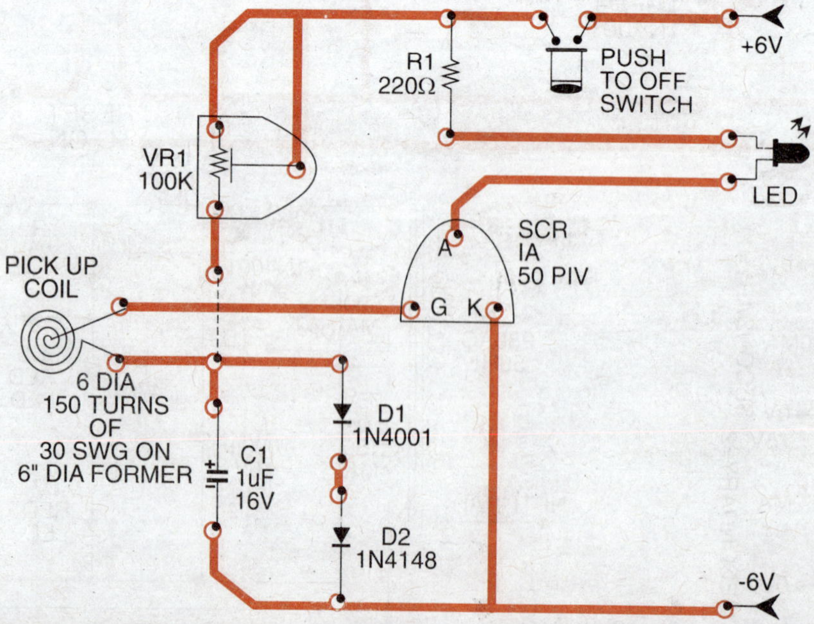

टेलीफोन मॉनीटर

048

इस प्रोजेक्ट के माध्यम से आप यह जान सकते हैं कि एक ही लाईन में लगे दो टेलीफोन सेट्स में से किसी एक पर किसी व्यक्ति के द्वारा अनाधिकृत रुप से टेलीफोन के वार्तालाप को सुना तो नहीं जा रहा है या टेप तो नहीं किया जा रहा है। यदि कोई व्यक्ति अनाधिकृत रुप से आपके टेलीफोन वार्तालाप को सुन रहा होगा या टेप कर रहा होगा तो इस प्रोजेक्ट में लगी LED इण्डीकेट होकर इसकी सूचना आपको देती है।

इस प्रोजेक्ट में मुख्य रुप से एक ड्यूल ऑपरेशनल एम्प्लीफायर आई.सी. LM1458 तथा 2 LEDs का उपयोग किया गया है। इस आई.सी. के स्थान पर आप LM393, LM355, LM1393, LM358 इत्यादि में से कोई भी ड्यूल ऑपरेशनल एम्प्लीफायर का उपयोग कर सकते हैं।

आपके टेलीफोन की लाईन से मिलने वाले वोल्टेज को इस प्रोजेक्ट में लगे ब्रिज रेक्टिफायर के द्वारा रेक्टिफाई किया गया है एवं प्राप्त होने वाले DC वोल्टेज R2 के द्वारा आई.सी. के दोनों ऑपरेशनल एम्प्लीफायर्स की इन्वर्टिंग इन्पुट पिनों पर दिए गए हैं। दोनों ऑपरेशनल एम्प्लीफायर्स की नॉन-इन्वर्टिंग इन्पुट पिनों को बायस, रेग्युलेटर आई.सी. 7805 से मिलने वाली +5V DC सप्लाई लाईन से एक-एक प्रिसेट VR1 तथा VR2 के द्वारा दिए गए हैं। दोनों ऑपरेशनल एम्प्लीफायर्स के आऊटपुट पर एक-एक LED LED1 तथा LED2 लगायी गई है।

टेलीफोन सिस्टम के बारे में हम जानते हैं कि जब तक टेलीफोन सेट का उपयोग नहीं हो रहा है तब तक टेलीफोन लाईन के वोल्टेज लगभग 48V DC रहते हैं। जब टेलीफोन का उपयोग करने हेतु इसके रिसीवर को क्रेडल पर से उठाया जाता है तो टेलीफोन लाईन के वोल्टेज ड्रॉप होकर ऑपरेटिंग वोल्टेज के बराबर याने लगभग 12V जितने रह जाते हैं। यदि साथ-साथ लगे दुसरे टेलीफोन सेट के रिसीवर को भी उसी समय उठा लिया जाय तो टेलीफोन लाईन के वोल्टेज और ड्रॉप होकर 8V जितने रह जाते हैं।

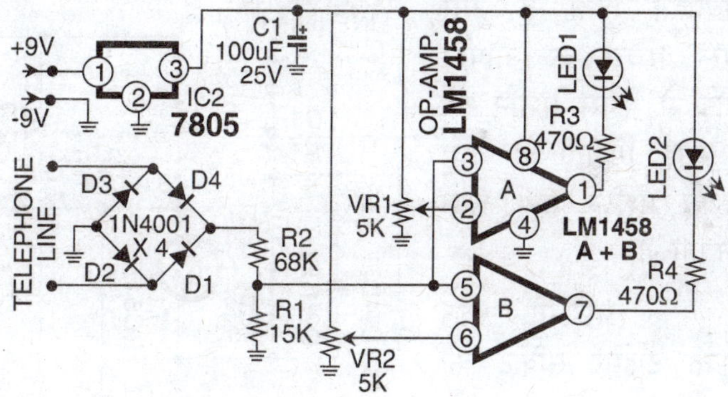

जैसे ही कोई व्यक्ति अनाधिकृत रुप से आपके वार्तालाप को सुनने के लिए टेप करने के लिए एक लाईन में लगे किसी टेलीफोन सेट के रिसीवर को उठाता है वैसे ही इस प्रोजेक्ट में लगी LEDs प्रकाशित होकर आपको सूचना देने लग जाती है।

प्रिसेट VR1 व VR2 का एडजस्टमेन्ट काफी महत्वपूर्ण होता है एवं इसे निम्न प्रकार से सेट किया जाता है ; टेलीफोन यूनिट का रिसीवर उठाएं तथा प्रिसेट VR1 को तब तक सेट करते रहें जब तक कि LED1 प्रकाशित न हो जाए। इसके बाद पहली टेलीफोन यूनिट को रख दें तथा दुसरी टेलीफोन यूनिट के रिसीवर को उठाएं और प्रिसेट VR2 को तब तक सेट करते रहें जब तक कि LED2 प्रकाशित नहीं हो जाती है।

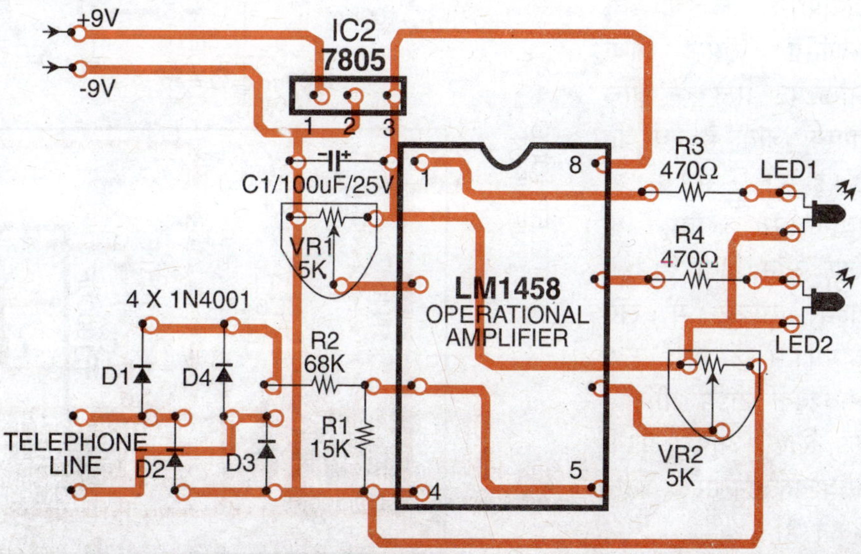

049 फैक्स मशीन के लिए वॉच-डॉग

फैक्स मशीन से किसी सूचना को भेजते समय तो फैक्स मशीन को ऑन कर अपना कार्य कर लेते हैं और फैक्स मशीन को जरुरत न होने पर ऑफ भी कर देते हैं परन्तु फैक्स मशीन में आने वाली सूचना कब आएगी इसकी हमें जानकारी नहीं होती है। अतः हमें फैक्स मशीन को हमेंशा ऑन करके रखना पड़ता है जिससे पॉवर की खपत बढ़ जाती है एवं फैक्स मशीन की आयु भी प्रभावित होती है। अतः इस समस्या से निजात पाने के लिए यहां पर एक ऐसे प्रोजेक्ट के बारे में बताया जा रहा है जो कि 100 सेकेण्ड्स के समय के लिए फैक्स मशीन के पॉवर को ऑन करता है और यदि इस 100 सेकेण्ड्स में फैक्स मशीन को कोई इन्कमिंग मैसेज प्राप्त नहीं होता है तो फिर यह प्रोजेक्ट फैक्स मशीन को स्टेण्डबाय स्थिति में ले आता है।

इस प्रोजेक्ट में मुख्य रुप से दो ट्रांजिस्टर्स, एक टाईमर आई.सी. 555, एक LED तथा एक रिले का उपयोग किया गया है। टेलिफोन लाईन से प्राप्त इन्पुट को C1, D1 एवं R1 से होते हुए ट्रांजिस्टर Q1 के बेस से जोड़ा गया है जिसे ट्रांजिस्टर एम्प्लीफाई कर अपने कलेक्टर से C3 के द्वारा आई.सी. 555 की पिन नं. 2 को दे देता है। आई.सी. की पिन नं. 6-7 पर लगे R4 तथा C5 टाईम कॉन्स्टेन्ट कम्पोनेन्ट्स है जो कि ऑन पीरियड को 100 सेकेण्ड्स का निर्धारित करते हैं।

आई.सी. की पिन नं. 3 से मिलने वाला आऊटपुट R6 के द्वारा ट्रांजिस्टर T2 के बेस को दिया गया है। इस ट्रांजिस्टर का कलेक्टर रिले RLY-1 से जुड़ा है। सर्किट में देखने से स्पष्ट होता है कि फैक्स मशीन को सप्लाई रिले स्विच से होते हुए दी गई है।

आई.सी. 555 की पिन नं. 3 से आऊटपुट मिलने पर ट्रांजिस्टर T2 कार्य करता है जिससे रिले की क्वायल में करन्ट प्रवाहित होता है और रिले स्विच के ऑपरेट होने से फैक्स मशीन को सप्लाई मिलती है तथा फैक्स मशीन कार्य करने लगती है।

आई.सी. 555 युक्त टाईमर सर्किट को टेलीफोन लाईन के इन्कमिंग सिग्नल तथा आऊटपुट रिले के बीच लगाया जाता है एवं यह टाईमर सर्किट पूर्वनिर्धारित समय के लिए ऑन होती है। इस टाईमर सर्किट में लगे कम्पोनेन्ट्स को आवश्यक टाईम पीरियड के लिए आप अपनी आवश्यकतानुसार बदल सकते हैं।

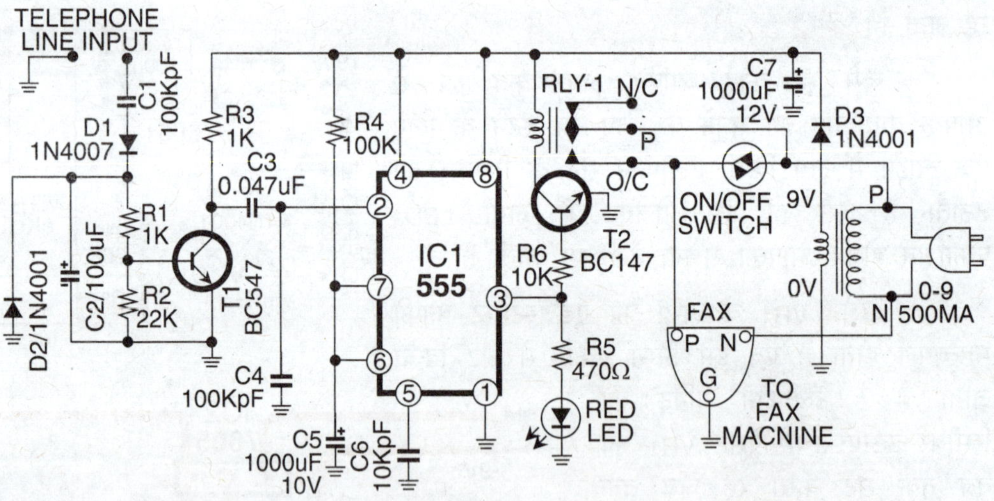

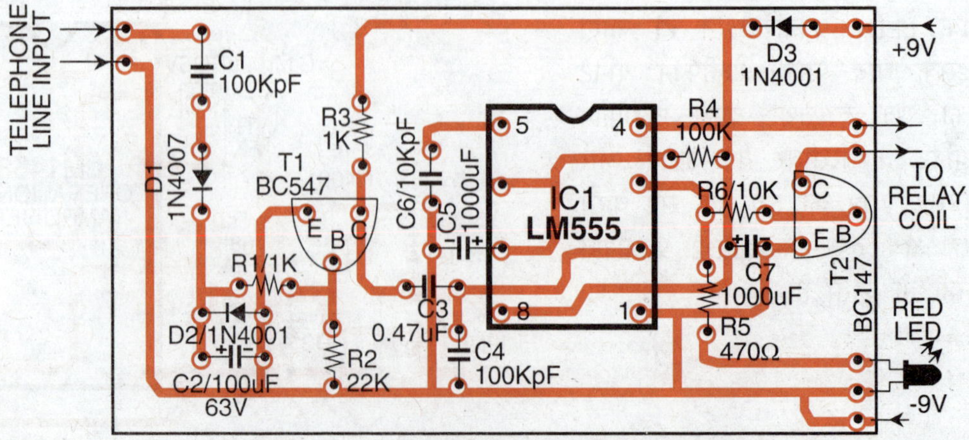

मॉडम स्टेटस इण्डीकेटर

050

यहां पर दिखाई जा रही सर्किट के माध्यम से आप यह जानकारी प्राप्त कर सकते हैं कि मॉडम का उपयोग हो रहा है या नहीं। यह सर्किट टेलीफोन लाईन तथा मॉडम लाईन के साथ उपयोग में लायी जाती है। इस प्रोजेक्ट में LED का प्रकाशित होना यह सूचित करता है कि मॉडम का उपयोग हो रहा है।

मॉडम के उपयोग के समय इस सर्किट में लगे ऑप्टो-कपलर MCT2E की पिन नं. 1 व 2 पर इन्पुट प्राप्त होने से इन पिनों से भीतर बनी LED प्रकाशित होने लग जाती है जिसका प्रकाश भीतर लगे फोटो ट्रांजिस्टर पर पड़ता है और फोटो ट्रांजिस्टर कण्डक्ट करने लग जाता है। फोटो ट्रांजिस्टर के कण्डक्शन से ऑप्टो-कपलर की पिन नं. 4 से मिलने वाला आऊटपुट ट्रांजिस्टर Q1 के बेस पर पहुंच कर इस ट्रांजिस्टर को ऑन कर देता है। ट्रांजिस्टर Q1 के कार्य करने से इस ट्रांजिस्टर में से करन्ट का प्रवाह शुरु हो जाता है तथा ट्रांजिस्टर के कलेक्टर पर लगी LEDs प्रकाशित होने लग जाती है जो कि हमें यह सूचित करती है कि मॉडम का उपयोग हो रहा है।

इस सर्किट में टेलीफोन लाईन के समानान्तर क्रम में एक मेटल ऑक्साईड वेरिस्टर का उपयोग किया गया है।

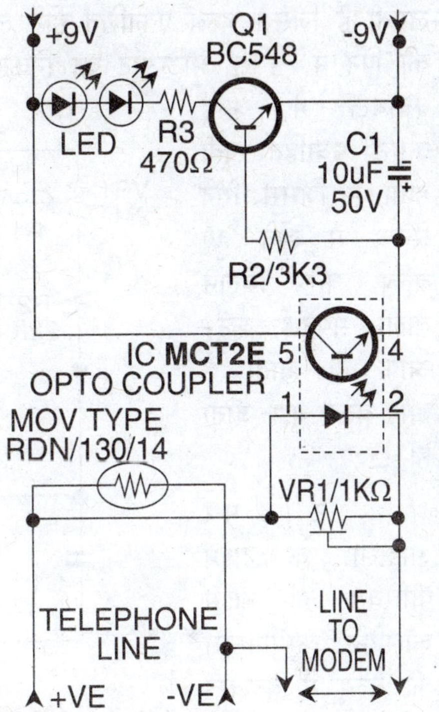

पार्टस सूची

- प्रिसेट VR1 = 1K
- रजिस्टेंस R2 = 3K3
- रजिस्टेंस R3 = 470E
- ऑप्टो-कपलर = MCT2E
- ट्रांजिस्टर Q1 = BC548
- LED = 2 नग
- केपेसीटर C1 = 10MFd/50V
- वेरिस्टर = मेटल ऑक्साईड टाईप RDN/130/14

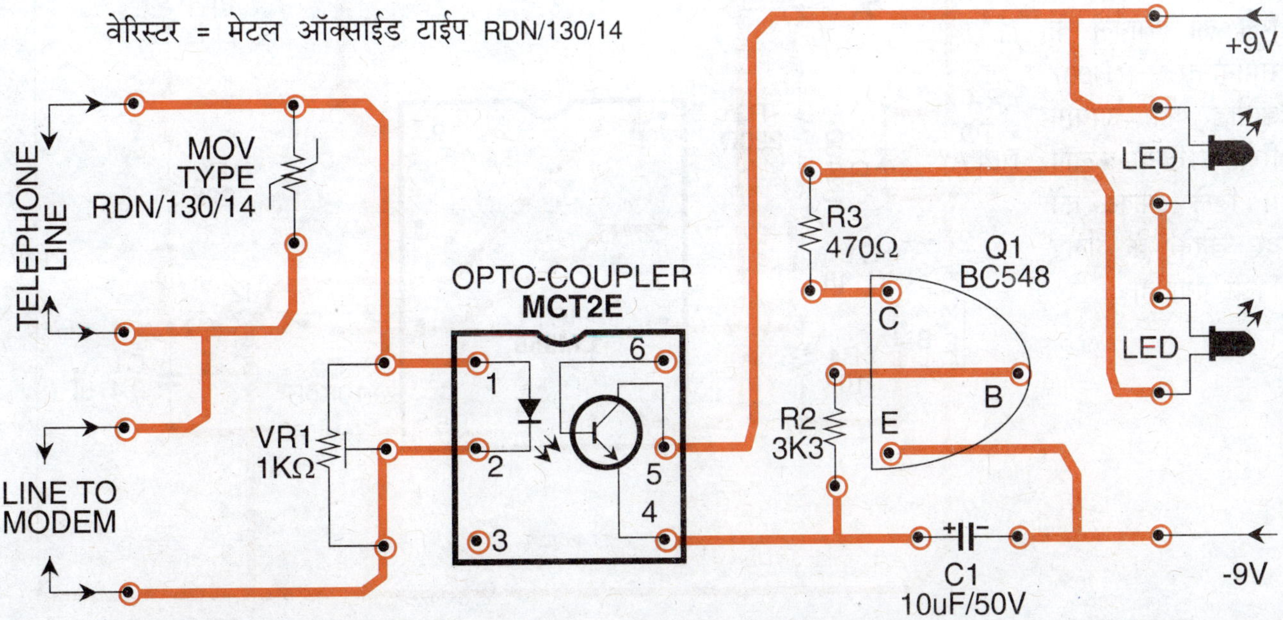

051 फोटोग्राफी कार्य में LED का उपयोग

इस प्रोजेक्ट के द्वारा फोटोग्राफी के कार्य में फिल्म डेवलपिंग हेतु आवश्यक क्षणिक प्रकाश की आवश्यकता को पूर्ण किया जा सकता है। यहां पर दिखाई जा रही सर्किट में मुख्य रुप से एक टाईमर आई.सी. 555, इण्डीकेशन के लिए एक LED, एक रिले ड्रायवर ट्रांजिस्टर तथा एक रिले का उपयोग किया गया है।

आई.सी. की पिन नं. 2-6 पर लगे कम्पोनेन्ट्स C1, R2, VR1 इत्यादि टाईम कॉन्स्टेन्ट कम्पोनेन्ट्स हैं। यहां पर टाईमर सर्किट को 0 से 10 सेकण्ड्स के टाईम पीरियड के लिए सेट किया जाता है। टाईमर सर्किट के कार्य करने से आई.सी. की पिन नं. 3 पर मिलने वाले आऊटपुट से ट्रांजिस्टर Q1 स्विच-ऑन होकर कार्य करने लगता है। इससे रिले की क्वायल में करन्ट प्रवाह होने के कारण रिले स्विच ऑपरेट होता है और बल्ब को सप्लाई मिलने लगती है जिससे बल्ब प्रकाशित होने लग जाता है। जैसे ही टाईमर सर्किट का टाईम पूरा होता है वैसे ही आई.सी. की पिन नं. 3 से आऊटपुट का निकलना बंद हो जाता है जिससे ट्रांजिस्टर Q1 कट-ऑफ हो जाता है और रिले क्वायल में कोई करन्ट प्रवाहित नहीं होता है जिससे रिले स्विच से होते हुए बल्ब को मिलने वाली सप्लाई कट-ऑफ हो जाती है और बल्ब बुझ जाता है।

टाईमर आई.सी. के टाईम पीरियड को टाईम कॉन्स्टेन्ट कम्पोनेन्ट्स की वेल्यू में बदलाव लाकर परिवर्तित किया जा सकता है। रिले की क्वायल के समानान्तर 1N4007 डायोड का उपयोग रिले के क्रिया-कलाप में डिले इफेक्ट को दूर करने के लिए किया गया है।

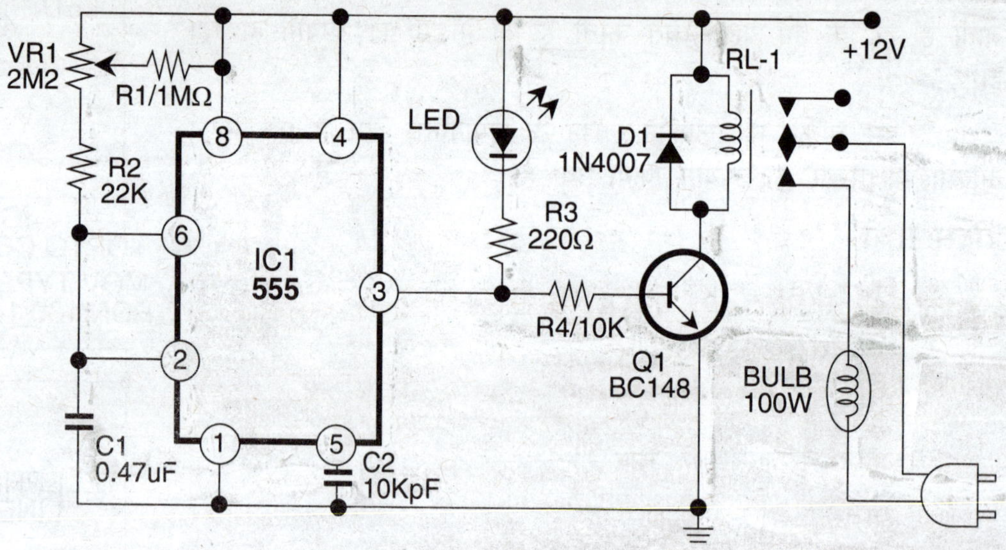

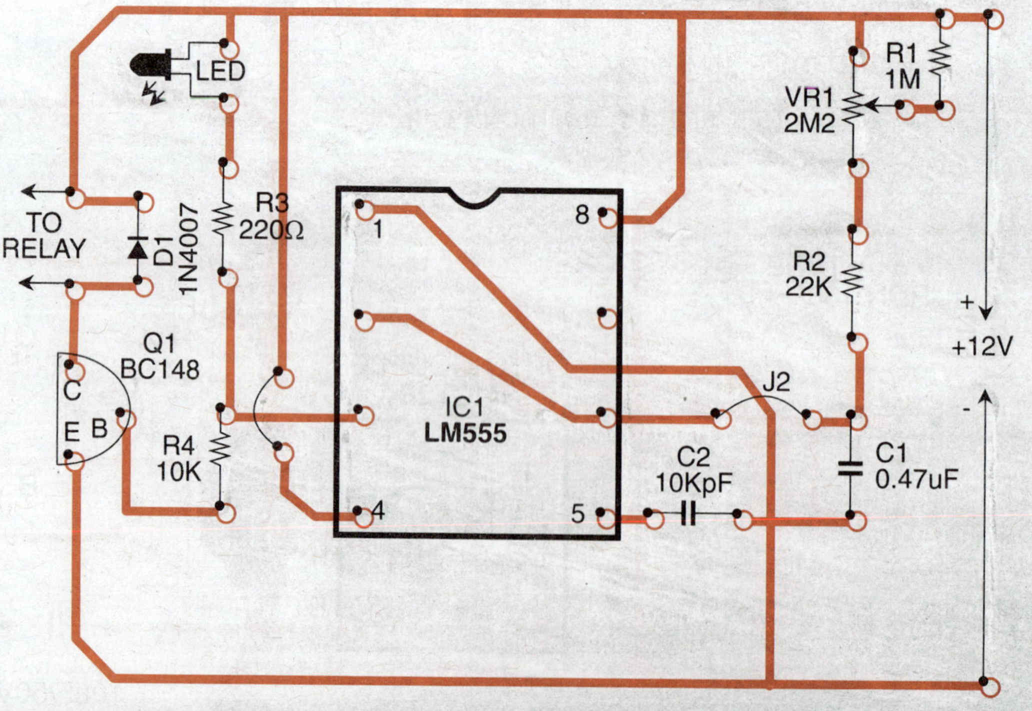

इलेक्ट्रिकल टेस्टर

052

यह एक साधारण प्रकार का टेस्टर है। इलेक्ट्रिशियन के द्वारा घरेलू वायरिंग पूरी हो जाने के बाद इस टेस्टर के द्वारा जांच किए जाने पर इसमें लगी LED के विभिन्न इण्डीकेशन्स से हमें विभिन्न प्रकार की जानकारी प्राप्त होती है। एक आम इलेक्ट्रिशियन के लिए यह सर्किट काफी उपयोगी साबित हो सकती है।

इस टेस्टर को मेन्स सॉकेट में प्लग करने के बाद इस टेस्टर द्वारा निम्न में से कोई एक स्थिति प्राप्त होगी ;

1. यदि LED D4 तथा D5 प्रकाशित होती है और LED D6 ऑफ रहती है तो यह समझें कि वायरिंग सही है।
2. यदि इस टेस्टर की सभी LEDs ऑफ रहती है तो यह समझें कि वायरिंग में फेज का वायर निकल गया है या फ्यूज के जल जाने के कारण पॉवर फेल हो गया है।
3. यदि LED D4 तथा D6 प्रकाशित हो रही है एवं LED D5 बुझी हुई है तो यह समझें कि फेज व न्यूट्रल के वायर आपस में बदल गए हैं।
4. यदि सिर्फ LED D4 ही प्रकाशित हो रही है एवं शेष LEDs बुझी हुई हैं तो यह समझें कि ग्राऊण्ड वायर ओपन है।
5. यदि केवल LED D5 ही प्रकाशित हो रही है एवं शेष LEDs बुझी हुई हैं तो यह समझें कि न्यूट्रल वायर ओपन है।
6. यदि LED D5 व D6 प्रकाशित हो रही हैं तथा LED D4 बुझी हुई है तो यह समझें कि इस टेस्टर को जिस बोर्ड के सॉकेट में लगाया गया है उस बोर्ड में फेज व न्यूट्रल वायर आपस में बदल गए हैं।

उपरोक्त प्रकार से खराबी का पता लग जाने पर कोई भी इलेक्ट्रिशियन उस खराबी को दूर कर सकता है।

इस टेस्टर में डायोड D1, D2 एवं D3 रेक्टिफायर डायोड्स हैं जबकि केपेसीटर C1, C2 एवं C3 फिल्टर केपेसीटर्स हैं। इसके अलावा इसमें 3 LEDs D4, D5 तथा D6 एक-एक करन्ट लिमिटर रजिस्टर 10K के साथ जुड़ी है। यह सम्पूर्ण व्यवस्था एक 3 पिन मेन्स प्लग के भीतर व्यवस्थित की जा सकती है।

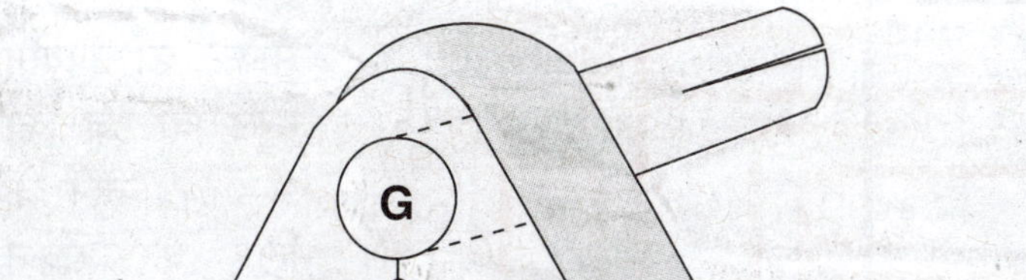

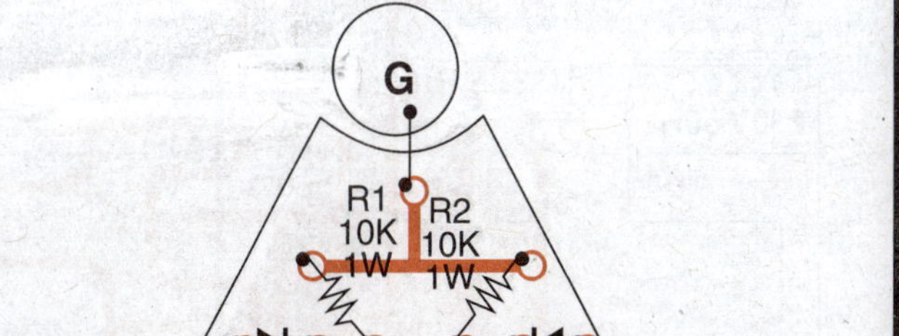

053 मेन्स वोल्टेज इण्डीकेटर

यहां पर दिखाई जा रही सर्किट की सहायता से आप किसी वोल्टेज को भिन्न-भिन्न रंगों की LEDs के द्वारा इण्डीकेट करा सकते हैं। इस सर्किट में मुख्य रुप से एक क्वाड ऑपरेशनल एम्प्लीफायर आई.सी. LM324 एवं 4 LEDs का उपयोग किया गया है।

मेन्स AC सप्लाई को ट्रांसफॉर्मर के द्वारा स्टेप-डाऊन कर डायोड D1 के द्वारा रेक्टिफाई तथा केपेसीटर C1 के द्वारा फिल्टर कर रजिस्टर R1, R2, R3, R4 की सहायता से ऑपरेशनल एम्प्लीफायर आई.सी. के भीतर बने चारो ऑपरेशनल एम्प्लीफायर्स की इन्वर्टिंग इन्पुट पिनों (पिन नं. 2, 6, 9 व 13) को बायस दिया गया है। 6V8 के जिनर डायोड का उपयोग स्टेब्लाईजेशन के उद्देश्य से किया गया है।

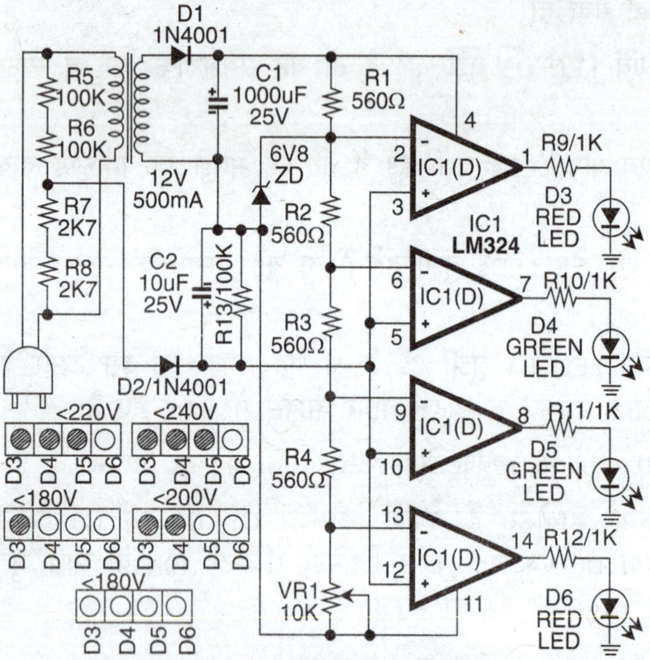

इसी तरह मेन्स AC सप्लाई को R8 व R7 के द्वारा ड्रॉप कर डायोड D2 के द्वारा रेक्टिफाई तथा केपेसीटर C2 के द्वारा फिल्टर कर ऑपरेशनल एम्प्लीफायर आई.सी. के भीतर बने चारो ऑपरेशनल एम्प्लीफायर्स की नॉन-इन्वर्टिंग इन्पुट पिनों (पिन नं. 3, 5, 10 व 12) को बायस दिया गया है।

जब मेन्स AC का मान 240V या इससे अधिक होता है तब यहां लगी चारो LEDs प्रकाशित होने लगती हैं। जब मेन्स AC का मान 220V तक या इससे कुछ कम होता है तब यहां लगी तीन LEDs प्रकाशित होती हैं। जब मेन्स AC का मान 200V या इससे कुछ कम होता है तब यहां लगी दो LEDs प्रकाशित होती हैं। जब मेन्स AC का मान 180V या इससे कुछ कम होता है तब सिर्फ एक ही LED प्रकाशित होती है। जब मेन्स AC वोल्टेज का मान 170V या इससे भी कम हो जाता है तब कोई भी LEDs प्रकाशित नहीं होती है।

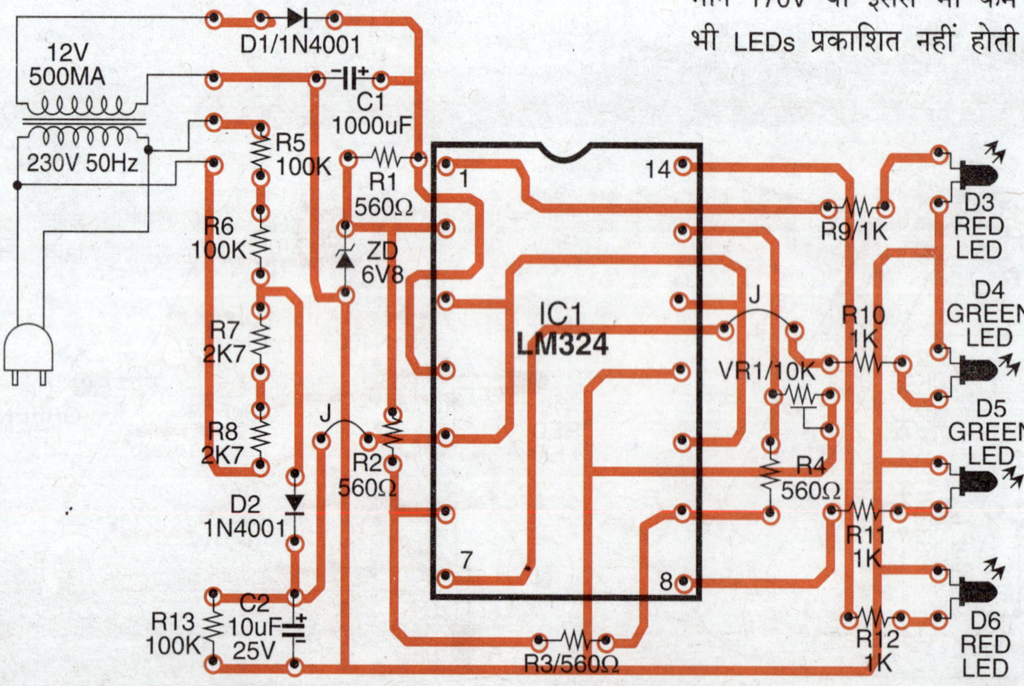

उपरोक्त प्रकार से इस सर्किट का उपयोग मेन्स वोल्टेज को इण्डीकेट करने के लिए कर सकते हैं।

फ्रिजर की गलनांक स्थिति को सूचित करने वाली सर्किट 054

यहां पर दिखाई जा रही सर्किट का उपयोग, बर्फ पिघलने के तापमान पर फ्रिजर के तापमान के पहुंच जाने की स्थिति को LED के द्वारा इण्डीकेट कराने के लिए किया जा सकता है। विभिन्न प्रकार की सब्जियां, पेय पदार्थ, भोजन एवं अन्य खान-पान की वस्तुओं को हम ठण्डा रखने के लिए उन्हें फ्रिजर में रखते हैं ताकि वे खराब न हो जाए एवं तरो-ताजा बनी रहे। लेकिन यदि कभी फ्रिजर में ही तापमान बढ़ जाएगा तो फ्रिजर में रखी वस्तुओं के खराब हो जाने की संभावना बढ़ जाएगी। अतः यहां पर दिखाई जा रही सर्किट फ्रिजर में तापमान के बढ़ जाने की सूचना को LED के माध्यम से इण्डीकेट करती है। यह सूचना इस सर्किट में लगे पिजो बजर से भी साऊण्ड के रुप में मिलने लगती है। LED का इण्डीकेशन तथा बजर का साऊण्ड तब तक सूचना देते रहते हैं जब तक कि इस सर्किट में लगे रिसेट स्विच को दबा नहीं दिया जाता है।

इस सर्किट में मुख्य रुप से 3 ट्रांजिस्टर्स, एक LED तथा एक पिजो बजर लगे हैं। ट्रांजिस्टर Q1 एक टेम्प्रेचर सेन्सर के रुप में कार्य करता है जबकि ट्रांजिस्टर Q2 एवं Q3 का उपयोग टेम्प्रेचर सेन्सर ट्रांजिस्टर के द्वारा सेन्स की गई सूचना को LED तथा बजर के माध्यम से सूचित करने हेतु रिजनरेटिव मोड में किया गया है। टेम्प्रेचर सेन्सर ट्रांजिस्टर Q1 को फ्रिजर में लगाया जाता है ताकि वह फ्रिजर के तापमान को सेन्स कर सके।

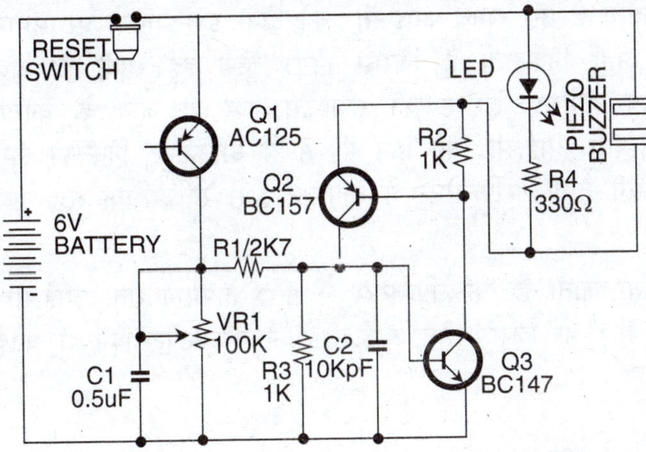

जैसे-जैसे तापमान बढ़ता है वैसे-वैसे ट्रांजिस्टर Q1 के कलेक्टर-अमीटर जंक्शन में लीकेज वोल्टेज बढ़ते हैं जो कि R1 (2K7) के समानान्तर उत्पन्न होते हैं। इस वोल्टेज को केपेसीटर C1 फिल्टर करता है। इसी सेन्सिंग वोल्टेज से ट्रांजिस्टर Q2 व Q3 की सर्किट कार्य करती है जिसके परिणामस्वरुप LED प्रकाशित होती है एवं बजर बजने लगता है।

इस सर्किट में लगा केपेसीटर C2 लैच सर्किट की वर्किंग को ब्लॉक करता है। केपेसीटर C1 उत्पन्न होने वाले सेन्सिंग वोल्टेज को फिल्टर करने के साथ ही साथ लैच सर्किट की ट्रिगरिंग में उतार-चढ़ाव को दूर भी करता है ताकि LED एवं बजर से किसी प्रकार का गलत इण्डीकेशन प्राप्त न हो। प्रिसेट VR1 का उपयोग फ्रिजर टेम्प्रेचर के इच्छित मान हेतु इस सर्किट की कार्य-प्रणाली को एडजस्ट करने के लिए किया गया है।

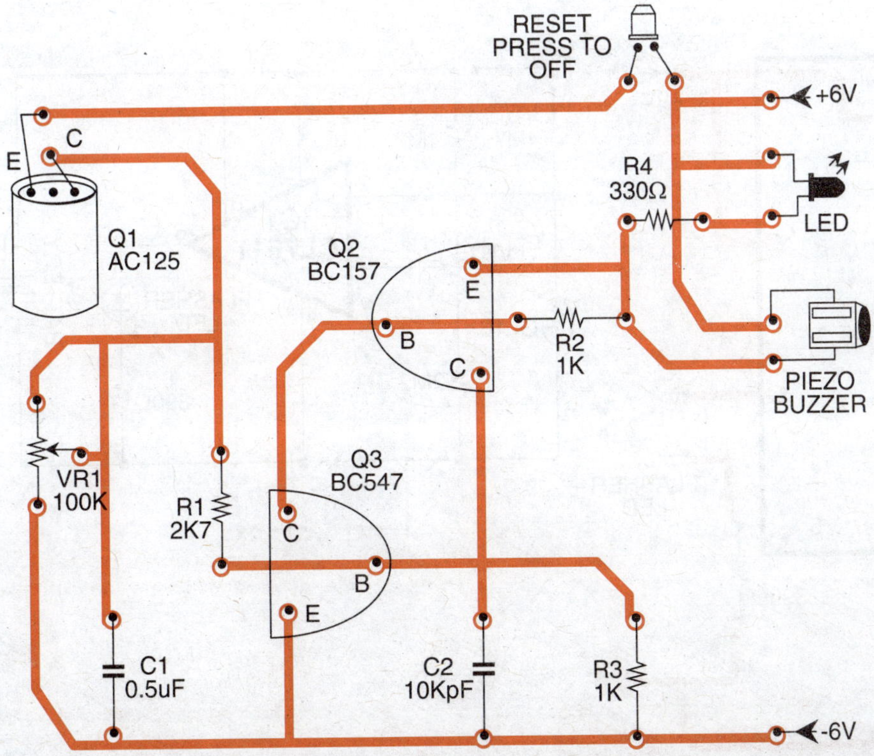

055 रेफ्रिजरेटर टेम्प्रेचर इण्डीकेटर

यह एक ऐसा प्रोजेक्ट है कि इसका उपयोग रेफ्रिजरेटर के साथ किए जाने पर इस प्रोजेक्ट में लगी LED उस वक्त प्रकाशित होने लग जाती है जब रेफ्रिजरेटर का तापमान एक निश्चित सीमा (5°C) से अधिक होने लग जाता है।

इस प्रोजेक्ट में मुख्य रुप से एक ऑपरेशनल एम्प्लीफायर आई.सी. CL7611 एवं एक थर्मिस्टर GL16 तथा एक LED का उपयोग किया गया है। आई.सी. CL7611 की नॉन-इन्वर्टिंग इन्पुट पिन, पिन नं. 3 पर पॉजीटिव सप्लाई लाईन से रजिस्टेंस 4M7, प्रिसेट VR1 तथा रजिस्टेंस 2M2 से निर्मित पोटेन्शियल डिवाईडर सर्किट के द्वारा निश्चित बायस वोल्टेज दिए गए हैं। प्रिसेट VR1 के द्वारा इस बायस वोल्टेज को एडजस्ट किया जाता है। आई.सी. की इन्वर्टिंग इन्पुट पिन, पिन नं. 2 पर पॉजीटिव सप्लाई लाईन से रजिस्टेंस 4M7 तथा थर्मिस्टर GL16 से निर्मित पोटेन्शियल डिवाईडर सर्किट के द्वारा बायस वोल्टेज दिए गए हैं। इस पिन पर वोल्टेज थर्मिस्टर के तापमान पर निर्भर करते हैं। आई.सी. की आऊटपुट पिन, पिन नं. 6 पर एक फ्लेशर LED को एक करन्ट लिमिटर रजिस्टेंस 390E से जोड़ा गया है।

जिस समय रेफ्रिजरेटर में तापमान 5°C से कम होता है उस समय आई.सी. की दोनों इन्पुट पिनों पर समान बायस वोल्टेज के कारण आई.सी. से कोई आऊटपुट नहीं निकलता है जिससे LED बुझी हुई रहती है। जब रेफ्रिजरेटर में तापमान 5°C से अधिक बढ़ जाता है तब थर्मिस्टर GL16 का रजिस्टेंस कम हो जाने के कारण आई.सी. की पिन नं. 2 के वोल्टेज भी बदल जाते हैं। इससे आई.सी. की पिन नं. 6 से आऊटपुट निकलने लग जाता है जिससे LED प्रकाशित होकर हमें यह सूचित करती है कि रेफ्रिजरेटर में तापमान 5°C से अधिक बढ़ गया है।

यहां पर प्रिसेट VR1 को इस तरह एडजस्ट किया जाता है कि रेफ्रिजरेटर में 5°C तापमान तक आई.सी. की पिन नं. 3 पर इतने वोल्टेज (पिन नं. 2 के जितने ही) हों जिससे कि आई.सी. की आऊटपुट पिन से कोई आऊटपुट न निकले तथा LED बुझी हुई रहे।

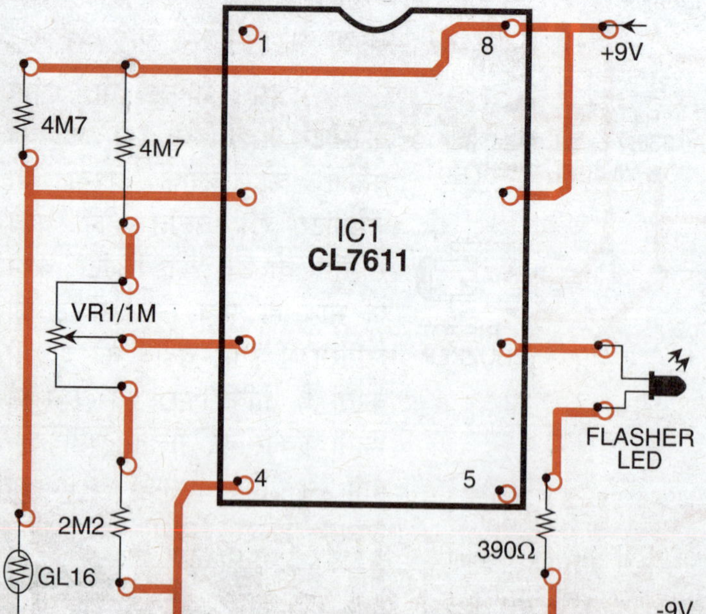

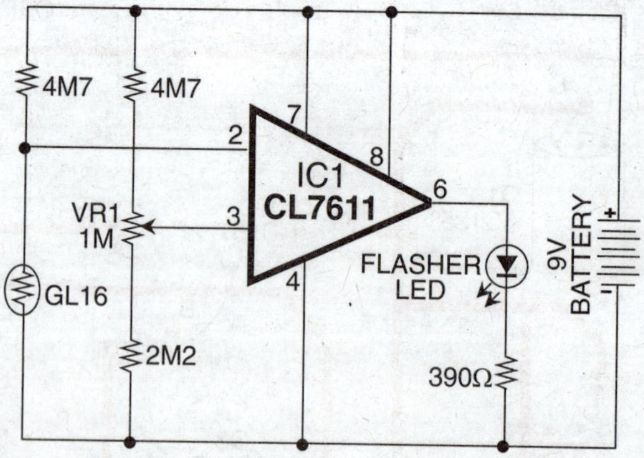

ॐ प्रदर्शित करने वाली डबल चैनल डिस्को लाईट **056**

यह एक ऐसा प्रोजेक्ट है जिसमें दो वर्गों में लगी कुल 45 LEDs हिन्दुओं के धार्मिक चिन्ह ओम् को बड़े ही मनभावन रुप में डिस्प्ले करता है। इसे आप अपने पुजा करने के मन्दिर में सजा कर रख सकते हैं।

इस प्रोजेक्ट में प्रयुक्त सर्किट काफी सरल है जिसमें मुख्य रुप से दो ट्रांजिस्टरों T1 व T2 का उपयोग किया गया है। प्रत्येक ट्रांजिस्टर के कलेक्टर पर सीरिज में लगी 5-5 LEDs के सेट समानान्तर क्रम में लगाए गए हैं। एक ट्रांजिस्टर के कलेक्टर पर सीरिज में लगी 5-5 LEDs के समानान्तर क्रम मे 4 सेट तथा दूसरे ट्रांजिस्टर के कलेक्टर पर 5 सेट लगे हैं। इन LEDs को PCB पर इस तरह से लगाया गया है कि जब ये LEDs प्रकाशित हों तब ओम् अक्षर दिखाई दे।

दोनों ट्रांजिस्टर मिलकर एक मल्टीवाईब्रेटर सर्किट निर्मित करते हैं। सप्लाई वोल्टेज मिलने पर ये कार्य करने लग जाते हैं तथा कलेक्टर पर लगी LEDs को प्रकाशित करते हैं। LEDs के प्रकाशित होने की गति का निर्धारण केपेसीटर C1 व C2 करते हैं। यदि आप LEDs के प्रकाशित होने की गति को बदलना चाहते हैं तो केपेसीटर C1 व C2 का मान बदलें।

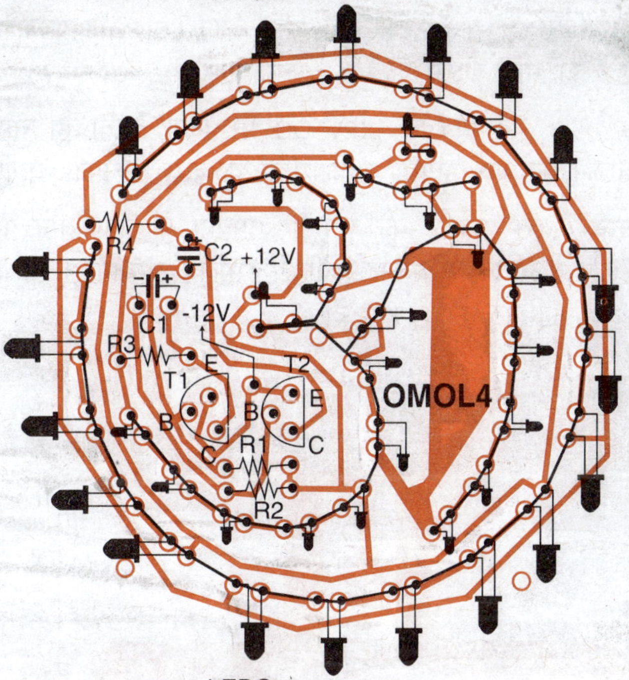

यह प्रोजेक्ट +12V DC पर कार्य करता है। यह DC सप्लाई, मेन्स सप्लाई से ट्रांसफॉर्मर के द्वारा स्टेप-डाऊन कर एवं डायोड व केपेसीटर के द्वारा रेक्टिफाई व फिल्टर कर प्राप्त की जा सकती है।

नोट : इस प्रोजेक्ट को लगातार उपयोग में लाए जाने पर सप्लाई के लिए लगे पॉवर ट्रांसफॉर्मर के जल जाने की अधिक संभावना रहती है इसलिए लगभग 3 या 4 घण्टों तक लगातार उपयोग के बाद इसे लगभग 15-20 मिनट का विश्राम दें।

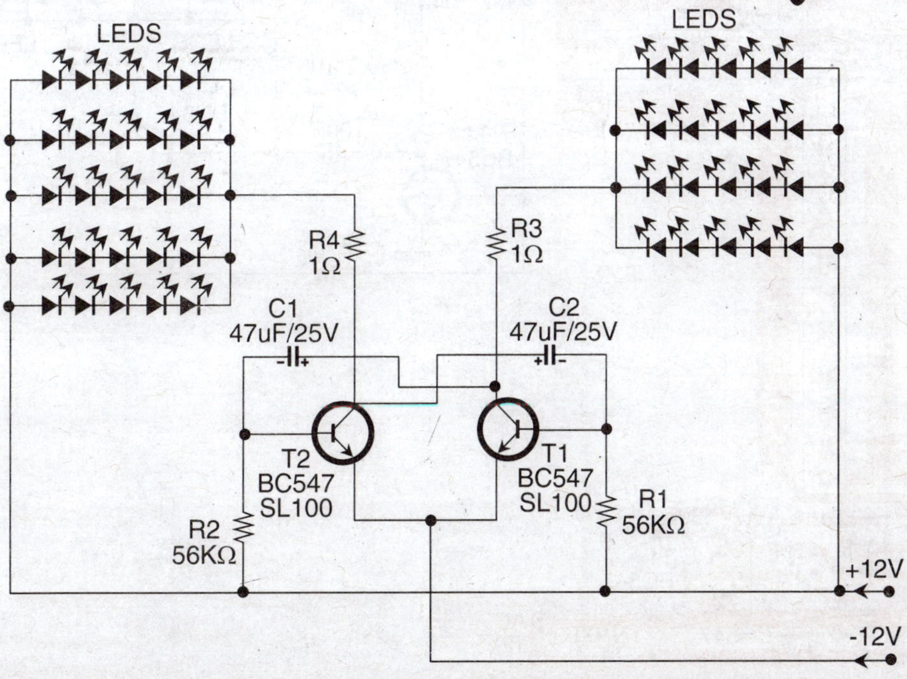

057 क्रॉस प्रदर्शित करने वाली डिस्को लाईट

यह एक ऐसा प्रोजेक्ट है जिसमें लगी दो वर्गों में लगी कुल 32 LEDs ईसाईयों के धार्मिक चिन्ह क्रॉस (✝) को बड़े ही मनभावन रुप में डिस्प्ले करता है। इसे आप अपने पुजा करने के मन्दिर में सजा कर रख सकते हैं।

ट्रांजिस्टर T1 के कलेक्टर पर 2 LEDs सीरिज में लगी है जबकि ट्रांजिस्टर T2 के कलेक्टर पर सीरिज में 5-5 LEDs के समानान्तर क्रम में लगे 6 सेट्स याने कुल 30 LEDs लगी हैं। इन LEDs को PCB पर इस तरह से लगाया गया है कि जब ये LEDs प्रकाशित हों तब क्रॉस (✝) का चिन्ह दिखाई दे।

दोनों ट्रांजिस्टर मिलकर एक मल्टीवाईब्रेटर सर्किट निर्मित करते हैं। सप्लाई वोल्टेज मिलने पर ये कार्य करने लग जाते हैं तथा कलेक्टर पर लगी LEDs को प्रकाशित करते हैं। LEDs के प्रकाशित होने की गति का निर्धारण केपेसीटर C1 व C2 करते हैं। यदि आप LEDs के प्रकाशित होने की गति को बदलना चाहते हैं तो केपेसीटर C1 व C2 का मान बदलें।

यह प्रोजेक्ट +12V DC पर कार्य करता है। यह DC सप्लाई, मेन्स सप्लाई से ट्रांसफॉर्मर के द्वारा स्टेप-डाऊन कर एवं डायोड व केपेसीटर के द्वारा रेक्टिफाई व फिल्टर कर प्राप्त की गई है।

नोट : इस प्रोजेक्ट को लगातार उपयोग में लाए जाने पर सप्लाई के लिए लगे पॉवर ट्रांसफॉर्मर के जल जाने की अधिक संभावना रहती है इसलिए लगभग 3 या 4 घण्टों तक लगातार उपयोग के बाद इसे लगभग 15-20 मिनट का विश्राम दें।

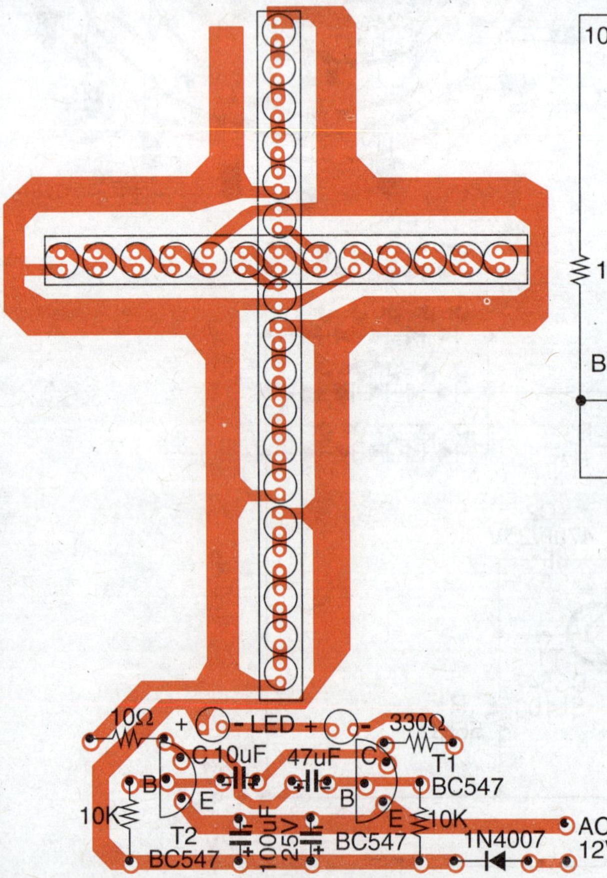

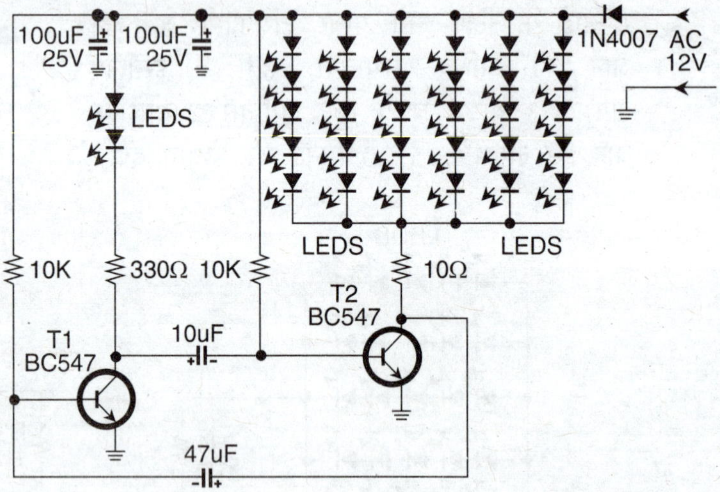

दो 555 आई.सी. वाला चेजर

058

इस प्रोजेक्ट में आप 12 LEDs को प्रकाशित करा सकते हैं। इस प्रोजेक्ट का उपयोग आप घर, दुकान, मंदिर, तस्वीर, खिलौनों इत्यादि को सजाने के लिए कर सकते हैं। इस प्रोजेक्ट की सर्किट काफी कम करन्ट की खपत करती है। इसमें भिन्न-भिन्न रंगों की LEDs की चेजिंग के कारण यह प्रोजेक्ट काफी आकर्षक प्रभाव उत्पन्न करता है जिसके कारण यह काफी लोकप्रिय है।

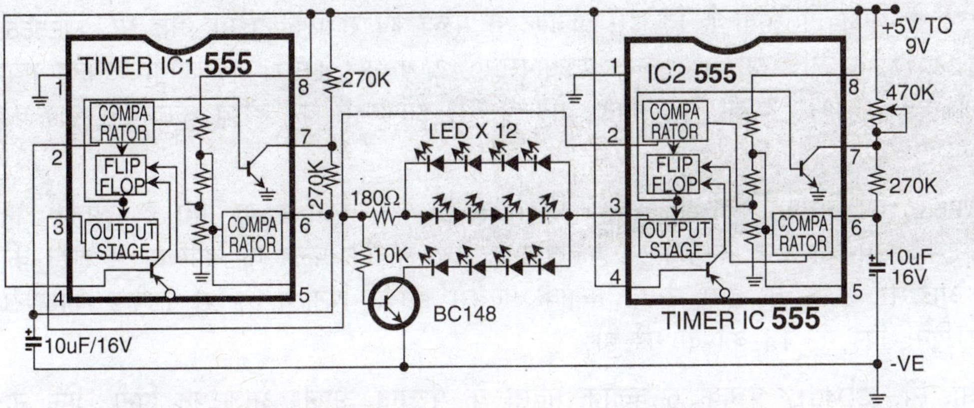

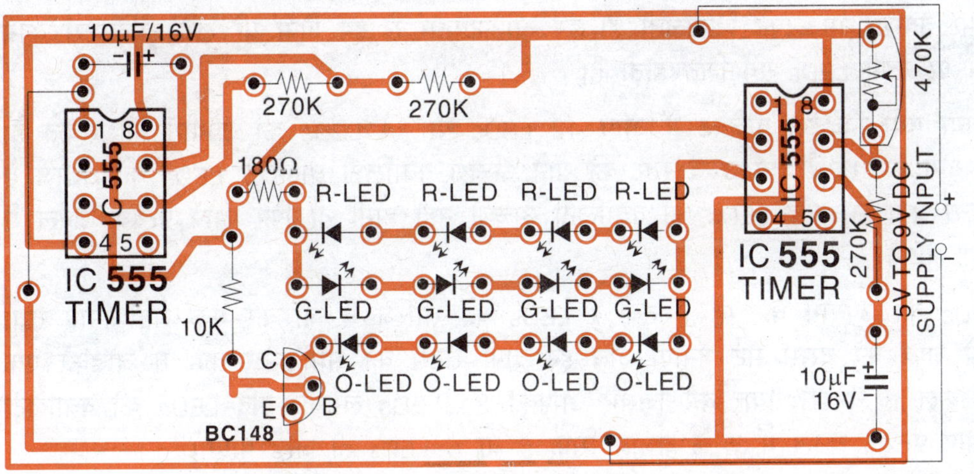

इस प्रोजेक्ट में मुख्य रुप से दो टाइमर आई.सी. 555 का उपयोग स्टेबल मल्टीवाईब्रेटर मोड में किया गया है। दोनों आई.सी. के आऊटपुट के मध्य 4-4 LEDs के तीन सेट लगाए गए हैं। इन तीन सेट्स में से एक सेट ट्रांजिस्टर के ऑन होने पर कार्य करता है।

यह प्रोजेक्ट दोनों टाईमर आई.सी. के आऊटपुट्स की स्थिति पर कार्य करता है। ये कुल चार स्थितियां हो सकती हैं, इनमें से केवल तीन स्थितियों में ही LEDs का सेट ऑन होता है, इन स्थितियों का विवरण निम्न प्रकार से है ;

1 पहली स्थिति में IC1 का आऊटपुट लो तथा IC2 का आऊटपुट हाई होगा तो IC2 के हाई आऊटपुट से LEDs का पहला सेट फॉरवर्ड बायस्ड हो जाएगा जिससे पहले सेट की LEDs प्रकाशित होने लगेंगी।

2 दुसरी स्थिति में IC1 का आऊटपुट हाई तथा IC2 का आऊटपुट लो होगा तो IC1 के हाई आऊटपुट से LEDs का दुसरा सेट फॉरवर्ड बायस्ड हो जाएगा जिससे दुसरे सेट की LEDs प्रकाशित होने लगेंगी। इस समय ट्रांजिस्टर BC148 के बेस पर IC1 का हाई आऊटपुट पहुंचने से ट्रांजिस्टर तो ऑन होगा लेकिन कलेक्टर पर लगी LEDs के रिवर्स बायस्ड होने से तीसरे सेट की LEDs प्रकाशित नहीं होंगी।

3 तीसरी स्थिति में जब दोनों आई.सी. के आऊटपुट हाई होंगे तो ट्रांजिस्टर BC148 के बेस पर IC1 का हाई आऊटपुट पहुंचने से ट्रांजिस्टर ऑन हो जाएगा तथा IC2 के हाई आऊटपुट से तीसरे सेट की LEDs फॉरवर्ड बायस्ड हो जाएंगी इसके कारण तीसरे सेट की LEDs प्रकाशित होने लगेंगी।

इस प्रोजेक्ट में ट्रांजिस्टर का उपयोग किए जाने से तीसरे सेट की LEDs से अधिक तेज प्रकाश प्राप्त होता है। अतः इस सेट के लिए पीले रंग की LEDs का उपयोग किया जाना चाहिए।

059 6 चैनल रनिंग लाईट

इस प्रोजेक्ट में आप 6 चैनलों में लगी 42 या फिर 84 LEDs को विभिन्न आकारों में संयोजित कर उन्हें आकर्षक रुप में प्रदर्शित करा सकते हैं। इस प्रोजेक्ट में सीरिज में लगी 7-7 LEDs के 6 चैनल्स याने कुल 42 LEDs अथवा सीरिज में लगी 7-7 LEDs के समानान्तर क्रम में और 7-7 LEDs का प्रयोग कर 6 चैनलों में कुल 84 LEDs का उपयोग कर सकते हैं।

सर्किट डायग्राम देखने से स्पष्ट हो जाता है कि इस प्रोजेक्ट में मुख्य रुप से एक टाईमर आई.सी. ME555, डिकेड काऊण्टर आई.सी. CD4017, 6 ट्रांजिस्टर्स तथा आवश्यकतानुसार 42 या 84 LEDs का उपयोग किया गया है। आई.सी. CD4017 एक डिकेड काऊण्टर है जो कि अपने आऊटपुट से ट्रांजिस्टरों को ड्राईव कराकर LEDs को प्रकाशित कराती है।

टाईमर आई.सी. NE555 का उपयोग यहां पर क्लॉक पल्स जनरेटर के रुप में किया गया है। इसकी पिन नं. 6 व 7 पर लगे कम्पोनेन्ट्स टाईम कॉन्स्टेन्ट कम्पोनेन्ट्स कहलाते हैं तथा क्लॉक पल्स के जनरेशन में इन्हीं की भूमिका महत्वपूर्ण होती है। आई.सी. 555 के द्वारा उत्पन्न क्लॉक पल्सेस इसकी पिन नं. 3 से डिकेड काऊण्टर आई.सी. CD4017 की इन्पुट पिन, पिन नं. 14 को दी गई है।

डिकेड काऊण्टर आई.सी. CD4017 प्रत्येक 6 क्लॉक पल्सों के पश्चात् अपनी आऊटपुट पिनों, पिन नं. 3, 2, 4, 7, 10 एवं 1 पर क्रमशः आऊटपुट निकालती है। इन आऊटपुट्स से इन पिनों पर लगे ट्रांजिस्टर्स कार्य करते हैं जिससे इनके अमीटर पर लगी LEDs प्रकाशित होती है।

जैसा कि उपर बताया गया कि इस प्रोजेक्ट में आप 42 LEDs या 84 LEDs का उपयोग कर सकते हैं। यदि आप 42 LEDs का उपयोग कर रहे हैं तब उच्च स्तर की याने अच्छी क्वालिटी वाली 7 LEDs को सीरिज में जोड़कर इस तरह के 6 चैनल्स बना लें। यदि LEDs की क्वालिटी अच्छी नहीं होगी तो फिर आप प्रत्येक चैनल में सिर्फ 5 या 6 LEDs ही जोड़ पाएगें।

यदि आप 84 LEDs का उपयोग कर रहे हैं तब 7 LEDs को सीरिज में जोड़कर एक सेट बनाएं तथा और 7 LEDs को सीरिज में जोड़ कर दूसरा सेट बनाएं। अब इन दोनों सेट्स को समानान्तर क्रम में जोड़कर एक चैनल बना लें एवं इस तरह कुल 6 चैनल्स तैयार करें जिसमें आपको 84 LEDs लगेंगी। यदि LEDs की क्वालिटी अच्छी नहीं होगी तो फिर आप प्रत्येक चैनल में 7 के बजाय सिर्फ 5 या 6 LEDs ही जोड़ पाएगें।

नोट : चित्र में दिखाई गई PCB 6 चैनल्स के लिए है। जरुरत पड़ने पर इस PCB में कुछ परिवर्तन करके आप इसे 3 या 4 या 5 चैनल्स के लिए भी उपयोग में ला सकते हैं। ये परिवर्तन निम्नानुसार हैं ;

1 आई.सी. CD4017 की पिन नं. 5 से पिन नं. 15 के बीच जुड़े कॉपर ट्रेक को काट दें।

2 यदि 3 चैनल्स के लिए इस PCB को उपयोग में लाना चाहते हैं तो एक वायर से पिन नं. 15 को पिन नं. 7 से जोड़ दें।

3 यदि 4 चैनल्स के लिए इस PCB को उपयोग में लाना चाहते हैं तो एक वायर से पिन नं. 15 को पिन नं. 10 से जोड़ दें।

4 यदि 5 चैनल्स के लिए इस PCB को उपयोग में लाना चाहते हैं तो एक वायर से पिन नं. 15 को पिन नं. 1 से जोड़ दें।

6 चैनल रनिंग लाइट का सर्किट डायग्राम एवं PCB लेआउट

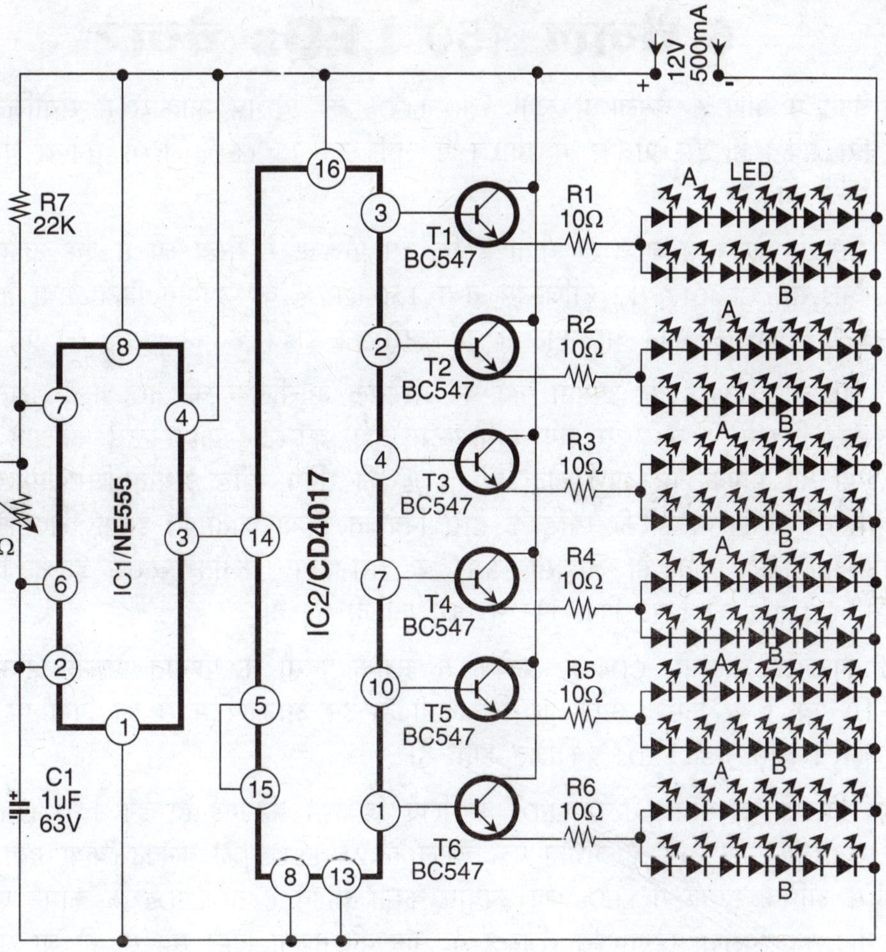

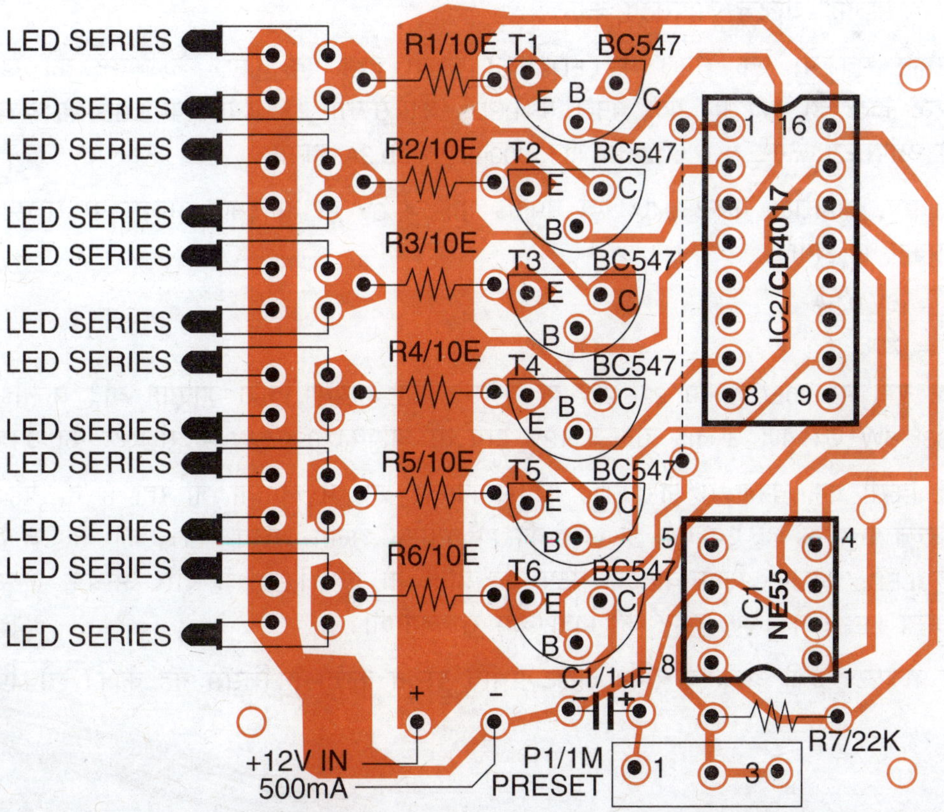

060 6 चैनल 150 LEDs चेजर

इस प्रोजेक्ट में आप 6 चैनलों में लगी 150 LEDs को विभिन्न आकारों में संयोजित कर उन्हें आकर्षक रुप में प्रदर्शित करा सकते हैं। इस प्रोजेक्ट में सीरिज में लगी 25-25 LEDs के 6 चैनल्स याने कुल 150 LEDs का उपयोग कर सकते हैं।

सर्किट डायग्राम देखने से स्पष्ट हो जाता है कि इस प्रोजेक्ट में मुख्य रुप से एक टाईमर आई.सी. LM555, डिकेड काऊण्टर आई.सी. CD4017, 12 ट्रांजिस्टर्स तथा 150 LEDs का उपयोग किया गया है। आई.सी. CD4017 एक डिकेड काऊण्टर है जो कि अपने आऊटपुट से ट्रांजिस्टरों को ड्राईव कराकर LEDs को प्रकाशित कराती है।

टाईमर आई.सी. LM555 का उपयोग यहां पर अस्टेबल ऑसीलेटर की तरह क्लॉक पल्स जनरेटर के रुप में किया गया है। इसकी पिन नं. 6 व 7 पर लगे कम्पोनेन्ट्स टाईम कॉन्स्टेन्ट कम्पोनेन्ट्स कहलाते हैं तथा क्लॉक पल्स के जनरेशन में इन्हीं की भूमिका महत्वपूर्ण होती है। LEDs की रनिंग स्पीड अर्थात् जिस स्पीड से LEDs प्रकाशित होती हैं उस स्पीड को क्लॉक पल्स की स्पीड के द्वारा नियंत्रित किया जाता है। इसके लिए पिन नं. 6-7 पर लगे प्रिसेट P1 का उपयोग किया जाता है। आई.सी. 555 के द्वारा उत्पन्न क्लॉक पल्सेस इसकी पिन नं. 3 से डिकेड काऊण्टर आई.सी. CD4017 की इन्पुट पिन, पिन नं. 14 को दी गई है।

डिकेड काऊण्टर आई.सी. CD4017 प्रत्येक 6 क्लॉक पल्सों के पश्चात् अपनी आऊटपुट पिनों, पिन नं. 3, 2, 4, 7, 10 एवं 1 पर क्रमशः आऊटपुट निकालती है। इन आऊटपुट्स से इन पिनों पर लगे ट्रांजिस्टर्स कार्य करते हैं जिसके कारण इनसे जुड़ी LEDs प्रकाशित होती है।

चित्र में दिखाई गई सर्किट 150 LEDs के लिए डिजाईन की गई है। इन 150 LEDs को 6 चैनलों में समान संख्या में संयोजित किया गया है अर्थात् एक चैनल में 25 LEDs को कनेक्ट किया गया है। यदि आप किसी 2 या 3 चैनलों में अधिक संख्या में LEDs का उपयोग करना चाहते हैं तो LEDs के कॉमन एनोड पर लगे सप्लाई रजिस्टर R1 के मान को बदलना पड़ेगा। इस रजिस्टर के मान की गणना निम्न सूत्र से की जा सकती है ;

R1 = सप्लाई वोल्टेज/ऑपरेटिंग करन्ट

उपरोक्त सूत्र में, एक चैनल में LEDs की संख्या तथा एक LED के करन्ट की खपत का गुणनफल ऑपरेटिंग करन्ट होता है। यहां पर एक चैनल में LEDs की संख्या 25 तथा एक LED के करन्ट की खपत यदि 12mA हो तो ऑपरेटिंग करन्ट = 25x12mA याने 300mA या 0.3A होगा।

इस तरह, ऑपरेटिंग करन्ट 0.3A एवं सप्लाई वोल्टेज 6V हो तो इसके आधार पर रजिस्टर R1 के मान की गणना निम्न प्रकार से होगी ;

R1 = 6V/0.3A

R1 = 20E

अतः यहां पर 20E/2W या 22E/2W के रजिस्टर का उपयोग किया जाएगा। यदि सप्लाई वोल्टेज 9V होंगे तो आपको 33E/5W एवं यदि सप्लाई वोल्टेज 12V होंगे तो आपको 39E/5W के रजिस्टर का उपयोग करना पड़ेगा।

यदि किसी एक चैनल में ही LEDs को समानान्तर क्रम में लगाया जा रहा है तो यह ध्यान में रखें कि सभी LEDs उच्च स्तर की हों एवं एक ही लॉट की हों क्योंकि अलग-अलग LEDs की वोल्टेज रेटिंग अलग-अलग होती है। यदि LEDs अलग-अलग वोल्टेज रेटिंग की होंगी तो एक LED के द्वारा अधिक करन्ट की खपत होगी जिससे शेष अन्य LEDs के लिए करन्ट की मात्रा कम रह जाएगी।

यह प्रोजेक्ट काफी आकर्षक रनिंग लाईट प्रभाव प्रस्तुत करता है जिससे यह काफी लोकप्रिय है।

6 चैनल 150 LEDs चेजर का सर्किट एवं लेआऊट

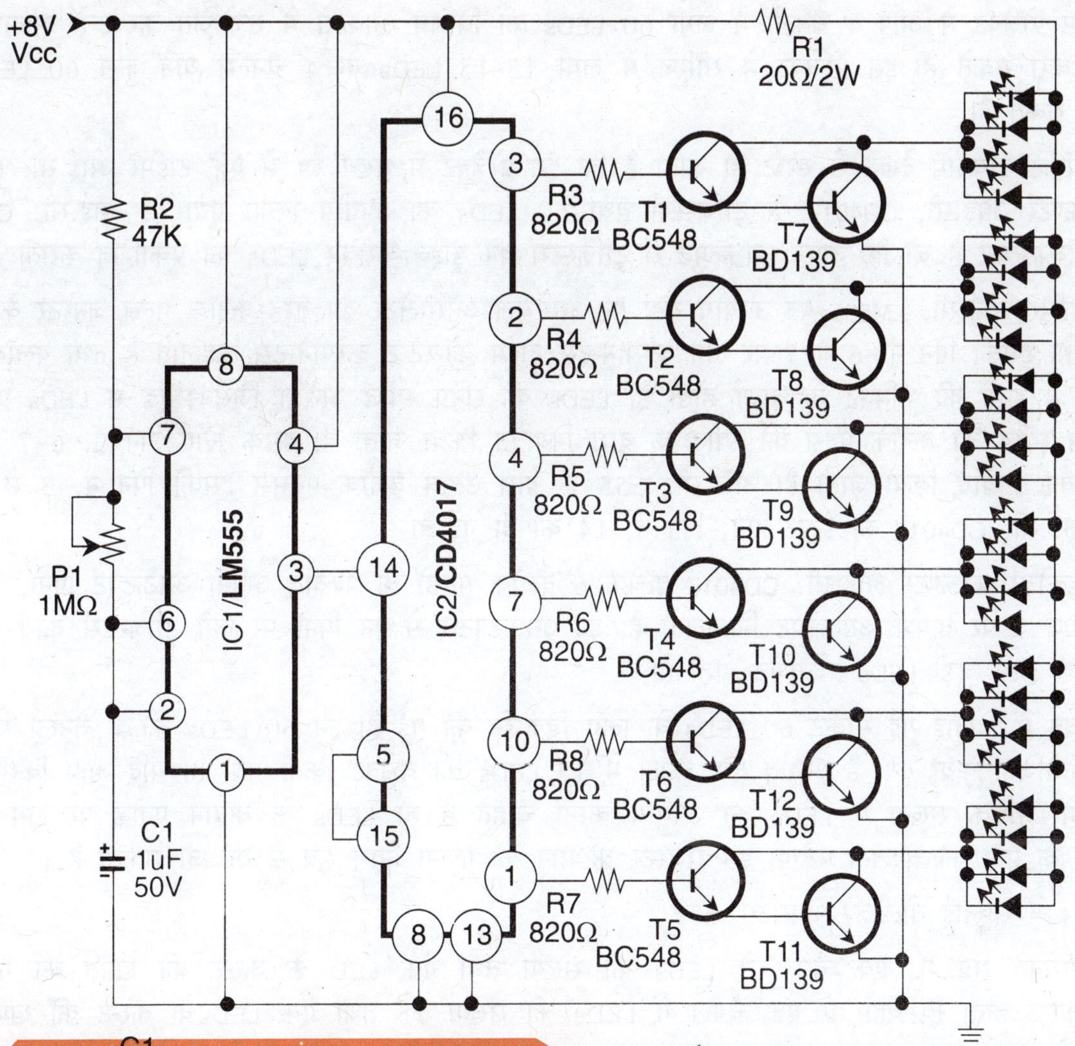

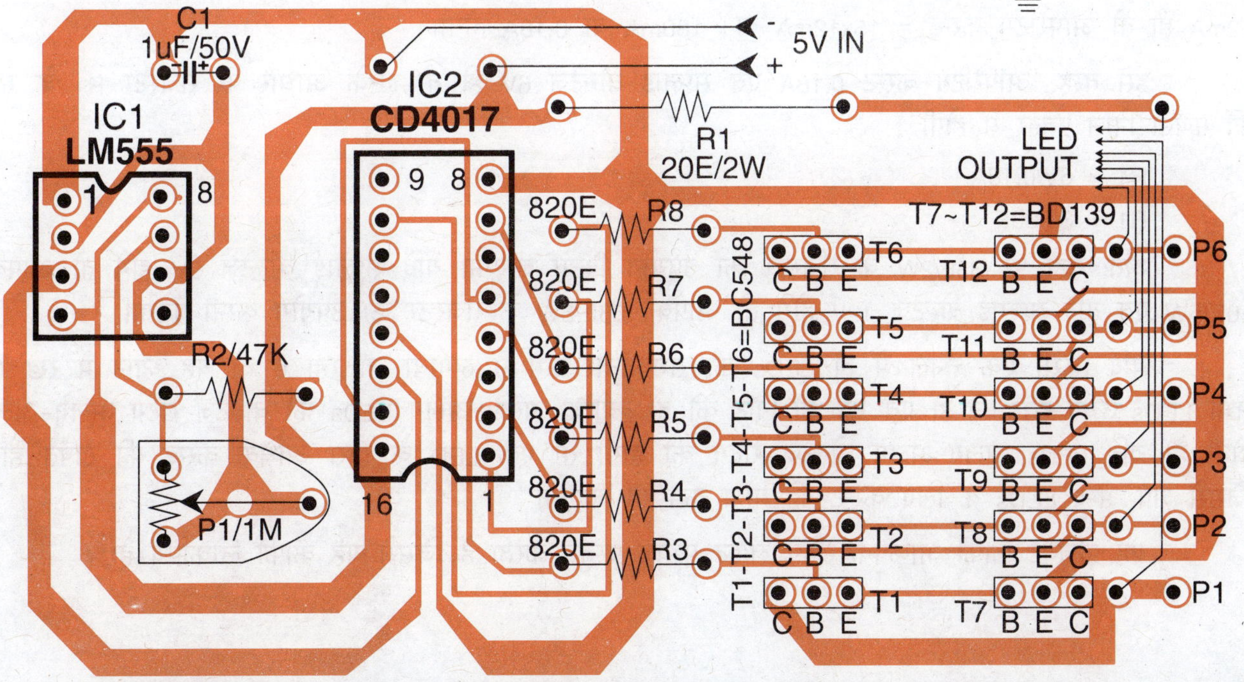

061 4 चैनल 60 LED चेजर

इस प्रोजेक्ट में आप 4 चैनलों में लगी 60 LEDs को विभिन्न आकारों में संयोजित कर उन्हें आकर्षक रुप में प्रदर्शित करा सकते हैं। इस प्रोजेक्ट में सीरिज में लगी 15-15 LEDs के 4 चैनल्स याने कुल 60 LEDs का उपयोग कर सकते हैं।

सर्किट डायग्राम देखने से स्पष्ट हो जाता है कि इस प्रोजेक्ट में मुख्य रुप से एक टाईमर आई.सी. LM555, डिकेड काऊण्टर आई.सी. CD4017, 8 ट्रांजिस्टर्स तथा 60 LEDs का उपयोग किया गया है। आई.सी. CD4017 एक डिकेड काऊण्टर है जो कि अपने आऊटपुट से ट्रांजिस्टरों को ड्राईव कराकर LEDs को प्रकाशित कराती है।

टाईमर आई.सी. LM555 का उपयोग यहां पर अस्टेबल ऑसीलेटर की तरह क्लॉक पल्स जनरेटर के रुप में किया गया है। इसकी पिन नं. 6 व 7 पर लगे कम्पोनेन्ट्स टाईम कॉन्स्टेन्ट कम्पोनेन्ट्स कहलाते हैं तथा क्लॉक पल्स के जनरेशन में इन्हीं की भूमिका महत्वपूर्ण होती है। LEDs की रनिंग स्पीड अर्थात् जिस स्पीड से LEDs प्रकाशित होती हैं उस स्पीड को क्लॉक पल्स की स्पीड के द्वारा नियंत्रित किया जाता है। इसके लिए पिन नं. 6-7 पर लगे प्रिसेट P1 का उपयोग किया जाता है। आई.सी. 555 के द्वारा उत्पन्न क्लॉक पल्सेस इसकी पिन नं. 3 से डिकेड काऊण्टर आई.सी. CD4017 की इन्पुट पिन, पिन नं. 14 को दी गई है।

डिकोडर काऊण्टर आई.सी. CD4017 प्रत्येक 6 क्लॉक पल्सों के पश्चात् अपनी आऊटपुट पिनों, पिन नं. 3, 2, 4 एवं 7 पर क्रमशः आऊटपुट निकालती है। इन आऊटपुट्स से इन पिनों पर लगे ट्रांजिस्टर्स कार्य करते हैं जिसके कारण इनसे जुड़ी LEDs प्रकाशित होती है।

चित्र में दिखाई गई सर्किट 60 LEDs के लिए डिजाईन की गई है। इन 60 LEDs को 4 चैनलों में समान संख्या में संयोजित किया गया है अर्थात् एक चैनल में 15 LEDs को कनेक्ट किया गया है। यदि आप किसी 2 या 3 चैनलों में अधिक संख्या में LEDs का उपयोग करना चाहते हैं तो LEDs के कॉमन एनोड पर लगे सप्लाई रजिस्टर R1 के मान को बदलना पड़ेगा। इस रजिस्टर के मान की गणना निम्न सूत्र से की जा सकती है ;

R1 = सप्लाई वोल्टेज/ऑपरेटिंग करन्ट

उपरोक्त सूत्र में, एक चैनल में LEDs की संख्या तथा एक LED के करन्ट की खपत का गुणनफल ऑपरेटिंग करन्ट होता है। यहां पर एक चैनल में LEDs की संख्या 15 तथा एक LED के करन्ट की खपत यदि 12mA हो तो ऑपरेटिंग करन्ट = 15x12mA याने 180mA या 0.18A होगा।

इस तरह, ऑपरेटिंग करन्ट 0.18A एवं सप्लाई वोल्टेज 6V हो तो इसके आधार पर रजिस्टर R1 के मान की गणना निम्न प्रकार से होगी ;

R1 = 6V/0.18A

R1 = 33.33E

अतः यहां पर 33E/2W के रजिस्टर का उपयोग किया जाएगा। यदि सप्लाई वोल्टेज 9V होंगे तो आपको 50E/5W एवं यदि सप्लाई वोल्टेज 12V होंगे तो आपको 68E/5W के रजिस्टर का उपयोग करना पड़ेगा।

यदि किसी एक चैनल में ही LEDs को समानान्तर क्रम में लगाया जा रहा है तो यह ध्यान में रखें कि सभी LEDs उच्च स्तर की हों एवं एक ही लॉट की हों क्योंकि अलग-अलग LEDs की वोल्टेज रेटिंग अलग-अलग होती है। यदि LEDs अलग-अलग वोल्टेज रेटिंग की होंगी तो एक LED के द्वारा अधिक करन्ट की खपत होगी जिससे शेष अन्य LEDs के लिए करन्ट की मात्रा कम रह जाएगी।

यह प्रोजेक्ट काफी आकर्षक रनिंग लाईट प्रभाव प्रस्तुत करता है जिससे यह काफी लोकप्रिय है।

6 चैनल 60 LEDs चेजर का सर्किट एवं लेआऊट

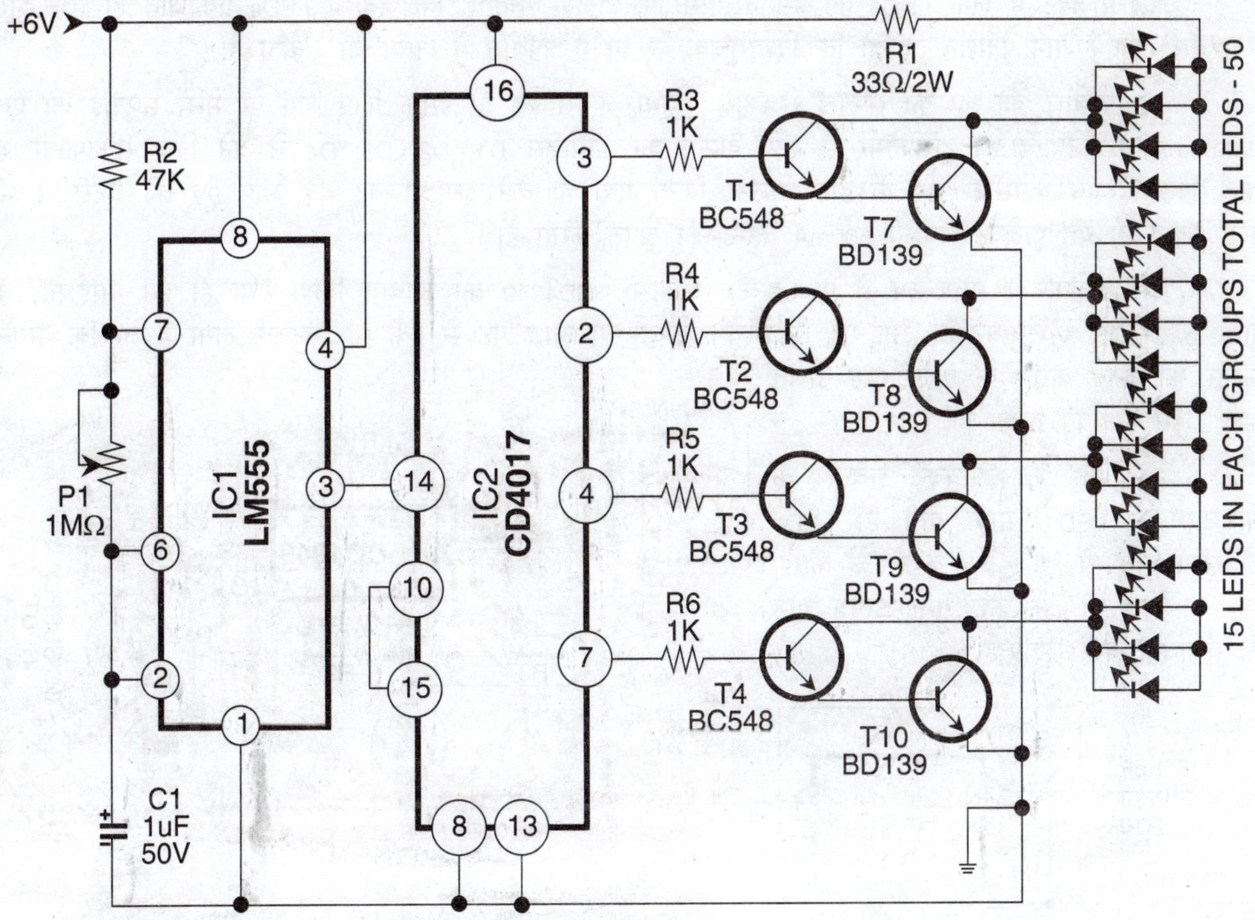

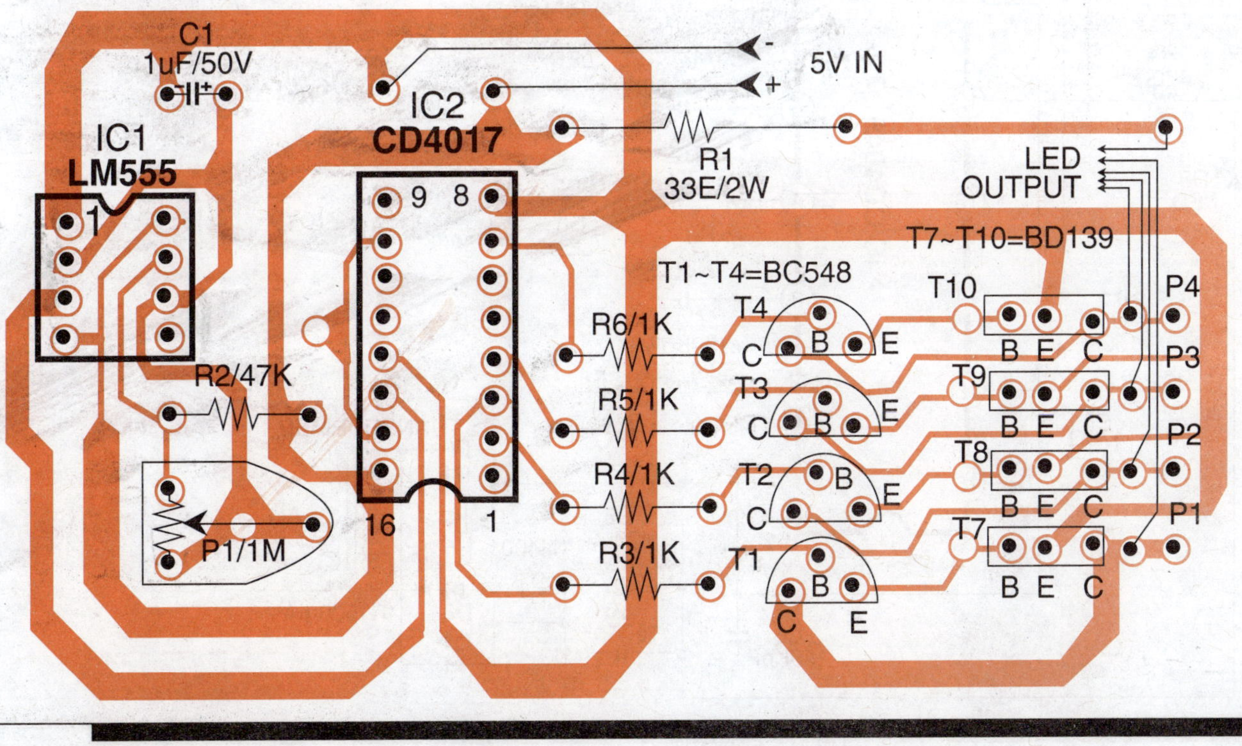

062 एरो इण्डीकेटर

इस प्रोजेक्ट में लगी LEDs को इस तरह से फिट किया गया है कि जब ये LEDs प्रकाशित हों तब इनसे एरो (तीर) का निशान प्रदर्शित हो जो कि दिशासूचक के रुप में उपयोग में लाया जा सकता है।

इस प्रोजेक्ट को 9V की सप्लाई से कार्य कराया जा सकता है। इसके लिए यहां पर मेन्स सप्लाई को एक 9V/500mA के स्टेप-डाऊन ट्रांसफॉर्मर से स्टेप-डाऊन कर डायोड्स D1, D2, D3, D4 से बने ब्रिज रेक्टिफायर के द्वारा रेक्टिफाई एवं केपेसीटर C7 के द्वारा फिल्टर किया गया है। वैसे इस प्रोजेक्ट को आप 9V की बैटरी से भी चला सकते हैं। यह प्रोजेक्ट लगभग 500mA करन्ट की खपत करता है।

इस प्रोजेक्ट में मुख्य रुप से एक इन्वर्टर आई.सी. CD4049 का उपयोग किया गया है। इस आई.सी. के भीतर 6 CMOS इन्वर्टर बने हैं। आई.सी. के प्रत्येक इन्वर्टर के आऊटपुट से एक RC नेटवर्क लगा है जो कि अगले इन्वर्टर को कार्य कराने के पहले एक उचित डिले टाईम निश्चित करता है।

आई.सी. के प्रत्येक इन्वर्टर के आऊटपुट से LED लगायी गयी हैं। LEDs को सीधे आई.सी. से ड्राईव कराने के कारण यहां पर आई.सी. में कुछ गर्मी उत्पन्न होने की संभावना जरुर रहती है।

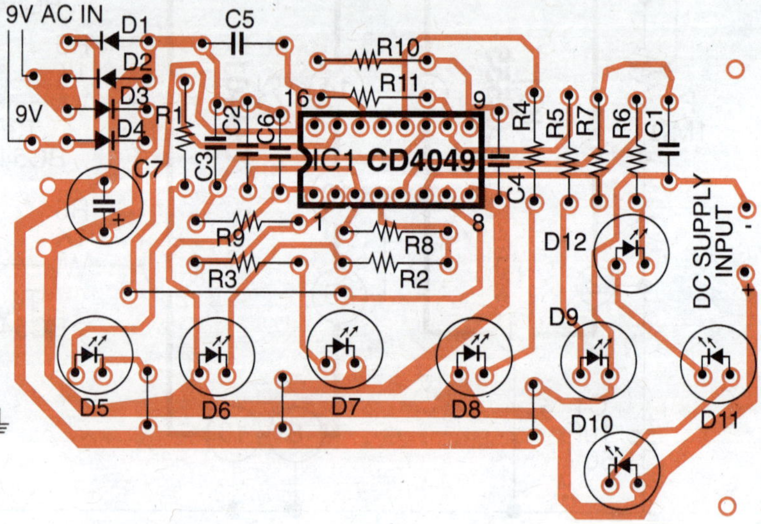

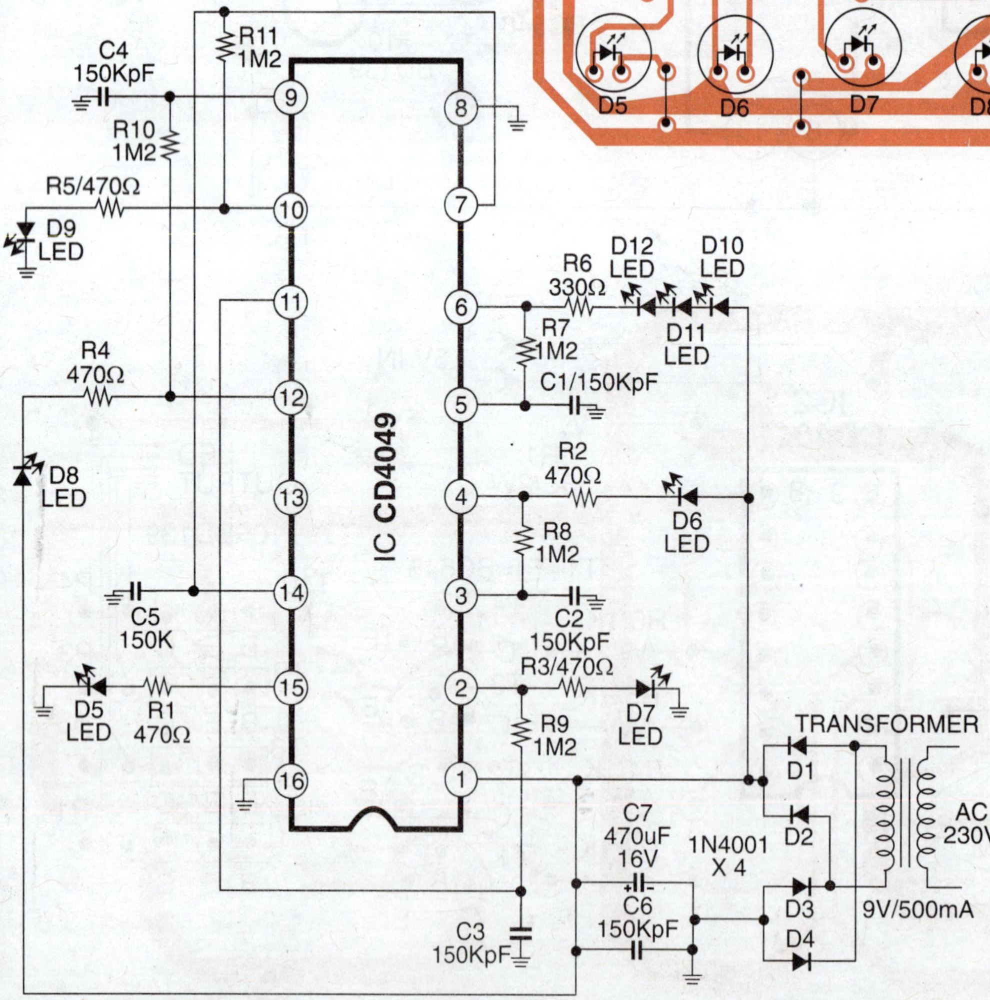

DAY इण्डीकेटर

063

इस प्रोजेक्ट के द्वारा आप सप्ताह के सातों दिनों को LED के प्रकाश से इण्डीकेट करा सकते हैं। यह प्रोजेक्ट दिन बीतने के साथ स्वयं ही अगले दिन को इण्डीकेट करने वाली LED को प्रकाशित कर देता है। इस प्रोजेक्ट में एक CMOS डिकेड काऊण्टर आई.सी. CD4017 तथा एक ट्रांजिस्टर एवं सप्ताह के सातों दिनों को इण्डीकेट करने हेतु कुल 7 LEDs का उपयोग किया गया है।

सर्किट डायग्राम में "IN" लिखे स्थान पर प्रति दिन 1 पल्स के हिसाब से क्लॉक पल्स इन्पुट करायी गयी है। यह पल्स ठीक आधी रात (जब एक अंग्रेजी तारीख समाप्त होती है एवं दुसरी तारीख शुरु होती है) पर हाई होता है और उसके बाद लो हो जाता है। जैसे ही ट्रांजिस्टर T1 के बेस पर इन्पुट के रुप में हाई क्लॉक पल्स प्राप्त होती है वैसे ही यह ट्रांजिस्टर कार्य करने लग जाता है और इसका कलेक्टर एवं इससे जुड़ी आई.सी. की पिन नं. 14 लो हो जाती है। हाई के पश्चात् ट्रांजिस्टर का बेस लो हो जाता है तो ट्रांजिस्टर कार्य करना बंद कर देता है जिससे इसका कलेक्टर एवं इससे जुड़ी आई.सी. की पिन नं. 14 हाई हो जाती है। इससे आई.सी. 1 पल्स को काऊण्ट करती है और अपनी एक आऊटपुट पिन से आऊटपुट निकाल कर एक LED को प्रकाशित करवाती है।

इस तरह प्रत्येक आधी रात पर आई.सी. 1 पल्स काऊण्ट करती है एवं उस दिन को सूचित कराने वाली LED को प्रकाशित कराती है। इस प्रकार प्रतिदिन एक-एक LED (D1 से D7) प्रकाशित होती है।

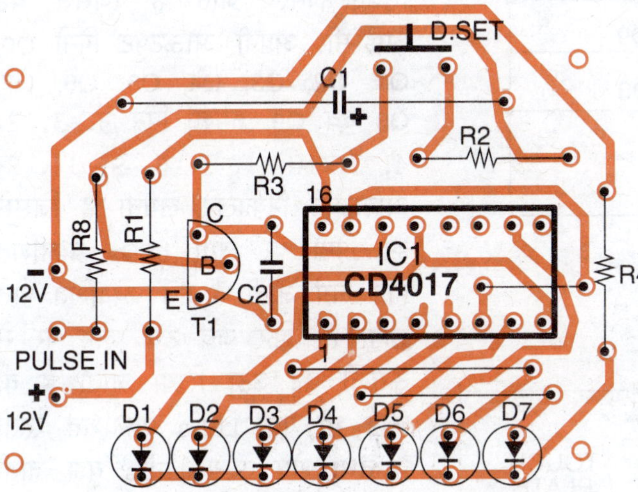

आई.सी. के सातों आऊटपुट्स को आई.सी. की पिन नं. 6 काऊण्ट करती है एवं इस पिन नं. 6 को आई.सी. की रिसेट पिन, पिन नं. 15 से जोड़ा गया है। जब आई.सी. 0 पर रिसेट हो जाती है तब पिन नं. 6 फिर से, 0 से 6 आऊटपुट को काऊण्ट करना शुरु कर देती है।

ट्रांजिस्टर T1 के बेस पर लगा केपेसीटर C1 (1000MFd) इण्डीकेटर के लो होने के बाद भी लगभग 10 सेकेण्ड्स तक चार्ज रहकर फिर डिस्चार्ज होता है। इसके कारण ट्रांजिस्टर T1 के बेस के लो हो जाने के कारण यह ट्रांजिस्टर भी स्विच-ऑफ हो जाता है।

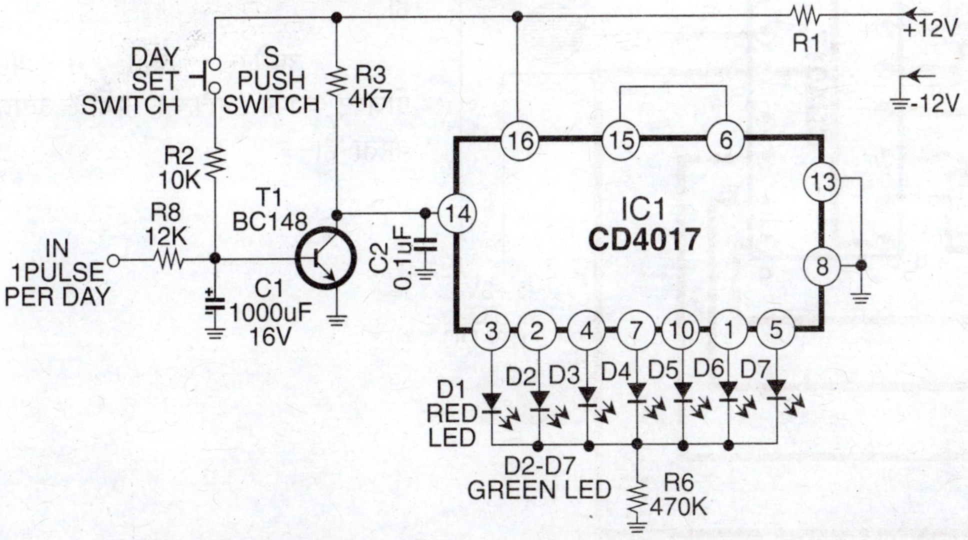

इस प्रोजेक्ट में पहली LED D1 को आप सप्ताह का पहला दिन याने रविवार को इण्डीकेट कराने हेतु लाल रंग की LED का उपयोग कर सकते हैं जबकि शेष LEDs का रंग आप ग्रीन चुन सकते हैं।

064 इलेक्ट्रॉनिक घुमता चक्र (टच प्लेट युक्त)

इस प्रोजेक्ट में लगी टच प्लेट को छुने पर इस प्रोजेक्ट में लगी 10 LEDs प्रकाशित होने लग जाती है तथा जैसे ही टच प्लेट पर से ऊंगली को हटा लिया जाता है तो केवल कोई एक LED ही प्रकाशित रह जाती है तथा शेष सभी LEDs बुझ जाती है। यह प्रोजेक्ट बच्चों में काफी लोकप्रिय है।

इस प्रोजेक्ट की सर्किट काफी सरल है। इस प्रोजेक्ट में मुख्य रुप से एक डिकेड काऊण्टर आई.सी. CD4017, 10 LEDs तथा एक टच प्लेट का उपयोग किया गया है। इसमें लगी टच प्लेट एक छोटे से सिक्के (50 पैसे के सिक्के) के बराबर साईज की होती है एवं यह धातु की बनी होती है। इस टच प्लेट को आई.सी. की क्लॉक पिन, पिन नं. 14 पर जोड़ा जाता है।

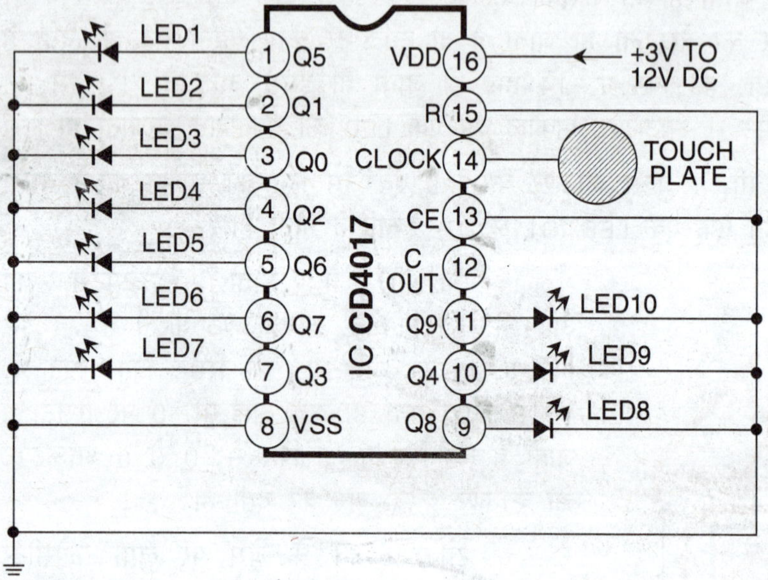

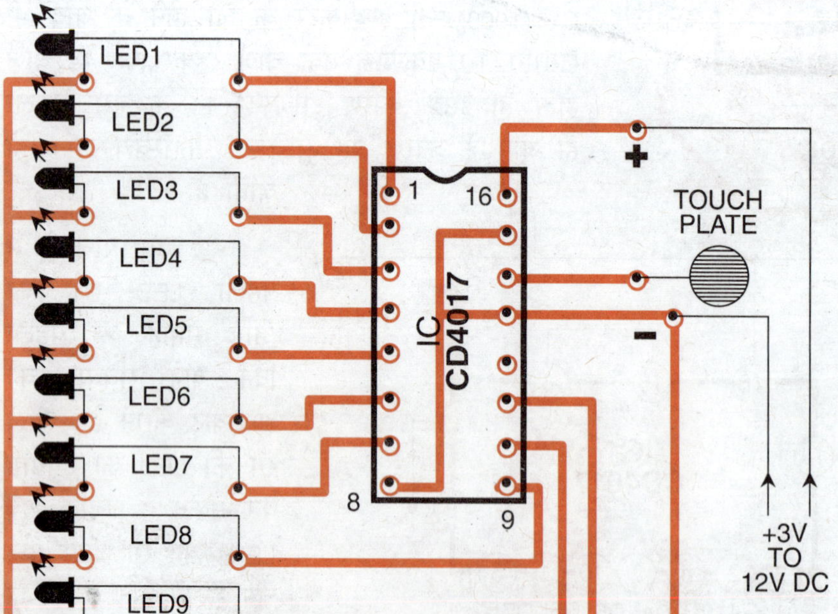

आई.सी. CD4017 को उसकी सप्लाई पिन, पिन नं. 16 पर लगभग 3V से 12V की सप्लाई दी जाती है। सप्लाई मिलने के बाद पिन नं. 14 पर लगी धातु की टच प्लेट को जैसे ही ऊंगली से स्पर्श किया जाता है वैसे ही आई.सी. को क्लॉक सिग्नल मिल जाते हैं जिससे यह आई.सी. अपनी आऊटपुट पिनों Q0, Q1, Q2, Q3, Q4, Q5, Q6, Q7, Q8 एवं Q9 क्रमशः पिन नं. 3, 2, 4, 7, 10, 1, 5, 6, 9, 11, पर आऊटपुट निकालने लगती है जिससे इन पिनों पर लगी LEDs प्रकाशित होने लग जाती हैं एवं प्रकाशित होते रहती हैं। फिर जब टच प्लेट पर से ऊंगली को उठा लिया जाता है तो कोई भी एक LEDs प्रकाशित रहती है तथा शेष अन्य LEDs बुझ जाती है।

उपरोक्त प्रकार से यह प्रोजेक्ट काफी आकर्षक प्रभाव उत्पन्न करता है।

इलेक्ट्रॉनिक पासा (गोटी)

065

इस प्रोजेक्ट का उपयोग आप कई गेम्स जैसे कि लुडो, सांप-सीढ़ी इत्यादि में कर सकते हैं। इस प्रोजेक्ट में एक बार में उतनी ही LEDs प्रकाशित होती हैं जितना कि आपका स्कोर आयेगा।

इस प्रोजेक्ट की कार्य-प्रणाली मुख्यतः बायनरी काऊण्टर आई.सी. 7493 पर निर्भर करती है। इसमें एक टाईमर आई.सी. 555 का भी उपयोग किया गया है। टाईमर आई.सी. के द्वारा उत्पन्न पल्सों को गिनकर ही आई.सी. 7493 अपनी आऊटपुट पिनों पर लगी विभिन्न LEDs को प्रकाशित कराती है।

इस प्रोजेक्ट में ट्रांजिस्टर BC148 का उपयोग स्कोर पूर्ण हो जाने के बाद आई.सी. 7493 को रिसेट करने के लिए किया गया है। जैसे ही आप प्ले बटन को दबाते हैं तो आई.सी. 555 कार्य करते हुए अपने आऊटपुट पर पल्सेस देती है जिन्हें आई.सी. 7493 गिनकर उसके अनुसार अपनी आऊटपुट पिनों को हाई कर संबंधित LEDs को प्रकाशित कराती है। इससे हमें अलग-अलग स्कोर प्राप्त होता है।

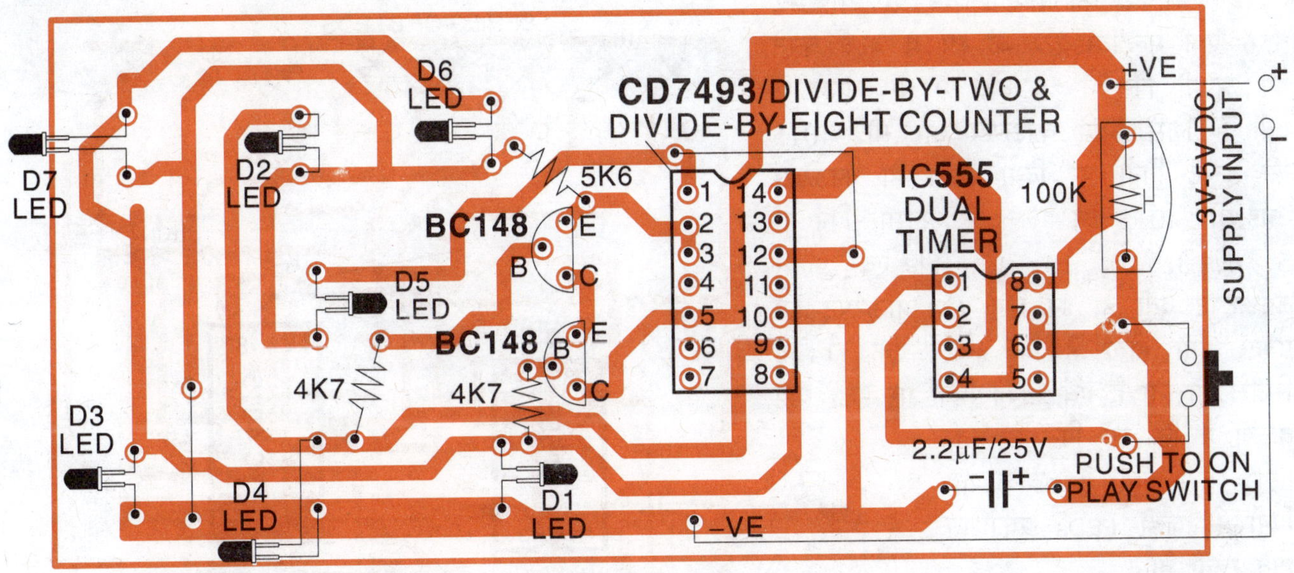

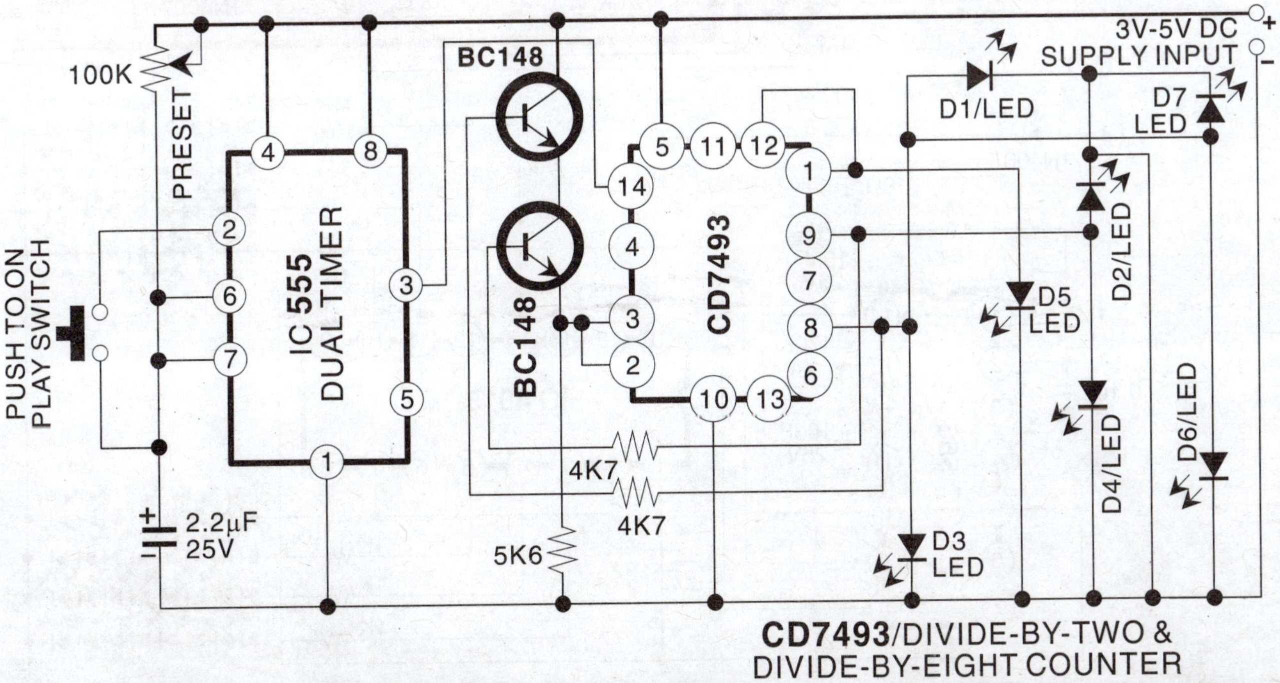

066 आकर्षक विज्ञापन बोर्ड

इस प्रोजेक्ट की विशेषता यह है कि इसमें केवल अक्षर स्वतः ही जलते-बुझते हुए नजर आते हैं तथा शेष अक्षर चमकते हुए नजर आते हैं। इसके द्वारा आप दुकानों में आकर्षक ढंग से विज्ञापन बोर्ड को डिस्प्ले करा सकते हैं।

इस प्रोजेक्ट में आई.सी. 556 तथा आई.सी. 4015 का उपयोग किया गया है। आई.सी. 556 एक ड्यूल टाईमर आई.सी. है जिसे यहां पर ड्यूल अस्टेबल मल्टीवाईब्रेटर के रुप में उपयोग में लाया गया है एवं इस आई.सी. में दो फ्लिप-फ्लॉप बने हैं जबकि आई.सी. 4015 8-डिजिट काऊण्टर आई.सी. है। यह आई.सी., आई.सी. 556 से मिलने वाले पल्सों को काऊण्ट करती है। आई.सी. 4015 की पिन नं. 5, 4, 3, 10, 13, 12, 11 एवं 2 आऊटपुट पिनें है। इस आई.सी. की प्रत्येक आऊटपुट पिन पर 1K के एक-एक रजिस्टेंस से होते हुए LEDs की सीरिज को जोड़ा गया है।

सर्किट को सप्लाई देने पर आई.सी. 556 एक मल्टीवाईब्रेटर के रुप में कार्य करते हुए अपनी पिन नं. 5 तथा 9 पर आऊटपुट देती है जिसे आगे काऊण्टर आई.सी. 4015 की इनपुट पिनों पर दिया जाता है। काऊण्टर आई.सी. 4015 इन पल्सों के अनुसार पिन नं. 5, 4, 3, 10, 13, 12, 11 एवं 2 पर आऊटपुट देती है। इन पिनों पर आऊटपुट इस प्रकार प्राप्त होता है कि केवल एक ही लो सिग्नल मिलता है एवं बाकी पिनों पर हाई। यही कारण है कि लो पिन से जुड़ी LEDs बुझ जाती है जबकि शेष पिनों से जुड़ी LEDs प्रकाशित होते रहती है।

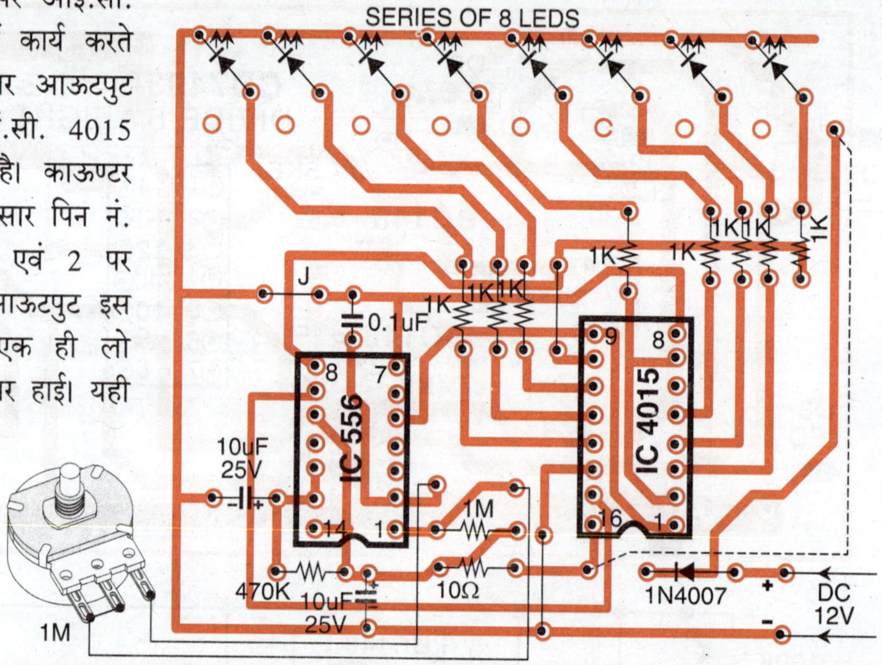

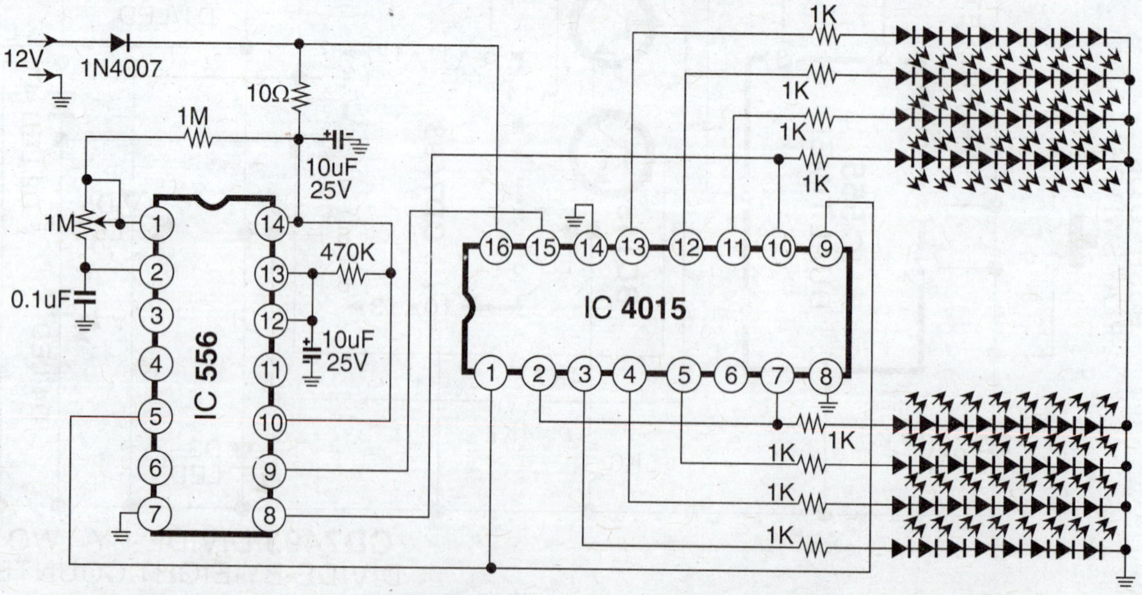

लॉजिक एलीमेन्ट इण्डीकेटर

067

यहां पर दिखाई जा रही सर्किट में एक टाईमर आई.सी. 555 का उपयोग एक मोनो-स्टेबल वन शॉट मल्टीवाईब्रेटर के रुप में किया गया है। वन शॉट मोनो-स्टेबल मल्टीवाईब्रेटर का उपयोग एनालॉग फ्रिक्वेन्सी मीटर तथा डायरेक्ट रीडिंग केपेसीटी मीटर की डिजाईनिंग के लिए किया जाता है।

यह सर्किट एक प्रकार का इलेक्ट्रॉनिक स्विच है परन्तु इसमें वाऊन्सिंग की समस्या नहीं है जैसी कि मेकेनिकल स्विचिंग में होती है। यह सर्किट स्विच की प्रत्येक स्थिति में 1 पल्स आऊट करती है जिसे इसकी पिन नं. 3 पर लगी LED इण्डीकेट करती है। इसके आधार पर हम कह सकते हैं कि यहां पर लगी LED, पल्स विड्थ कार्य में लॉजिक एलीमेन्ट्स को दर्शाती है। इस पल्स विड्थ का टाईम कम से कम लगभग 1.65m/sec होता है। इतने समय तक LED प्रकाशित रहती है और फिर शेष समय बुझी हुई रहती है। LED का बुझा हुआ होना यह सूचित करता है कि आई.सी. के भीतर लॉजिक एलीमेन्ट्स का कार्य बंद हो गया है।

सर्किट डायग्राम में दिखाए अनुसार आई.सी. 555 की पिन नं. 3 पर एक LED को जोड़ा गया है जिसके लिए एक करन्ट लिमिटर रजिस्टर R3 लगाया गया है। आई.सी. के द्वारा उत्पन्न होने वाला ऑसीलेशन इसकी पिन नं. 6 पर लगे टाईम कॉन्स्टेन्ट कम्पोनेन्ट्स R1, R2, VR1 एवं C2 पर निर्भर करता है।

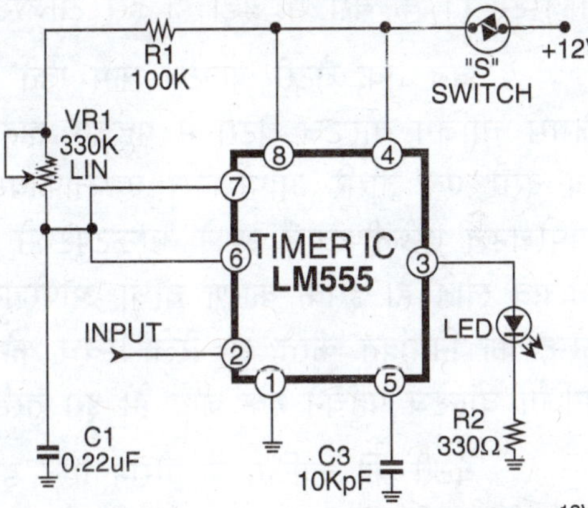

स्विच S1 को ऑन किए जाने पर सप्लाई मिलने लगती है एवं सर्किट कार्य करने लग जाती है तथा आई.सी. पल्सों की श्रंखला निकालने लग जाती है। आई.सी. के द्वारा बनायी जाने वाली फ्रिक्वेन्सी को LED के द्वारा इण्डीकेट कराकर फ्रिक्वेन्सी के ऑन/ऑफ समय को देखा व जाना जाता है। फ्रिक्वेन्सी के बार-बार ऑन/ऑफ होने की घटना को LED की फ्लिकिंग से महसूस किया जा सकता है। जिन फ्रिक्वेन्सियों के ऑन/ऑफ होने की दर को LED की फ्लिकिंग से महसूस कर सकते हैं उनकी पल्स रेट 18Hz प्रति सेकेण्ड होती है। भिन्न मान की फ्रिक्वेन्सी पर LED भिन्न दर से फ्लिकिंग करती है।

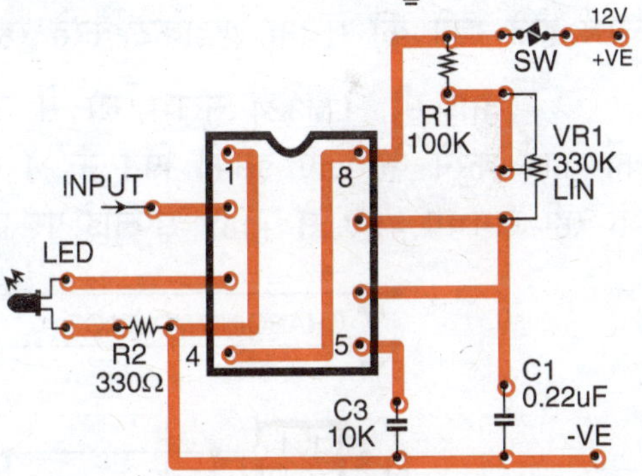

इस सर्किट में लगे प्रिसेट VR1 की कम मान की स्थिति पर अधिक मान की फ्रिक्वेन्सी (360Hz) तथा प्रिसेट की अधिक मान की स्थिति पर कम मान की फ्रिक्वेन्सी (16Hz) जनरेट होती है। प्रिसेट VR1 का उपयोग एक टाईमिंग एलीमेन्ट के रुप में किया गया है।

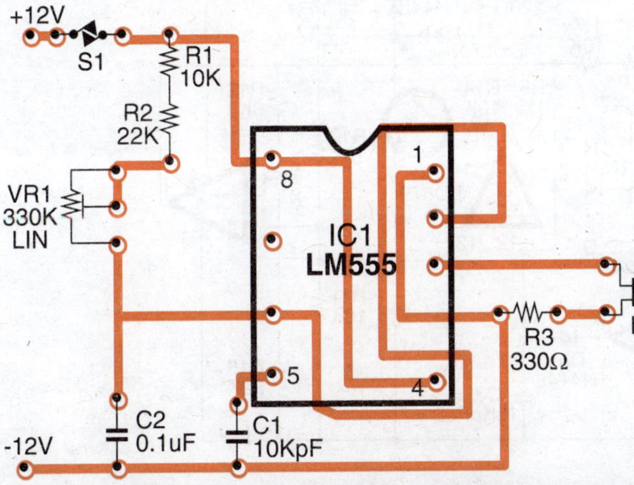

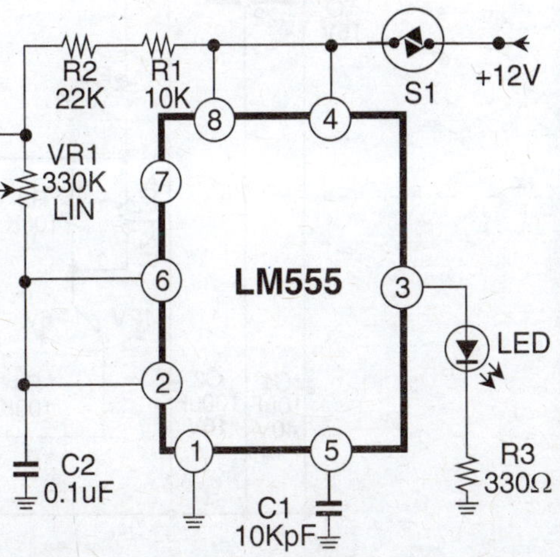

068 ऑटोमेटिक बैटरी चार्जर इण्डीकेटर

इस प्रोजेक्ट में दिखाई गई सर्किट, बैटरी की चार्जिंग के दौरान् बैटरी वोल्टेज की स्थिति को LED के द्वारा सूचित करती है। इसके अलावा यह सर्किट बैटरी के पूर्णतः चार्ज हो जाने पर चार्जर स्विच को स्वतः ही ऑफ कर देती है एवं इसी तरह जब बैटरी में चार्ज कम होता है तो चार्जर स्विच को ऑटोमेटिकली ऑन कर देती है।

इस प्रोजेक्ट में मुख्य रुप से एक क्वाड ऑपरेशनल एम्प्लीफायर आई.सी. LM324, ट्रांजिस्टर एवं रिले का उपयोग किया गया है।

जिस बैटरी को चार्जिंग वोल्टेज से चार्ज किया जा रहा होता है उस बैटरी में चार्ज की स्थिति की जानकारी इस सर्किट में लगे R1, R2 एवं R3 से होते हुए दुसरे ऑपरेशनल एम्प्लीफायर की की इन्वर्टिंग इन्पुट पिन (पिन नं. 6) तथा तीसरे ऑपरेशनल एम्प्लीफायर नॉन-इन्वर्टिंग इन्पुट पिन (पिन नं. 10) को रिफ्रेन्स वोल्टेज के रुप में मिलती है। इन दोनों ऑपरेशनल एम्प्लीफायर्स का आऊटपुट, चौथे ऑपरेशनल एम्प्लीफायर की नॉन-इन्वर्टिंग इन्पुट पिन (पिन नं. 12) को दिया गया है। चौथे ऑपरेशनल एम्प्लीफायर का आऊटपुट (पिन नं. 14) रिले ड्रायवर ट्रांजिस्टर T1 के बेस से जुड़ा है। इस ट्रांजिस्टर का कलेक्टर रिले की क्वायल से जुड़ा है।

जब तक बैटरी वोल्टेज कम रहते हैं तब तक यह सर्किट कार्य करते हुए रिले स्विच को ऑन रखती है जिससे चार्जिंग वोल्टेज बैटरी में पहुंचते रहते हैं एवं बैटरी चार्ज होती रहती है। जब बैटरी पूर्णतः चार्ज हो जाती है तब दुसरे एवं तीसरे ऑपरेशनल एम्प्लीफायर पर पहुंचने वाले रिफ्रेन्स वोल्टेज में बदलाव आ जाता है जिससे ये ऑपरेशनल एम्प्लीफायर्स अपने आऊटपुट से चौथे ऑपरेशनल एम्प्लीफायर्स की नॉन-इन्वर्टिंग इन्पुट पिन के बायस में बदलाव लाते है। इसके कारण चौथा ऑपरेशनल एम्प्लीफायर, रिले ड्रायवर ट्रांजिस्टर की सहायता से रिले क्वायल में करन्ट को नियंत्रित करते हुए रिले स्विच को ऑपरेट कराता है जिससे रिले स्विच ऑफ हो जाता है और बैटरी में चार्जिंग वोल्टेज पहुंचने रुक जाते हैं। इस तरह से बैटरी की चार्जिंग ऑटोमेटिकली कट हो जाती है।

बैटरी की चार्जिंग के दौरान् रिले ड्रायवर ट्रांजिस्टर के कलेक्टर पर लगी LED D6 प्रकाशित होकर बैटरी के चार्ज होते रहने की सूचना इण्डीकेट करते रहती है।

आई.सी. LM324 सुलभ रुप से उपलब्ध बहुप्रचलित ऑपरेशनल एम्प्लीफायर आई.सी. है। इस आई.सी. को कार्य करने के लिए इसकी पिन नं. 4 पर लगभग 5V DC सप्लाई दी गई है। यह सप्लाई इस प्रोजेक्ट को दी जा रही लगभग +9V से +15V सप्लाई पर एक रेग्युलेटर आई.सी. 7805 को लगाकर प्राप्त की गई है।

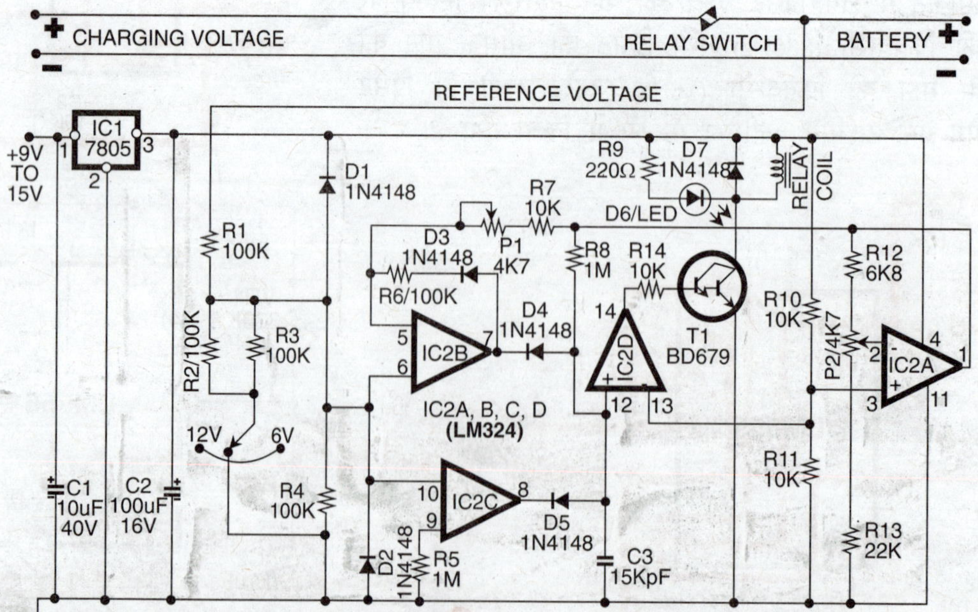

ऑटोमेटिक बैटरी चार्जर इण्डीकेटर का PCB लेआऊट

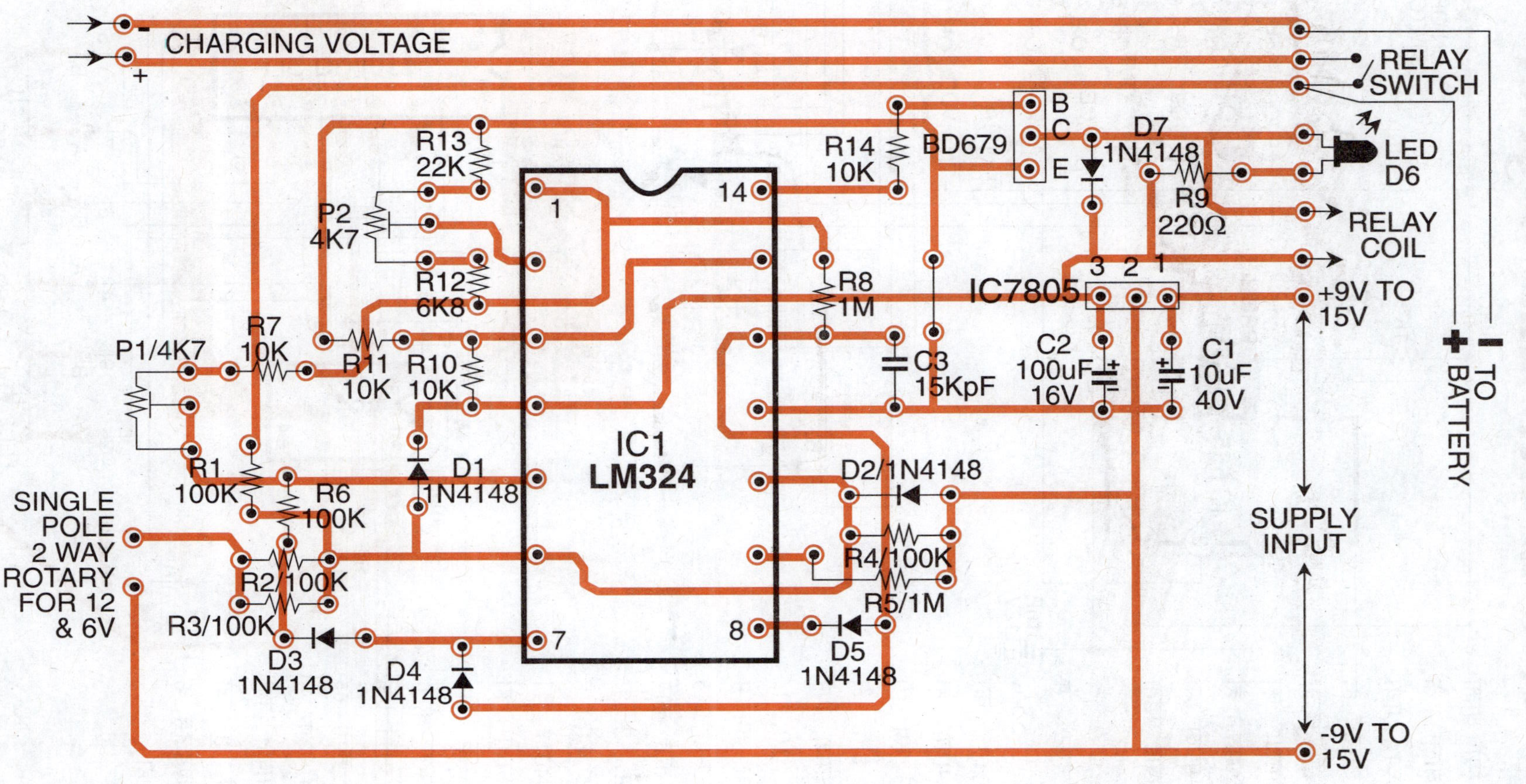

069 दो रंगों वाली LED पेण्डुलम

यह दो रंगों वाली LEDs (3 पिन वाली) के प्रयोग से बनाया गया आकर्षक लाईटिंग सिस्टम है, जिसका उपयोग आप दिवार घड़ी, मन्दिरों आदि को सजाने के लिए कर सकते हैं। यह दोनों दिशाओं में दो रंगों में चलता हुआ दिखाई पड़ता है।

इस प्रोजेक्ट में मुख्यतः आई.सी. 555, आई.सी. CD4017 का उपयोग किया गया है। आई.सी. 4017 से हमें 10 आऊटपुट्स प्राप्त होते हैं। इसका आऊटपुट क्रमशः पिन नं. 3, 2, 4, 7, 10, 1, 5, 6, 9, 11 के क्रम में प्राप्त होता है। आई.सी. 555 मल्टीवाईब्रेटर की तरह कार्य करती हुई पिन नं. 3 पर क्लॉक पल्स जनरेट करती है जो आई.सी. CD4017 को जाकर ट्रिगर करती है। आई.सी. CD4017 के कार्य करने से तीन टर्मिनलों वाली Bi-Coloured LED पहले एक तरफ से प्रकाशित होती हुई जाती हैं तथा दुसरी ओर से दुसरे कलर में प्रकाशित होती हुई वापस आती हैं जो अक्सर घड़ी के पेण्डुलम के समान प्रतीत होती है।

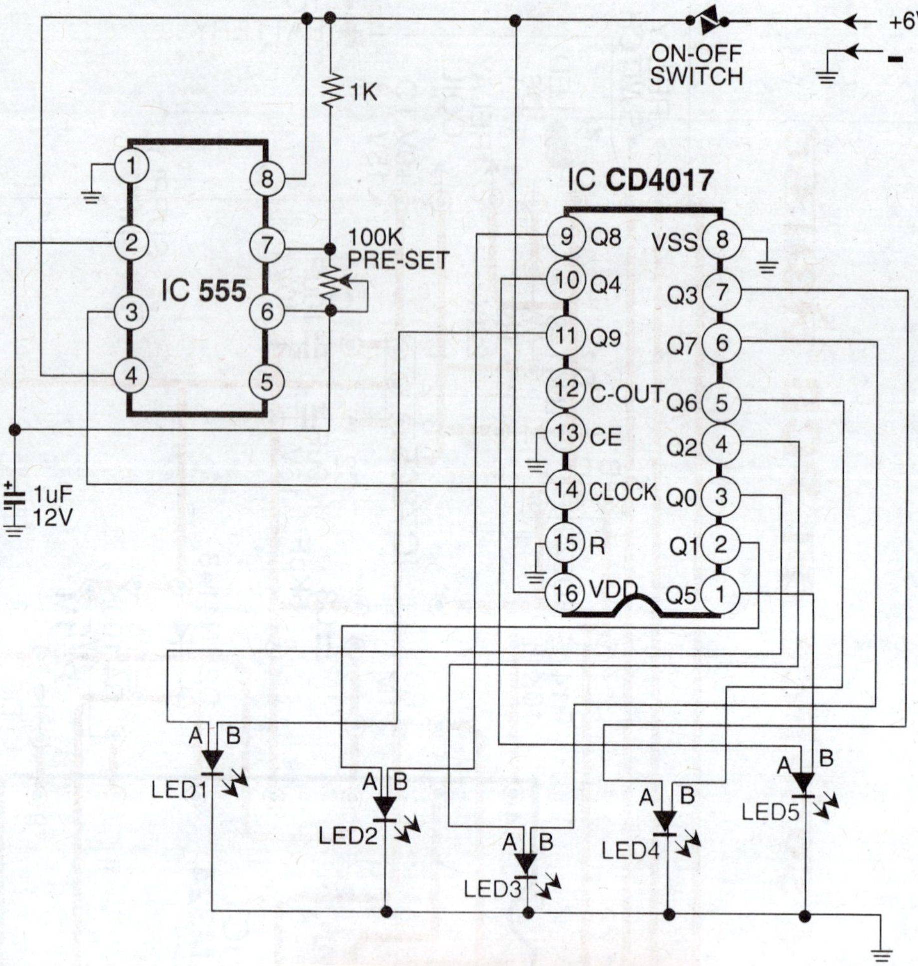

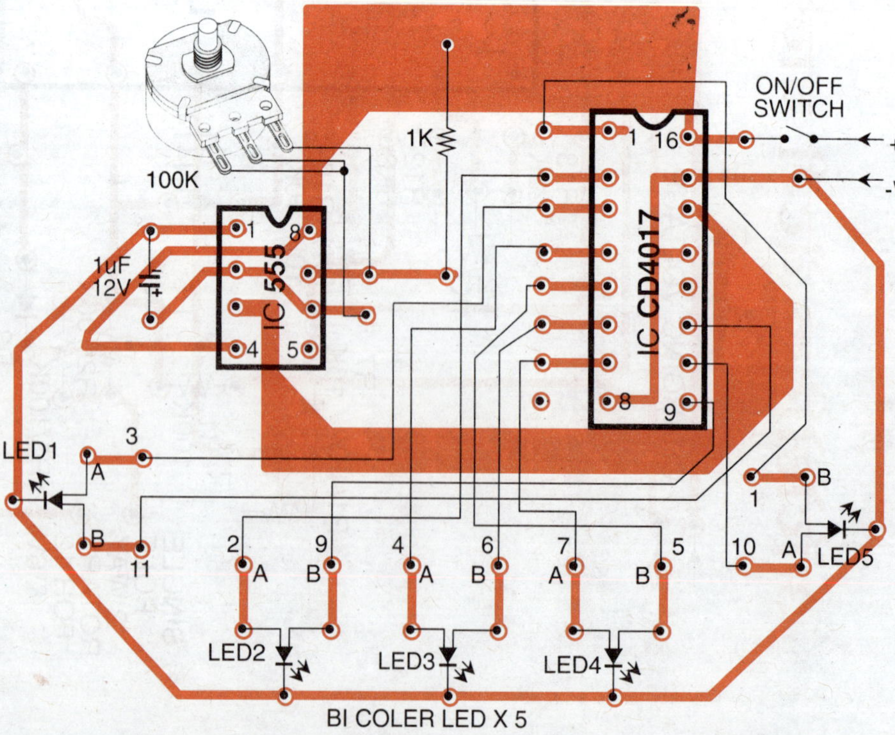

दो रंगों वाला LED ब्लिन्कर

070

इस प्रोजेक्ट में दो रंगों में प्रकाशित होने वाली दो पिनों वाली 6 LEDs का उपयोग किया गया है। यद्धपि दो रंगों में प्रकाशित होने वाली LEDs 3 पिनों वाली भी मिलती है परन्तु इस प्रोजेक्ट में दो पिनों वाली द्वि-रंगी LEDs का उपयोग किया गया है। LEDs के अलावा इस प्रोजेक्ट में क्वाड NAND गेट आई.सी. CD7400 का उपयोग किया गया है।

आई.सी. CD7400 के भीतर एक NAND गेट पिन नं. 1, 2 व 3 के बीच बना है जिसमें से पिन नं. 1 व 2 इन्पुट पिनें तथा पिन नं. 3 आऊटपुट पिन है। इसी तरह एक अन्य NAND गेट पिन नं. 4, 5 व 6 के बीच बना है जिसकी पिन नं. 4 व 5 इन्पुट पिनें तथा पिन नं. 6 आऊटपुट पिन है। इन दोनों NAND गेट्स की दोनों इन्पुट पिनों को याने पिन नं. 1 व 2 को तथा पिन नं. 4 व 5 को जोड़कर इन दोनों NAND गेट्स को एक NOT गेट के रुप में कार्य कराया गया है।

पहले गेट का आऊटपुट (पिन नं. 3) दुसरे गेट की इन्पुट पिनों (पिन नं. 4-5) को तथा दुसरे गेट का आऊटपुट पिन नं. 6 पहले गेट की इन्पुट पिनों (पिन नं. 1-2) को 10MFd के एक-एक केपेसीटर से होते हुए दिया गया है। इस तरह से ये दोनों गेट्स मिलकर एक बाय-स्टेबल मल्टीवाईब्रेटर बनाते हैं जिसका आऊटपुट पिन नं. 6 से प्राप्त किया गया है जो कि एक स्थिति में हाई तथा दुसरी स्थिति में लो होता है। यह आऊटपुट पिन नं. 11, 12 व 13 के बीच बने तीसरे NAND गेट की इन्पुट पिनों (पिन नं. 12-13) पर दिया गया है।

पिन नं. 12-13 पर हाई इन्पुट आने से इसका आऊटपुट (पिन नं. 11) लो हो जाता है। इस पिन से सभी Bi-Coloured LEDs का एक सिरा जुड़ा है। पिन नं. 11 का आऊटपुट पिन नं. 8, 9 व 10 के बीच बने चौथे NAND गेट की इन्पुट पिनों (पिन नं. 9-10) को भी दिया गया है। पिन नं. 9-10 पर लो इन्पुट से इस गेट की आऊटपुट पिन, पिन नं. 8 हाई हो जाती है। इस पिन से सभी Bi-Coloured LEDs का दुसरा सिरा जुड़ा है।

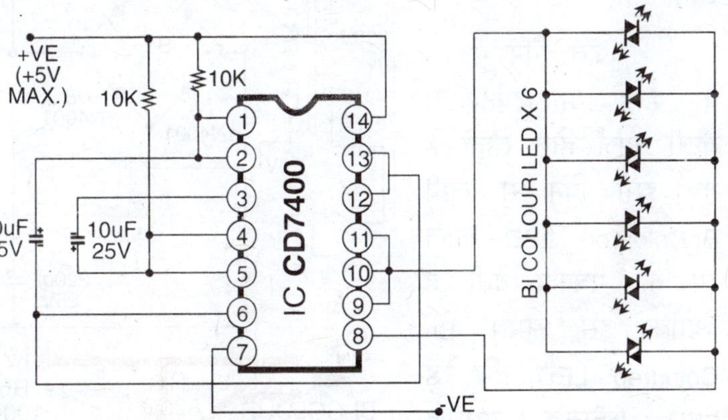

इस तरह सभी Bi-Coloured LEDs के सभी एक सिरों को पिन नं. 11 से लो तथा सभी दुसरे सिरों को पिन नं. 8 हाई आऊटपुट मिलने से सभी Bi-Coloured LEDs प्रकाशित होने लग जाती हैं। दुसरी स्थिति में, जब सभी Bi-Coloured LEDs के एक सिरों को पिन नं. 11 से हाई तथा सभी दुसरे सिरों को पिन नं. 8 से लो आऊटपुट मिलने लगेगा तो Bi-Coloured LEDs के प्रकाश का रंग बदल जाएगा अर्थात् अब वे दुसरे रंग में प्रकाशित होने लगेंगी।

इस तरह से यह सर्किट दो रंगों में मनभावन डिस्प्ले प्रस्तुत करती है। इस बात का ध्यान रखें कि सभी Bi-Coloured LEDs एक समान टाईप (या एक समान कलर) की लगायी जांए अन्यथा एक स्थित्ति में सभी Bi-Coloured LEDs समान कलर में प्रकाशित नहीं होंगी।

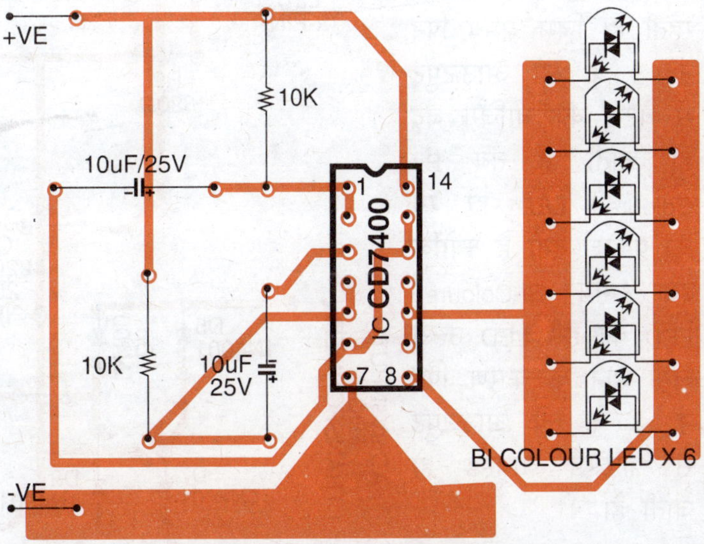

071 बैटरी चार्जिंग इण्डीकेटर (ड्यूल टाईप)

यहां पर दिखाई जा रही सर्किट में चार्जिंग के कार्य को प्रदर्शित करने हेतु ड्यूल टाईप या Bi-Coloured LED अर्थात् सिंगल यूनिट में दो रंगों वाली LED का उपयोग किया गया है। जब यह Bi-Coloured LED लाल रंग का प्रकाश देती है तब इसका मतलब यह होता है कि चार्जिंग की प्रक्रिया चल रही है और जब यह Bi-Coloured LED हरे रंग का प्रकाश देती है तब इसका मतलब यह होता है कि चार्जिंग समाप्त हो गई है।

चित्र में दिखाई गई सर्किट 14 घण्टे के पूर्व-निर्धारित अन्तराल के साथ किसी निकल केडमियम बैटरी को ऑटोमेटिकली चार्ज करती है एवं चार्जिंग इण्डीकेशन देती है। इस सर्किट में एक टाईमर आई.सी. 555, एक ट्रांजिस्टर BC547B एवं इण्डीकेशन हेतु एक Bi-Coloured LED लगी है।

जब किसी खाली निकल केडमियम बैटरी को इस सर्किट से जोड़ा जाता है तब आई.सी. की पिन नं. 6 पर मिलने वाले वोल्टेज की स्थिति से पिन नं. 3 से हाई आऊटपुट प्राप्त होता है जिससे बैटरी चार्ज होते रहती है। जब बैटरी पूर्णतः चार्ज हो जाती है तब पिन नं. 6 पर वोल्टेज की स्थिति बदल जाने से पिन नं. 3 का आऊटपुट लो हो जाता है जिससे बैटरी की चार्जिंग स्वतः ही बंद हो जाती है।

जब पिन नं. 3 के हाई आऊटपुट से बैटरी चार्ज होते रहती है तब इसी पिन से लगी Bi-Coloured LED लाल रंग का प्रकाश देती है क्योंकि इस समय Bi-Coloured LED की रेड LED फॉरवर्ड बायस्ड रहती है। जिस समय पिन नं. 3 के लो आऊटपुट से बैटरी की चार्जिंग बंद हो जाती है तब Bi-Coloured LED हरे रंग का प्रकाश देती है क्योंकि इस समय Bi-Coloured LED की हरी LED उल्टी लगी होने के कारण पिन नं. 3 के लो आऊटपुट से फॉरवर्ड बायस्ड हो जाती है।

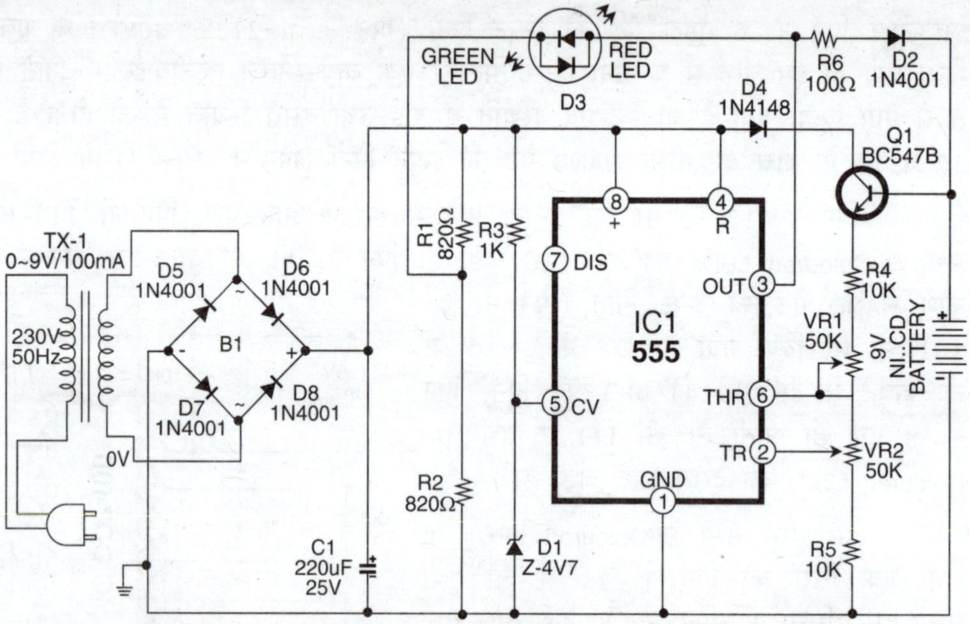

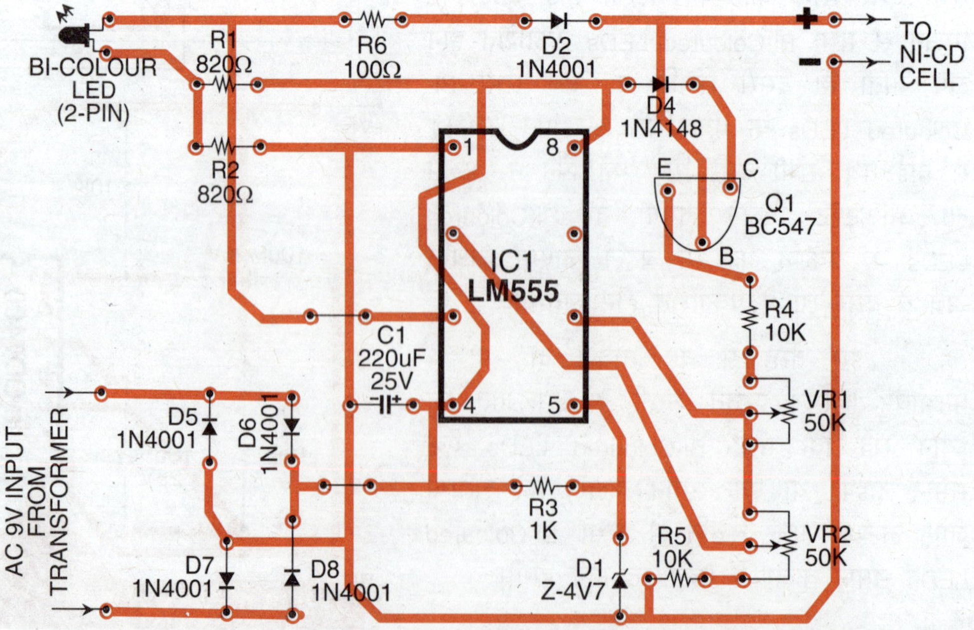

टेम्प्रेचर कन्ट्रोलर एवं इण्डीकेटर

072

कम्प्यूटर के SMPS बॉक्स में फैन का उपयोग भीतर की गर्म हवा को बाहर तथा बाहर की ठण्डी हवा को भीतर लाने ले जाने के लिए किया जाता है ताकि SMPS बॉक्स में गर्मी न हो और वह अपना कार्य ठीक तरह से कर सके। फैन की स्पीड को बढ़ाकर हवा के सर्क्यूलेशन के द्वारा गर्मी को दूर किया जा सकता है। यहां पर बतायी जा रही सर्किट तापमान में वृद्धि होने के साथ ही साथ फैन की स्पीड को स्वतः ही बढ़ा देती है ताकि वहां की गर्मी को दूर कर तापमान में कमी लायी जा सके।

इस सर्किट में मुख्य रुप से एक ड्यूल ऑपरेशनल एम्प्लीफायर आई.सी. TLC272 एवं 2 ट्रांजिस्टर्स का उपयोग किया गया है। इस सर्किट में लगी लाल रंग की LED एक टेम्प्रेचर सेन्सर के रुप में कार्य करती है। ऑपरेशनल एम्प्लीफायर आई.सी. का एक ऑपरेशनल एम्प्लीफायर टेम्प्रेचर मॉनीटर के रुप में कार्य करता है जबकि दुसरा ऑपरेशनल एम्प्लीफायर फैन स्पीड रेग्युलेटर के रुप में कार्य करता है।

सामान्य परिस्थिति में इस LED के समानान्तर होने वाला वोल्टेज ड्रॉप, पहले ऑपरेशनल एम्प्लीफायर की इन्वर्टिंग इन्पुट पिन को दिया गया है। जैसे-जैसे तापमान में वृद्धि होती है वैसे-वैसे LED के समानान्तर वोल्टेज ड्रॉपिंग का मान कम होता जाता है। इससे पहले ऑपरेशनल एम्प्लीफायर की दोनों इन्पुट पिनों पर इन्पुट का मान असमान हो जाता है जिससे इस ऑपरेशनल एम्प्लीफायर से आऊटपुट प्राप्त होने लग जाता है। यह आऊटपुट दो ट्रांजिस्टरों Q1 व Q2 से ड्राईव होते हुए फैन की स्पीड को बढ़ा देता है।

इस सर्किट के द्वारा कम तापमान पर फैन की स्पीड को कम रखा जाता है एवं तापमान बढ़ने पर फैन की स्पीड बढ़ जाती है। इस सर्किट में रेड LED D2 टेम्प्रेचर इण्डीकेटर के रुप में कार्य करती है।

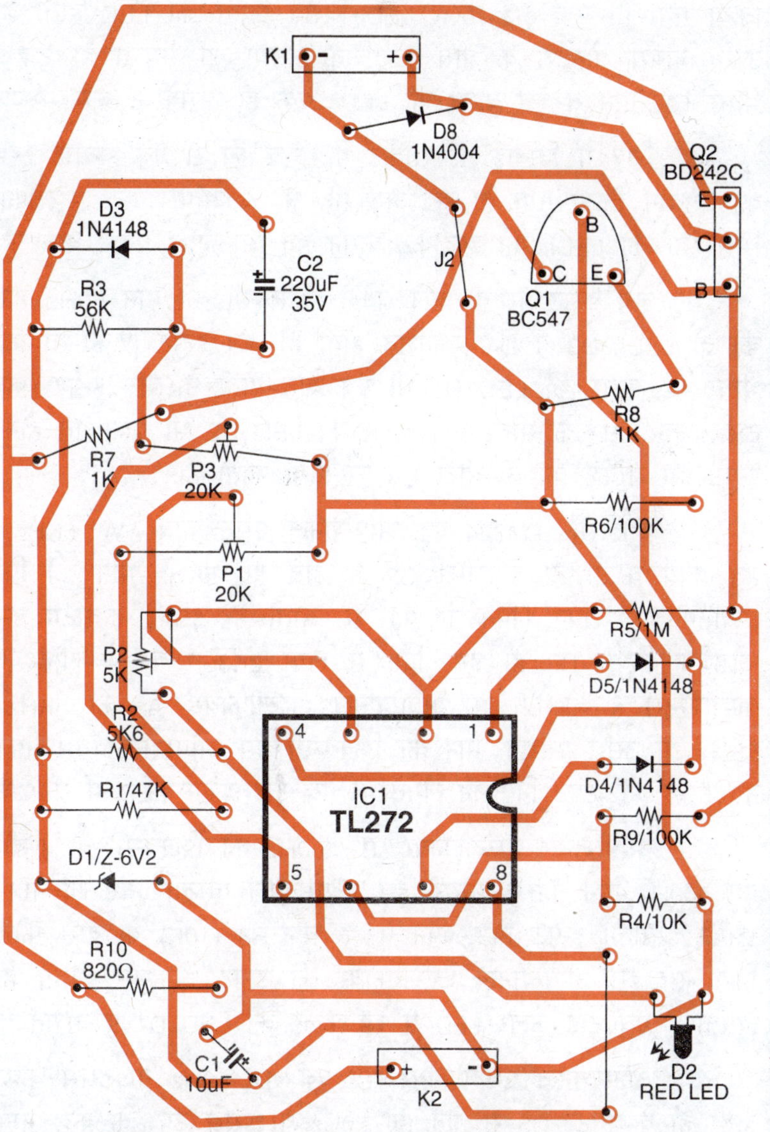

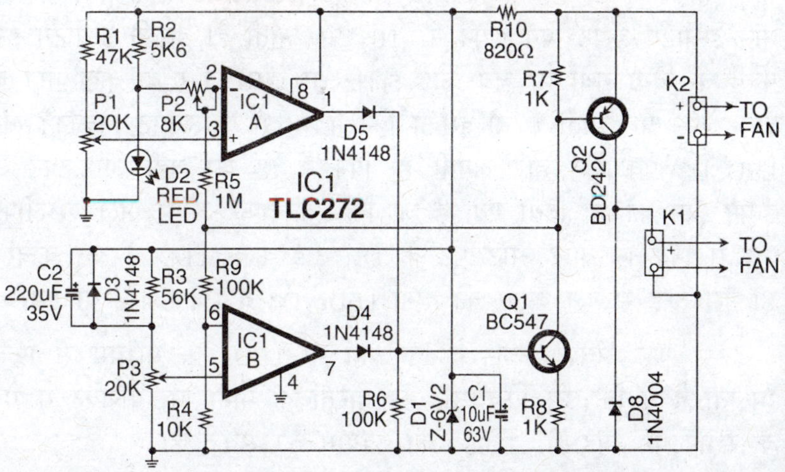

073 तीन रंगों वाली LED युक्त फ्रिक्वेन्सी इण्डीकेटर

यह प्रोजेक्ट विभिन्न रंग की LEDs के माध्यम से फ्रिक्वेन्सी के अंदाजन मान को व्यक्त करती है। इस प्रोजेक्ट की मुख्य विशेषता यह है कि इसमें 6 टर्मिनलों वाली एवं तीन रंगों वाली ट्राई कलर LED का उपयोग किया गया है। एक ट्राई कलर LED विशेष प्रकार की LED होती है जिसमें 3 कलर की LEDs को स्वतंत्र रुप से उनके बायस वोल्टेज के द्वारा प्रकाशित कराया जा सकता है। ट्राई कलर LED की चमक अच्छी होती है। इसके भीतर रेड, ग्रीन व ब्लू कलर की LEDs एक ही ट्रांसपेरेन्ट केस में व्यवस्थित की गई होती हैं।

चित्र में दिखाई गई सर्किट में मुख्य रुप से एक क्वाड 2-इन्पुट ऑपरेशनल एम्प्लीफायर आई.सी. LM324 का उपयोग किया गया है। इस आई.सी. के 4 ऑपरेशनल एम्प्लीफायर्स भिन्न-भिन्न फ्रिक्वेन्सी इन्पुट मान पर भिन्न-भिन्न रंगों की LEDs को इण्डीकेट कराने हेतु आऊटपुट प्रदान करते हैं।

जब इन्पुट पर दी जाने वाली फ्रिक्वेन्सी का मान 50Hz होता है तब ट्राई कलर LED के भीतर ब्लू कलर की दो LEDs D3 व D4 प्रकाशित होती है। जब इन्पुट फ्रिक्वेन्सी का मान 500Hz होता है तब ट्राई कलर LED के भीतर रेड कलर की LED D1 भी प्रकाशित होती है। जब इन्पुट फ्रिक्वेन्सी का मान 5KHz तक पहुंच जाता है तब ट्राई कलर LED के भीतर ग्रीन कलर की LED D2 भी प्रकाशित होने लग जाती है। अज्ञात मान वाली फ्रिक्वेन्सी का इन्पुट इस सर्किट को केपेसीटर C3 पर दिया जाता है।

आई.सी. LM324 का ऑपरेशनल एम्प्लीफायर "A" 5KHz या उससे अधिक की फ्रिक्वेन्सी के इण्डीकेशन हेतु कार्य करता है। केपेसीटर C3 से होते हुए 5KHz मान की फ्रिक्वेन्सी इस ऑपरेशनल एम्प्लीफायर की नॉन-इन्वर्टिंग इन्पुट पिन (पिन नं. 3) पर आती है। इसकी इन्वर्टिंग इन्पुट पिन, पिन नं. 2 को R8 (10K) के द्वारा फीडबैक दिया गया है। इसी पिन से लगा 3K3pF का केपेसीटर एवं 100K का केपेसीटर इसके टाईम कॉन्स्टेन्ट कम्पोनेन्ट्स हैं जो कि इस ऑपरेशनल एम्प्लीफायर "A" को 5KHz की फ्रिक्वेन्सी पर रेजोनेट करते हैं। जब कोई 5KHz या उससे अधिक मान की फ्रिक्वेन्सी इस ऑपरेशनल एम्प्लीफायर की इन्पुट पिन पर आती है तो इसकी पिन नं. 1 से आऊटपुट निकलने लगता है एवं ट्राई कलर LED में ग्रीन कलर की LED D2 प्रकाशित होने लगती है।

ऑपरेशनल एम्प्लीफायर "B" 500Hz की फ्रिक्वेन्सी के इण्डीकेशन हेतु कार्य करता है। केपेसीटर C3 से होते हुए 500Hz मान की फ्रिक्वेन्सी इस ऑपरेशनल एम्प्लीफायर की नॉन-इन्वर्टिंग इन्पुट पिन (पिन नं. 5) पर आती है। इसकी इन्वर्टिंग इन्पुट पिन, पिन नं. 6 को R8 (10K) के द्वारा फीडबैक दिया गया है। जब कोई 500Hz मान की फ्रिक्वेन्सी इस ऑपरेशनल एम्प्लीफायर की इन्पुट पिन पर आती है तो इसकी पिन नं. 7 से आऊटपुट निकलने लगता है एवं ट्राई कलर LED में रेड कलर की LED D1 प्रकाशित होने लगती है।

ऑपरेशनल एम्प्लीफायर "C" एवं "D" 50Hz या इससे कुछ उपर की फ्रिक्वेन्सियों के इण्डीकेशन हेतु कार्य करते हैं। केपेसीटर C3 से होते हुए 50Hz या इससे उपर के कुछ मान की फ्रिक्वेन्सी इस ऑपरेशनल एम्प्लीफायर की नॉन-इन्वर्टिंग इन्पुट पिन (पिन नं. 10) पर आती है। इसकी इन्वर्टिंग इन्पुट पिन, पिन नं. 9 को R12 (10K) के द्वारा फीडबैक दिया गया है। जब कोई 50Hz या इससे उपर के कुछ मान की फ्रिक्वेन्सी इस ऑपरेशनल एम्प्लीफायर की इन्पुट पिन पर आती है तो इसकी पिन नं. 8 से आऊटपुट निकलने लगता है एवं ट्राई कलर LED में ब्लू कलर की LED D3 प्रकाशित होने लगती है। पिन नं. 8 का यही आऊटपुट ऑपरेशनल एम्प्लीफायर "D" की नॉन-इन्वर्टिंग इन्पुट पिन को भी दिया गया है जो कि एक बफर ऑपरेशनल एम्प्लीफायर के रुप में कार्य करते हुए अपनी पिन नं. 14 से निकलने वाले आऊटपुट के द्वारा ट्राई कलर LED में ब्लू कलर की एक अन्य LED D4 को प्रकाशित कराता है। इस तरह से ब्लू कलर की दोनों LEDs D3 व D4 50Hz या इससे उपर की फ्रिक्वेन्सी पर प्रकाशित होती हैं।

यह अवश्य ध्यान दें कि यहां पर LEDs के माध्यम से फ्रिक्वेन्सी के निकटतम मान का इण्डीकेशन मात्र मिलता है न कि उस फ्रिक्वेन्सी का वास्तविक मान। इस प्रोजेक्ट में गेन इम्प्रूव्हमेन्ट के लिए आप आई.सी. LM324 के स्थान पर आई.सी. TL084 का उपयोग कर सकते हैं।

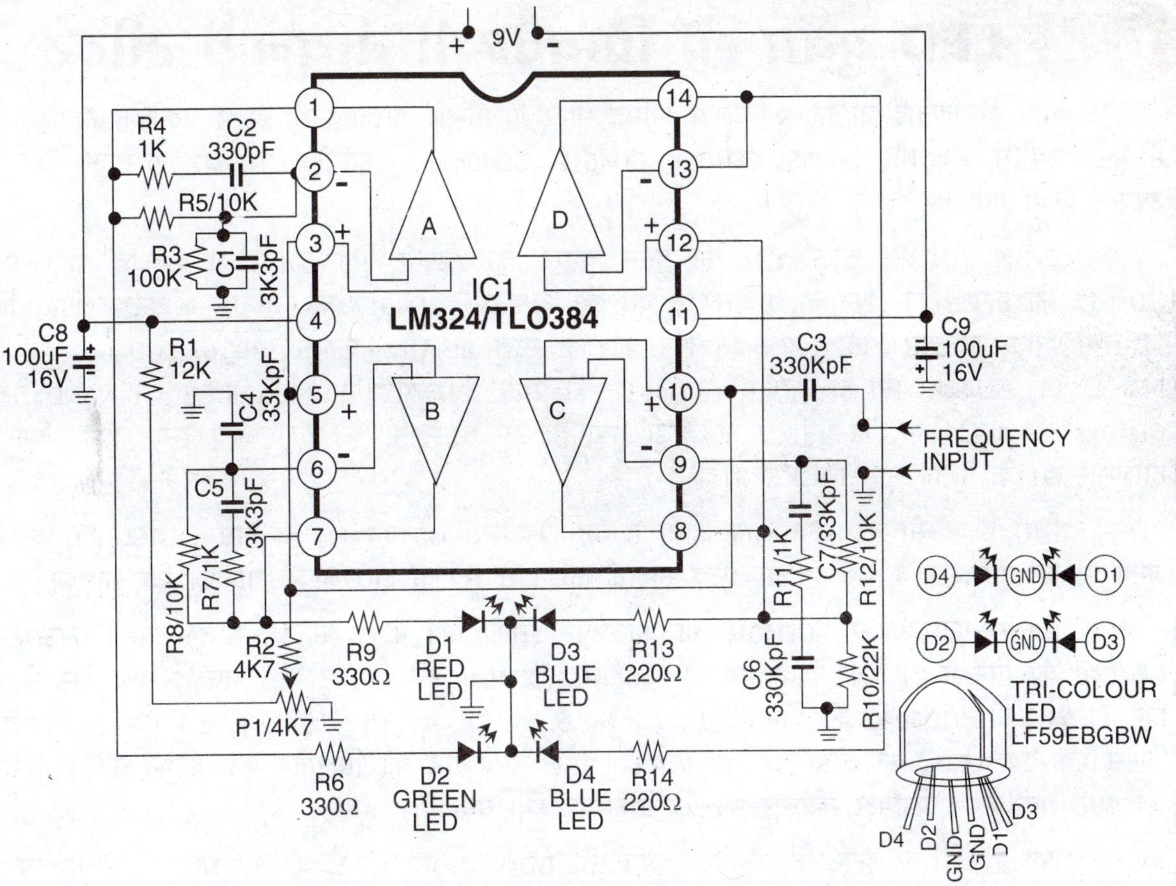
9V
+
-
IC1
LM324/TLO384
A
B
C
D
R4
1K
C2
330pF
R5/10K
R3
100K
C1
3K3pF
C8
100uF
16V
R1
12K
C4
33KpF
C5
3K3pF
R7/1K
R8/10K
R2
4K7
P1/4K7
R9
330Ω
D1
RED
LED
D3
BLUE
LED
R13
220Ω
R6
330Ω
D2
GREEN
LED
D4
BLUE
LED
R14
220Ω
C9
100uF
16V
C3
330KpF
FREQUENCY
INPUT
C6
330KpF
R11/1K
C7/33KpF
R12/10K
R10/22K
D4
GND
D1
D2
GND
D3
TRI-COLOUR
LED
LF59EBGBW

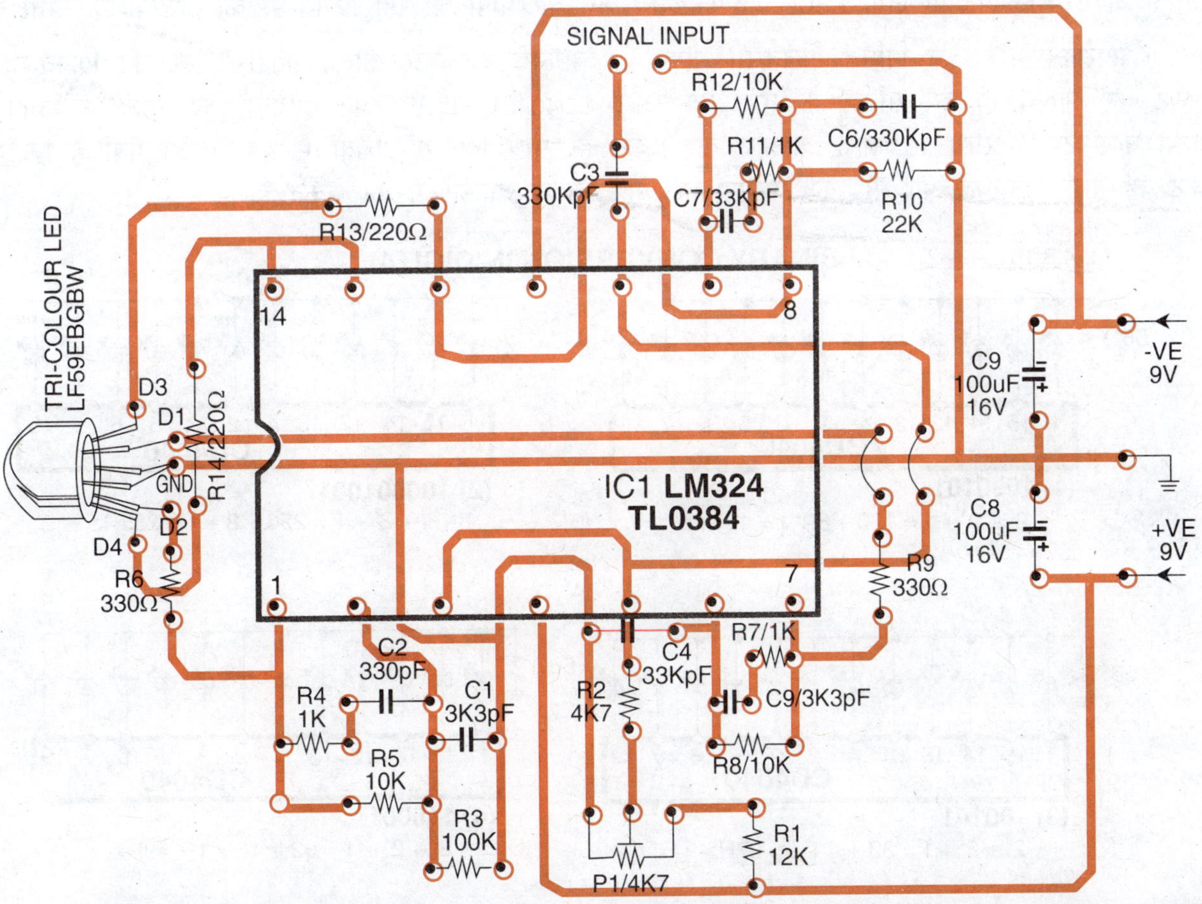
SIGNAL INPUT
R12/10K
R11/1K
C6/330KpF
C3
330KpF
C7/33KpF
R10
22K
R13/220Ω
TRI-COLOUR LED
LF59EBGBW
14
8
D3
D1
GND
D2
D4
R14/220Ω
R6
330Ω
IC1 LM324
TL0384
1
7
-VE
9V
C9
100uF
16V
C8
100uF
16V
+VE
9V
R9
330Ω
C2
330pF
C1
3K3pF
R4
1K
R5
10K
R3
100K
R2
4K7
C4
33KpF
R7/1K
C9/3K3pF
R8/10K
P1/4K7
R1
12K

074 LED युक्त लो फ्रिक्वेन्सी बायनरी मीटर

यहां पर दिखाई जा रही सर्किट से निर्मित मीटर फ्रिक्वेन्सी को बायनरी रुप में प्रदर्शित करती है। इस सर्किट में मुख्य रुप से आई.सी. LM555, CD4011, CD4017, CD4040, 1 ट्रांजिस्टर BC547 तथा कुल 12 LEDs का उपयोग किया गया है।

टाईमर आई.सी. 555 1Hz की पल्स जनरेट कर अपनी पिन नं. 3 से डिकोड काऊण्टर आई.सी. CD4017 की इन्पुट पिन, पिन नं. 14 को दे देती है। आई.सी. CD4017 की अन्तिम आऊटपुट पिन, पिन नं. 11 पर सभी आऊटपुट प्राप्त होते हैं एवं इस पिन को 12 स्टेज बायनरी काऊण्टर आई.सी. CD4040 की रिसेट पिन, पिन नं. 11 से जोड़ा गया है। आई.सी. CD4017 की प्रथम आऊटपुट पिन, पिन नं. 3 को NAND गेट आई.सी. CD4011 की इन्पुट पिन, पिन नं. 2 से जोड़ा गया है। इस आई.सी. की एक अन्य इन्पट पिन, पिन नं. 1 को ट्रांजिस्टर Q1 के कलेक्टर से जोड़ा गया है।

जिस फ्रिक्वेन्सी को मापा जाना होता है वह फ्रिक्वेन्सी C3 एवं R4 के द्वारा ट्रांजिस्टर Q1 के बेस पर दी जाती है। इस ट्रांजिस्टर के बेस पर पॉजीटिव सप्लाई लाईन से R2 के द्वारा बायस वोल्टेज दिए गए हैं।

NAND गेट आई.सी. CD4011 का आऊटपुट इसकी पिन नं. 3 से 12-स्टेज बायनरी काऊण्टर आई.सी. CD4040 की पिन नं. 10 को दिया गया है। आई.सी. CD4040 की पिन नं. 16 सप्लाई तथा पिन नं. 8 ग्राऊण्ड पिनें हैं। आई.सी. CD4040 की पिन नं. 9, 7, 6, 5, 3, 2, 4, 13, 12, 14, 15 एवं 1 आऊटपुट पिनें हैं जिनसे एक-एक LEDs को जोड़ा गया है। प्रत्येक LEDs के कैथोड को मिलाकर एक कॉमन कैथोड बनाया गया है एवं इससे एक करन्ट लिमिटर रजिस्टर R5 को ग्राऊण्ड किया गया है।

पिन नं. 10 पर इन्पुट के मिलने से आई.सी. CD4040 उसे 1, 2, 4, 8, 16,......2^n के रुप में काऊण्ट करता है अपने आऊटपुट पर लगी LEDs को प्रकाशित करा कर मापी जा रही फ्रिक्वेन्सी का इण्डीकेशन करती है।

उपरोक्त सर्किट से निर्मित फ्रिक्वेन्सी मीटर 12 बायनरी काऊण्टर की 4.096KHz तक की फ्रिक्वेन्सी को काऊण्ट कर सकता है। इस सर्किट के साथ एक और CD4040 आई.सी. का उपयोग किए जाने पर आप 24 बायनरी काऊण्टर के साथ 16.7MHz काऊण्ट कर सकते हैं। साथ दिए गए चित्रों में यह बताया गया है कि मुख्य सर्किट के साथ अतिरिक्त आई.सी. का उपयोग कर आप कितनी काऊण्टिंग कर सकते हैं।

1,2,4,8,16---------2^n

BINARY CONVERSION IN DIGITAL

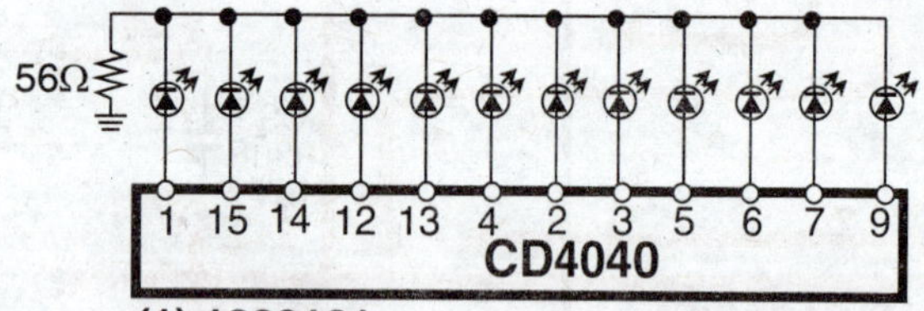

(1) 1000101

$2^7 + 2^3 + 1 = 128 + 8 + 1 = 137Hz$

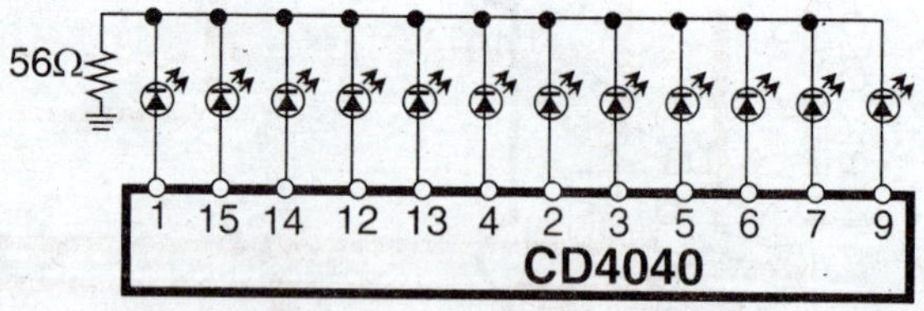

(2) 100001001

$2^8 + 2^3 + 1 = 256 + 8 + 1 = 265Hz$

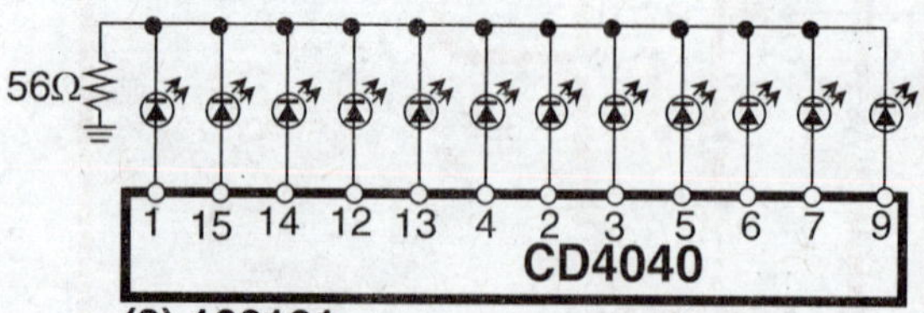

(3) 100101

$2^5 + 2^2 + 1 = 32 + 4 + 1 = 37Hz$

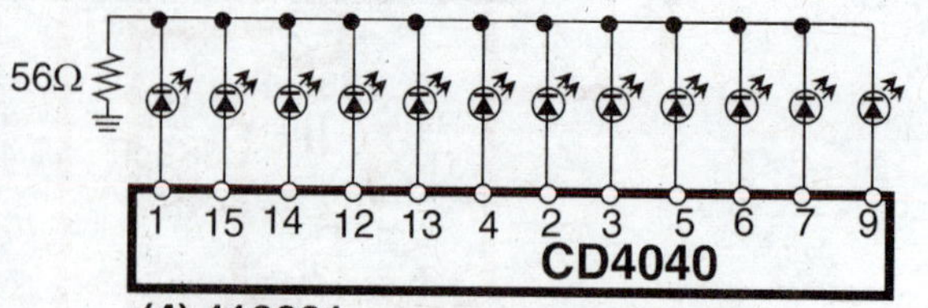

(4) 110001

$2^5 + 2^4 + 1 = 32 + 16 + 1 = 49Hz$

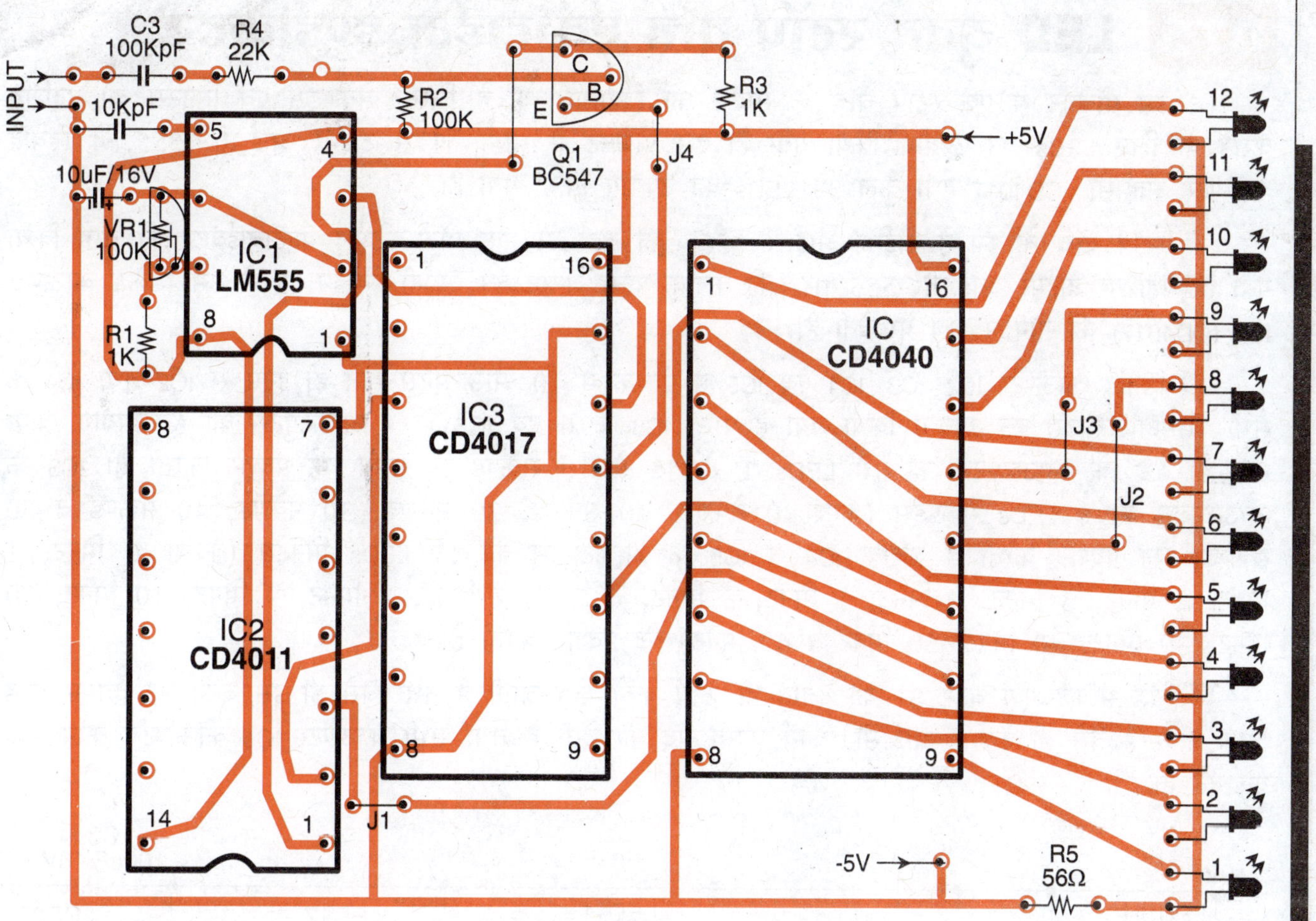

INPUT
C3
100KpF
R4
22K
10KpF
R2
100K
C
B
E
Q1
BC547
R3
1K
+5V
J4
10uF/16V
VR1
100K
IC1
LM555
R1
1K
IC3
CD4017
IC
CD4040
IC2
CD4011
J1
J2
J3
-5V
R5
56Ω

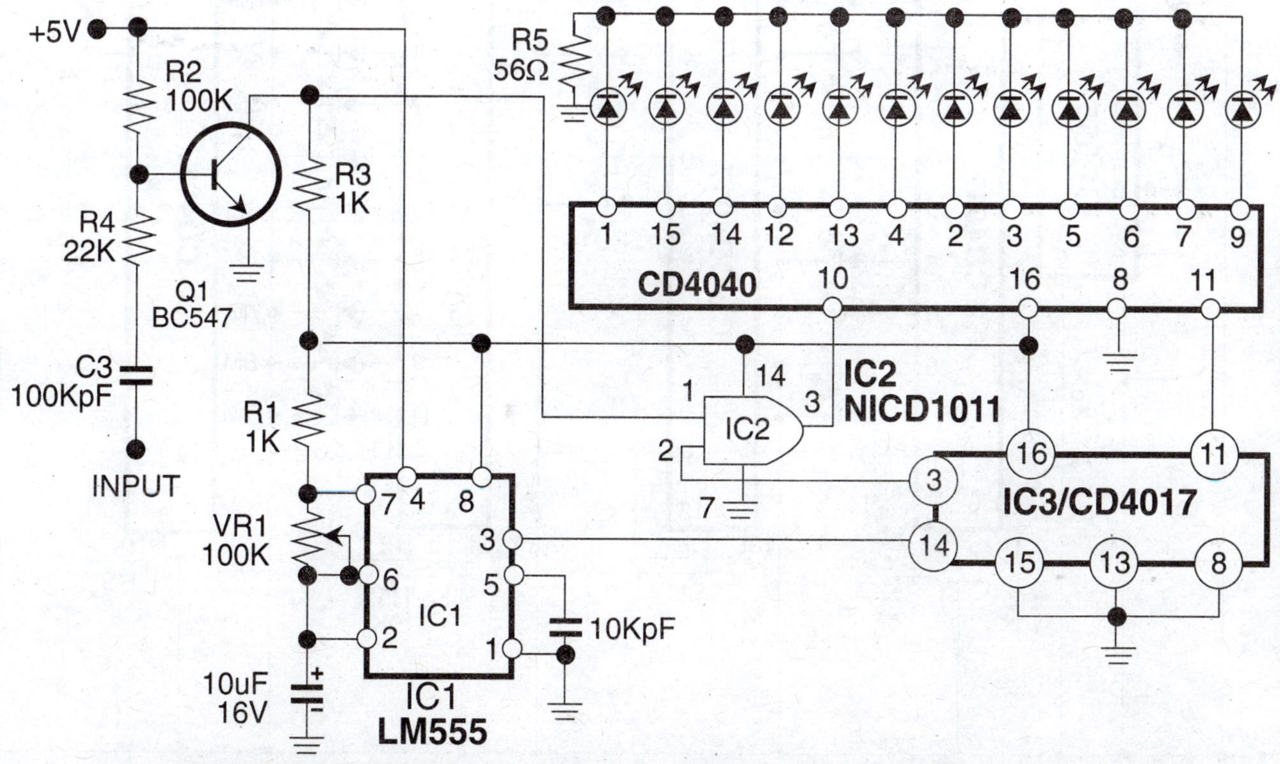

+5V
R2
100K
R4
22K
Q1
BC547
C3
100KpF
INPUT
R3
1K
R1
1K
VR1
100K
10uF
16V
IC1
LM555
10KpF
R5
56Ω
CD4040
IC2
NICD1011
IC3/CD4017

075 LED युक्त स्टॉप वॉच एवं टाईम इण्डीकेटर

इस प्रोजेक्ट में एक स्टॉप वॉच के सर्किट को दिखाया गया है जिसमें सेकेण्ड्स एवं मिनट्स को प्रदर्शित कराने के लिए LEDs का उपयोग किया गया है। इस प्रोजेक्ट में मुख्य रुप से टाईमर आई.सी. 555, 4 डिकेड काऊण्टर आई.सी. CD4017 तथा कुल 33 LEDs का उपयोग किया गया है।

स्टॉप वॉच के रुप में टाईमर आई.सी. 555 का यहां पर एक मोनो-स्टेबल मल्टीवाईब्रेटर की तरह किया गया है। यहां पर टाईमर आई.सी. 555 1Hz की क्लॉक पल्स जनरेट कर अपनी पिन नं. 3 से उसे डिकेड काऊण्टर IC2 (CD4017) की पिन नं. 14 पर देती है।

डिकेड काऊण्टर IC2, IC3, IC4 एवं IC5 में प्रत्येक में 10 आऊटपुट्स होते हैं। इनमें से IC2 तथा IC4 के सभी 10 आऊटपुट्स का उपयोग किया गया है परन्तु IC3 के 6 एवं IC5 के 7 आऊटपुट्स का ही उपयोग किया गया है। IC2 के आऊटपुट्स की 10 LEDs 1 सेकेण्ड से 10 सेकेण्ड के समय का प्रदर्शन करती हैं। IC3 के आऊटपुट्स की 6 LEDs सेकेण्ड्स (क्रमशः 0 सेकेण्ड, 10 सेकेण्ड, 20 सेकेण्ड, 30 सेकेण्ड, 40 सेकेण्ड व 50 सेकेण्ड) का प्रदर्शन करती है जबकि IC4 व IC5 के आऊटपुट्स की 17 LEDs मिनट्स (क्रमशः 0 मिनट, 1 मिनट, 2 मिनट, 3 मिनट, 4 मिनट, 5 मिनट, 5 मिनट, 6 मिनट, 7 मिनट, 8 मिनट, 9 मिनट, 10 मिनट, 20 मिनट, 30 मिनट, 40 मिनट, 50 मिनट व 60 मिनट) का प्रदर्शन करती हैं।

यह सर्किट पुश बटन S1 को दबाते ही कार्य करने लग जाती है तथा जैसे ही इस बटन को दबाना छोड़ दिया जाता है वैसे ही टाईमर आई.सी. कार्य करना बंद कर देती है तथा सभी काऊण्टर ICs काऊण्टिंग करना बंद कर देते हैं।

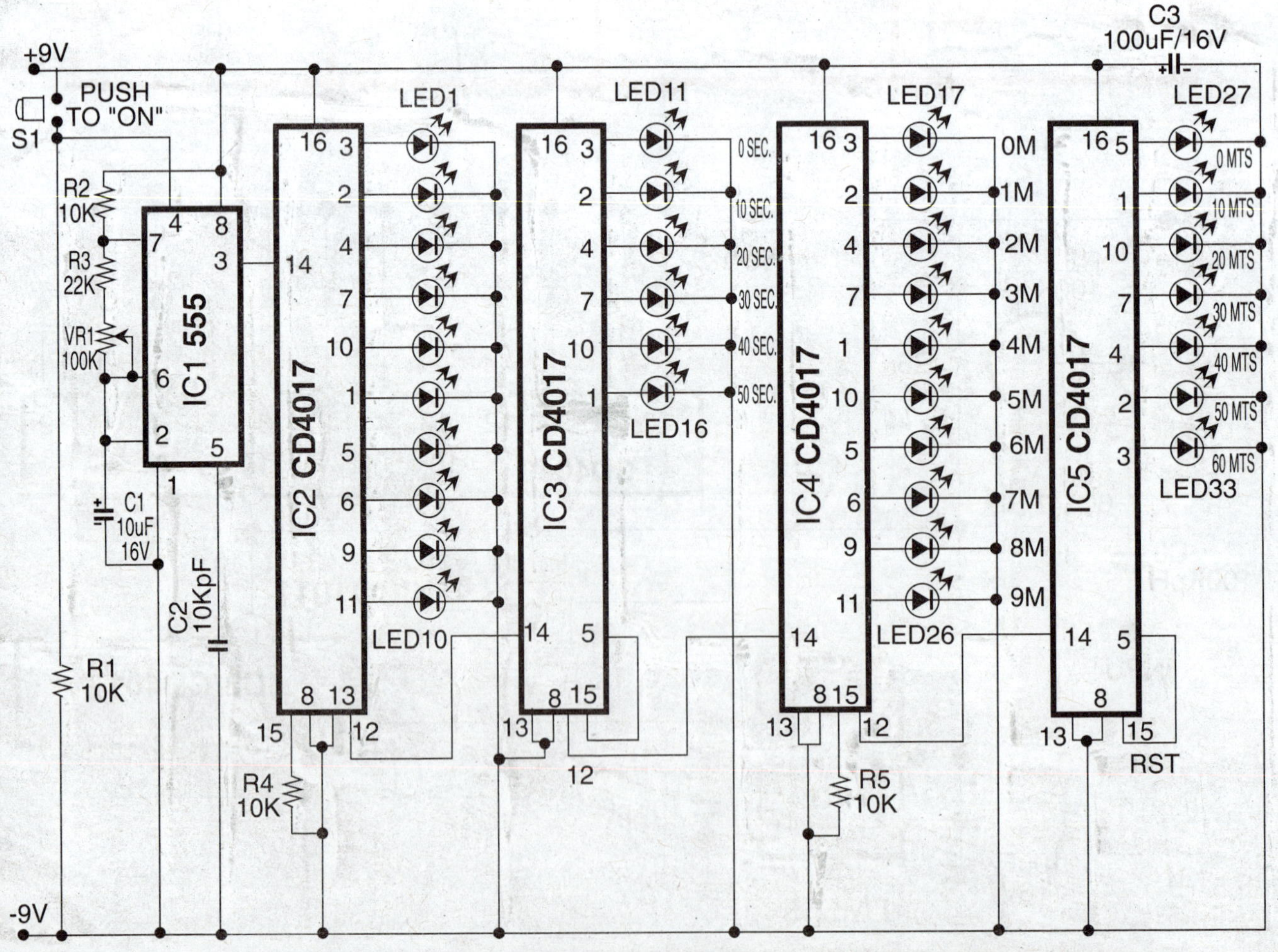

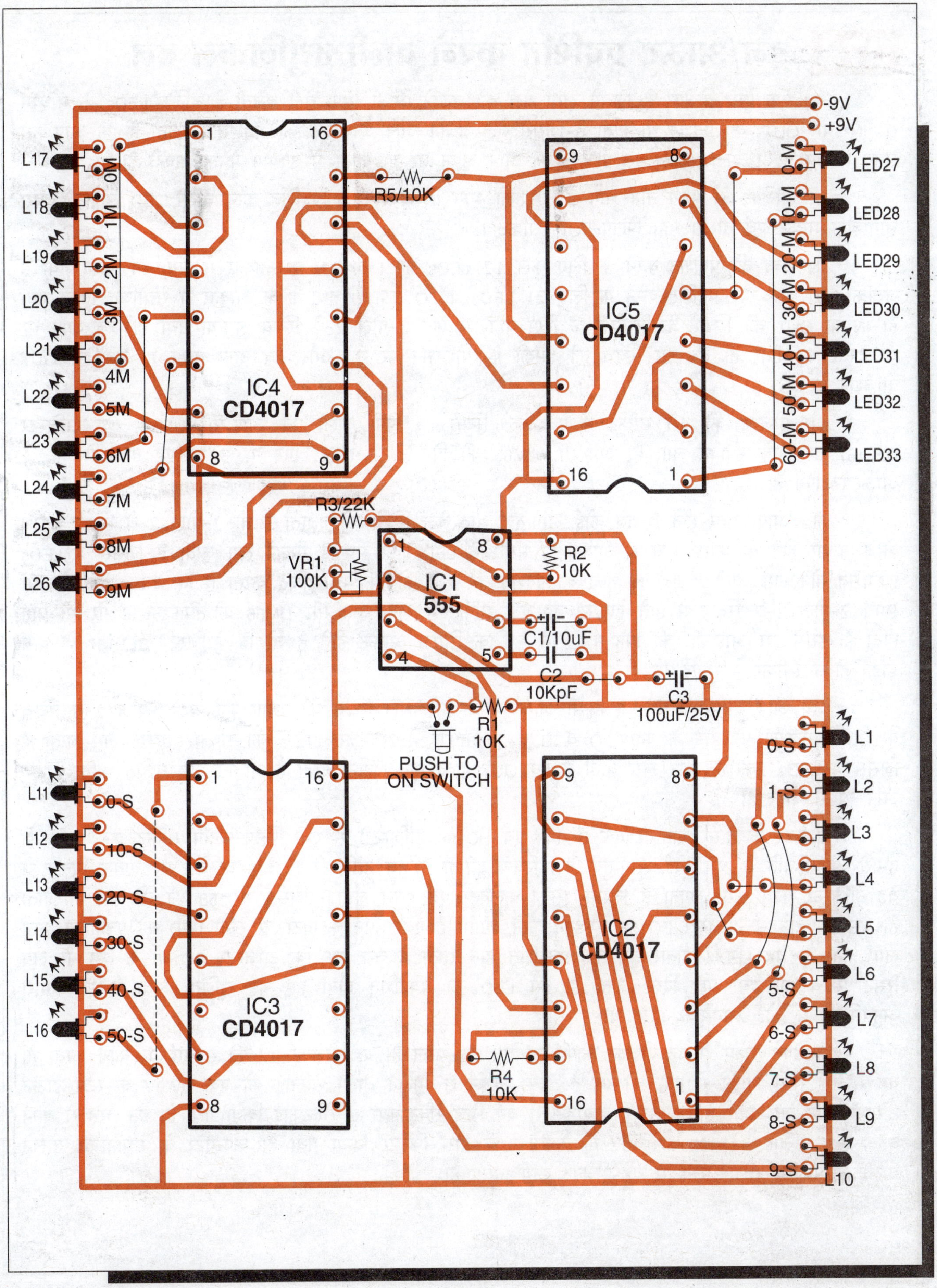
-9V
+9V
IC4
CD4017
IC5
CD4017
IC1
555
IC3
CD4017
IC2
CD4017
R5/10K
R3/22K
VR1
100K
R2
10K
C1/10uF
C2
10KpF
C3
100uF/25V
R1
10K
PUSH TO
ON SWITCH
R4
10K
L17
L18
L19
L20
L21
L22
L23
L24
L25
L26
0M
1M
2M
3M
4M
5M
6M
7M
8M
9M
LED27
LED28
LED29
LED30
LED31
LED32
LED33
0-M
10-M
20-M
30-M
40-M
50-M
60-M
L11
L12
L13
L14
L15
L16
0-S
10-S
20-S
30-S
40-S
50-S
L1
L2
L3
L4
L5
L6
L7
L8
L9
L10
0-S
1-S
5-S
6-S
7-S
8-S
9-S

076 इन/आऊट प्रदर्शित करने वाली म्युजिकल बेल

यह एक ऐसा प्रोजेक्ट है जिसमें लगी बेल को बजाने पर न सिर्फ बेल बजती है बल्कि LEDs के माध्यम से "IN" या "OUT" का प्रदर्शन भी होता है जिससे बेल बजाने वाले आगन्तुक को यह पता चलता है कि आप उस समय घर पर हैं अथवा बाहर हैं। इस प्रोजेक्ट को आप अपने घर या दफ्तर में उपयोग में ला सकते हैं।

इस प्रोजेक्ट के मुख्य तीन भाग हैं ; पहला भाग IN तथा OUT प्रदर्शित करने वाली LED सर्किट, दुसरा भाग बेल सर्किट एवं तीसरा भाग फ्लिप-फ्लॉप सर्किट ।

IN शब्द को प्रदर्शित करने के लिए कुल 12 LEDs को I तथा N के आकार में संयोजित किया गया है जबकि OUT शब्द को प्रदर्शित करने के लिए 21 LEDs को O तथा U तथा T के आकार में संयोजित किया गया है। IN या OUT की स्थिति के निर्धारण के लिए यहां पर एक 2-पोल/2-वे स्विच लगाया गया है। जब आप घर या दफ्तर के भीतर हों तब इस स्विच को इसकी IN पोजिशन पर रखें और जब आप बाहर हों तब इसे OUT पोजिशन पर रखें।

इस प्रोजेक्ट की बेल सर्किट में एक बेल स्विच, 3 पिनों वाली एक आई.सी. UM66, एक ट्रांजिस्टर BEL187 तथा एक स्पीकर लगा है। आई.सी. UM66 की पिन नं. 2 इन्पुट, पिन नं. 3 ग्राऊण्ड तथा पिन नं. 1 आऊटपुट पिन है।

जब आप भीतर होते हैं तब कोई आगन्तुक यदि बेल स्विच को दबाता है तो 2-पोल/2-वे स्विच के IN पोजिशन पर होने के कारण I व N आकार में संयोजित LEDs को सप्लाई मिलने लग जाती हैं जिससे ये LEDs प्रकाशित होने लग जाती हैं एवं IN शब्द का प्रदर्शन करती है जो कि यह सूचित करता है कि आप भीतर हैं। इस समय 2-पोल/2-वे स्विच से होते हुए सप्लाई बेल सर्किट में लगी आई.सी. UM66 को पिन नं. 2 पर भी प्राप्त होती है। इससे इस आई.सी. की पिन नं. 1 से म्यूजिक सिग्नल आऊट होते हैं जो कि ट्रांजिस्टर BEL187 के द्वारा ड्राईव होकर स्पीकर से सुनाई देते हैं।

जब आप बाहर होते हैं तब किसी आगन्तुक के द्वारा बेल स्विच को दबाए जाने पर 2-पोल/2-वे स्विच के OUT पोजिशन पर होने के कारण O व U व T आकार में संयोजित LEDs को सप्लाई मिलने लग जाती है जिससे ये LEDs प्रकाशित होने लग जाती हैं एवं OUT शब्द का प्रदर्शन करती है जो कि यह सूचित करता है कि आप घर से बाहर हैं।

प्रोजेक्ट के तीसरे भाग में एक BC148 एवं BC158 ट्रांजिस्टरों से एक फ्लिप-फ्लॉप सर्किट बनायी गई है। हमारी अनुपस्थिति में जब कोई आगन्तुक बेल स्विच दबाता है तब ट्रांजिस्टर BC148 के बेस पर बायस मिलने से यह ट्रांजिस्टर कार्य करने लगता है जिससे इसका कलेक्टर एवं इससे जुड़ा ट्रांजिस्टर BC158 का बेस लो हो जाता है। बेस लो होने से ट्रांजिस्टर BC158 कण्डक्ट करने लगता है एवं अपने कलेक्टर पर लगी LED को प्रकाशित करने लग जाता है। यह LED लगातार तब तक प्रकाशित होते रहती है जब तक कि ट्रांजिस्टर BC148 के बेस पर लगे रिसेट स्विच को दबा नहीं दिया जाता है। इस LED का प्रकाशित होना हमें यह सूचित करता है कि हमारी अनुपस्थिति में कोई आगन्तुक आया था।

उपरोक्त प्रकार से यह प्रोजेक्ट काफी उपयोगी एवं सरल है। यह प्रोजेक्ट 9V की सप्लाई पर कार्य करता है। यह सप्लाई मेन्स लाईन से प्राप्त की गई है। मेन्स लाईन से मिलने वाली सप्लाई को एक 0V-9V के स्टेप-डाऊन ट्रांसफॉर्मर के द्वारा स्टेप-डाऊन कर 4 डायोड्स से बने ब्रिज रेक्टिफायर से रेक्टिफाई किया गया है। इस तरह से बनने वाली DC सप्लाई को 1000MFd/16V के केपेसीटर के द्वारा फिल्टर किया गया है। केपेसीटर के समानान्तर मिलने वाली लगभग 9V DC सप्लाई से यह प्रोजेक्ट कार्य करता है।

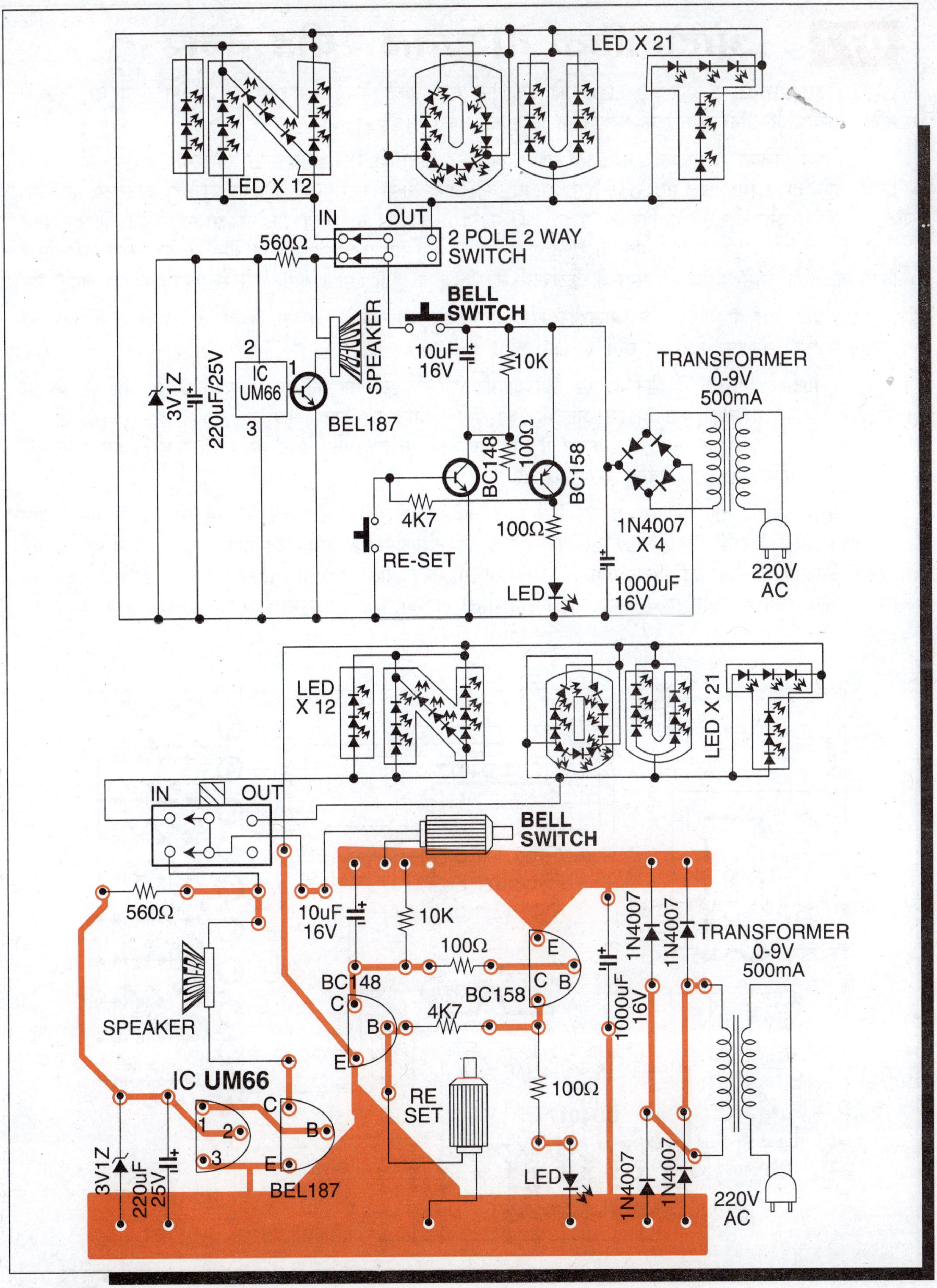
LED X 21
LED X 12
IN
OUT
560Ω
2 POLE 2 WAY
SWITCH
BELL
SWITCH
10uF
16V
10K
TRANSFORMER
0-9V
500mA
2
IC
UM66
1
3
3V1Z
220uF/25V
SPEAKER
BEL187
BC148
100Ω
BC158
4K7
100Ω
RE-SET
1N4007
X 4
220V
AC
1000uF
16V
LED
LED
X 12
LED X 21
IN
OUT
BELL
SWITCH
560Ω
10uF
16V
10K
100Ω
E
C
B
BC158
BC148
C
B
E
4K7
1N4007
1N4007
TRANSFORMER
0-9V
500mA
1000uF
16V
SPEAKER
IC UM66
C
1
2
B
3
E
BEL187
RE
SET
100Ω
LED
3V1Z
220uF
25V
1N4007
1N4007
220V
AC

077 ऑटोमेटिक वेरिएबल स्पीड चेजर

इस प्रोजेक्ट में आप 40 LEDs को प्रकाशित करा सकते हैं। इस प्रोजेक्ट का उपयोग आप घर, दुकान, मंदिर, तस्वीर, खिलौनों इत्यादि को सजाने के लिए कर सकते हैं।

इस प्रोजेक्ट में मुख्यतः एक 555 टाईमर आई.सी. तथा दो डिकेड काऊण्टर आई.सी. 4017 का उपयोग किया गया है। टाईमर आई.सी. 555 द्वारा उत्पन्न की जाने वाली पल्सों को गिनकर डिकेड काऊण्टर आई.सी. 4017 अपनी आऊटपुट पिनों, पिन नं. 3, 2, 4, 7, 10, 1, 5, 6, 9 व 11 पर आऊटपुट देती है। इन सभी पिनों से प्राप्त आऊटपुट को एक-एक 4K7 के रजिस्टेंस के द्वारा ट्रांजिस्टर BC548 के बेस पर देकर उन्हें एम्प्लीफाई किया जाता है। इससे प्रत्येक ट्रांजिस्टर के कलेक्टर्स से सीरिज में जुड़ी LEDs बारी-बारी से प्रकाशित होने लगती है।

यदि आई.सी. 4017 के आऊटपुट पिनों पर केवल एक-एक LED लगानी हो तो ट्रांजिस्टर BC147 का उपयोग न कर आऊटपुट पिनों पर सीधे ही LED लगा दें।

आई.सी. 4017 की पिन नं. 12 कैरी-आऊट पिन है। इस पिन को एक अन्य काऊण्टर आई.सी. 4017 की पिन नं. 14 से जोड़ा गया है। इस आई.सी. की प्रत्येक आऊटपुट पिनों, पिन नं. 3, 2, 4, 7, 10, 1, 5, 6, 9 व 11 पर एक-एक 1N4007 डायोड्स से होते हुए 10K के एक-एक प्रिसेट को जोड़ा गया है। इस प्रिसेट को एडजस्ट कर आप LEDs को नियंत्रित कर सकते हैं।

यह प्रोजेक्ट 12V की सप्लाई पर कार्य करता है। यह सप्लाई मेन्स लाईन से प्राप्त की गई है। मेन्स लाईन से मिलने वाली सप्लाई को एक 0V-12V के स्टेप-डाऊन ट्रांसफॉर्मर के द्वारा स्टेप-डाऊन कर 4 डायोड्स से बने ब्रिज रेक्टिफायर से रेक्टिफाई किया गया है। इस तरह से बनने वाली DC सप्लाई को फिल्टर केपेसीटर के द्वारा फिल्टर किया गया है। केपेसीटर के समानान्तर मिलने वाली लगभग 12V DC सप्लाई से यह प्रोजेक्ट कार्य करता है।

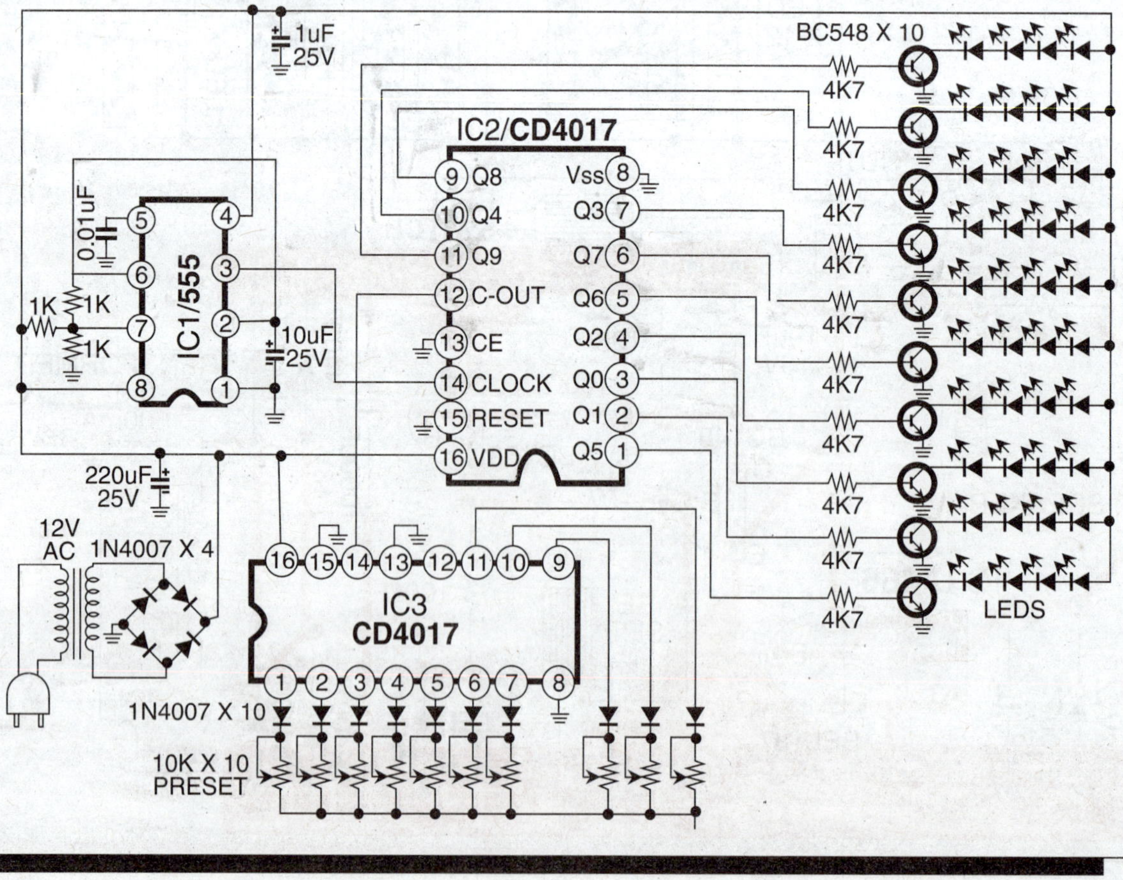

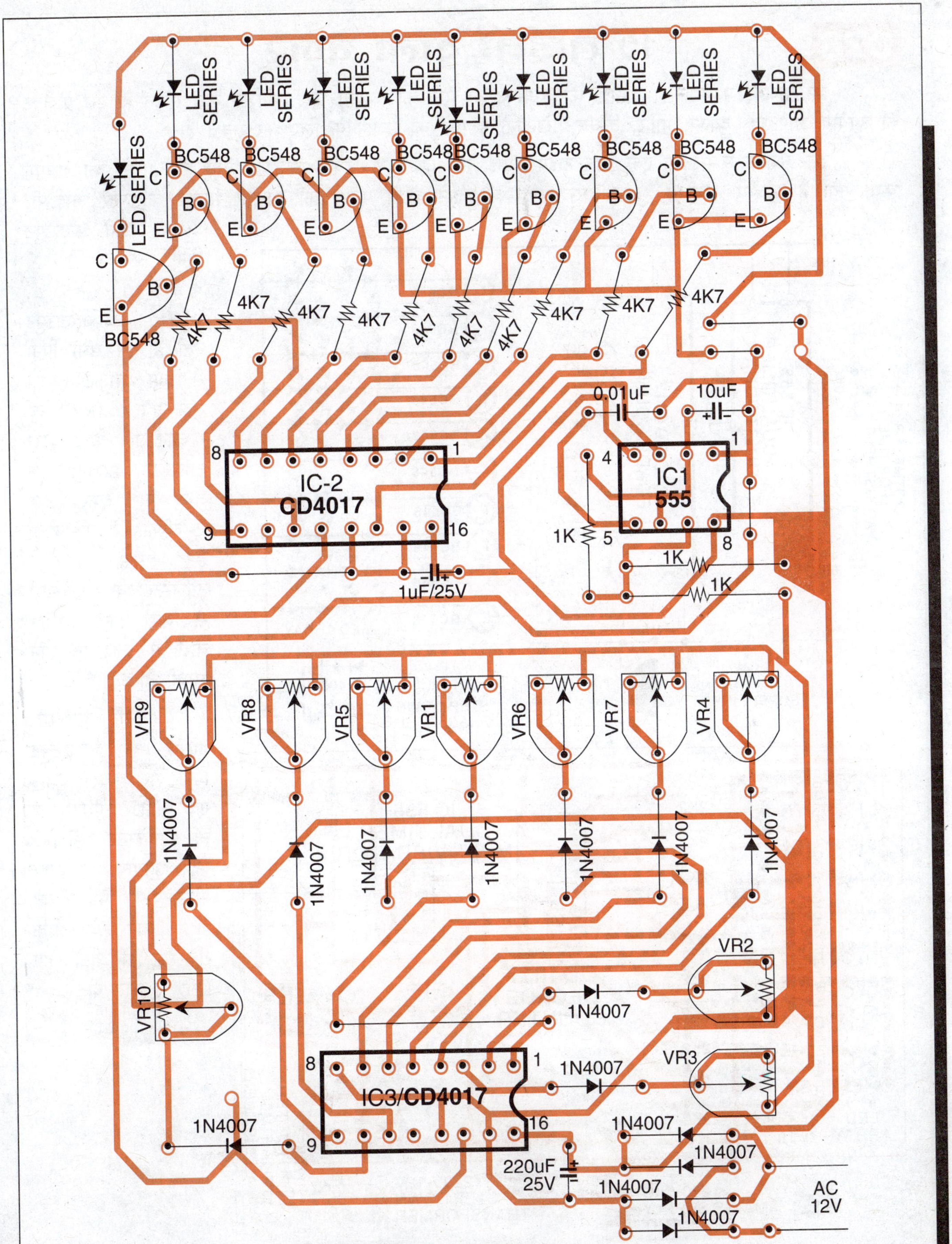

LED SERIES
BC548
C
B
E
4K7
IC-2
CD4017
8
1
9
16
1uF/25V
0.01uF
10uF
IC1
555
4
5
1K
VR9
VR8
VR5
VR1
VR6
VR7
VR4
1N4007
VR2
VR10
VR3
IC3/CD4017
220uF
25V
AC
12V

10 लाईनों वाला चेजर

इस प्रोजेक्ट में आप 10 LEDs को डायरेक्ट या रिले का उपयोग कर प्रकाशित करा सकते हैं। इस प्रोजेक्ट का उपयोग आप घर, दुकान, मंदिर, तस्वीर, खिलौनों इत्यादि को सजाने के लिए कर सकते हैं।

इस प्रोजेक्ट में मुख्यतः एक 555 टाईमर आई..सी. तथा एक डिकेड काऊण्टर आई.सी. 4017 का उपयोग किया गया है। टाईमर आई.सी. 555 द्वारा उत्पन्न की जाने वाली पल्सों को गिनकर डिकेड काऊण्टर आई.सी. 4017 अपनी आऊटपुट पिनों, पिन नं. 3, 2, 4, 7, 10, 1, 5, 6, 9 व 11 पर आऊटपुट देती है। इन सभी पिनों से प्राप्त आऊटपुट को एक-एक 4K7 के रजिस्टेंस के द्वारा ट्रांजिस्टर BC147 के बेस पर देकर उन्हें एम्प्लीफाई किया जाता है। इससे प्रत्येक ट्रांजिस्टर के कलेक्टर्स से जुड़ी LED बारी-बारी से प्रकाशित होने लगती है।

यदि आई.सी. 4017 के आऊटपुट पिनों पर केवल एक-एक LED लगानी हो तो ट्रांजिस्टर BC147 का उपयोग न कर आऊटपुट पिनों को 2K2 मान के एक रजिस्टेंस से होते हुए LED से जोड़ दें।

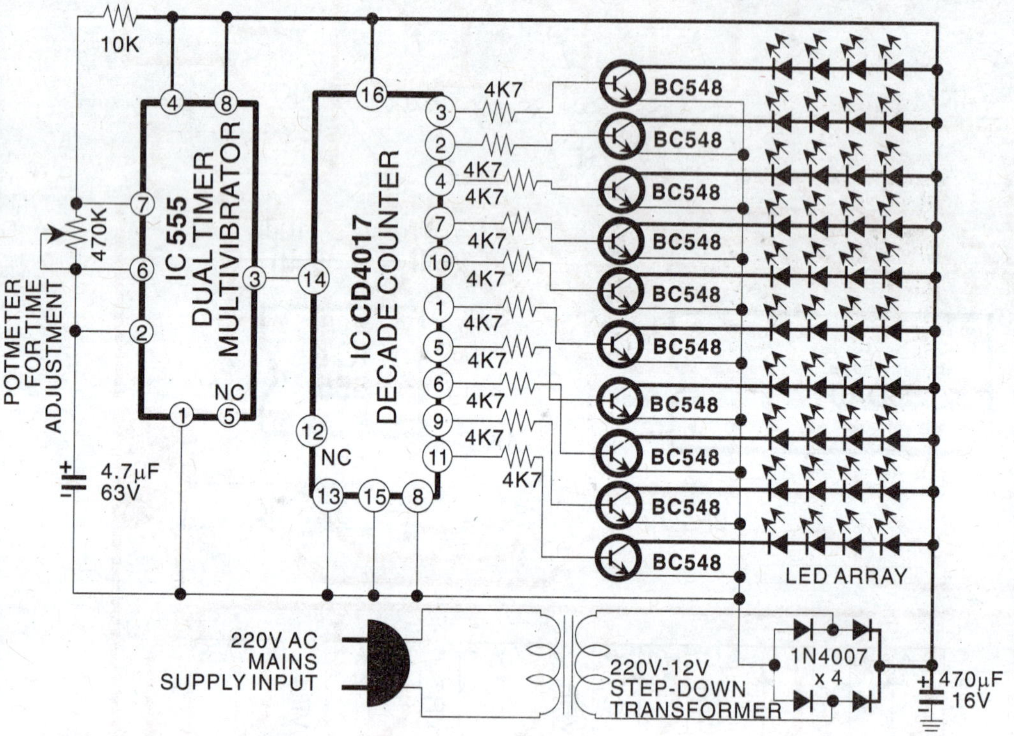

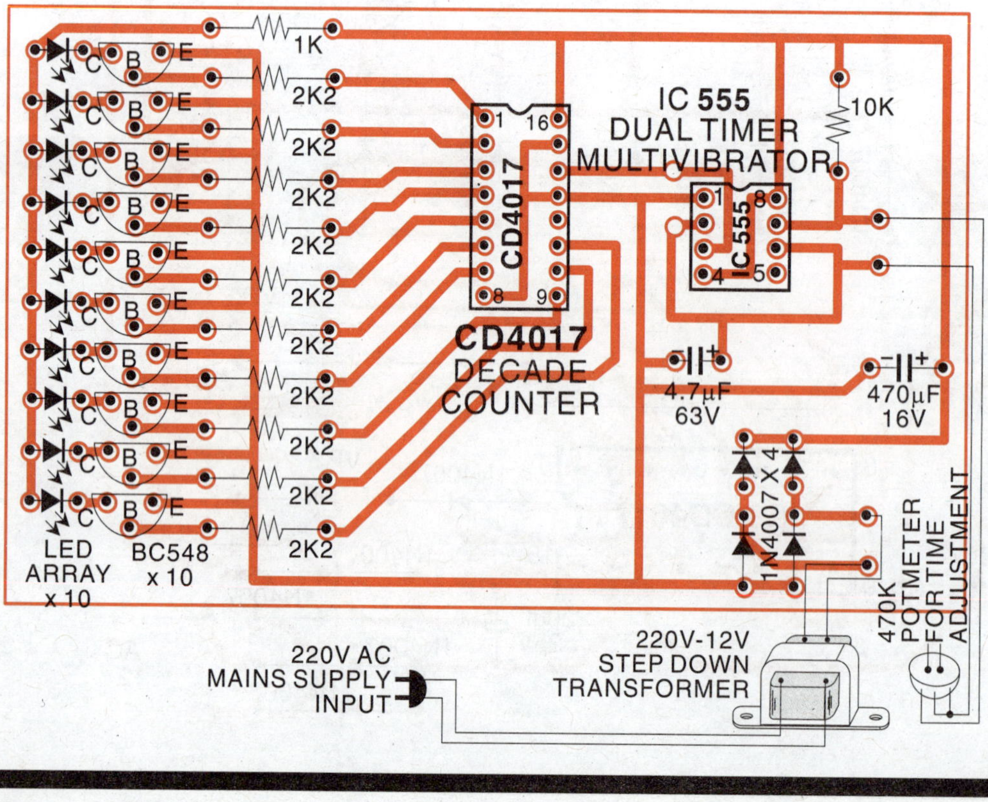

इलेक्ट्रॉनिक घुमता चक्र

079

इस प्रोजेक्ट में आप 16 LEDs को प्रकाशित करा सकते हैं। इन LEDs को इस तरह से व्यवस्थित किया गया है कि जब LEDs प्रकाशित हों तब एक गोलाकार चक्र नजर आए। इस प्रोजेक्ट का उपयोग आप घर, दुकान, मंदिर, तस्वीर, खिलौनों इत्यादि को सजाने के लिए कर सकते हैं।

इस प्रोजेक्ट में मुख्य रुप से आई.सी. 555, 7493 एवं 74154 का उपयोग किया गया है। प्ले बटन S1 को दबाते ही टाईमर आई.सी. 555 एक सामान्य अस्टेबल मल्टीवाईब्रेटर के रुप में कार्य करते हुए लगभग 20Hz की क्लॉक फ्रिक्वेन्सी जनरेट करती है। इस क्लॉक फ्रिक्वेन्सी को प्रिसेट VR1 के द्वारा एडजस्ट किया जा सकता है।

जब प्ले बटन S1 को दबाया जाता है तो इस बटन से होते हुए सप्लाई R2 के द्वारा केपेसीटर C1 पर पहुंच कर उसे चार्ज करने लगती है। कुछ क्षण में यह केपेसीटर पूर्ण चार्ज हो जाता है। जब प्ले बटन को दबाना छोड़ दिया जाता है तब यह केपेसीटर VR1, R3 व R4 से होते हुए केपेसीटर C2 में डिस्चार्ज होता है। इससे अस्टेबल मोड में कार्य कर रही टाईमर आई.सी. 555 को धीमा चार्जिंग व डिस्चार्जिंग टाईम प्राप्त होता है जिसके कारण ऑसीलेशन के टाईम में वृद्धि हो जाती है।

टाईमर आई.सी. 555 की पिन नं. 3 से क्लॉक पल्सेस आई.सी. 7493 की पिन नं. 14 को दी गई है। यह एक काऊण्टर आई.सी. है जो टाईमर आई.सी. से मिलने वाली फ्रिक्वेन्सी के अनुसार आगे लगी डिकोडर आई.सी. 74154 के लिए सलेक्ट कमाण्ड उपलब्ध कराती है।

डिकोडर आई.सी. की पिन नं. 1 से 11 तथा पिन नं. 13 से 17 कुल 16 आऊटपुट्स प्रदान करती है। इन सभी पिनों पर एक-एक LED को रिवर्स बायस्ड में लगाया गया है। सभी LEDs के एनोड को मिलाकर एक कॉमन एनोड बनाया गया है जिसे 220E के रजिस्टर के द्वारा पॉजीटिव वोल्टेज दिए गए हैं। डिकोडर आई.सी. के 16 आऊटपुट्स में से एक समय में में केवल एक ही आऊटपुट लो होता है तथा शेष सभी आऊटपुट्स हाई होते हैं। इस कारण जो आऊटपुट लो होगा उसी से संबंधित LED प्रकाशित होगी एवं शेष LEDs बुझी हुई रहेंगी। अगले पल कोई और आऊटपुट लो हो जाएगा तो उससे संबंधित LED प्रकाशित होने लग जाएगी। इस तरह से एक-एक कर LEDs प्रकाशित होते जाती हैं जिससे हमें यह घुमती हुई नजर आती है। चूंकि LEDs को गोल चक्राकार में व्यवस्थित किया गया है इसलिए घुमती हुई LEDs चक्राकार में दिखती है, इसीलिए इस प्रोजेक्ट को घुमता हुआ चक्र कहा जाता है।

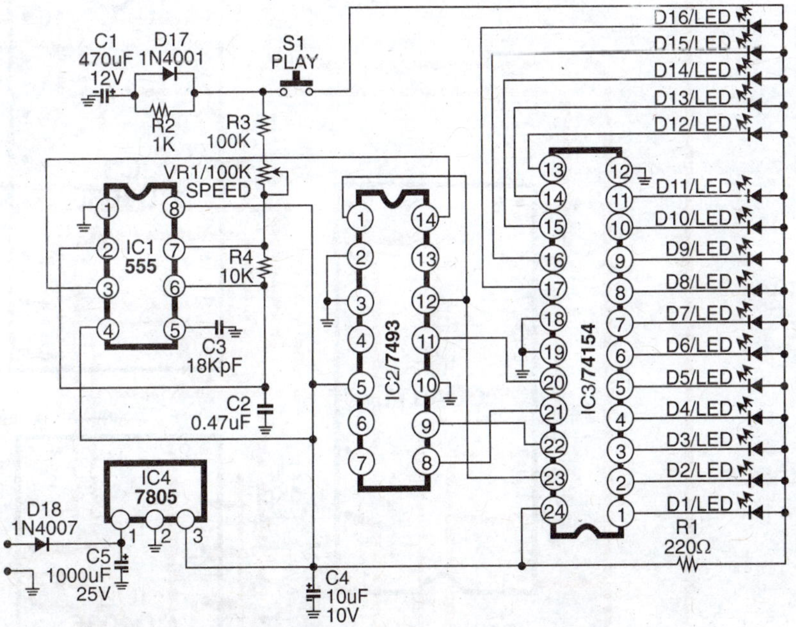

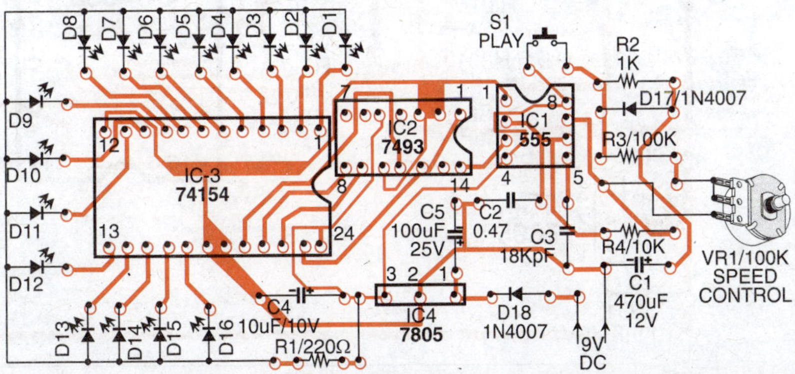

080 उठता-गिरता पर्दा

इस प्रोजेक्ट में LEDs को इस प्रकार से व्यवस्थित किया गया है कि जब LEDs प्रकाशित हों एवं बुझे तब वह हमें ऐसा प्रतीत कराए कि जैसे मानो कोई पर्दा उठ रहा है या गिर रहा है।

इस प्रोजेक्ट की सर्किट में मुख्य रुप से एक गेट आई.सी. CD4011 तथा दो 4-बिट शिफ्ट रेजिस्टर आई.सी. CD4035 का उपयोग किया गया है। आई.सी. CD4011 के भीतर बने गेट A एवं B को मिलाकर एक मल्टीवाईब्रेटर सर्किट बनायी गई है जो कि क्लॉक पल्स का जनरेशन करती है। क्लॉक पल्स का आऊटपुट गेट B की पिन नं. 4 पर प्राप्त होता है जो कि IC2 एवं IC3 की पिन नं. 6 पर दिया गया है।

आई.सी. CD4011 के अन्दर बने गेट C की इन्पुट पिनों को IC3 की सीरियल आऊटपुट Q8 पिन नं. 13 से जोड़ा गया है। गेट C की आऊटपुट पिन, पिन नं. 10 को IC2 की J & K फ्लिप-फ्लॉप पिन, पिन नं. 4 व 3 से जोड़ा गया है।

IC2 व IC3 की पिन नं. 1, 15, 14, व 13 आऊटपुट पिनें हैं। इनमें से IC3 की पिन नं. 13 को छोड़ कर दोनों ICs की शेष आऊटपुट पिनों से निकलने वाले आऊटपुट को एक-एक ट्रांजिस्टर के द्वारा एम्प्लीफाई किया गया है एवं ट्रांजिस्टर के अमीटर पर विशेष क्रम में लगी LEDs को प्रकाशित कराया गया है। इन LEDs को इस प्रकार से व्यवस्थित किया गया है कि जब ये LEDs प्रकाशित हों तब यह हमें ऐसा एहसास कराएं कि मानों जैसे कोई पर्दा उठ रहा है या गिर रहा है।

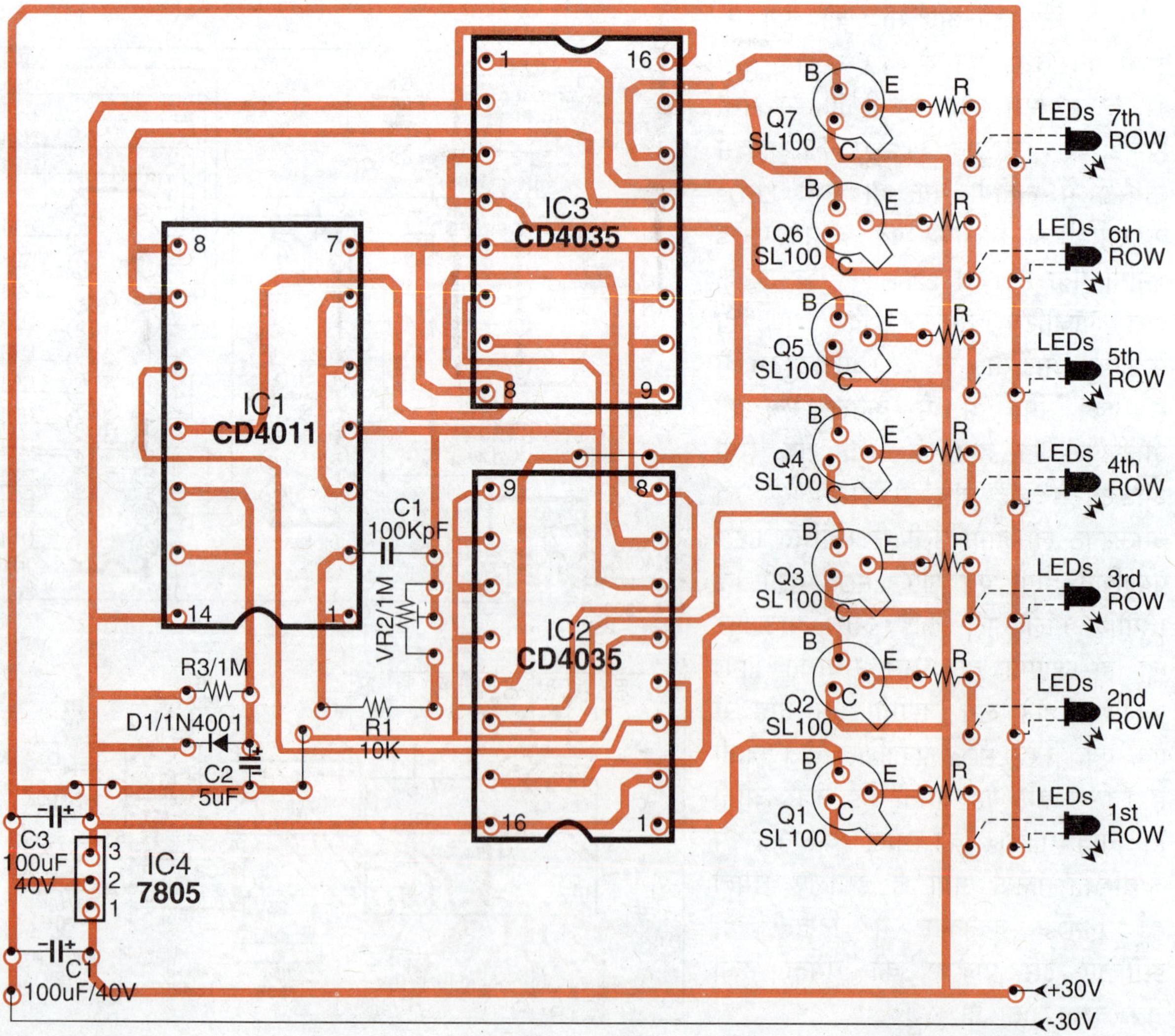

उठता-गिरता पर्दा

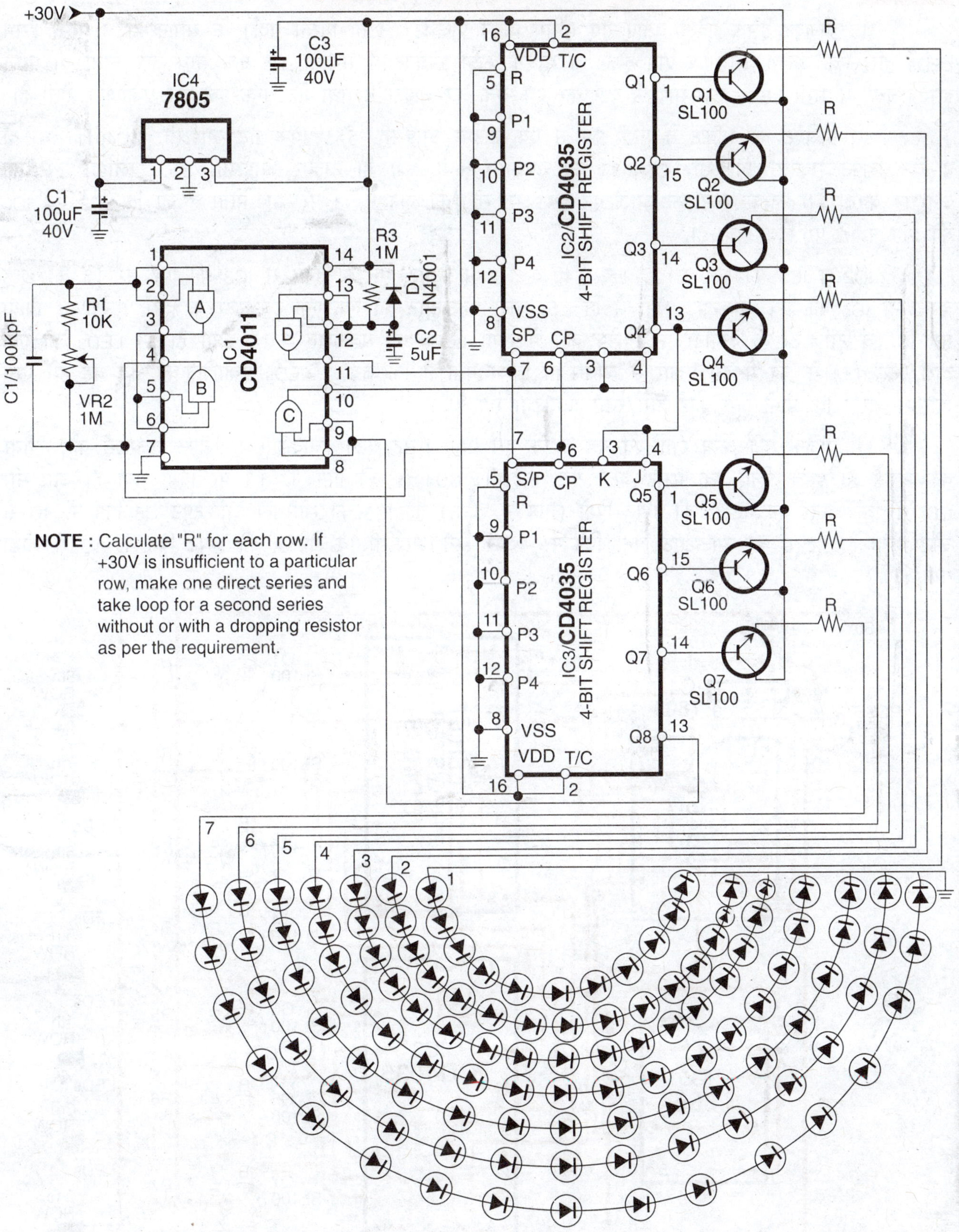

NOTE : Calculate "R" for each row. If +30V is insufficient to a particular row, make one direct series and take loop for a second series without or with a dropping resistor as per the requirement.

081

टिमटिमाता स्टार

यह प्रोजेक्ट इसके पहले बताए गए मूविंग कर्टेन प्रोजेक्ट (उठता-गिरता पर्दा) के समान ही है परन्तु इसमें LEDs द्वारा एक अलग आकर्षण प्राप्त होता है। मूविंग कर्टेन प्रोजेक्ट में सभी LEDs एक साथ बुझ जाती थीं परन्तु इस प्रोजेक्ट में सभी LEDs एक साथ न बुझ कर एक-एक कर बुझती है तथा फिर एक-एक कर प्रकाशित होती है।

इस प्रोजेक्ट की सर्किट में मुख्य रुप से एक टाईमर आई.सी. 555, एक गेट आई.सी. CD4011 तथा दो 4-बिट शिफ्ट रेजिस्टर आई.सी. CD4035 का उपयोग किया गया है। टाईमर आई.सी. 555 क्लॉक पल्स का जनरेशन करती है। क्लॉक पल्स का आऊटपुट इस आई.सी. की पिन नं. 3 पर प्राप्त होता है जो कि IC2 एवं IC3 की पिन नं. 6 पर दिया गया है।

IC2 व IC3 की पिन नं. 1, 15, 14, व 13 आऊटपुट पिनें हैं। इनमें से IC3 की पिन नं. 13 को छोड़ कर दोनों ICs की शेष आऊटपुट पिनों से निकलने वाले आऊटपुट को एक-एक ट्रांजिस्टर के द्वारा एम्प्लीफाई किया गया है एवं ट्रांजिस्टर के अमीटर पर विशेष क्रम में लगी LEDs को प्रकाशित कराया गया है। इन LEDs को एक तारा/स्टार (*) के रुप में इस प्रकार से व्यवस्थित किया गया है कि जब ये LEDs प्रकाशित हों तब यह हमें ऐसा एहसास कराएं कि मानों जैसे कोई तारा/स्टार टिमटिमा रहा है।

इस प्रोजेक्ट की अन्य खासियत यह है कि इसे आप रिसेट बटन दबाकर सभी शिफ्ट रेजिस्टर्स को क्लीयर कर सकते हैं। इसके लिए एक रिसेट बटन गेट आई.सी. CD4011 की पिन नं. 13 पर दिया गया है। आई.सी. CD4011 के अन्दर बने गेट C की इन्पुट पिनों (पिन नं. 5-6) को IC3 की सीरियल आऊटपुट Q8 पिन नं. 13 से जोड़ा गया है। गेट C की आऊटपुट पिन, पिन नं. 4 को इसी आई.सी. के गेट A की इन्पुट पिन नं. 13 से जोड़ा गया है।

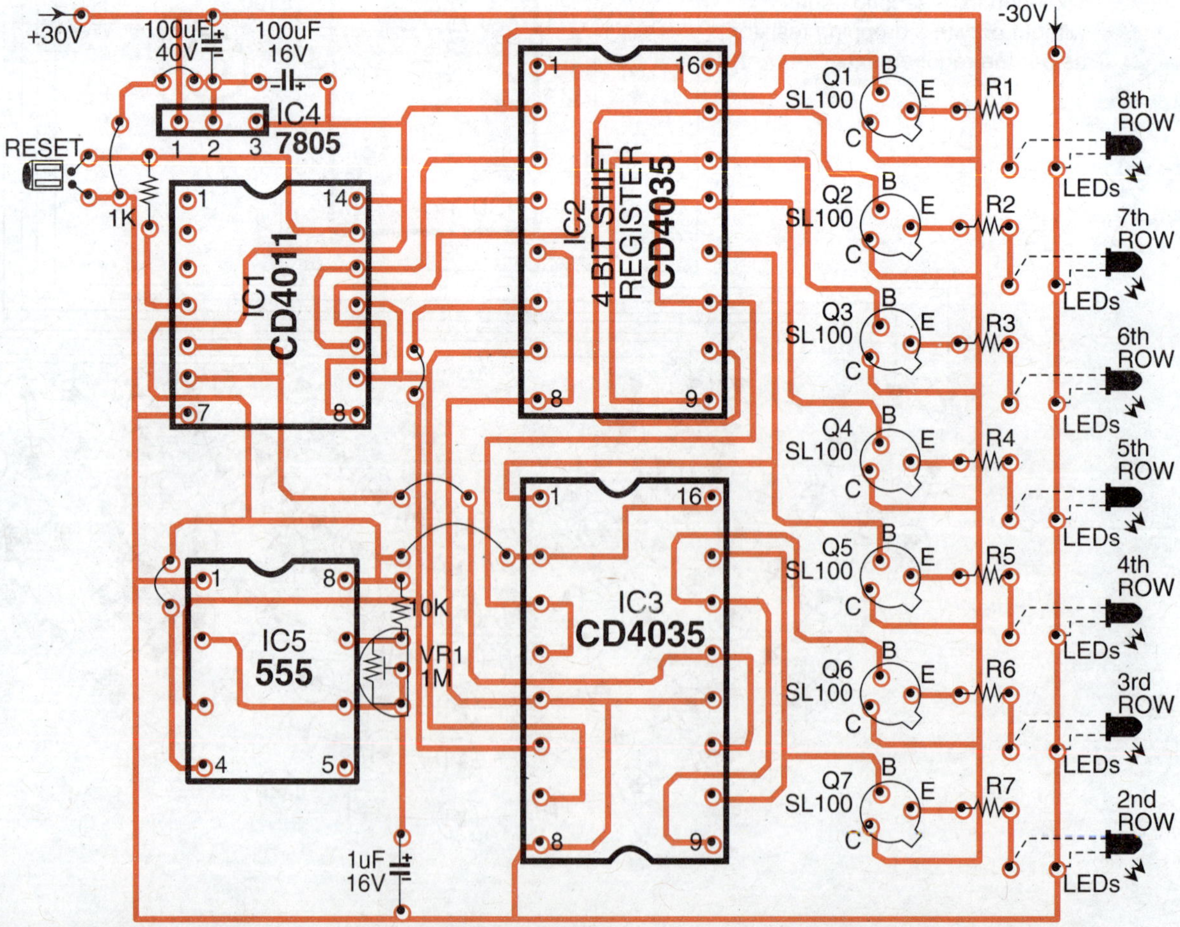

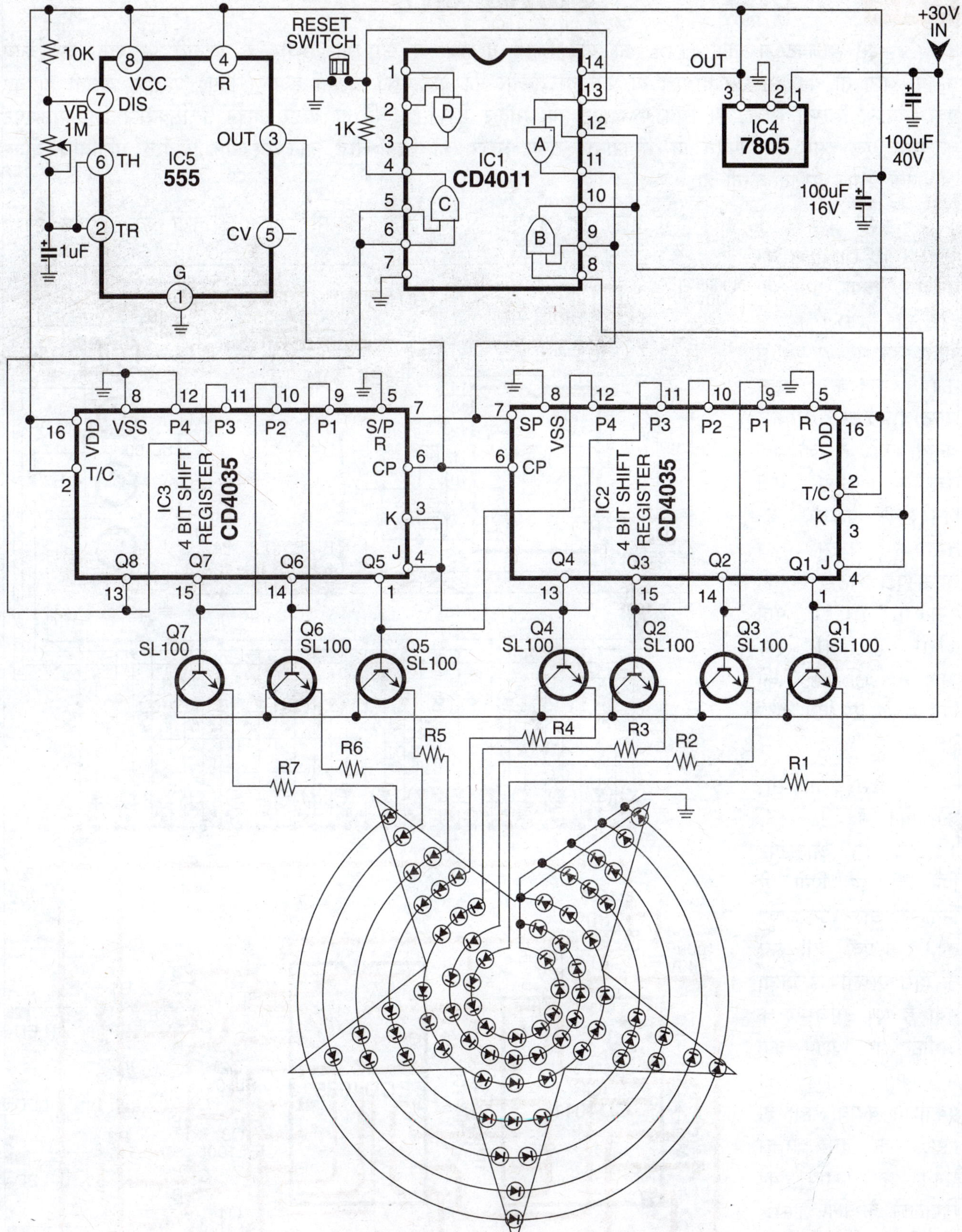
+30V
IN
RESET
SWITCH
10K
VCC
DIS
VR
1M
TH
TR
1uF
IC5
555
OUT
CV
G
R
1K
IC1
CD4011
OUT
IC4
7805
100uF
40V
100uF
16V
VDD
VSS
P4
P3
P2
P1
S/P
R
T/C
CP
K
J
Q8
Q7
Q6
Q5
IC3
4 BIT SHIFT
REGISTER
CD4035
SP
IC2
4 BIT SHIFT
REGISTER
CD4035
Q4
Q3
Q2
Q1
SL100
R1
R2
R3
R4
R5
R6
R7

टिमटिमाता स्टार

082 रनिंग बॉर्डर

इस प्रोजेक्ट में लगी LEDs को यदि किसी दरवाजे या फ्रेम या तस्वीर के किनारों पर लगा कर कार्य कराया जाय तो यह हमें उस दरवाजे या फ्रेम या तस्वीर की बॉर्डर को चलता हुआ (रनिंग) एहसास कराती है। यह एक सामान्य डिस्प्ले सर्किट है। चित्र में दिखाई गई सर्किट में LEDs की दो बॉर्डर लाईनें 4 सिक्वेन्शियल आऊटपुट के साथ एक-दूसरे के विपरित दो समानान्तर रनिंग बॉर्डर की तरह जोड़े जाने पर यह विपरित गतिविधि वाला आकर्षक प्रभाव प्रस्तुत करती है।

इस प्रोजेक्ट की सर्किट में मुख्य रुप से एक NAND गेट आई.सी. CD4011 तथा एक 4-बिट शिफ्ट रेजिस्टर IC CD4035 का उपयोग किया गया है। आई.सी. CD4011 के भीतर बने गेट A एवं B को मिलाकर एक मल्टीवाईब्रेटर सर्किट बनायी गई है जो कि क्लॉक पल्स का जनरेशन करती है। क्लॉक पल्स का आऊटपुट गेट B की पिन नं. 10 पर प्राप्त होता है जो कि आई.सी. CD4035 की पिन नं. 6 पर दिया गया है।

इस आई.सी. की पिन नं. 1, 15, 14, व 13 आऊटपुट पिनें हैं। इन पिनों से निकलने वाले आऊटपुट को एक-एक ट्रांजिस्टर के द्वारा एम्प्लीफाई किया गया है एवं ट्रांजिस्टर के अमीटर पर विशेष क्रम में लगी LEDs को प्रकाशित कराया गया है। LEDs के द्वारा रिवर्स रनिंग के प्रभाव को दिखलाने के लिए LEDs को विपरित व्यवस्था में जोड़ा गया है।

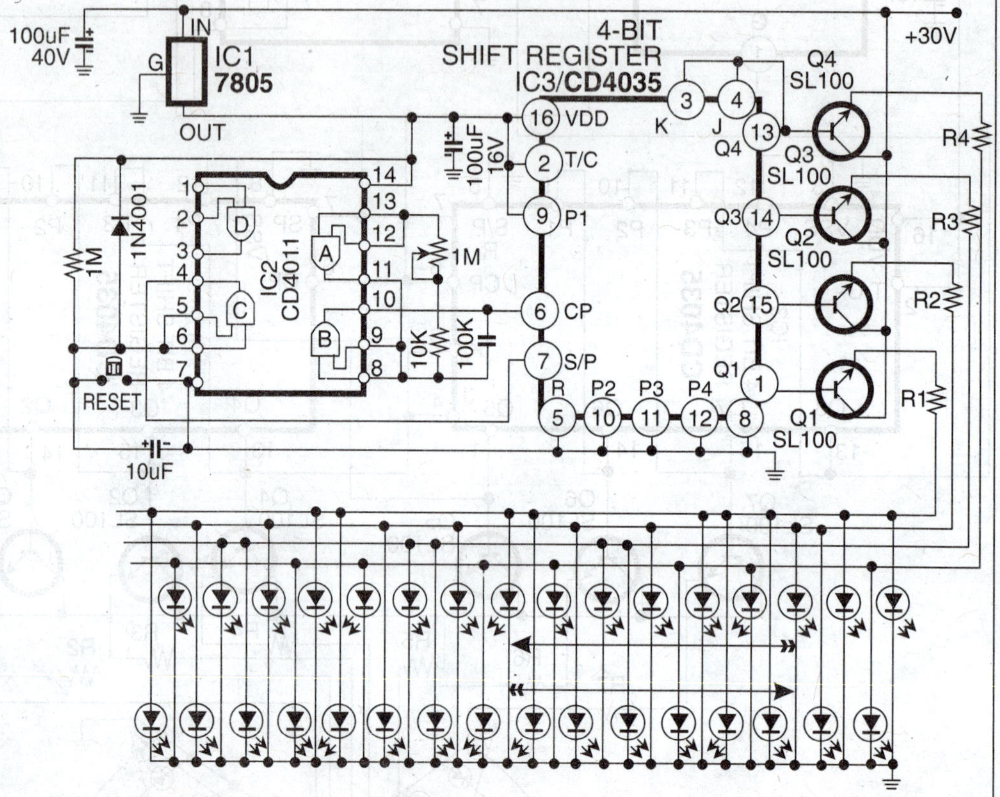

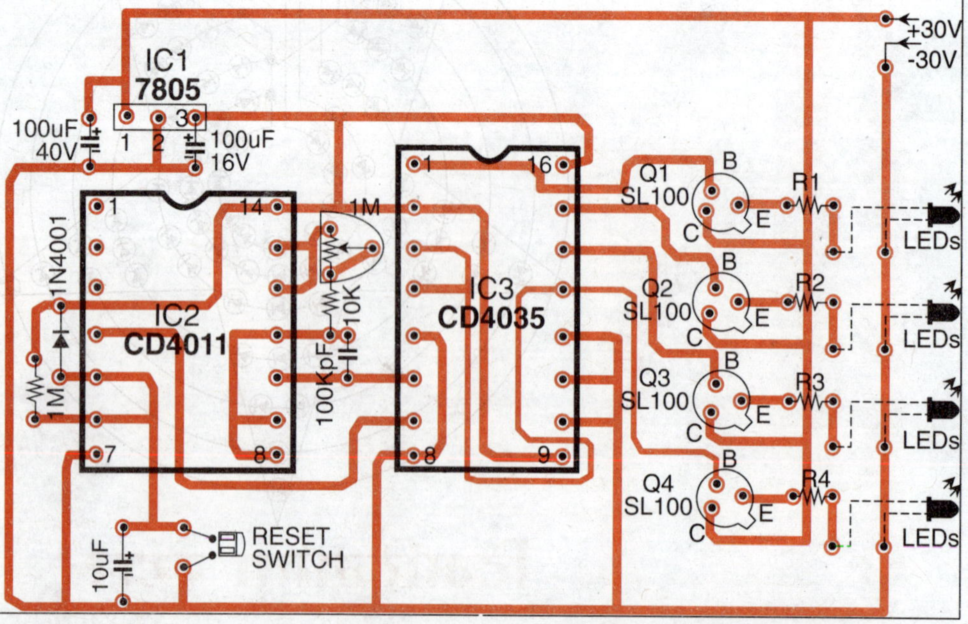

प्रकाश की तीव्रता दर्शाने वाला यंत्र **083**

प्रकाश की तीव्रता को लक्स (LUX) से प्रदर्शित किया जाता है। इस प्रोजेक्ट में बतायी जा रही सर्किट के द्वारा आप किसी प्रकाश की तीव्रता का LEDs के द्वारा मापन कर सकते हैं।

इस सर्किट में मुख्य रुप से एक MOSFET ऑपरेशनल एम्प्लीफायर आई.सी. CA3130, एक डिकेड काऊण्टर आई.सी. CD4017B, 10 LEDs तथा एक फोटो डायोड BPW21 का उपयोग किया गया है। फोटो डायोड D1 को MOSFET OP-AMP आई.सी. CA3130 की नॉन-इन्वर्टिंग एवं इन्वर्टिंग इन्पुट पिनों से जोड़ा गया है। इस ऑपरेशनल एम्प्लीफायर की आऊटपुट पिन, पिन नं. 6 से मिलने वाला आऊटपुट, काऊण्टर आई.सी. की इन्पुट पिन, पिन नं. 14 को दिया गया है। इस पिन पर मिलने वाले इन्पुट के अनुसार काऊण्टर आई.सी. अपनी आऊटपुट पिनों से आऊटपुट निकाल कर LEDs को प्रकाशित करते हुए प्रकाश की तीव्रता को सूचित करती है।

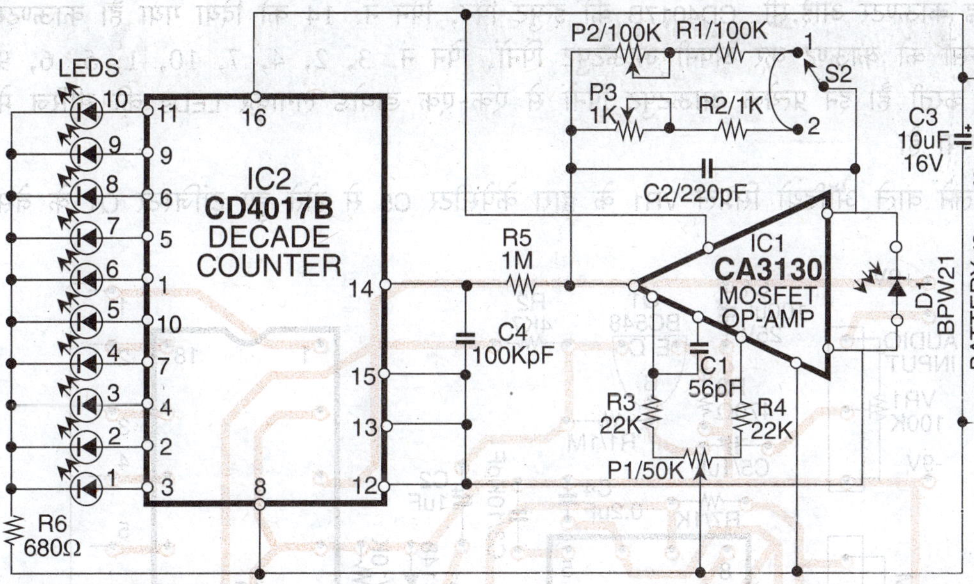

उपरोक्त प्रकार से यह सर्किट, इसमें लगे फोटो डायोड पर पड़ने वाले प्रकाश को विद्युत में बदल कर ऑपरेशनल एम्प्लीफायर से आऊटपुट निकाल कर डिकेड काऊण्टर आई.सी. की सहायता से LEDs को प्रकाशित कराती है।

यह सर्किट लगभग 9V की सप्लाई से कार्य करती है, जिसे आप किसी बैटरी से भी प्राप्त कर सकते हैं।

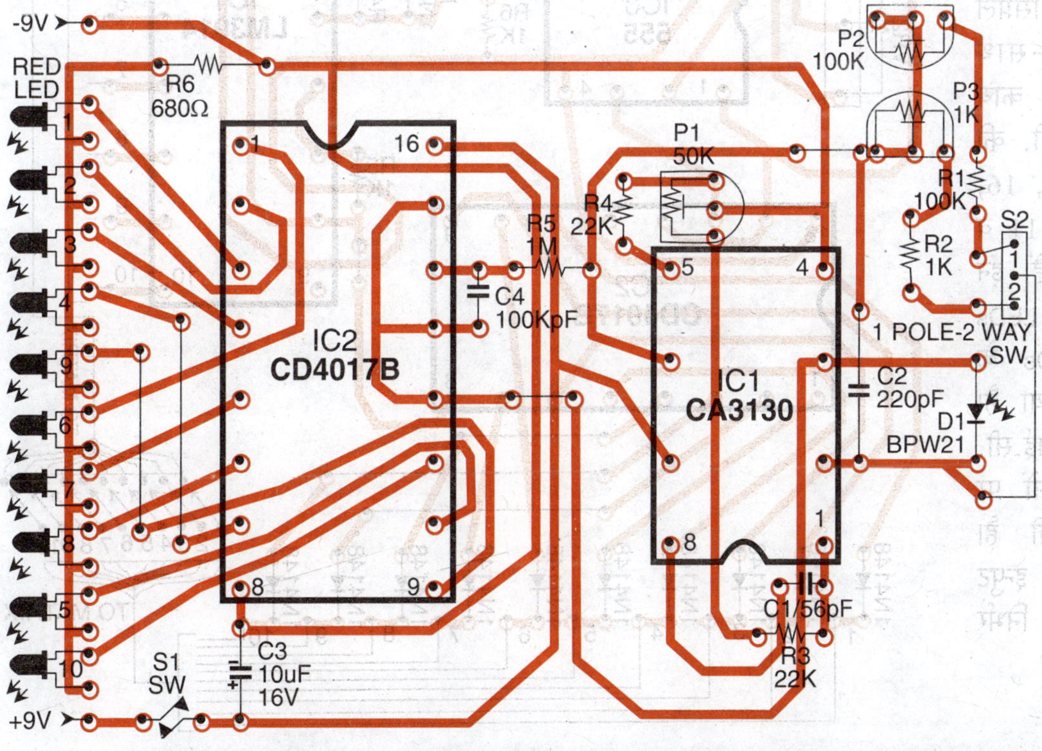

084 ऑडियो लेवल प्रदर्शक

इस प्रोजेक्ट के द्वारा किसी स्त्रोत से मिलने वाले ऑडियो सिग्नल के स्तर को LEDs के द्वारा आकर्षक ढंग से प्रदर्शित करा सकते हैं। इस प्रोजेक्ट में LEDs को किसी आभूषण या गहने (Ornament) के रुप में व्यवस्थित किया गया है जिससे जब भी LEDs प्रकाशित होती हैं तो काफी मनमोहक प्रभाव उत्पन्न करती हैं। प्रत्येक LED एक ग्राफ मोड में डॉट की तरह चमकती है।

इस प्रोजेक्ट में LEDs के अलावा मुख्य रुप से 3 आई.सी. एवं एक ट्रांजिस्टर का उपयोग किया गया है। आई.सी. 555 टाईमर आई.सी. है, आई.सी. CD4017B डिकेड काऊण्टर आई.सी. है तथा आई.सी. LM3914 ऑडियो सिग्नल सिंक्रोनाईजिंग आई.सी. है।

टाईमर आई.सी. 555 लगभग 30Hz की स्कवेयर वेव जनरेट करती है। इसका आऊटपुट इसकी पिन नं. 3 पर मिलता है जो कि डिकेड काऊण्टर आई.सी. CD4017B की इन्पुट पिन, पिन नं. 14 को दिया गया है। काऊण्टर आई.सी. CD4017B इन पल्सों को काऊण्ट कर अपनी आऊटपुट पिनों, पिन नं. 3, 2, 4, 7, 10, 1, 5, 6, 9 व 11 पर आऊटपुट प्रदान करती है। इन प्रत्येक आऊटपुट पिनों से एक-एक डायोड लगाकर LEDs की सीरिज में LEDs के एनोड को जोड़ा गया है।

किसी स्त्रोत से मिलने वाले ऑडियो सिग्नल VR1 के द्वारा केपेसीटर C5 से होते हुए ट्रांजिस्टर Q1 के बेस पर दिए गए हैं। यह ट्रांजिस्टर ऑडियो सिग्नलों को एम्प्लीफाई कर उन्हें अपने कलेक्टर से केपेसीटर C2 के द्वारा आई.सी. LM3914 की पिन नं. 5 को देता है।

IC LM3914 डॉट मोड में ऑडियो सिग्नल इन्पुट के साथ-साथ सिंक्रोनाईजिंग का कार्य करती है। इस आई.सी. की पिन नं. 1, 18, 17, 16, 15, 14, 13, 12, 11 व 10 आऊटपुट पिनें हैं। इन आऊटपुट पिनों से LEDs की सीरिज में LEDs के कैथोड को जोड़ा गया है। डॉट मोड में यह आई.सी. अपनी आऊटपुट पिनों पर वोल्टेज प्रदान करती है। वोल्टेज का मान इन्पुट सिग्नल की शक्ति पर निर्भर करता है।

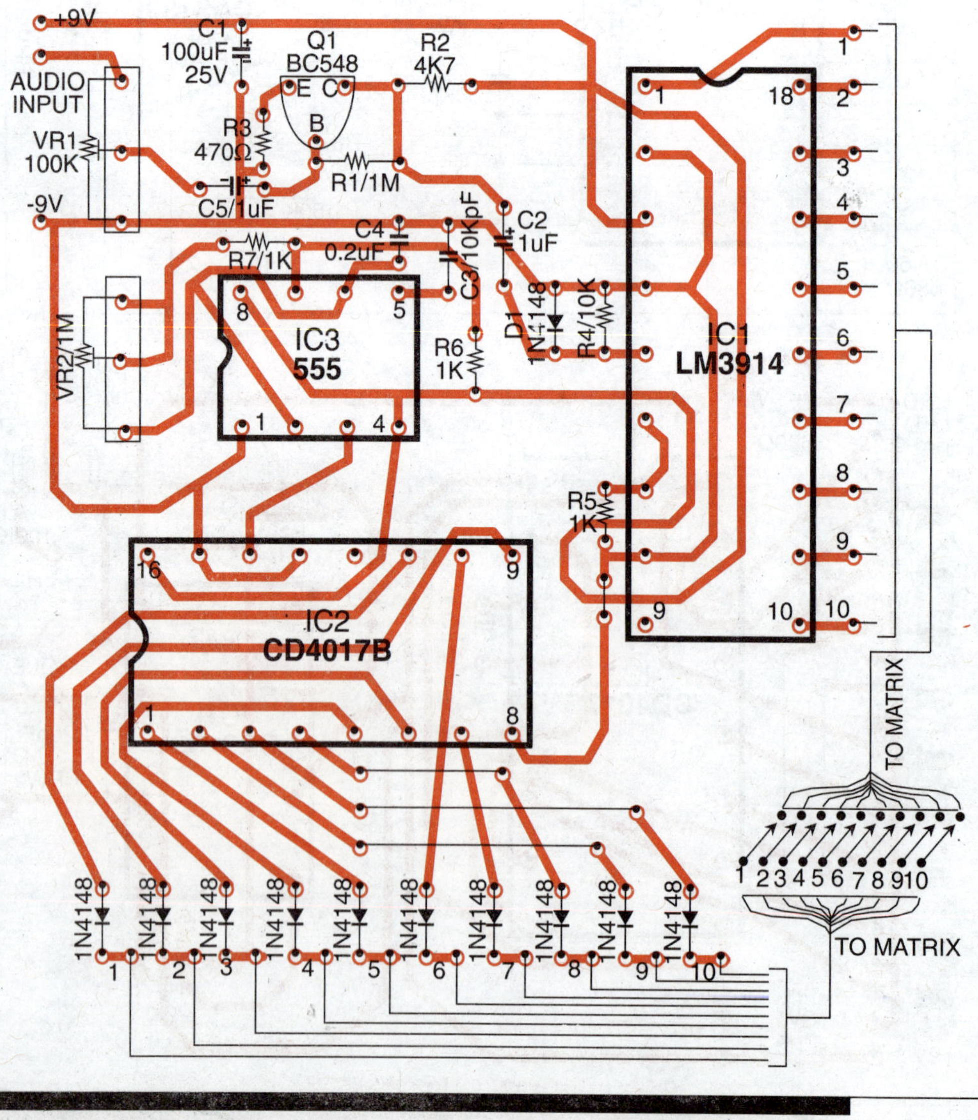

इस सर्किट को इन्पुट वोल्टेज दिए जाने की स्थिति में आई.सी. LM3914 तथा आई.सी. CD4017B की आऊटपुट पिनों से आऊटपुट निकलने लगते हैं जिससे इनके बीच लगी LEDs प्रकाशित होकर इन्पुट कराए गए ऑडियो सिग्नल के लेवल को प्रदर्शित करने लग जाती हैं।

सर्किट में ट्रांजिस्टर Q1 के बेस पर लगे प्रिसेट VR1 के द्वारा, इन्पुट कराए जाने वाले ऑडियो सिग्नलों की तीव्रता को एडजस्ट किया जाता है। ट्रांजिस्टर के अमीटर पर लगा रजिस्टर R3 (470E) पीक सिग्नल पर रिजनरेशन को दुर कर LEDs के इरेटिक इल्युमिनेशन को दुर करता है। आई.सी. LM3914 की पिन नं. 5 पर लगा डायोड D11 डेम्पिंग इफेक्ट को दुर करता है।

इस प्रोजेक्ट में कुल 100 LEDs का उपयोग किया गया है। इन 100 LEDs को टाईम एक्सिस (X) तथा वोल्टेज एक्सिस (Y) से निर्मित मेट्रिक्स में विभिन्न आकारों में व्यवस्थित किया जा सकता है।

ऑडियो लेवल प्रदर्शक

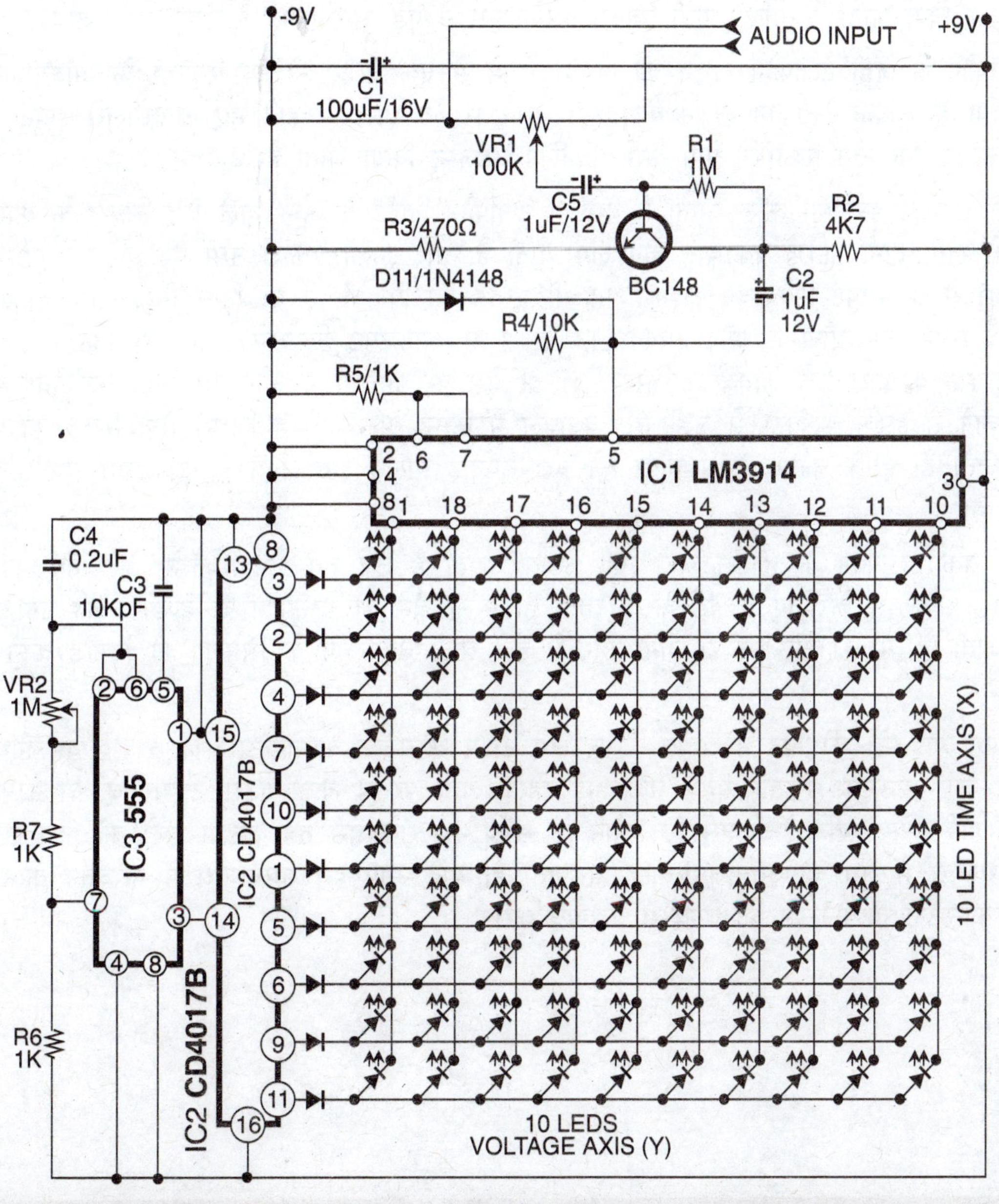

085 टेलीफोन कॉल रिकॉर्डर

इस प्रोजेक्ट के द्वारा आप अपने टेलीफोन में आने वाले किसी महत्वपूर्ण कॉल को किसी टेप-रिकॉर्डर में रिकॉर्ड कर सकते हैं। इस प्रोजेक्ट में मुख्य रुप से एक टाईमर आई.सी. 555, एक ट्रांजिस्टर, एक रिले स्विच एवं एक ऑप्टो-कपलर का उपयोग किया गया है।

रिकॉर्डिंग उपकरण के रुप में एक टेप-रिकॉर्डर का उपयोग सर्वथा उपयुक्त होता है। प्रायः अधिकांश टेप-रिकॉर्डरों में रिकॉर्डिंग के लिए ऑक्सीलरी इन्पुट की सुविधा होती है। प्रोजेक्ट में व्यवस्था इस तरह की गई है कि टेप-रिकॉर्डर केवल रिकॉर्डिंग के समय ही चालू हो। इस तरह की व्यवस्था के लिए टेप-रिकॉर्डर को AC सप्लाई, रिले स्विच से होते हुए दी गई है। रिले स्विच को ऑपरेट कराने के लिए रिले ड्रायवर ट्रांजिस्टर लगा है तथा यह ट्रांजिस्टर टाईमर आई.सी. से मिलने वाले आऊटपुट से कण्डक्ट करता है।

यहां पर ऑप्टो-कपलर को कुछ इस तरह बनाया गया है कि एक रेड LED के कैथोड को एक ग्रीन LED के एनोड से तथा ग्रीन LED के कैथोड को रेड LED के एनोड से जोड़ा गया है साथ ही साथ इनके नजदीक एक लाईट डिपेन्डेड रजिस्टर LDR का उपयोग किया गया है। इस ऑप्टो-कपलर जैसी व्यवस्था को किसी प्रकाश-रोधी केस में पैक कर दिया जाता है ताकि बाहरी प्रकाश इसके उपर न पड़े और गलत ट्रिगरिंग न हो जाय।

टेलीफोन से जुड़ी टेलीफोन लाईन की दो वायरों में से एक वायर को टेप-रिकॉर्डर के ऑक्सीलरी इन्पुट से सीधे जोड़ा गया है जबकि टेलीफोन लाईन की दुसरी वायर R1 व VR1 से होते हुए ऑक्सीलरी इन्पुट से जुड़ी है। प्रिसेट VR1 को क्लीयर टोन रिकॉर्डिंग प्राप्त करने के लिए एडजस्ट किया जाता है।

जैसे ही कोई इन्कमिंग कॉल आता है वैसे ही टेलीफोन लाईन में आने वाले रिंग सिग्नल के कारण ऑप्टो-कपलर पैक में लगी दोनों LEDs प्रकाशित होने लग जाती है और इनका प्रकाश उसी पैक में लगे LDR पर पड़ता है जिससे LDR से आऊटपुट निकलकर टाईमर आई.सी. 555 की पिन नं. 2 पर ट्रिगर मिल जाता है। इससे टाईमर आई.सी. कार्य करने लग जाती है और उसकी पिन नं. 3 से आऊटपुट निकलने लगता है। पिन नं. 3 से निकल कर आऊटपुट R5 के द्वारा रिले ड्रायवर ट्रांजिस्टर Q1 के बेस पर पहुंचता है और उसे ऑन कर देता है। ट्रांजिस्टर के ऑन हो जाने से इसके कलेक्टर से जुड़ी रिले क्वायल में करन्ट आ जाता है जिससे रिले स्विच का पोल अपनी स्थिति बदल देता है। इसके कारण टेप-रिकॉर्डर को AC सप्लाई मिलने लग जाती है एवं उसमें रिकॉर्डिंग का कार्य शुरु हो जाता है।

जब तक टेलीफोन के हेण्डसेट को नहीं उठाया जाता है तब तक टेप-रिकॉर्डर, इन्कमिंग कॉल के रिंग सिग्नलों को 10 सेकेण्ड्स के लिए रिकॉर्ड करता रहता है। परन्तु जैसे ही टेलीफोन के हेण्डसेट को उठाकर बातचीत शुरु कर दी जाती है वैसे ही टेप-रिकॉर्डर दोनों छोर से होने वाले वार्तालाप के सिग्नलों को रिकॉर्ड करने लग जाता है।

टाईमर आई.सी. की पिन नं. 6 व 7 पर लगे टाईम कॉन्स्टेन्ट कम्पोनेन्ट्स R4 व C2 यह निर्धारित करते हैं कि टाईमर का आऊटपुट कितने समय तक हाई रहेगा। यहां पर ये कम्पोनेन्ट्स टाईमर के आऊटपुट को 10 सेकेण्ड्स तक हाई बनाए रखते हैं जिससे रिंग आने के समय 10 सेकेण्ड्स तक टाईमर रिले को लैच रखता है एवं इसी से टेप-रिकॉर्डर में रिंग की आवाज रिकॉर्ड हो पाती है। यदि आप इस समयावधि में परिवर्तन करना चाहते हैं तो इन टाईम कॉन्स्टेन्ट कम्पोनेन्ट्स की वेल्यू में बदलाव करें।

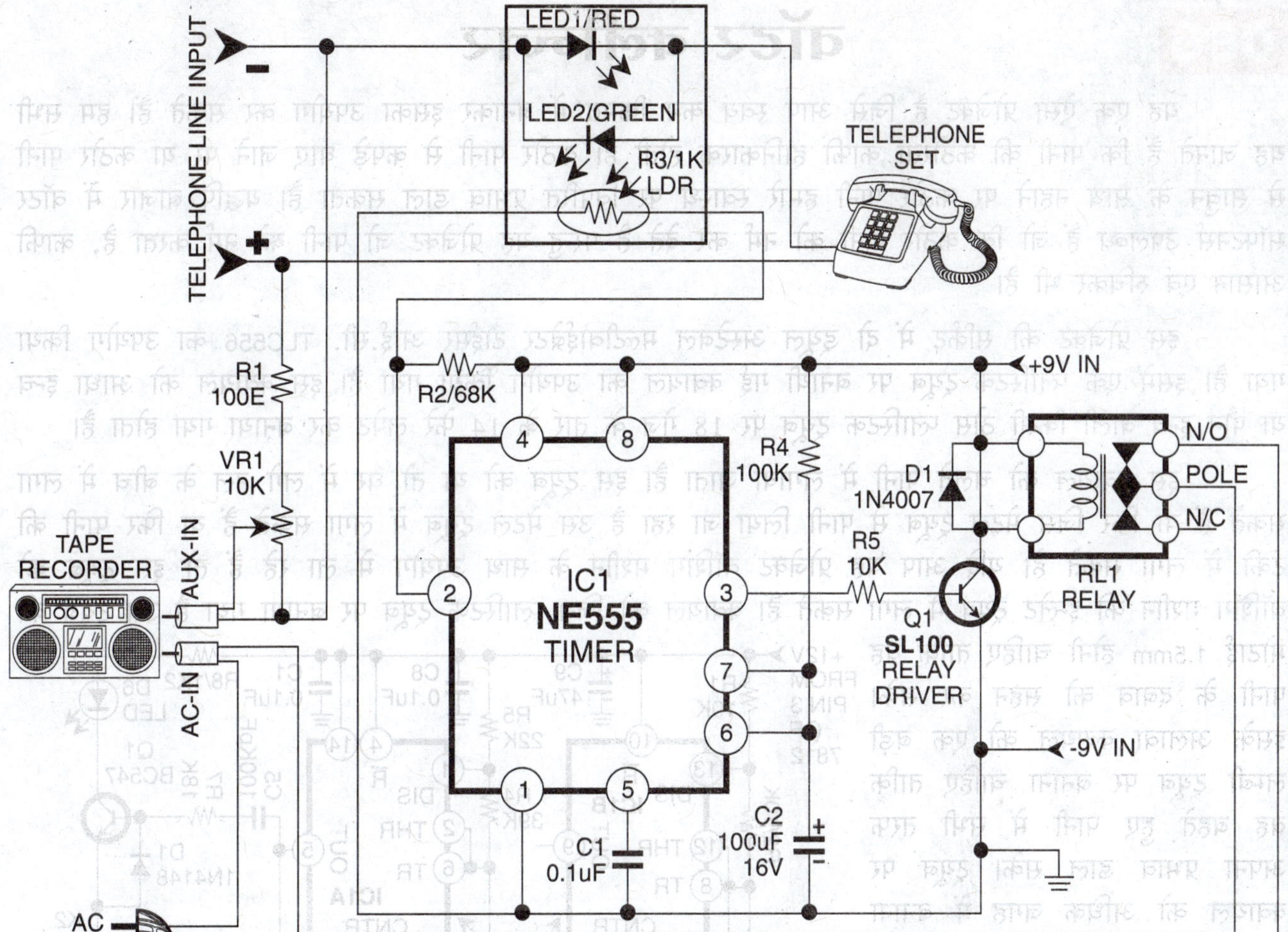

टेलीफोन कॉल रिकॉर्डर

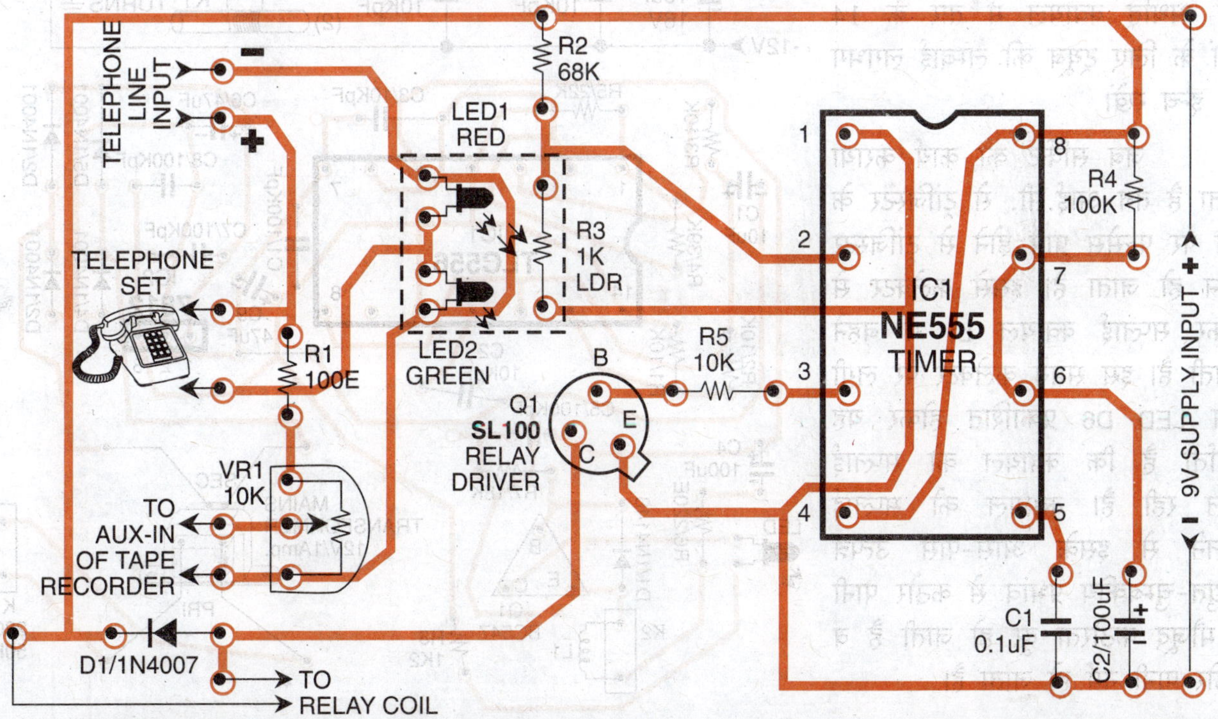

086 वॉटर क्लीन्जर

यह एक ऐसा प्रोजेक्ट है जिसे आप स्वयं कम किमत में बनाकर इसका उपयोग कर सकते हैं। हम सभी यह जानते हैं कि पानी की कठोरता काफी हानिकारक होती है। कठोर पानी से कपड़े धोए जाने पर या कठोर पानी से साबुन के साथ नहाने पर कठोर पानी हमारे स्वास्थ पर विपरित प्रभाव डाल सकता है। यद्धपि बाजार में वॉटर सॉफ्टनर्स उपलब्ध हैं जो कि कठोर पानी को नर्म कर देते हैं परन्तु यह प्रोजेक्ट जो पानी को नर्म करता है, काफी आसान एवं रुचिकर भी है।

इस प्रोजेक्ट की सर्किट में दो ड्यूल अस्टेबल मल्टीवाईब्रेटर टाईमर आई.सी. TLC556 का उपयोग किया गया है। इसमें एक प्लास्टिक ट्यूब पर बनायी गई क्वायल का उपयोग किया गया है। इस क्वायल को आधा इन्च या पौन इन्च वाली किसी ठोस प्लास्टिक ट्यूब पर 18 गेज के तार के 14 फेरे लपेट कर बनाया गया होता है।

इस क्वायल को चलते पानी में लगाया जाता है। इस ट्यूब को या तो घर में लगे नल के बीच में लगा सकते हैं या फिर जिस मेटल ट्यूब से पानी लिया जा रहा है उस मेटल ट्यूब में लगा सकते हैं या फिर पानी की टंकी में लगा सकते हैं। यदि आप यह प्रोजेक्ट वॉशिंग मशीन के साथ उपयोग में ला रहे हैं तो इस ट्यूब को वॉशिंग मशीन की इन्लेट ट्यूब में लगा सकते हैं। क्वायल को जिस प्लास्टिक ट्यूब पर बनाया गया है उस ट्यूब की मोटाई 1.5mm होनी चाहिए ताकि वह पानी के दबाव को सहन कर सके। इसके अलावा क्वायल को एक बड़ी लम्बी ट्यूब पर बनाना चाहिए ताकि वह बहते हुए पानी में सभी तरफ अपना प्रभाव डाल सके। ट्यूब पर क्वायल को अधिक जगह में बनाना चाहिए, जैसे कि यदि ट्यूब 1 इन्च व्यास की है तो क्वायल में तार के प्रत्येक फेरों के बीच की दुरी 1 इन्च रखें अर्थात् क्वायल में तार के 14 फेरों के लिए ट्यूब की लम्बाई लगभग 14 इन्च रखें।

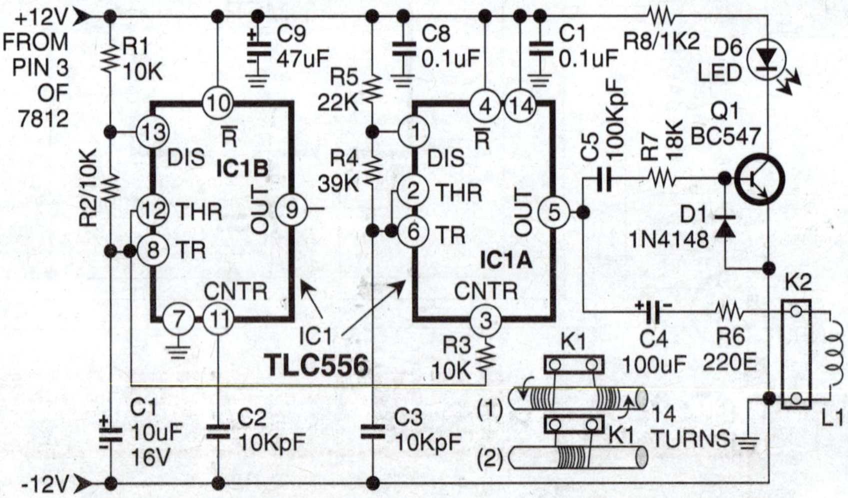

जब सर्किट को कार्य कराया जाता है तब आई.सी. से ट्रांजिस्टर के बेस पर पल्सेस प्राप्त होने से ट्रांजिस्टर ऑन हो जाता है। इससे कलेक्टर से होकर सप्लाई क्वायल L1 में बहने लगती है। इस समय कलेक्टर पर लगी ग्रीन LED D6 प्रकाशित होकर यह दर्शाती है कि क्वायल को सप्लाई मिल रही है। क्वायल को सप्लाई मिलने से इसके आस-पास उत्पन्न विद्युत-चुम्बकीय प्रभाव से कठोर पानी में मौजूद कठोरता दूर हो जाती है व कठोर पानी नर्म हो जाता है।

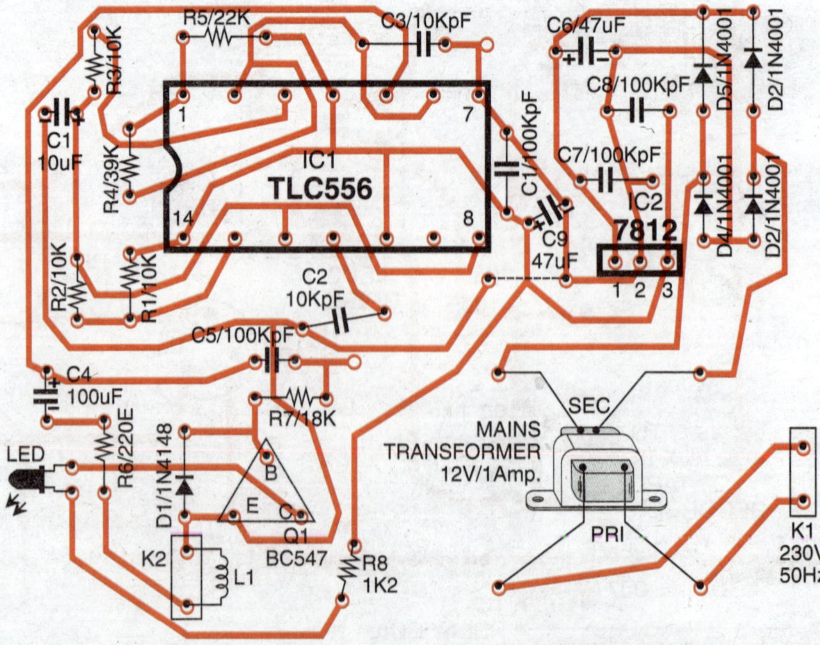

स्पाईक्स इण्डीकेटर

087

इस प्रोजेक्ट में लगी LED, मेन्स सप्लाई में अचानक रुप से आ जाने वाले स्पाईक्स को इण्डीकेट करती है। मेन्स सप्लाई में आने वाले स्पाईक्स के कारण विद्युत उपकरण को नुक्सान पहुंचने की संभावना रहती है। मेन्स लाईन में आने वाले ये स्पाईक्स 0.1 माईक्रोसेकण्ड से 10 माईक्रोसेकेण्ड की समयावधि वाले हो सकते हैं जिनका मान 1000V तक हो सकता है। इन स्पाईक्स से विद्युत उपकरण की सुरक्षा करना काफी जरुरी होता है।

इस प्रोजेक्ट में दिखाई जा रही सर्किट के द्वारा मेन्स सप्लाई में आने वाले स्पाईक्स को यहां लगी LED के माध्यम से इण्डीकेट किया जाता है। इस प्रोजेक्ट की सर्किट का मुख्य आधार टाईमर आई.सी. TLC555 है।

मेन्स सप्लाई, केपेसीटर C2 व C3 से होते हुए इस सर्किट में प्रवेश करती है जो कि एक वेरिस्टर R3 के द्वारा ब्रिज रेक्टिफायर (D1-D2-D3-D4) को दिए गए हैं। ब्रिज रेक्टिफायर AC को DC में बदलता है। यहां पर लगे लोड रजिस्टर R4 (100E) के एक्रॉस 230mV बनते हैं। इस वोल्टेज का मान, R5-R6, R5-R7, R5-R8 से निर्मित पोटेन्शियल डिवाईडर पर निर्भर करता है।

जब इस वोल्टेज का मान बढ़ता (0V6) है तब ट्रांजिस्टर Q1 के बेस के फॉरवर्ड बायस हो जाने के कारण यह ट्रांजिस्टर कण्डक्ट करने लग जाता है एवं इसके कलेक्टर से आई.सी. 555 को ट्रिगरिंग मिलने लग जाती है। इस ट्रिगरिंग से आई.सी. 555 कार्य करते हुए अपनी पिन नं. 3 से आऊटपुट निकालती है। इस आऊटपुट से पिन नं. 3 पर लगी लाल रंग LED प्रकाशित होकर हमें यह सूचित करती है कि इन्पुट मेन्स सप्लाई में स्पाईक्स मौजूद हैं।

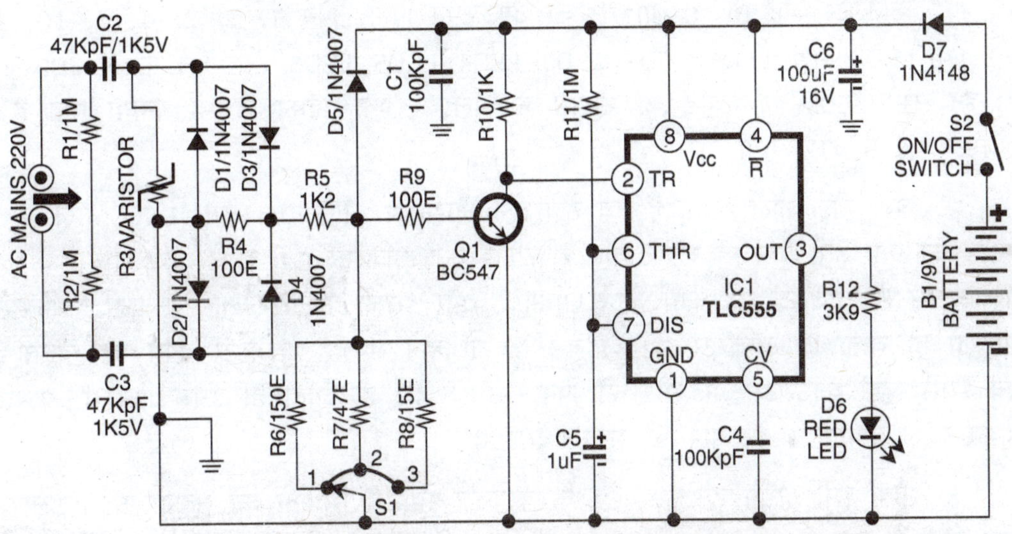

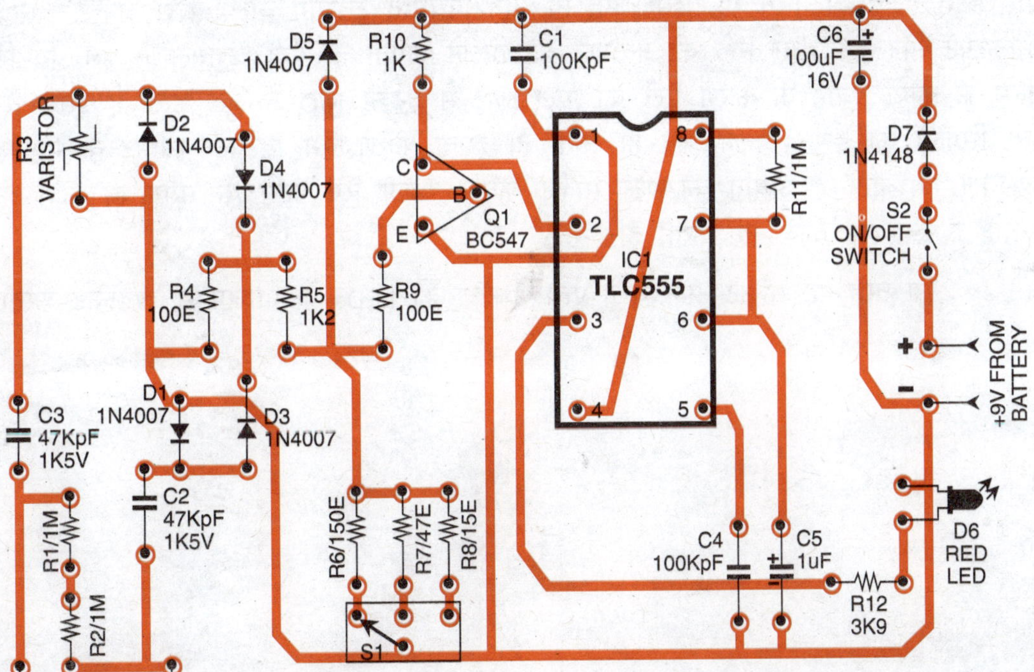

088 टेलीफोन कॉल काऊण्टर

इस प्रोजेक्ट के द्वारा आप अपनी अनुपस्थिति में टेलीफोन पर आने वाले कॉल्स को रिसीव कर उन्हें काऊण्ट कर सकते हैं तथा उनका इण्डीकेशन LEDs के द्वारा प्राप्त कर सकते हैं। यह प्रोजेक्ट 9 LEDs के द्वारा 9 इनकमिंग कॉल्स को काऊण्ट करता है।

इस प्रोजेक्ट में मुख्य रुप से एक टाईमर आई.सी. 555, एक डिकेड काऊण्टर आई.सी. 4017, दो ट्रांजिस्टर्स एवं एक रिले का उपयोग किया गया है। इस प्रोजेक्ट की सर्किट को तीन विभागों में विभक्त किया जा सकता है ; रिंग डिटेक्टर सर्किट, टाईमर सर्किट एवं कॉल काऊण्ट सर्किट ।

जब पॉवर स्विच S1 को ऑन किया जाता है तब सर्किट को 9V की सप्लाई मिलने लगती है एवं रिसेट इण्डीकेटर LED 1 प्रकाशित होने लग जाती है। यदि यह LEDs प्रकाशित नहीं हो रही है तो रिसेट बटन S2 को तब तक दबाते रहें जब तक कि रिसेट LED 1 प्रकाशित न होने लग जाए।

काऊण्टर आई.सी. CD4017B की आऊटपुट पिनों, पिन नं. 3, 2, 4, 7, 10, 1, 5, 6, 9 व 11 पर एक-एक LED क्रमशः LED1, LED2, LED3, LED4, LED5, LED6, LED7, LED8, LED9 व LED10 को जोड़ा गया है। इन सभी LEDs के कैथोड को आपस में मिलाकर एक कॉमन कैथोड बनाया गया है एवं इसे करन्ट लिमिटर रजिस्टर R6 से जोड़ा गया है।

जब कोई कॉल आता है तब टेलीफोन लाईन में आने वाले रिंग सिग्नल, रिले से होते हुए डायोड D1 के एनोड को प्राप्त होते हैं जिसे यह डायोड रेक्टिफाई कर ट्रांजिस्टर Q1 के बेस पर बायस के रुप में देने लगता है। इस बेस बायस से ट्रांजिस्टर Q1 कार्य करने लगता है और इसका कलेक्टर लो हो जाता है जिससे ट्रांजिस्टर Q2 का बेस भी लो हो जाता है। ट्रांजिस्टर Q2 के बेस के लो होने से यह ट्रांजिस्टर कार्य नहीं करता है और इसका कलेक्टर एवं इससे जुड़ी काऊण्टर आई.सी. की पिन नं. 14 हाई हो जाती है। इससे पिन नं. 2 पर लगी LED2 प्रकाशित होकर कॉल क्रमांक 1 के आने की सूचना देती है।

ठीक इसी दौरान् ट्रांजिस्टर Q1 के कलेक्टर से रिंग सिग्नलों की सूचना टाईमर आई.सी. को पिन नं. 2 पर प्राप्त होती है। इस ट्रिगरिंग से टाईमर आई.सी. पूर्व-निर्धारित टाईमिंग वाली पल्स जनरेट करने लग जाती है जिसका आऊटपुट पिन नं. 3 से रिले की क्वायल को मिलने लगता है। रिले क्वायल में इस पूर्व-निर्धारित टाईमिंग वाली पल्स के करन्ट प्रवाह के कारण रिले का पोल N/C से हटकर N/O से जुड़ जाता है इससे रिंग डिटेक्टर सर्किट को रिंग सिग्नलों का इन्पुट मिलना बंद हो जाता है। इसके कारण रिंग डिटेक्टर सर्किट के माध्यम से काऊण्टर सर्किट डिसेबल हो जाती है अर्थात् काऊण्टर सर्किट केवल पहली रिंग पल्स के समय ही कार्य करती है एवं शेष रिंग पल्सों के लिए यह कार्य नहीं करती है।

इस तरह यह सर्किट आने वाले प्रत्येक कॉल को LEDs के माध्यम से इण्डीकेट करती है।

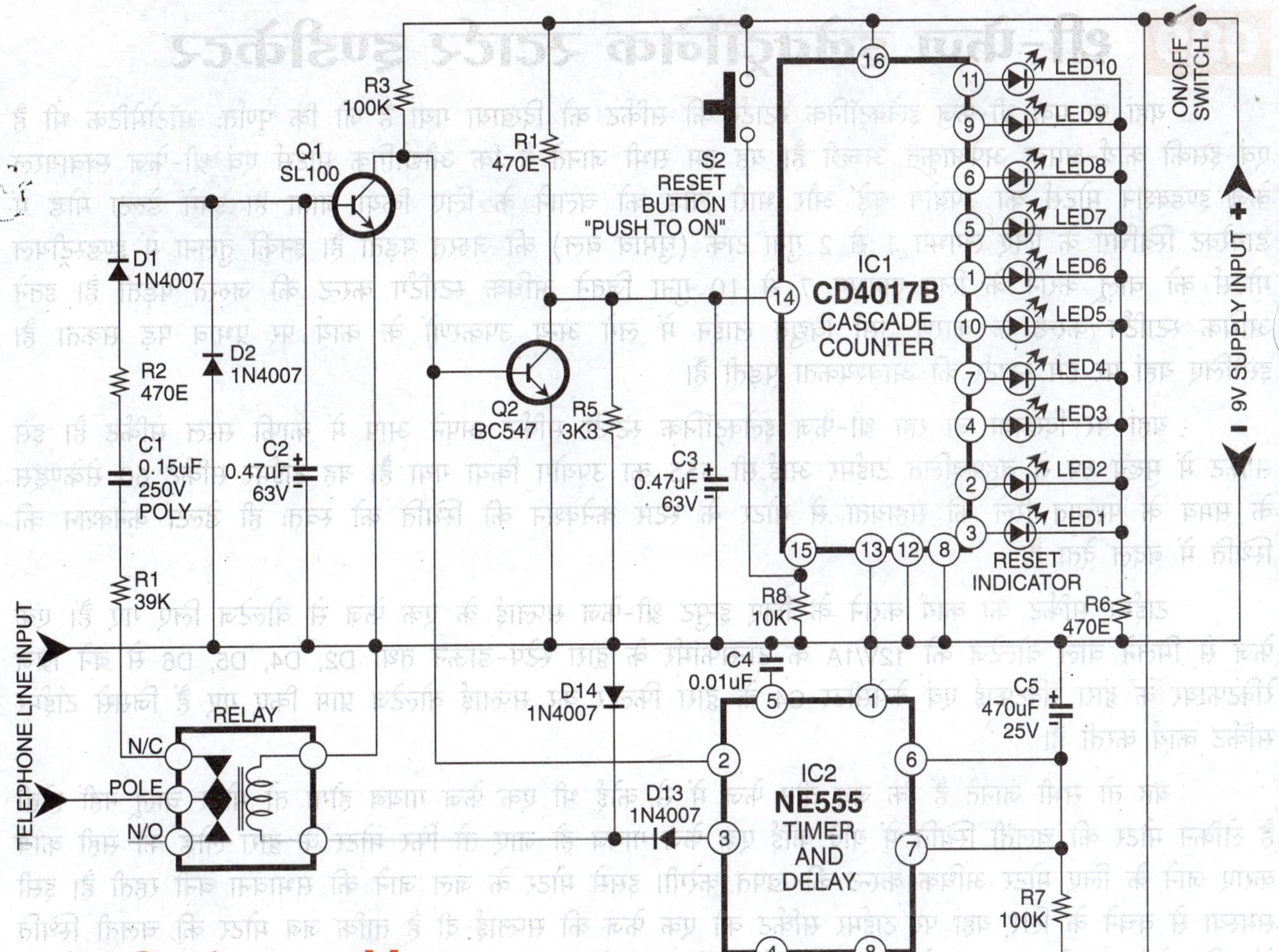

टेलीफोन कॉल काउण्टर

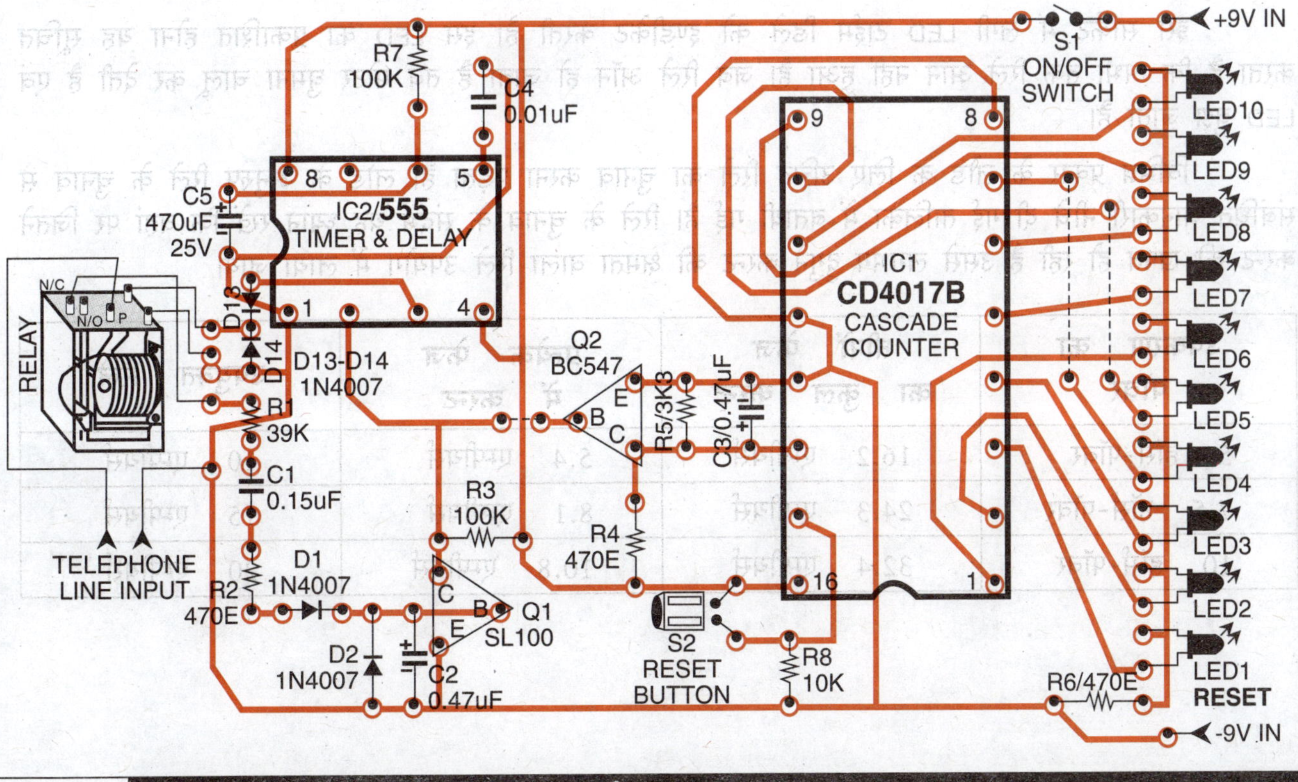

089 थ्री-फेज इलेक्ट्रॉनिक स्टार्टर इण्डीकेटर

यहां पर एक थ्री-फेज इलेक्ट्रॉनिक स्टार्टर की सर्किट को दिखाया गया है जो कि पूर्णतः ऑटोमेटिक भी है एवं इसकी कार्य-क्षमता अपेक्षाकृत अच्छी है। यह हम सभी जानते हैं कि औद्योगिक मोटर्स एवं थ्री-फेज स्क्वायरल केज इण्डक्शन मोटर्स का उपयोग बड़े और भारी लोड को चलाने के लिए किया जाता है। इनमें डेल्टा मोड में डायरेक्ट स्विचिंग के लिए लगभग 1 से 2 गुना टार्क (घुमाव बल) की जरुरत पड़ती है। इनकी तुलना में इण्डस्ट्रीयल मोटर्स को चालू कराने के लिए लगभग 7 से 10 गुना जितने अधिक स्टार्टिंग करन्ट की जरुरत पड़ती है। इतने अधिक स्टार्टिंग करन्ट के कारण उसी विद्युत लाईन में लगे अन्य उपकरणों के कार्य पर प्रभाव पड़ सकता है। इसीलिए यहां पर हमें स्टार्टर की आवश्यकता पड़ती है।

यहां पर दिखाया जा रहा थ्री-फेज इलेक्ट्रॉनिक स्टार्टर सर्किट अपने आप में काफी सरल सर्किट है। इस सर्किट में मुख्य रुप से बहुप्रचलित टाईमर आई.सी 555 का उपयोग किया गया है। यह टाईमर सर्किट 60 सेकेण्ड्स के समय के पश्चात् रिले की सहायता से मोटर के स्टार कनेक्शन की स्थिति को स्वतः ही डेल्टा कनेक्शन की स्थिति में बदल देता है।

टाईमर सर्किट को कार्य कराने के लिए इन्पुट थ्री-फेज सप्लाई के एक फेज से वोल्टेज लिए गए हैं। एक फेज से मिलने वाले वोल्टेज को 12V/1A के ट्रान्सफॉर्मर के द्वारा स्टेप-डाऊन तथा D2, D4, D5, D6 से बने ब्रिज रेक्टिफायर के द्वारा रेक्टिफाई एवं केपेसीटर C4 के द्वारा फिल्टर कर सप्लाई वोल्टेज प्राप्त किए गए हैं जिससे टाईमर सर्किट कार्य करती है।

यह तो सभी जानते हैं कि जब तीन फेज में से कोई भी एक फेज गायब होगा तो मोटर चालू नहीं होती है लेकिन मोटर की चलती स्थिति में यदि कोई एक फेज गायब हो जाए तो फिर मोटर के द्वारा लोड को सही कार्य कराए जाने के लिए मोटर अधिक करन्ट की खपत करेगी। इससे मोटर के जल जाने की संभावना बनी रहती है। इसी समस्या से बचने के लिए यहां पर टाईमर सर्किट को एक फेज की सप्लाई दी है ताकि जब मोटर की चलती स्थिति में यदि कोई एक फेज गायब हो जाए तो टाईमर की सप्लाई भी गायब हो जाएगी जिससे टाईमर सर्किट रिले के द्वारा मोटर को रोक देगी एवं मोटर के जलने की संभावना नहीं रहेगी।

इस सर्किट में लगी LED टाईम डिले को इण्डीकेट करती है। इस LED का प्रकाशित होना यह सूचित करता है कि अभी तक रिले ऑन नहीं हुआ है। जब रिले ऑन हो जाता है तब मोटर घुमना चालू कर देती है एवं LED बुझ जाती है।

विभिन्न प्रकार के लोड के लिए उचित रिले का चुनाव करना पड़ता है। लोड के अनुरुप रिले के चुनाव से संबंधित जानकारी नीचे दी गई तालिका में बतायी गई है। रिले के चुनाव के संदर्भ यह ध्यान रखें कि वहां पर जितने करन्ट की खपत हो रही है उससे लगभग दुगुने करन्ट की क्षमता वाला रिले उपयोग में लाया जाय।

उपकरण का पॉवर	तीनों फेज का कुल करन्ट	प्रत्येक फेज में करन्ट	उपयुक्त रिले
5 हॉर्स-पॉवर	16.2 एम्पीयर्स	5.4 एम्पीयर्स	10 एम्पीयर्स
7.5 हॉर्स-पॉवर	24.3 एम्पीयर्स	8.1 एम्पीयर्स	15 एम्पीयर्स
10 हॉर्स-पॉवर	32.4 एम्पीयर्स	10.8 एम्पीयर्स	20 एम्पीयर्स

थ्री-फेज इलेक्ट्रॉनिक स्टार्टर इण्डीकेटर सर्किट एवं लेआउट

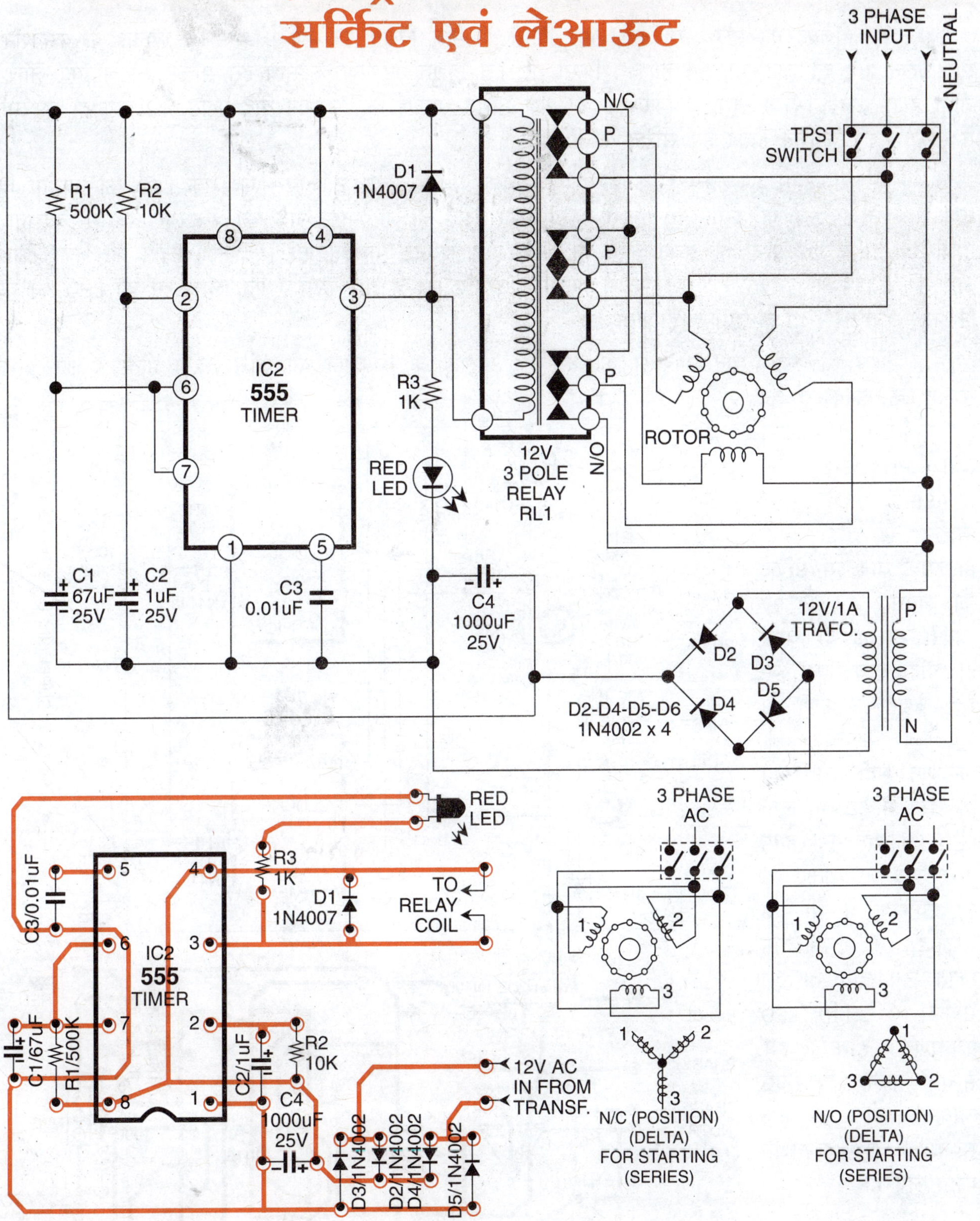

090 फेज सिक्वेन्स चेन्ज इण्डीकेटर

इस प्रोजेक्ट की सर्किट में लगी LED किसी थ्री-फेज विद्युत उपकरण में थ्री-फेज सप्लाई के कनेक्शन के सही गलत होने की जानकारी देती है। जब किसी थ्री-फेज विद्युत उपकरण के साथ इस सर्किट को जोड़कर जांच की जाती है तो उस थ्री-फेज विद्युत उपकरण में थ्री-फेज विद्युत सप्लाई के कनेक्शन यदि गलत जुड़े होंगे तो इस सर्किट में लगी LED प्रकाशित होकर हमें सूचित करती है।

इस सर्किट में मुख्य रुप से आई.सी. 7474 या 7476, चार ट्रांजिस्टर्स एवं एक LED का उपयोग किया गया है। प्रत्येक फेज के इन्पुट पर एक-एक ट्रांजिस्टर लगा है जो साईन वेव को स्कवेयर वेव में बदलता है। ट्रांजिस्टर Q3 व Q2 फेज को इन्वर्ट करते हैं। इनके द्वारा इन्वर्टेड फेज J एवं K फ्लिप-फ्लॉप को भेजा गया है। आई.सी. 7474 या 7476 के आऊटपुट से एक-एक डायोड D4 व D5 के द्वारा एक लाल रंग की LED को करन्ट लिमिटर रजिस्टेंस R13 के द्वारा जोड़ा गया है।

जिस थ्री-फेज विद्युत उपकरण की थ्री-फेज सप्लाई के कनेक्शन की जांच करनी होती है उन थ्री-फेज सप्लाई के कनेक्शनों को इस सर्किट में PHASE-1 तथा PHASE-2 तथा PHASE-3 लिखे इन्पुट प्वाईन्ट पर जोड़ा जाता है। इसके बाद इस सर्किट को लगभग 6V से 9V जितनी सप्लाई दी जाती है। यदि जांच किए जा रहे विद्युत उपकरण में थ्री-फेज सप्लाई के कनेक्शन सही लगे होंगे तो इस सर्किट में लगी LED प्रकाशित नहीं होगी परन्तु यदि जांच किए जा रहे उपकरण में थ्री-फेज सप्लाई के कनेक्शन गलत लगे होंगे तो इस सर्किट में लगी LED प्रकाशित होकर हमें सूचित करेगी कि उस उपकरण में थ्री-फेज सप्लाई के कनेक्शन गलत लगे हैं।

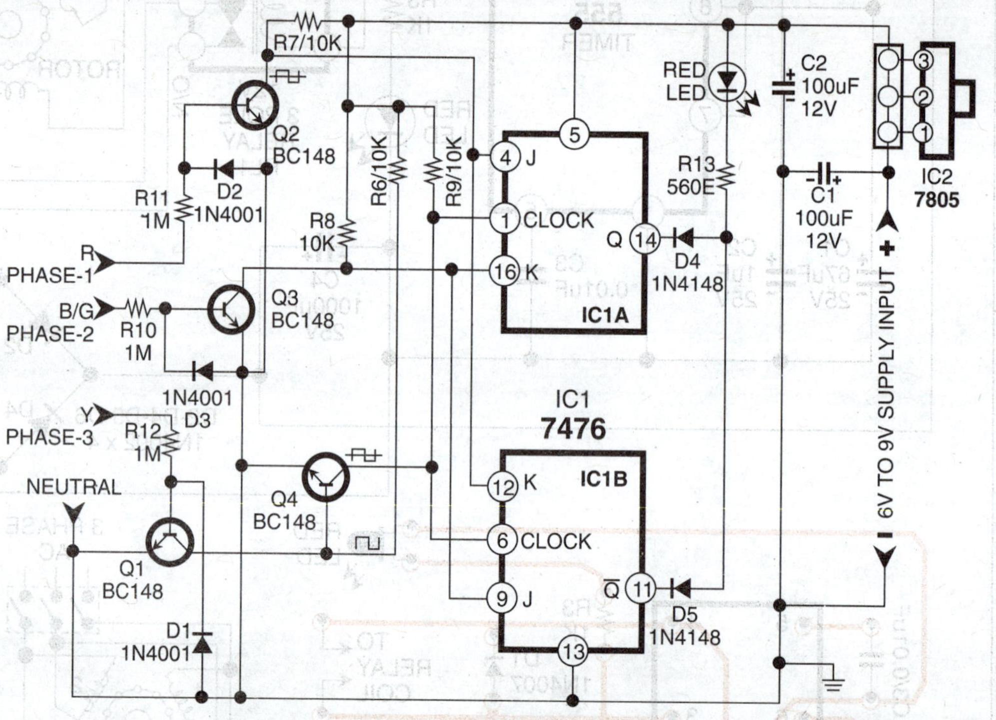

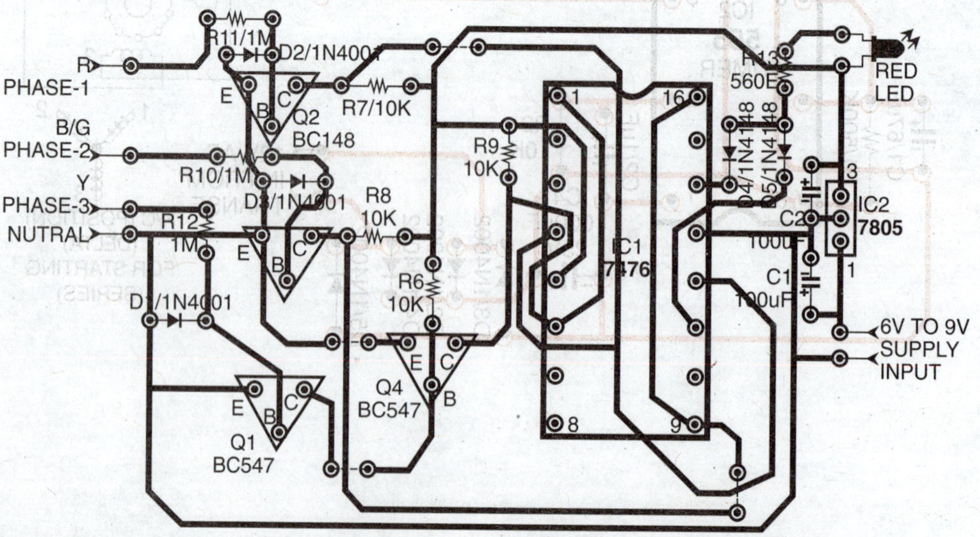

इलेक्ट्रो-स्टेटिक चार्ज इण्डीकेटर

091

यह एक ऐसा प्रोजेक्ट है जिसे 20 सेन्टिमीटर की दूरी के कार्य-क्षेत्र में रखे जाने पर यह वहां पर उपस्थित विद्युत पॉवर स्त्रोत की उपस्थिति को अपनी LED से इण्डीकेट करता है। विद्युत वायरिंग में पेश आने वाले विभिन्न दोष को दूर करने में यह प्रोजेक्ट काफी सहायक होता है।

इस प्रोजेक्ट की सर्किट काफी सरल है। इसमें CMOS NAND गेट आई.सी. CD4011BE का उपयोग किया गया है। इस आई.सी. का इन्पुट इम्पीडेन्स काफी कम (लगभग 10 या 12 ओह्म) होता है। इस आई.सी. के गेट क्रमांक की दोनों इन्पुट पिनों (पिन नं. 1 व 2) को आपस में जोड़कर इनसे एक 1.5 गुणा 1.5 सेन्टिमीटर की टच प्लेट को जोड़ा गया है जो कि इन्पुट सोर्स के रुप में कार्य करती है। इस गेट का आऊटपुट (पिन नं. 3) को गेट क्रमांक 2 की इन्पुट पिन (पिन नं. 5 एवं 6) से जोड़ा गया है। यहां पर सुग्राहिता (सेन्सिटीविटी) बढ़ाने के उद्देश्य से गेट क्रमांक 2 को एक बफर केसकेड के रुप में उपयोग में लाया गया है। गेट क्रमांक 2 के आऊटपुट (पिन नं. 4) को गेट क्रमांक 4 की इन्पुट पिन (पिन नं. 12-13) से जोड़ा गया है। गेट क्रमांक 4 के आऊटपुट (पिन नं. 11) पर एक LED को कनेक्ट किया गया है जिसके लिए सप्लाई लाईन से एक करन्ट लिमिटर रजिस्टर R लगा है।

जब किसी विद्युतीय क्षेत्र में इस सर्किट को 20 सेन्टिमीटर के दायरे में रखकर सप्लाई दी जाती है तब टच प्लेट आस-पास के विद्युत क्षेत्र से इलेक्ट्रोस्टेटिक चार्ज पाकर गेट क्रमांक 1 की पिन नं. 1 व 2 को इन्पुट देती है। इससे इस गेट का आऊटपुट (पिन नं. 3) तथा गेट क्रमांक 2 का इन्पुट (पिन नं. 5 एवं 6) लो हो जाता है। गेट क्रमांक 2 अपने आऊटपुट (पिन नं. 4) पर हाई आऊटपुट देता है जो कि गेट क्रमांक 4 की इन्पुट पिन (पिन नं. 12 व 13) को प्राप्त होता है। इससे गेट क्रमांक 4 अपनी पिन नं. 11 पर लो आऊटपुट देता है जिससे इस पिन पर लगी LED प्रकाशित होकर आस-पास इलेक्ट्रोस्टेटिक चार्ज के उपस्थित होने की जानकारी सूचित करती है।

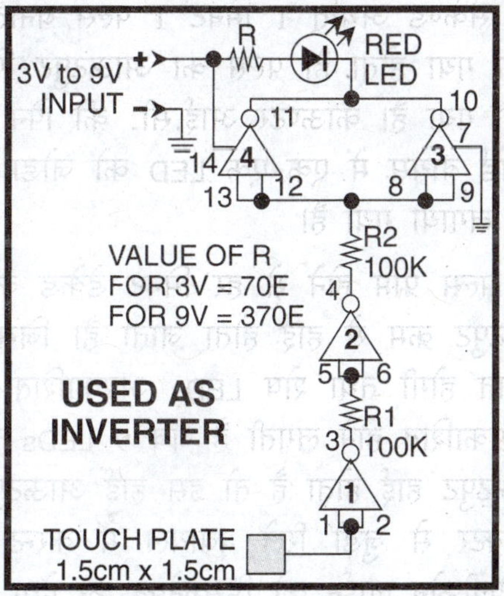

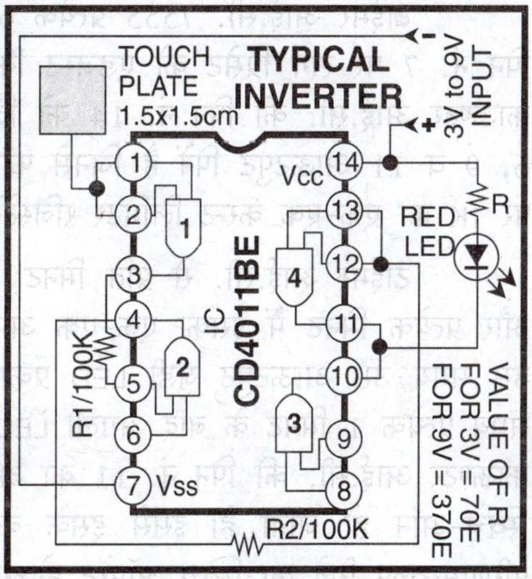

इस सर्किट के द्वारा जब कभी विद्युत क्षेत्र की उपस्थिति की जानकारी जांची जानी हो तब इसकी टच प्लेट को अपनी ऊंगली आदि न छुएं अन्यथा आपके शरीर के इलेक्ट्रोस्टेटिक चार्ज के कारण गलत इण्डीकेशन मिलने लग जाएगा।

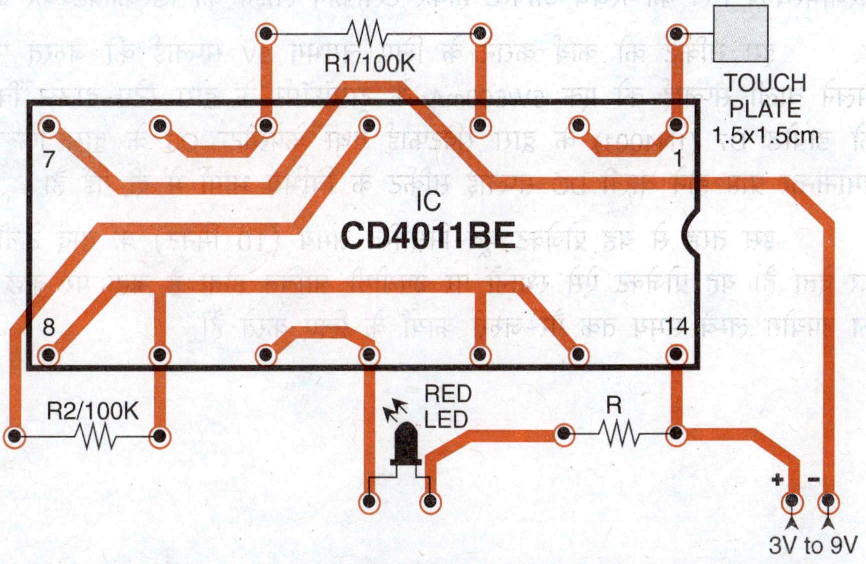

092 टेलीफोन कट-ऑफ एवं टाईम इण्डीकेटर

यह एक ऐसा प्रोजेक्ट है जो एक पूर्व-निर्धारत समय (यहां पर 10 मिनट) के बाद टेलीफोन लाईन को स्वतः ही डिस्कनेक्ट कर देता है जबकि इस प्रोजेक्ट में लगी LEDs प्रत्येक मिनट के समाप्त होने की सूचना देती है। पूर्व-निर्धारित समय का निर्धारण इस प्रोजेक्ट में बनी टाईमर सर्किट के द्वारा किया जाता है।

इस प्रोजेक्ट में मुख्य रुप से एक टाईमर आई.सी. 7555, एक काऊण्टर आई.सी. 4017, एक ऑप्टो-कपलर, दो ट्रांजिस्टर्स एवं एक रिले का उपयोग किया गया है। टेलीफोन लाईन को टेलीफोन सेट से सीधे न जोड़कर इस प्रोजेक्ट में रिले स्विच से होते हुए जोड़ा जाता है।

जब टेलीफोन सेट का रिसीवर उसके हुक से उठा हुआ होता है तब टेलीफोन लाईन से वोल्टेज, D1, D2, D3, D4 से निर्मित ब्रिज रेक्टिफायर, जिनर डायोड D5, एवं करन्ट लिमिटर रजिस्टर R17 (33K) से होते हुए ऑप्टो-कपलर IC1 (4N35) की पिन नं. 1 व 2 पर पहुंचते हैं। रजिस्टर R18 एक शन्ट रजिस्टर के रुप में लगा है। ऑप्टो-कपलर की पिन नं. 1 व 2 पर टेलीफोन लाईन के वोल्टेज पहुंचने से इसके भीतर लगी LED प्रकाशित होने लग जाती है एवं उसका प्रकाश भीतर ही लगे फोटो ट्रांजिस्टर पर पड़ता है जिससे फोटो ट्रांजिस्टर कण्डक्ट होकर अपने अमीटर (पिन नं. 4) से आऊटपुट देने लग जाता है। ऑप्टो-कपलर की पिन नं. 4 पर मिलने वाले वोल्टेज R15 के द्वारा ट्रांजिस्टर Q1 के बेस पर पहुंच कर उसे ऑन कर देते हैं। इससे इसका कलेक्टर तथा कलेक्टर से संबंधित अन्य सर्किटों का इन्पुट लो हो जाता है।

टाईमर आई.सी. 7555 प्रत्येक 60 सेकेण्ड अर्थात् 1 मिनट 1 पल्स बनाती है। इस सेटिंग के लिए इसकी पिन नं. 7 पर लगे प्रिसेट को एडजस्ट किया गया होता है। पल्स का आऊटपुट पिन नं. 3 पर मिलता है जो कि काऊण्टर आई.सी. की पिन नं. 14 को दिया गया है। काऊण्टर आई.सी. की पिन नं. 3, 2, 4, 7, 10, 1, 5, 6, 9 व 11 आऊटपुट पिनें हैं जिनसे फॉरवर्ड बायस में एक-एक LED को जोड़ा गया है। प्रत्येक LED के कैथोड पर 1K का एक-एक करन्ट लिमिटर रजिस्टेंस लगाया गया है।

टाईमर आई.सी. से प्रति मिनट 1 पल्स प्राप्त होने से हर मिनट डेकेड काऊण्टर आई.सी. कार्य करती है और प्रत्येक मिनट में इसका एक-एक आऊटपुट क्रम से हाई होता जाता है। जिस समय जो आऊटपुट हाई होगा उस समय उस आऊटपुट जुड़ी LED प्रकाशित होगी तथा शेष LEDs अप्रकाशित रहेंगी। टेलीफोन से बातचीत के समय प्रत्येक 1 मिनट के बाद अगली LED प्रकाशित होने लगती है जब 9 LEDs चमक चुकी होती हैं तब जैसे ही काऊण्टर आई.सी. की पिन नं. 11 का आऊटपुट हाई होता है तो इस हाई आऊटपुट से रिले ड्रायवर ट्रांजिस्टर Q2 स्विच-ऑन हो जाता है। इससे इसके कलेक्टर से जुड़ी रिले क्वायल में करन्ट प्रवाहित होने लगता है। इसके परिणामस्वरुप रिले का स्विच ऑपरेट होकर टेलीफोन लाईन को डिस्कनेक्ट कर देता है।

इस सर्किट को कार्य कराने के लिए लगभग 5V सप्लाई की जरुरत पड़ती है। इसके लिए मेन्स लाईन से मिलने वाली सप्लाई को एक 5V/500mA के ट्रांसफॉर्मर के द्वारा स्टेप-डाऊन किया गया है। इसके बाद इस सप्लाई को डायोड D7 (1N4001) के द्वारा रेक्टिफाई तथा केपेसीटर C5 के द्वारा फिल्टर किया गया है। केपेसीटर C5 के समानान्तर प्राप्त होने वाली DC सप्लाई सर्किट के विभिन्न भागों में दी गई है।

इस तरह से यह प्रोजेक्ट पूर्व-निर्धारित समय (10 मिनट) के बाद टेलीफोन लाईन को स्वतः ही डिस्कनेक्ट कर देता है। यह प्रोजेक्ट ऐसे स्थानों पर उपयोगी साबित होता है जहां पर कुछ व्यक्ति अनावश्यक रुप से टेलीफोन का उपयोग लम्बे समय तक गैर-जरुरी कार्यों के लिए करते हैं।

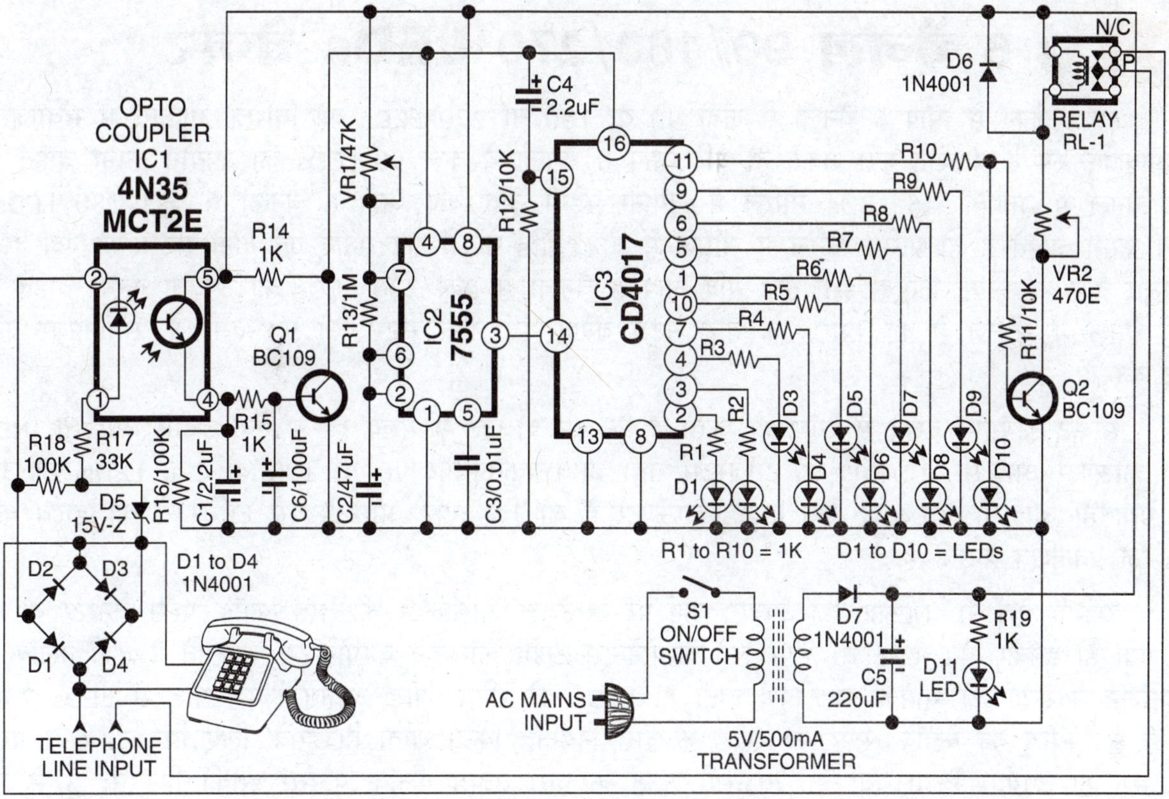

टेलीफोन कट-ऑफ एवं टाईम इण्डीकेटर

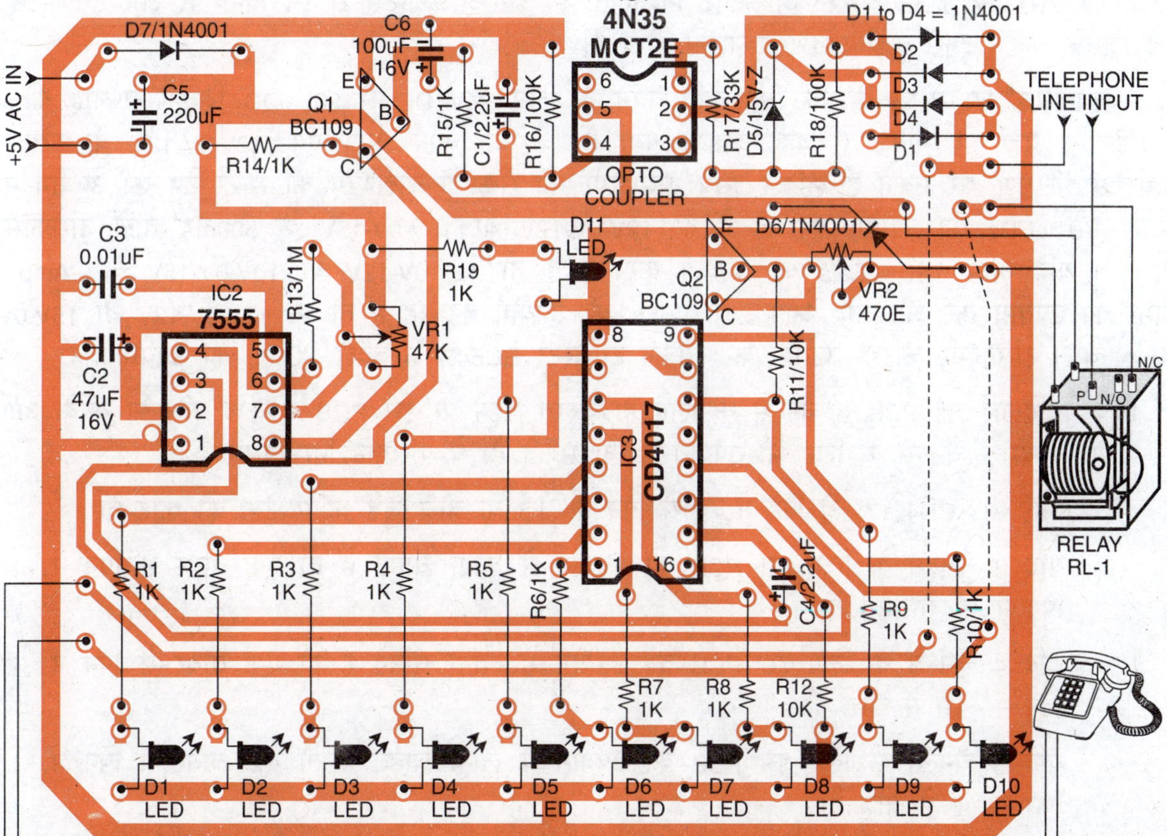

093 6 चैनल 90/180/270 LEDs चेजर

इस प्रोजेक्ट में आप 6 चैनलों में लगी 90 या 180 या 270 LEDs को विभिन्न आकारों में संयोजित कर उन्हें आकर्षक रुप में प्रदर्शित करा सकते हैं। यदि आप 6 चैनलों में कुल 90 LEDs का उपयोग करना चाहते हैं तो प्रत्येक चैनल में आपको 15 LEDs सीरिज में लगानी पड़ेंगी और यदि आप 6 चैनलों में कुल 180 LEDs का उपयोग करना चाहते हैं तो प्रत्येक चैनल में सीरिज में 15 LEDs के दो सेट बनाएं एवं दोनों सेट्स को एक-दूसरे के समानान्तर क्रम में कनेक्ट कर दें। इसी तरह यदि आप 6 चैनलों में कुल 270 LEDs का उपयोग करना चाहते हैं तो प्रत्येक चैनल में सीरिज में 15 LEDs के तीन सेट्स बनाएं एवं तीनों सेट्स को एक-दूसरे के समानान्तर क्रम में कनेक्ट कर दें।

सर्किट डायग्राम देखने से स्पष्ट हो जाता है कि इस प्रोजेक्ट में मुख्य रुप से एक टाईमर आई.सी. NE555, डिकेड काऊण्टर आई.सी. CD4017, 6 ट्रांजिस्टर्स तथा आवश्यकतानुसार 90 या 180 या 270 LEDs का उपयोग किया गया है। आई.सी. CD4017 एक डिकेड काऊण्टर है जो कि अपने आऊटपुट से ट्रांजिस्टरों को ड्राईव कराकर LEDs को प्रकाशित कराती है।

टाईमर आई.सी. NE555 का उपयोग यहां पर अस्टेबल ऑसीलेटर की तरह क्लॉक पल्स जनरेटर के रुप में किया गया है। इसकी पिन नं. 6 व 7 पर लगे कम्पोनेन्ट्स टाईम कॉन्स्टेन्ट कम्पोनेन्ट्स कहलाते हैं तथा क्लॉक पल्स के जनरेशन में इन्हीं की भूमिका महत्वपूर्ण होती है। LEDs की रनिंग स्पीड अर्थात् जिस स्पीड से LEDs प्रकाशित होती हैं उस स्पीड को क्लॉक पल्स की स्पीड के द्वारा नियंत्रित किया जाता है। इसके लिए पिन नं. 6-7 पर लगे प्रिसेट P1 का उपयोग किया गया है। आई.सी. 555 के द्वारा उत्पन्न क्लॉक पल्सेस इसकी पिन नं. 3 से डिकेड काऊण्टर आई.सी. CD4017 की इन्पुट पिन, पिन नं. 14 को दी गई है।

डिकेड काऊण्टर आई.सी. CD4017 प्रत्येक 6 क्लॉक पल्सों के पश्चात् अपनी आऊटपुट पिनों, पिन नं. 3, 2, 4, 7, 10 एवं 1 पर क्रमशः आऊटपुट निकालती है। इन आऊटपुट्स से इन पिनों पर लगे ट्रांजिस्टर्स कार्य करते हैं जिसके कारण इनसे जुड़ी LEDs प्रकाशित होती है।

व्यवहारिक रुप में इस प्रोजेक्ट को कार्य करने के लिए 24V DC से 30V DC जितनी सप्लाई की जरुरत पड़ती है परन्तु यहां पर सर्किट में यह दिखाया गया है कि यह कार्य आप एक 12V-0V-12V के स्टेप-डाऊन ट्रांसफॉर्मर से भी पूर्ण कर सकते हैं लेकिन इसमें ट्रांसफॉर्मर की सेकेण्ड्री वाईण्डिंग की सेन्टर टेप का उपयोग न करें। यदि आप 90 LEDs का उपयोग कर रहे हैं तो 12V-0V-12V या 15V-0V-15V के 500mA वाले ट्रांसफॉर्मर का उपयोग करें। यदि आप 180 LEDs का उपयोग कर रहे हैं तो 12V-0V-12V या 15V-0V-15V के 2Amp. वाले ट्रांसफॉर्मर का उपयोग करें और यदि आप 270 LEDs का उपयोग कर रहे हैं तो भी 12V-0V-12V या 15V-0V-15V के 2Amp. वाले ट्रांसफॉर्मर का ही उपयोग करें लेकिन ट्रांजिस्टर BC547 के बदले SL100 का उपयोग करें।

नोट : चित्र में दिखाई गई PCB 6 चैनल्स के लिए है। जरुरत पड़ने पर इस PCB में कुछ परिवर्तन करके आप इसे 3 या 4 या 5 चैनल्स के लिए भी उपयोग में ला सकते हैं। ये परिवर्तन निम्नानुसार हैं ;

1 आई.सी. CD4017 की पिन नं. 5 से पिन नं. 15 के बीच जुड़े कॉपर ट्रेक को काट दें।

2 यदि 3 चैनल्स के लिए इस PCB को उपयोग में लाना चाहते हैं तो एक वायर से पिन नं. 15 को पिन नं. 7 से जोड़ दें।

3 यदि 4 चैनल्स के लिए इस PCB को उपयोग में लाना चाहते हैं तो एक वायर से पिन नं. 15 को पिन नं. 10 से जोड़ दें।

4 यदि 5 चैनल्स के लिए इस PCB को उपयोग में लाना चाहते हैं तो एक वायर से पिन नं. 15 को पिन नं. 1 से जोड़ दें।

यह प्रोजेक्ट काफी दिलचस्प रनिंग लाईट प्रभाव प्रस्तुत करता है जिससे यह काफी लोकप्रिय है।

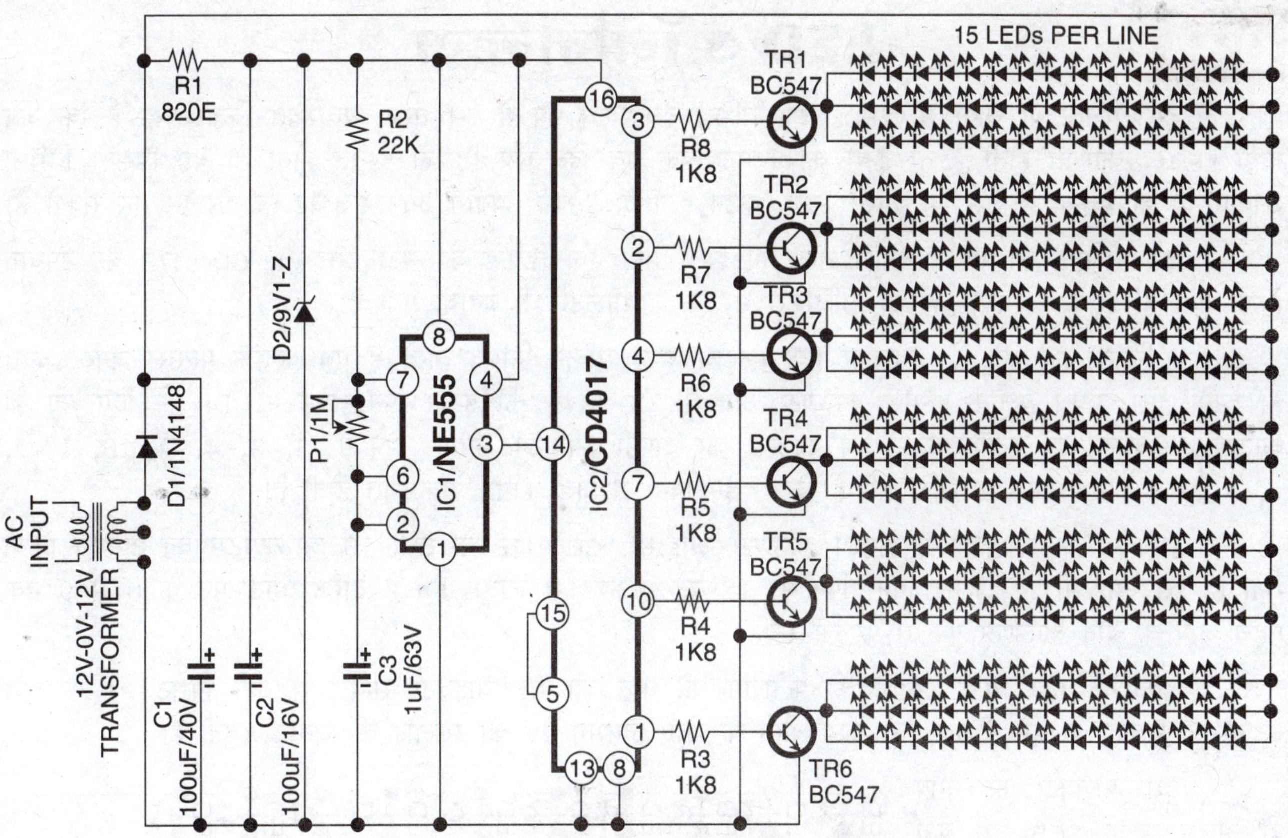

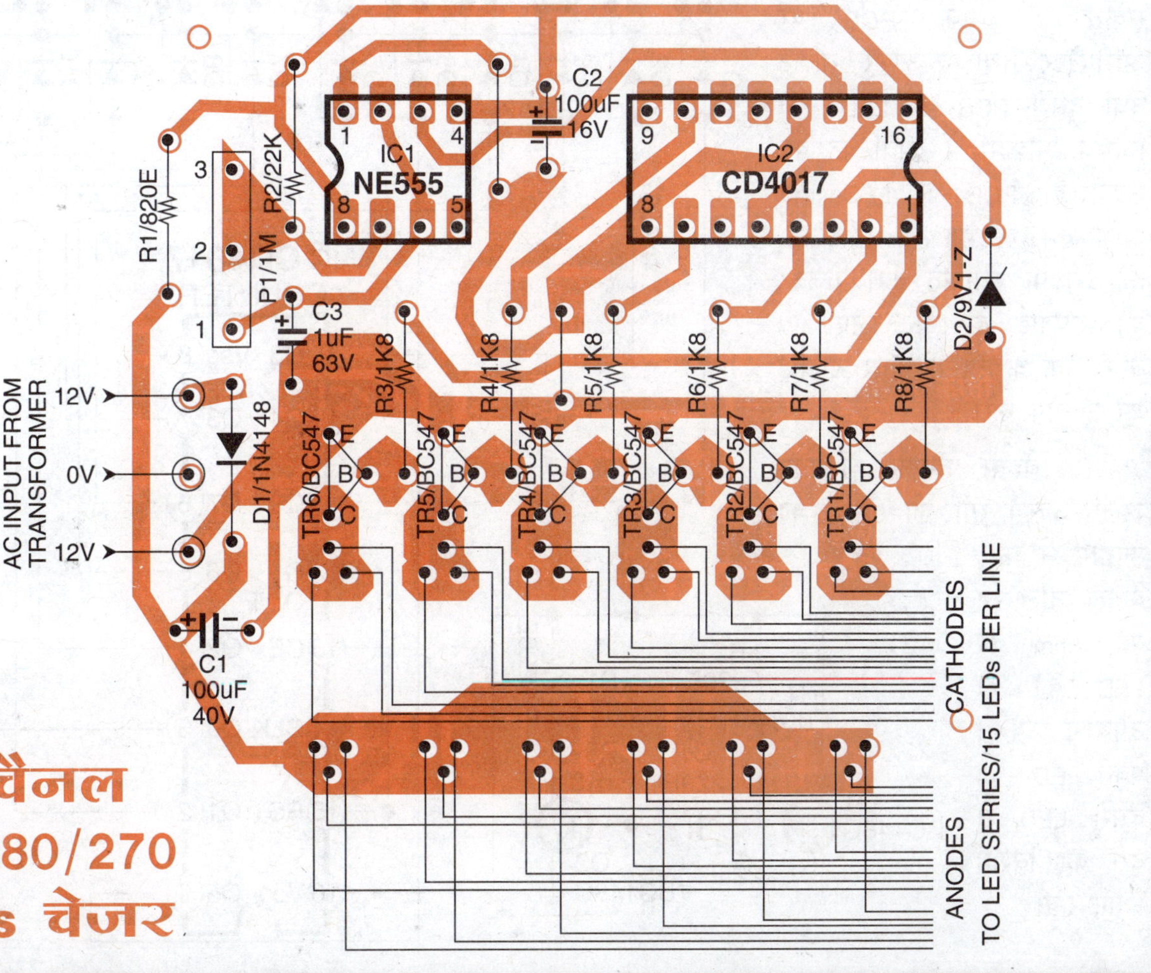

6 चैनल 90/180/270 LEDs चेंजर

094 LED ऑर्नामेन्ट्स

इस प्रोजेक्ट में बहुत सी LEDs को विभिन्न डेकोरेटिव रुप में इस तरह व्यवस्थित किया गया है कि जब कभी LEDs प्रकाशित होती हैं तो इनसे काफी मनमोहक एवं दिलचस्प डिस्प्ले प्रस्तुत होता है। यह डिस्प्ले विभिन्न आकारों में हो सकता है जैसे कि क्रॉस, स्टार, कर्टेन इत्यादि। इसका उपयोग आप सजावट के तौर पर कर सकते हैं।

इस प्रोजेक्ट का सर्किट काफी सरल है। इसमें मात्र एक डिकेड काऊण्टर आई.सी. CD4017B का उपयोग किया गया है। इसके अलावा यहां दो ट्रांजिस्टरों से एक ऑसीलेटर भी बनाया गया है।

ट्रांजिस्टर Q1 एवं Q2 मिलकर एक मल्टीवाईब्रेटर सर्किट निर्मित करते हैं एवं क्लॉक पल्सेस जनरेट करते हैं। इनके द्वारा उत्पन्न क्लॉक पल्सेस काऊण्टर आई.सी CD4017B की इन्पुट पिन, पिन नं. 14 को दिए गए हैं। काऊण्टर आई.सी. इन क्लॉक पल्सों को काउण्ट कर अपनी आऊटपुट पिनों, पिन नं. 3, 2, 4, 7, 10, 1, 5, 6, 9 एवं 11 पर आऊटपुट निकालती है जिससे इन पिनों से जुड़ी LEDs प्रकाशित होती हैं।

यहां पर आवश्यकता के अनुरुप काऊण्टर आई.सी. CD4017B के सभी 10 आऊटपुट्स का उपयोग किया गया है। इस आई.सी. की रिसेट पिन, पिन नं. 15 को ग्राऊण्ड से जोड़ा गया है ताकि आऊटपुट के 0 से 9 तक पहुंच जाने के बाद काऊण्टर पुनः 0 पर जा सके।

प्रकाशित होने वाली LEDs की फ्लेशिंग की गति को मल्टीवाईब्रेटर सर्किट में लगे प्रिसेट P1 के द्वारा बदला जा सकता है। इस प्रोजेक्ट को कार्य करने के लिए लगभग 9V की सप्लाई की जरुरत पड़ती है।

इस प्रोजेक्ट को आप दो अलग-अलग PCBs पर बना सकते हैं। एक PCB पर ऑसीलेटर तथा काउण्टर सर्किट तथा दुसरी PCB पर LEDs को विभिन्न आकारों में व्यवस्थित कर सकते हैं। PCB पर LEDs को अधिकतम लगभग 4 सेन्टिमीटर की दूरी पर स्थापित करें। प्रोजेक्ट को सप्लाई देने के लिए 9V बैटरी पैक के रुप में पॉवर सप्लाई का उपयोग करें।

बेहतर परिणाम के लिए अलग-अलग रंगों की LEDs का उपयोग न करें, केवल लाल रंग की 3mm की LED का ही उपयोग करें। एक LED की दुसरी LED से दूरी का विशेष ध्यान रखें।

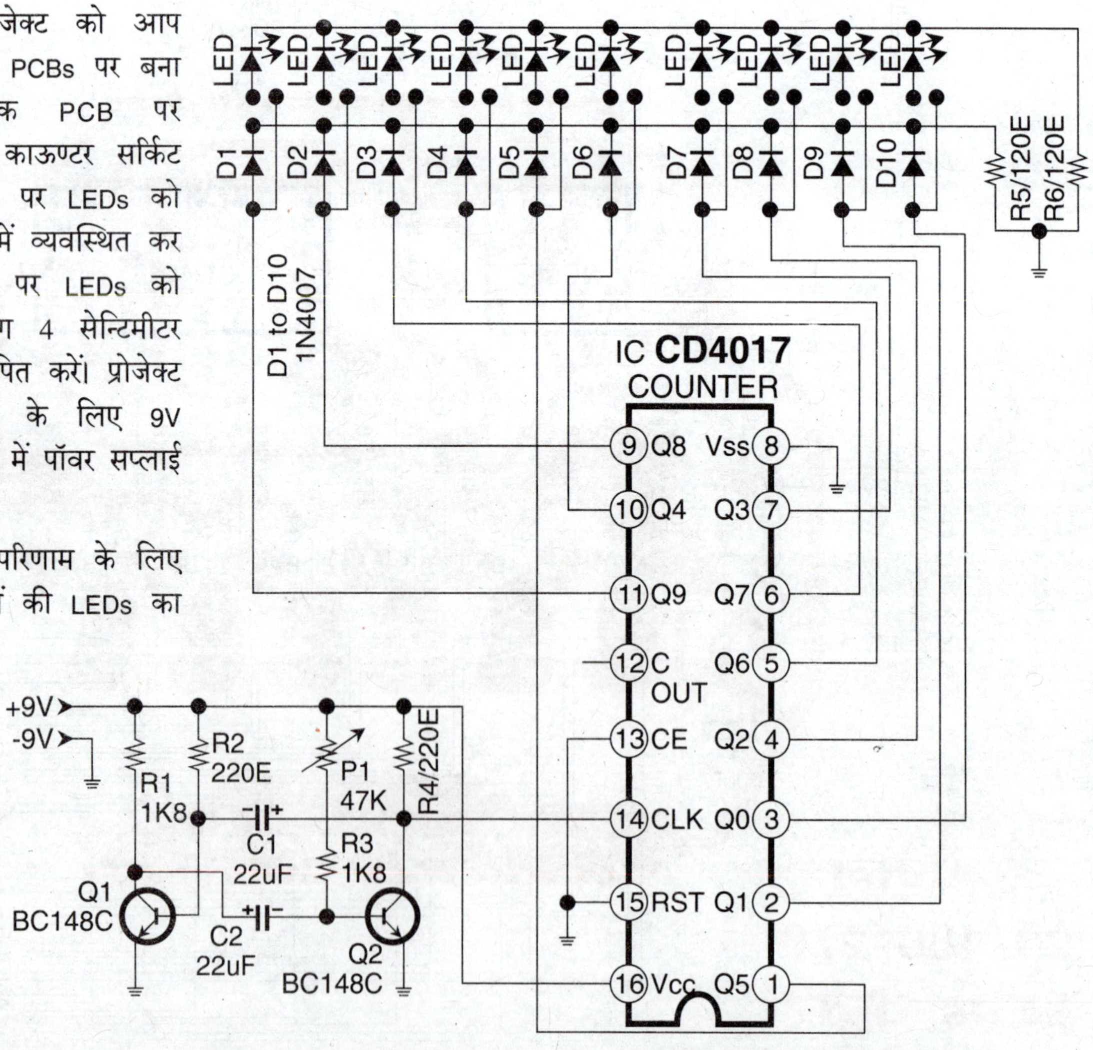

LED ऑर्नामेंट्स

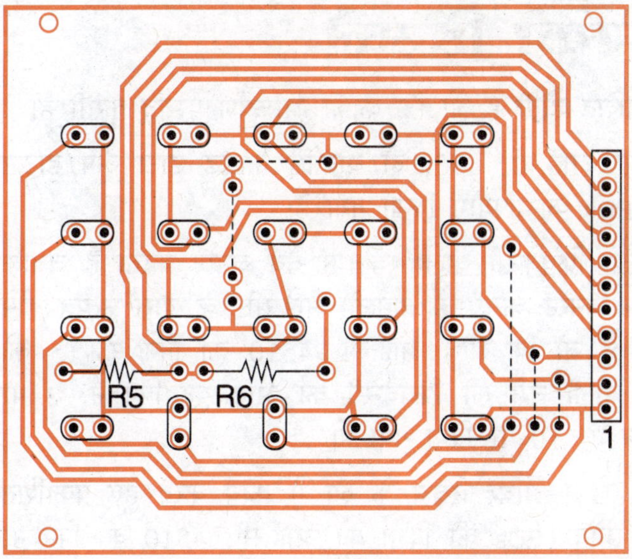
R5
R6
1

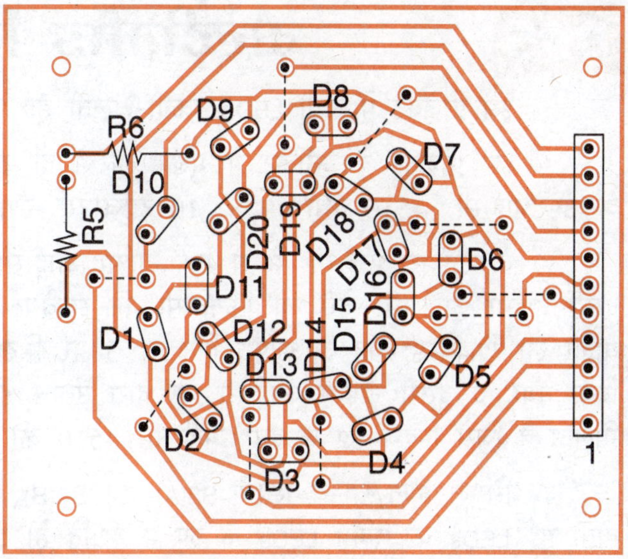
R6
R5
D1
D2
D3
D4
D5
D6
D7
D8
D9
D10
D11
D12
D13
D14
D15
D16
D17
D18
D19
D20
1

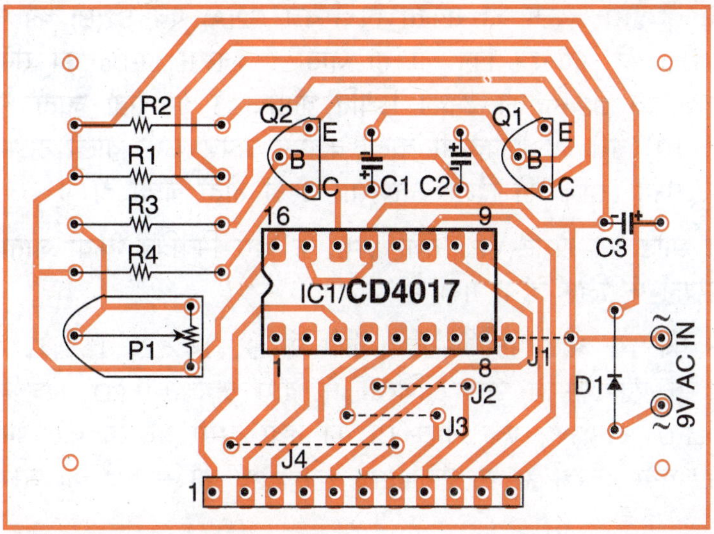
R2
R1
R3
R4
P1
Q2
Q1
E
B
C
C1
C2
C3
16
9
IC1/CD4017
1
8
J1
J2
J3
J4
D1
9V AC IN
1

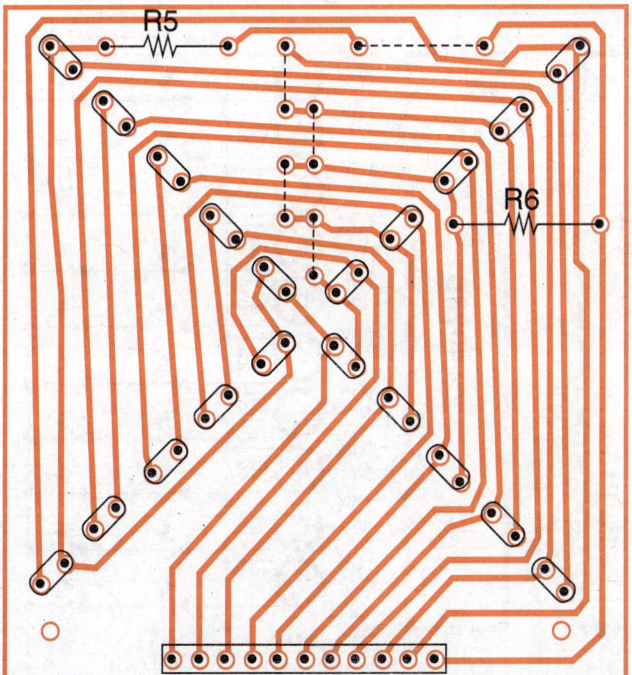
R5
R6

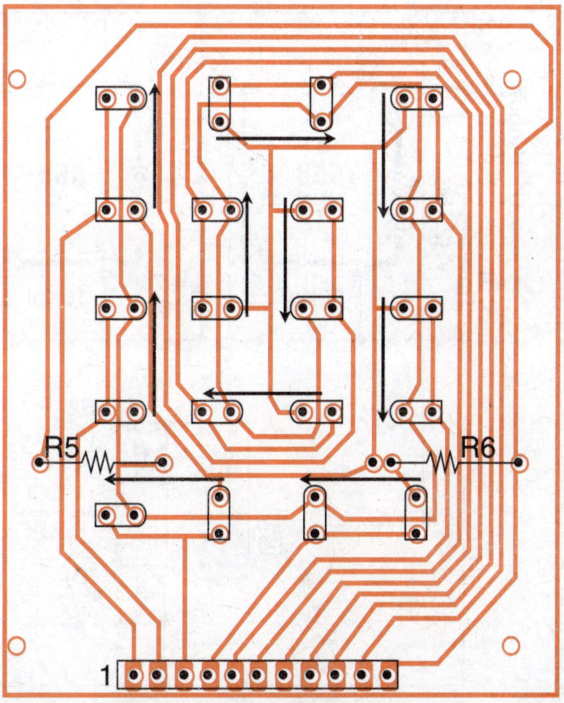
R5
R6
1

095 मल्टीमोड डिस्को डिस्प्ले

इस प्रोजेक्ट में लगी LEDs रुकती-चलती हुई प्रकाशित होती हैं जो कि काफी आकर्षण प्रस्तुत करती हैं।

इस प्रोजेक्ट की सर्किट में मुख्य रुप से दो टाईमर आई.सी. 555, दो बायनरी कोडेड डाटा अप/डाऊन कन्वर्टर आई.सी. 4510 तथा 4028, 10 ट्रांजिस्टर्स तथा LEDs का उपयोग किया गया है।

दो टाईमर आई.सी. में से एक टाईमर आई.सी. लो फ्रिक्वेन्सी वाली स्क्वेयर वेव जनरेट करती है जबकि दुसरी टाईमर आई.सी. वेरी लो फ्रिक्वेन्सी की स्क्वेयर वेव जनरेट करती है। पहली आई.सी. के द्वारा उत्पन्न होने वाली लो फ्रिक्वेन्सी का आऊटपुट पिन नं. 3 पर मिलता है जो कि सीधे आई.सी. 4510 की पिन नं. 15 को दिया गया है। दुसरी टाईमर आई.सी. के द्वारा उत्पन्न होने वाली वेरी लो फ्रिक्वेन्सी का आऊटपुट पिन नं. 3 पर मिलता है जिसे स्विच S2 के द्वारा आई.सी. 4510 की पिन नं. 10 पर दिया गया है।

सिंगल-पोल/थ्री-वे स्विच S2(A) एवं S2(B) एक चेन्ज-ओवर स्विच के रुप में कार्य करते हुए प्रकाशित होती हुई LEDs को रनिंग LEDs के रुप में दर्शाते हैं। इस रनिंग LEDs की दिशा को आई.सी. 4510 की पिन नं. 10 पर लगे स्विच S2(A) के द्वारा बदला जा सकता है। स्विच S2(A) एवं S2(B) को उनकी स्थिति क्रमांक 2 पर रखे जाने से आई.सी. 4510 की कैरी-इन पिन लो हो जाती है जिससे LEDs का रनिंग इफेक्ट कन्टीन्युअस बना रहता है। जब स्विच S2(A) एवं S2(B) को उनकी स्थिति क्रमांक 3 पर रखा जाता है तब आई.सी. 4510 की अप/डाऊन पिन (पिन नं. 10) वेरी लो फ्रिक्वेन्सी वाली क्लॉक उत्पन्न करने वाली टाईमर आई.सी. की पिन नं. 3 से जुड़ती है जिसके कारण रनिंग LEDs की दिशा क्रमानुसार उल्टी होती जाती हैं।

LEDs की रनिंग स्पीड को प्रिसेट VR1 तथा VR2 के द्वारा नियंत्रित किया जाता है जबकि प्रिसेट VR3 का उपयोग लो-फ्रिक्वेन्सी जनरेशन के लिए किया गया है।

आई.सी. 4028 की 10 आऊटपुट पिनें हैं ; पिन नं. 3, 14, 2, 15, 1, 6, 7, 4, 9 एवं 5 । इन सभी आऊटपुट पिनों से एक-एक सीरिज पास ट्रांजिस्टर के द्वारा क्रमवार LED नेटवर्क जुड़े हुए हैं। प्रत्येक LED नेटवर्क में दो कलर की LEDs लगी हैं, एक लाल रंग की तथा दुसरी हरे रंग की। इनमें से प्रत्येक लाल रंग की LEDs को अधिकतम 1.6V तथा प्रत्येक हरे रंग की LEDs को 2.2V की सप्लाई की जरुरत होती है।

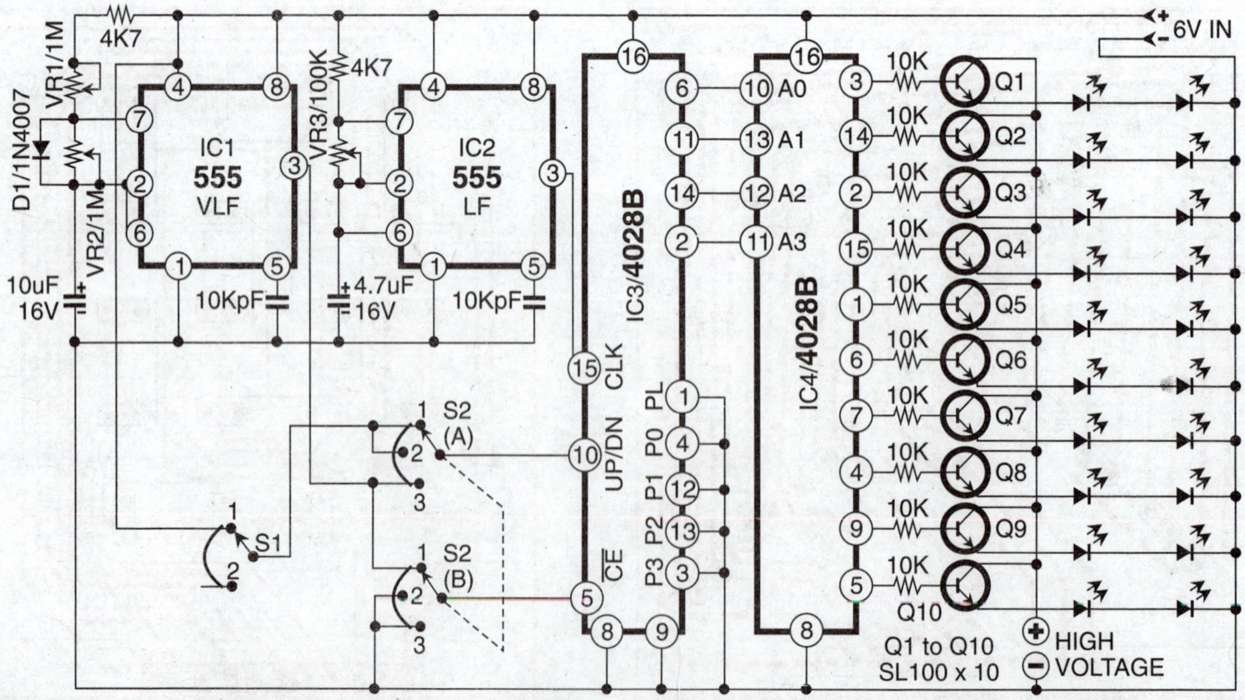

मल्टीमोड डिस्को डिस्प्ले का PCB लेआउट

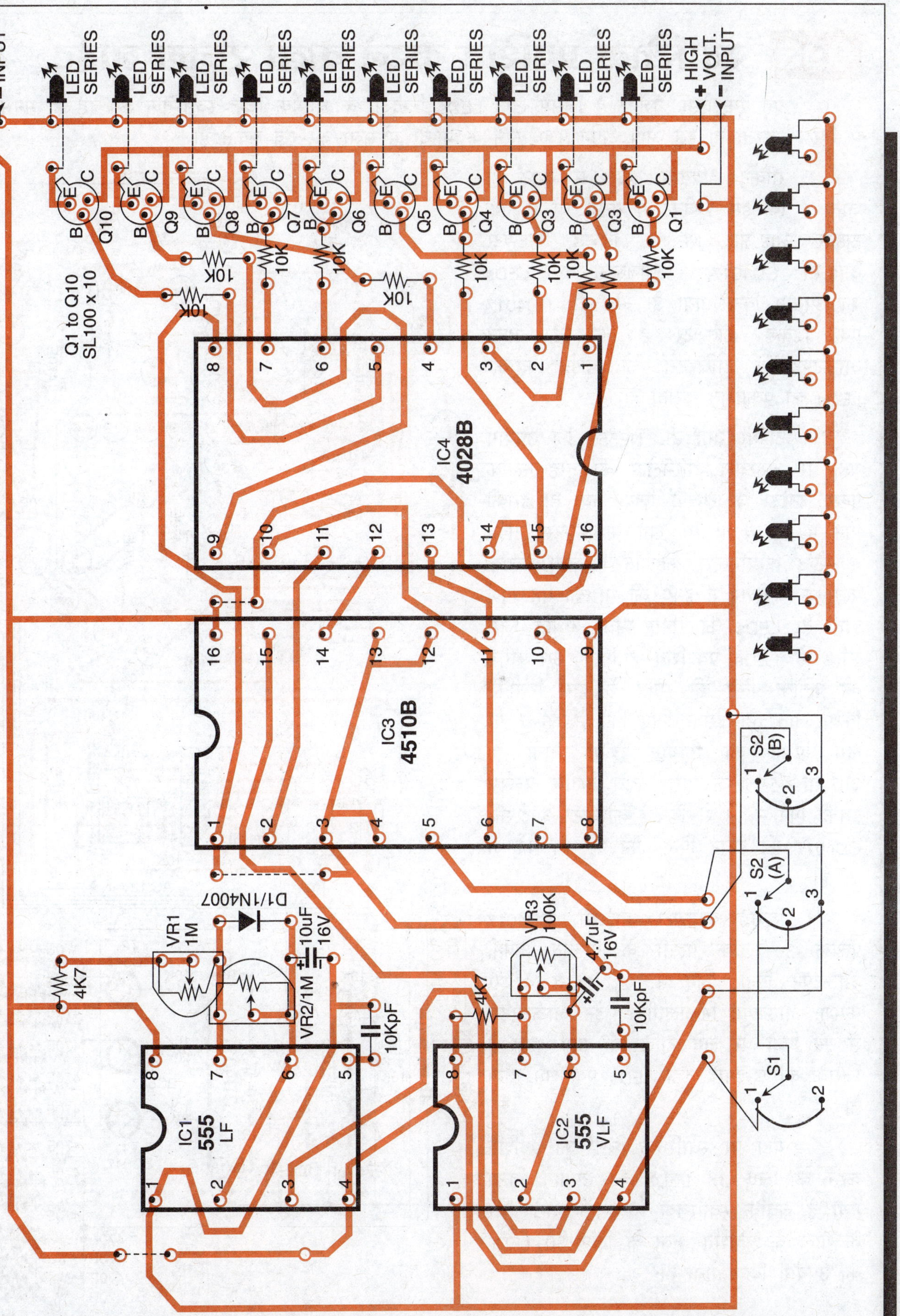

096 स्वास्तिक प्रदर्शित करने वाली रनिंग लाईट

यह एक ऐसा प्रोजेक्ट है जिसमें लगी LEDs हिन्दुओं के धार्मिक चिन्ह स्वास्तिक को बड़े ही मनभावन रुप में डिस्प्ले करता है। इसे आप अपने पुजा करने के मन्दिर में सजा कर रख सकते हैं।

सर्किट डायग्राम देखने से स्पष्ट हो जाता है कि इस प्रोजेक्ट में मुख्य रुप से एक टाईमर आई.सी. NE555, डिकेड काऊण्टर आई.सी. CD4017, 3 ट्रांजिस्टर्स तथा LEDs का उपयोग किया गया है। आई.सी. CD4017 एक डिकेड काऊण्टर है जो कि अपने आऊटपुट से ट्रांजिस्टरों को ड्राईव कराकर LEDs को प्रकाशित कराती है।

टाईमर आई.सी. NE555 का उपयोग यहां पर अस्टेबल ऑसीलेटर की तरह क्लॉक पल्स जनरेटर के रुप में किया गया है। इसकी पिन नं. 6 व 7 पर लगे कम्पोनेन्ट्स टाईम कॉन्स्टेन्ट कम्पोनेन्ट्स कहलाते हैं तथा क्लॉक पल्स के जनरेशन में इन्हीं की भूमिका महत्वपूर्ण होती है। LEDs की रनिंग स्पीड अर्थात् जिस स्पीड से LEDs प्रकाशित होती हैं उस स्पीड को क्लॉक पल्स की स्पीड के द्वारा नियंत्रित किया जाता है। इसके लिए पिन नं. 6-7 पर लगे प्रिसेट का उपयोग किया जाता है। आई.सी. 555 के द्वारा उत्पन्न क्लॉक पल्सेस इसकी पिन नं. 3 से डिकेड काऊण्टर आई.सी. CD4017 की इन्पुट पिन, पिन नं. 14 को दी गई है।

डिकेड काऊण्टर आई.सी. CD4017 प्रत्येक 3 क्लॉक पल्सों के पश्चात् अपनी आऊटपुट पिनों, पिन नं. 2, 3 व 4 पर क्रमशः आऊटपुट निकालती है। इन आऊटपुट्स से इन पिनों पर लगे ट्रांजिस्टर्स कार्य करते हैं जिसके कारण इनसे जुड़ी LEDs प्रकाशित होती है।

यहां पर स्वास्तिक चिन्ह को प्रदर्शित करने के लिए 38 LEDs का उपयोग किया गया है जबकि स्वास्तिक चिन्ह के चारो ओर के गोले के प्रदर्शित करने के लिए 30 LEDs का उपयोग किया गया है।

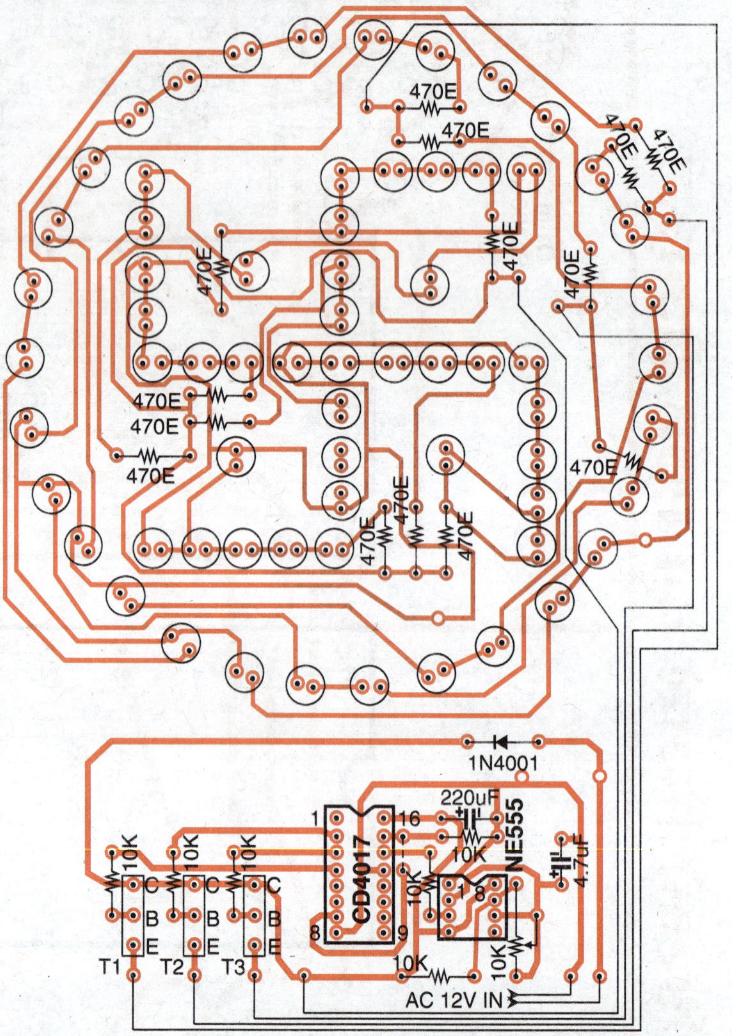

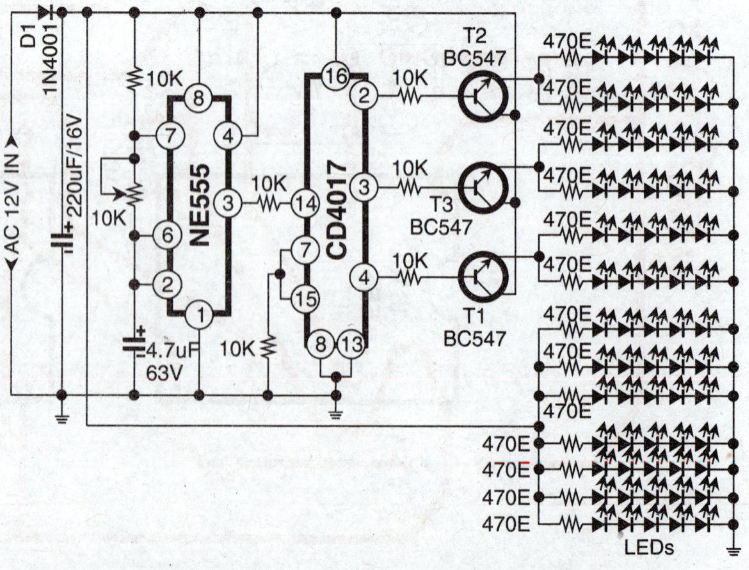

LED का ऑडियो/वीडियो के साथ समन्वय 097

यहां पर दिखाई जा रही सर्किट का मुख्य आधार आई.सी. TDA8440 है। इसके अलावा इस सर्किट में आई.सी. CD4013 एवं आई.सी. TLC271 भी लगी हैं।

वीडियो सिग्नलों की बैण्ड-विड्थ उच्च (लगभग 6MHz) होने के कारण वीडियो सिग्नलों की स्विचिंग का कार्य, ऑडियो सिग्नलों की स्विचिंग के समान आसान नहीं होता है क्योंकि ऑडियो सिग्नलों की बैण्ड-विड्थ लो (20KHz) होने से ऑडियो सिग्नलों की स्विचिंग आसानी से की जा सकती है।

वीडियो सिग्नलों की स्विचिंग के कार्य के लिए सामान्य प्रकार का रोटरी स्विच उपयुक्त नहीं होता है।

आई.सी. TDA8440 पूर्णतः I^2C BUS पर आधारित आई.सी. है। इसमें सीरियल डाटा (SDA) एवं सीरियल क्लॉक (SCL) इन्पुट कराए जाते हैं। इस आई.सी. का उपयोग विभिन्न मोड की स्विचिंग के लिए किया जाता है।

आई.सी. TDA8440 का उपयोग आजकल एक सशक्त माध्यम के रुप में किया जाने लगा है। इस आई.सी. के उपयोग से वीडियो सिग्नल तथा उसकी फ्रिक्वेन्सी के गेन में कोई लॉस नहीं होता है। साथ ही साथ क्रेस टॉक मिक्सिंग की समस्या भी दुर हो जाती है।

आई.सी. TDA8440 में दो वीडियो इन्पुट एवं दो स्टीरियो ऑडियो इन्पुट (लेफ्ट एवं राईट) अर्थात् कुल 6 इन्पुट्स की सुविधा है। इन इन्पुट प्वाईन्ट्स पर विभिन्न स्त्रोत से मिलने वाले सिग्नल इन्पुट कराए जाते हैं।

यद्धपि आई.सी. TDA8440 पूर्ण रुप से I^2C BUS मोड पर कार्य करती है परन्तु इसे नॉन I^2C BUS मोड पर भी कार्य कराया जा सकता है।

इसके लिए इसके लिए सर्किट में दिए गए जम्पर JP1, JP2, JP3, JP4 व JP5 की सेटिंग की जाती है। इनमें से जम्पर JP1 को वीडियो एम्प्लीफायर के गेन के अनुसार सेट किया जाता है।

जबकि आई.सी. TDA8440 को I^2C BUS मोड में कार्य कराने के लिए जम्पर J3, J4 व J5 को ग्राऊण्ड से जोड़ा जाता है।

इन्पुट ऑडियो/वीडियो के स्त्रोत 1 व 2 में से किसे सलेक्ट करना है यह आई.सी. CD4013 से निर्मित बाय-स्टेबल मल्टीवाईब्रेटर द्वारा निर्धारित किया जाता है जिसके साथ सेट एवं रिसेट पुश बटन्स दिए गए हैं।

आई.सी. CD4013B की पिन नं. 12 से मिलने वाले आऊटपुट को आई.सी. TDA8440 की पिन नं. 2 से जोड़ा गया है। आई.सी. CD4013B के आऊटपुट पर दो LEDs LED1 व LED2 लगायी गयी हैं जो कि चुने गए स्त्रोत का इण्डीकेशन करती है।

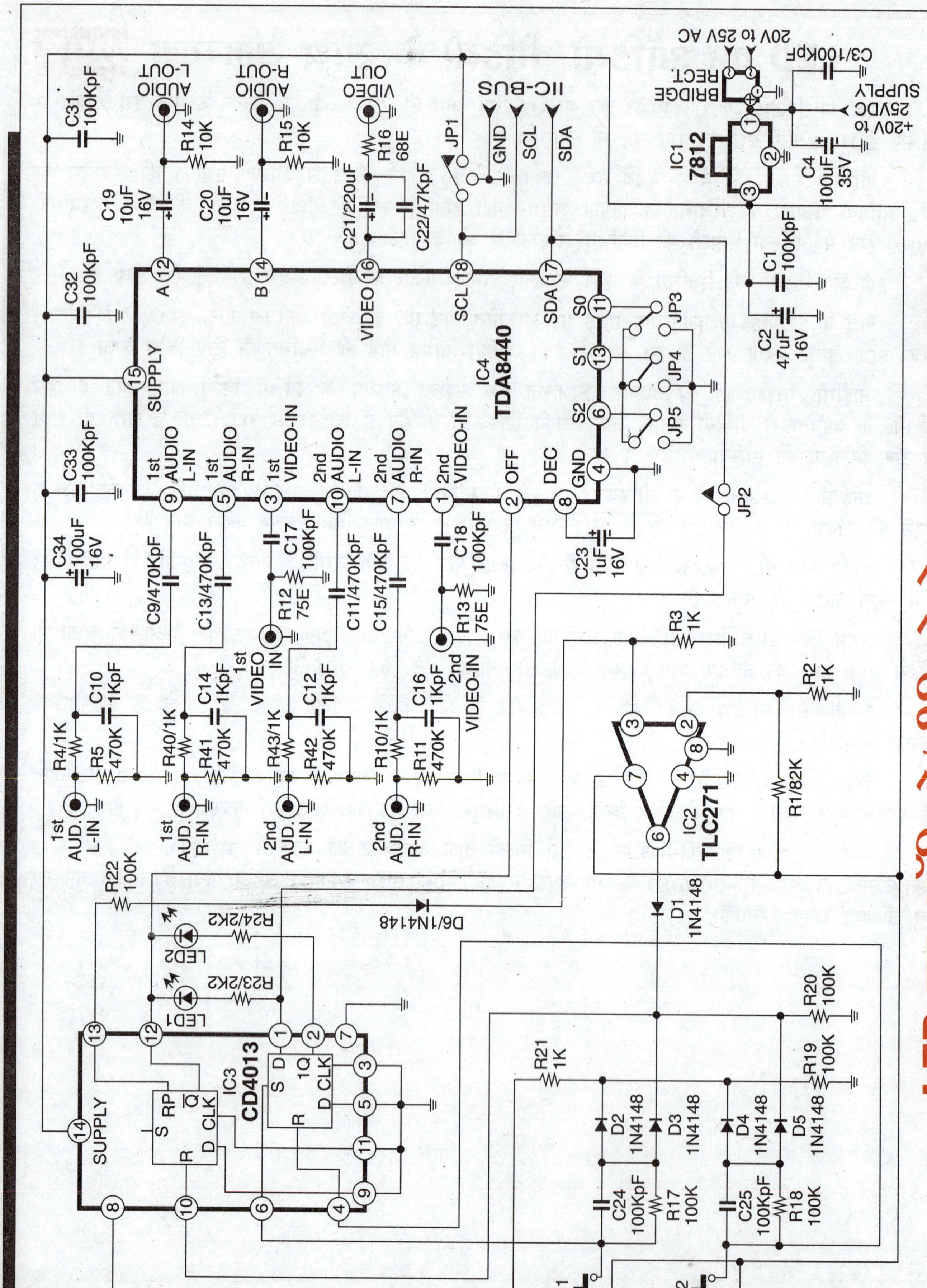

LED का ऑडियो/वीडियो के साथ समन्वय

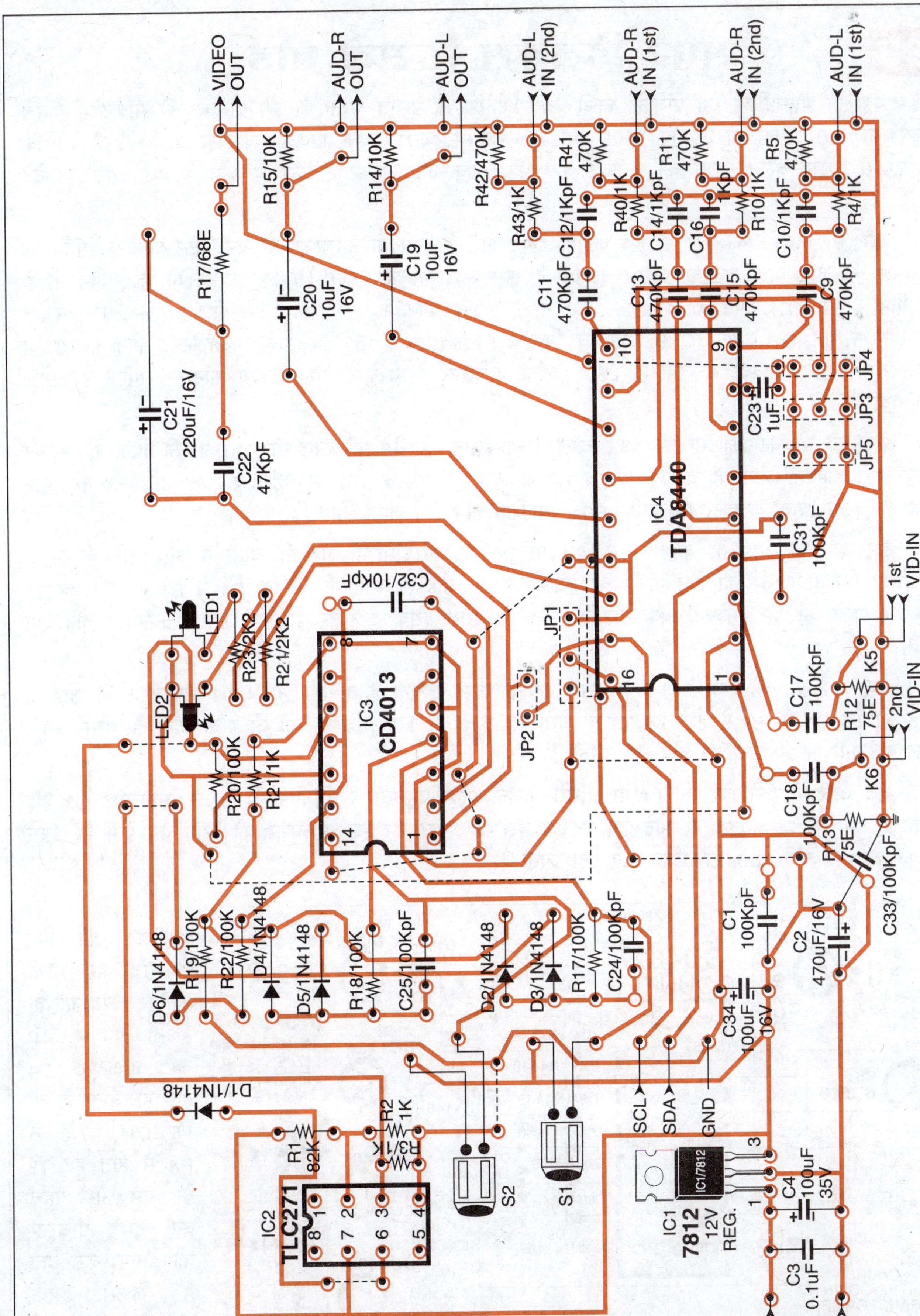

LED का ऑडियो/वीडियो के साथ समन्वय

098

सुपर डिलक्स डिस्प्ले बोर्ड

यहां पर बताया जा रहा प्रोजेक्ट काफी आकर्षक डिस्प्ले प्रस्तुत करता है। इस प्रोजेक्ट की सर्किट में केवल एक आई.सी. 4017 का ही उपयोग किया गया है। आई.सी. 4017 एक डिकेड काऊण्टर आई.सी. है जो कि ऑसीलेटर से मिलने वाली पल्सों को काऊण्ट कर अपनी एक-एक आऊटपुट पिन पर क्रम से हाई आऊटपुट देते जाती है।

आई.सी. 4017 की पिन नं. 14 क्लॉक इन्पुट पिन है जिसे दो ट्रांजिस्टरों से बनी मल्टीवाईब्रेटर सर्किट के द्वारा उत्पन्न की जाने वाली क्लॉक पल्सेस दी गई हैं। इस आई.सी. की कुल 10 आऊटपुट पिनें हैं ; पिन नं. 3 (Q0), पिन नं. 2 (Q1), पिन नं. 4 (Q2), पिन नं. 7 (Q3), पिन नं. 10 (Q4), पिन नं. 1 (Q5), पिन नं. 5 (Q6), पिन नं. 6 (Q7), पिन नं. 9 (Q8) व पिन नं. 11 (Q9) । यहां पर प्रत्येक आऊटपुट पिन प्रत्यक्ष या अप्रत्यक्ष रुप से LED ड्रायवर से जुड़ी है। LED ड्रायवर ट्रांजिस्टर के कलेक्टर पर आवश्यकतानुसार सीरिज में LEDs लगायी गयी हैं।

जैसे ही प्रोजेक्ट को सप्लाई देकर चालू किया जाता है वैसे ही आई.सी. 4017 की पिन नं. 3 का आऊटपुट Q0 हाई हो जाता है जो कि D5 व R2 से होते हुए T2 के बेस पर पहुंच कर इस ट्रांजिस्टर को ऑन कर देता है। इससे इसके कलेक्टर पर लगी LEDs प्रकाशित होने लग जाती हैं।

इस दरम्यिान् आई.सी. की पिन नं. 14 पर क्लॉक पल्स मिलनी शुरु हो जाती है और जैसे ही पहली क्लॉक पल्स मिलती है वैसे ही पिन नं. 2 का आऊटपुट Q1 हाई हो जाता है जो कि D4 व R1 से होते हुए T1 के बेस पर पहुंच कर इस ट्रांजिस्टर को ऑन कर देता है। इससे इसके कलेक्टर पर लगी LEDs प्रकाशित होने लग जाती हैं।

जब आई.सी. की पिन नं. 14 पर दुसरी क्लॉक पल्स पहुंचती है तो पिन नं. 4 का आऊटपुट Q2 हाई हो जाता है जो कि D6 व R3 से होते हुए T3 के बेस पर पहुंच कर इस ट्रांजिस्टर को ऑन कर देता है। इससे इसके कलेक्टर पर लगी LEDs प्रकाशित होने लग जाती हैं।

जब आई.सी. की पिन नं. 14 पर तीसरी क्लॉक पल्स पहुंचती है तो पिन नं. 7 का आऊटपुट Q3 हाई हो जाता है जो कि D9 व R4 से होते हुए T4 के बेस पर पहुंच कर इस ट्रांजिस्टर को ऑन कर देता है। इससे इसके कलेक्टर पर लगी LEDs प्रकाशित होने लग जाती हैं।

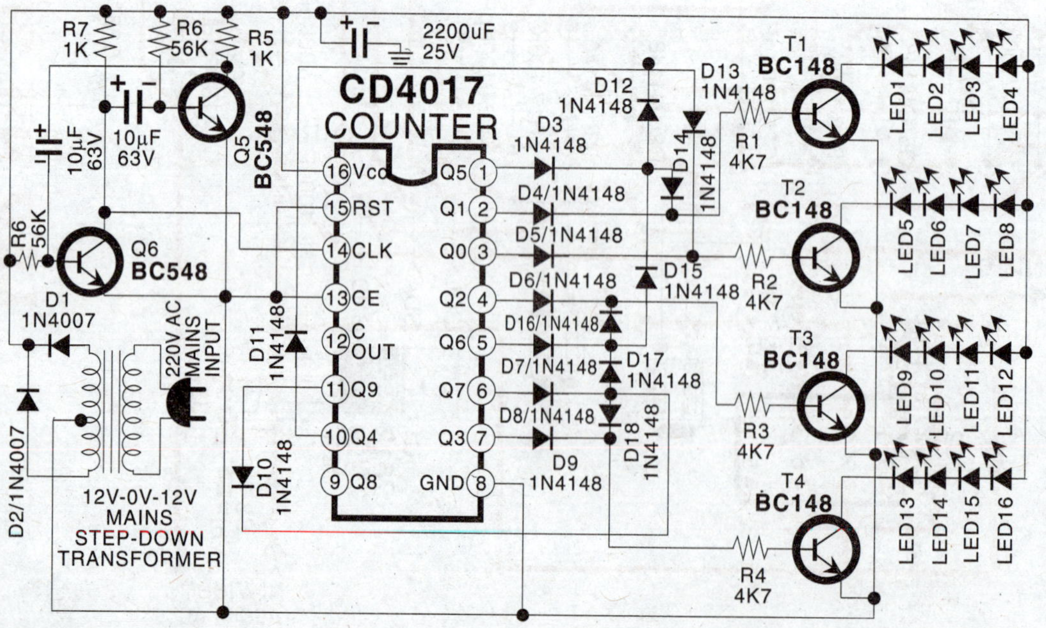

जब आई.सी. की पिन नं. 14 पर चौथी क्लॉक पल्स पहुंचती है तो पिन नं. 10 का आऊटपुट Q4 हाई हो जाता है जो कि D11, D13 व R2 से होते हुए T2 के बेस पर पहुंच कर इस ट्रांजिस्टर को ऑन कर देता है जिससे इसके कलेक्टर पर लगी

जब आई.सी. की पिन नं. 14 पर पांचवी क्लॉक पल्स पहुंचती है तो पिन नं. 1 का आऊटपुट Q5 हाई हो जाता है जो कि D3, D14 व R1 से होते हुए T1 के बेस पर पहुंच कर इस ट्रांजिस्टर को ऑन कर देता है। इससे इसके कलेक्टर पर लगी LEDs प्रकाशित होने लग जाती है। पिन नं. 1 का हाई आउटपुट, D3, D12, D14 व R2 से होते हुए T2 के बेस पर भी पहुंचता है जिससे यह ट्रांजिस्टर ऑन हो जाता है एवं इसके कलेक्टर से जुड़ी LEDs प्रकाशित होने लग जाती हैं।

जब आई.सी. की पिन नं. 14 पर छठवीं क्लॉक पल्स पहुंचती है तो पिन नं. 5 का आऊटपुट Q6 हाई हो जाता है जो कि D7, D16 व R3 से होते हुए T3 के बेस पर पहुंच कर इस ट्रांजिस्टर को ऑन कर देता है। इससे इसके कलेक्टर पर लगी LEDs प्रकाशित हो जाती हैं। पिन नं. 5 का हाई आऊटपुट, D7, D14, D13 व R2 से होते हुए T2 के बेस पर भी पहुंचता है जिससे यह ट्रांजिस्टर ऑन हो जाता है एवं इसके कलेक्टर से जुड़ी LEDs प्रकाशित होने लग जाती है। इसके अलावा पिन नं. 5 का हाई आऊटपुट, D7, D14, D12, D15 व R1 से होते हुए T1 के बेस पर भी पहुंचता है जिससे यह ट्रांजिस्टर ऑन हो जाता है एवं इसके कलेक्टर से जुड़ी LEDs ऑन होकर प्रकाशित होने लग जाती हैं।

जब आई.सी. की पिन नं. 14 पर सातवीं क्लॉक पल्स पहुंचती है तो पिन नं. 6 का आऊटपुट Q7 हाई हो जाता है जो कि D8, D18 व R4 से होते हुए T4 के बेस पर पहुंच कर इस ट्रांजिस्टर को ऑन कर देता है। इससे इसके कलेक्टर पर लगी LEDs प्रकाशित होने लग जाती हैं। पिन नं. 6 का हाई आऊटपुट, D8, D17, D16 व R3 से होते हुए T3 के बेस पर भी पहुंचता है जिससे यह ट्रांजिस्टर ऑन हो जाता है एवं इसके कलेक्टर से जुड़ी LEDs प्रकाशित होने लग जाती हैं। इसके अलावा पिन नं. 6 का हाई आऊटपुट, D8, D17, D14, D13 व R2 से होते हुए T2 के बेस पर भी पहुंचता है जिससे यह ट्रांजिस्टर ऑन हो जाता है एवं इसके कलेक्टर से जुड़ी LEDs प्रकाशित होने लग जाती हैं। इसके अलावा पिन नं. 6 का हाई आऊटपुट, D8, D17, D14, D12, D15 व R1 से होते हुए T1 के बेस पर भी पहुंचता है जिससे यह ट्रांजिस्टर ऑन हो जाता है एवं इसके कलेक्टर से जुड़ी LEDs प्रकाशित होने लग जाती हैं।

जब आई.सी. की पिन नं. 14 पर आठवीं क्लॉक पल्स पहुंचती है तब इसकी पिन नं. 9 का आऊटपुट Q8 हाई हो जाता है, परन्तु यहां पर इस आऊटपुट का उपयोग नहीं किया गया है। अतः इस समय सभी ट्रांजिस्टर्स कट-ऑफ स्थिति में रहते हैं।

जब आई.सी. की पिन नं. 14 पर नौवीं क्लॉक पल्स पहुंचती है तो पिन नं. 11 का आऊटपुट Q9 हाई हो जाता है जो कि D11, D18 व R4 से होते हुए T4 के बेस पर पहुंच कर इस ट्रांजिस्टर को ऑन कर देता है। इससे इसके कलेक्टर पर लगी LEDs प्रकाशित होने लग जाती है।

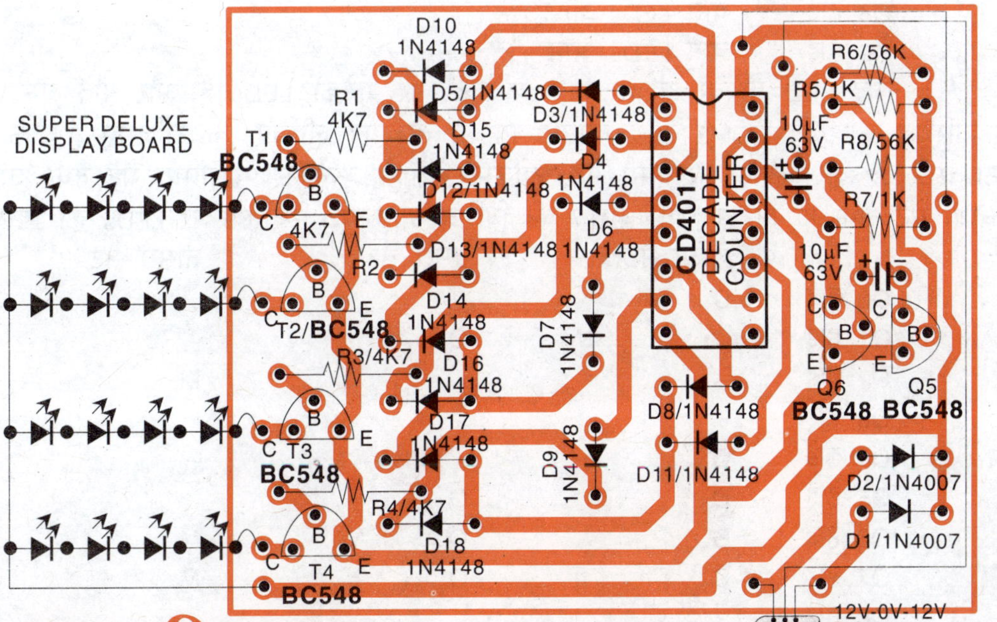

सुपर डिलक्स डिस्प्ले बोर्ड

पिन नं. 11 का हाई आऊटपुट, D11, D17, D16 व R3 से होते हुए T3 के बेस पर भी पहुंचता है जिससे यह ट्रांजिस्टर ऑन हो जाता है एवं इसके कलेक्टर से जुड़ी LEDs प्रकाशित होने लग जाती हैं। इसके अलावा पिन नं. 11 का हाई आऊटपुट, D11, D17, D14, D14, D13 व R2 से होते हुए T2 के बेस पर भी पहुंचता है जिससे यह ट्रांजिस्टर ऑन हो जाता है एवं इसके कलेक्टर से जुड़ी LEDs प्रकाशित होने लग जाती हैं। इसके अलावा पिन नं. 11 का हाई आऊटपुट, D11, D17, D12, D15 व R1 से होते हुए T1 के बेस पर भी पहुंचता है जिससे यह ट्रांजिस्टर ऑन हो जाता है एवं इसके कलेक्टर से जुड़ी LEDs प्रकाशित होने लग जाती हैं। इस तरह से नवीं क्लॉक पल्स के समय चारों ट्रांजिस्टर्स ऑन हो जाते हैं।

नौवीं पल्स के बाद जैसे ही पल्स मिलती है वैसे ही पिन नं. 3 का आऊटपुट Q0 फिर से हाई हो जाता है एवं पुनः उपरोक्त चक्र चलने लग जाता है।

LED ड्रायवर ट्रांजिस्टर के कलेक्टर पर लगी LEDs को आप कई प्रकार से व्यवस्थित कर आकर्षक एवं दिलचस्प डिस्प्ले प्राप्त कर सकते हैं। इन LEDs को अंग्रेजी के अल्फाबेट्स के रुप में भी व्यवस्थित कर आकर्षक डिस्प्ले एवं विज्ञापन बोर्ड बना सकते हैं। LEDs की संख्या आपकी आवश्यकता पर निर्भर करती है।

यदि LED ड्रायवर ट्रांजिस्टर्स के कलेक्टर पर केवल एक-एक LED ही लगी हो और मान लीजिए कि ट्रांजिस्टर T1 के कलेक्टर पर LED1, ट्रांजिस्टर T2 के कलेक्टर पर LED2, ट्रांजिस्टर T3 के कलेक्टर पर LED3, तथा ट्रांजिस्टर T4 के कलेक्टर पर LED4 लगी हो तो आई.सी. 4017 की विभिन्न आऊटपुट स्थितियों पर इन LEDs का डिस्प्ले निम्नानुसार होगा ;

Q0 हाई	LED1 ऑन
Q1 हाई	LED2 ऑन
Q2 हाई	LED3 ऑन
Q3 हाई	LED4 ऑन
Q4 हाई	LED1 ऑन
Q5 हाई	LED1, LED2 ऑन
Q6 हाई	LED1, LED2, LED3 ऑन
Q7 हाई	चारो LEDs ऑन
Q8 हाई	चारो LEDs ऑफ
Q9 हाई	चारो LEDs ऑन

यदि LED ड्रायवर ट्रांजिस्टर्स के कलेक्टर पर अनेकों LEDs हैं और यदि चार अल्फाबेट्स के आकार में व्यवस्थित कर यदि COME शब्द बनाया गया है तो मान लीजिए कि ट्रांजिस्टर T1 के कलेक्टर पर पहला सेट, ट्रांजिस्टर T2 के कलेक्टर पर दुसरा सेट, ट्रांजिस्टर T3 के कलेक्टर पर तीसरा सेट तथा ट्रांजिस्टर T4 के कलेक्टर पर चौथा सेट लगा हो तो आई.सी. 4017 की विभिन्न आऊटपुट स्थितियों पर LEDs का डिस्प्ले निम्नानुसार होगा ;

	पहला सेट	दुसरा सेट	तीसरा सेट	चौथा सेट
Q0 हाई	C			
Q1 हाई		O		
Q2 हाई			M	
Q3 हाई				E
Q4 हाई	C			
Q5 हाई	C	O		
Q6 हाई	C	O	M	
Q7 हाई	C	O	M	E
Q8 हाई				
Q9 हाई	C	O	M	E

यदि LEDs की संख्या काफी अधिक हैं तो ट्रांजिस्टर्स के साथ रिले का उपयोग किया जा सकता है।

थ्री-फेज जनरेशन इण्डीकेटर

099

यहां पर दिखाई जा रही सर्किट का उपयोग समान इन्वर्टर्स सहित इमरजेन्सी हेतु थ्री-फेज मीनी पॉवर सप्लाई बनाने के लिए तथा कॉमर्शियल शट डाऊन के रुप में कर सकते हैं। यह सर्किट किसी मेकेनिकल जनरेटर के समान रोटेशन से पॉवर जनरेट नहीं करती है। इस सर्किट में विद्युत की एक सायकल को 3 हिस्सों में समान रुप से बांटा जाता है ताकि फेज डिफरेन्स उत्पन्न हो सके।

इस सर्किट में मुख्य रुप से चार ऑपरेशनल एम्प्लीफायरों वाली दो LM324 आई.सी. का उपयोग किया गया है। इन आई.सी. के भीतर बने ऑपरेशनल एम्प्लीफायरों को सर्किट डायग्राम में क्रमशः IC1"A", IC1"B", IC1"C", IC1"D", IC2"A", IC2"B", IC2"C" तथा IC2"D" से दर्शाया गया है।

ऑपरेशनल एम्प्लीफायर IC1"A" एक ऑसीलेटर के रुप में कार्य करते हुए साईन वेव जनरेट करता है। इसका मान प्रिसेट P1 की सेटिंग पर निर्भर करता है जबकि प्रिसेट P2 आऊटपुट वोल्टेज लेवल को 1V के पीक लेवल पर सेट करता है। उत्पन्न हुई साईन वेव आगे एक अन्य ऑपरेशनल एम्प्लीफायर IC2"A" को दी गई है।

ऑपरेशनल एम्प्लीफायर IC2"A" एक बफर के रुप में कार्य करता है। इसकी आऊटपुट पिन नं. 1 पर मिलने वाली 50Hz साईन वेव C9 एवं P3 के द्वारा तीन ऑपरेशनल एम्प्लीफायर्स IC2"B", IC2"D" तथा IC2"C" की इन्पुट पिनों को दी गई है। प्रिसेट P3 के द्वारा 50Hz साईन वेव के वेरिएशन को सेट किया जाता है।

ऑपरेशनल एम्प्लीफायर्स IC2"B", IC2"D" तथा IC2"C" का आऊटपुट क्रमशः पिन नं. 7, 14 व 8 पर प्राप्त होता है। सर्किट डायग्राम में इन तीनों आऊटपुट पिनों से मिलने वाले आऊटपुट को क्रमशः फेज-1, फेज-3 एवं फेज-2 से व्यक्त किया गया है।

उपरोक्त तीनों आऊटपुट्स को LED से इण्डीकेट कराने हेतु एक-एक ऑपरेशनल एम्प्लीफायर क्रमशः IC1"B", IC1"C" तथा IC1"D" का उपयोग किया गया है। आऊटपुट देने वाले ऑपरेशनल एम्प्लीफायर्स IC2"B", IC"2D" तथा IC2"C" की आऊटपुट पिनों (पिन नं. 7, 14 व 8) पर मिलने वाला आऊटपुट 100KpF के एक-एक केपेसीटर से होते हुए ऑपरेशनल एम्प्लीफायर IC1"B", IC1"C" तथा IC1"D" की नॉन-इन्वर्टिंग इन्पुट पिनों क्रमशः पिन नं. 5, 10 व 12 को दिया गया है। इन तीनों ऑपरेशनल एम्प्लीफायर्स की आऊटपुट पिनों (पिन नं. 7, 8 व 14) पर एक-एक LED लगायी गई हैं जो आऊटपुट निकलने के समय प्रकाशित होकर आऊटपुट के निकलने का इण्डीकेशन देती है।

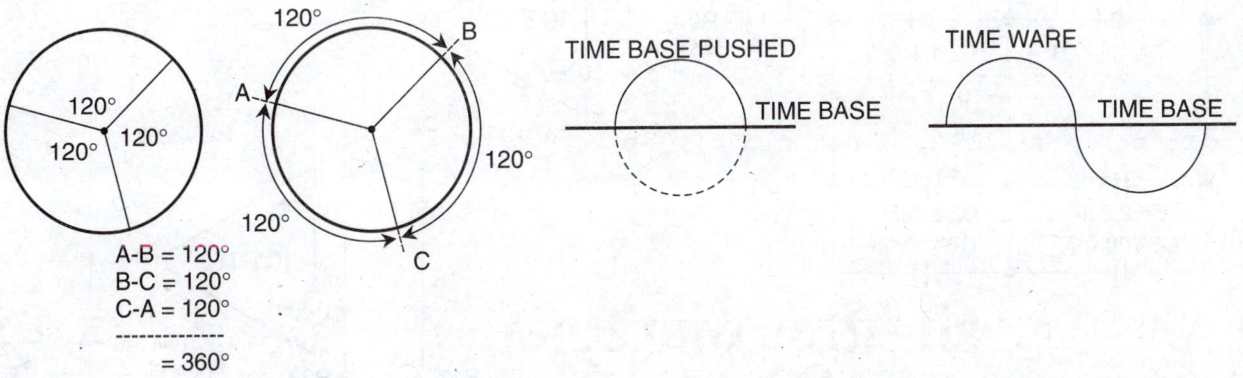

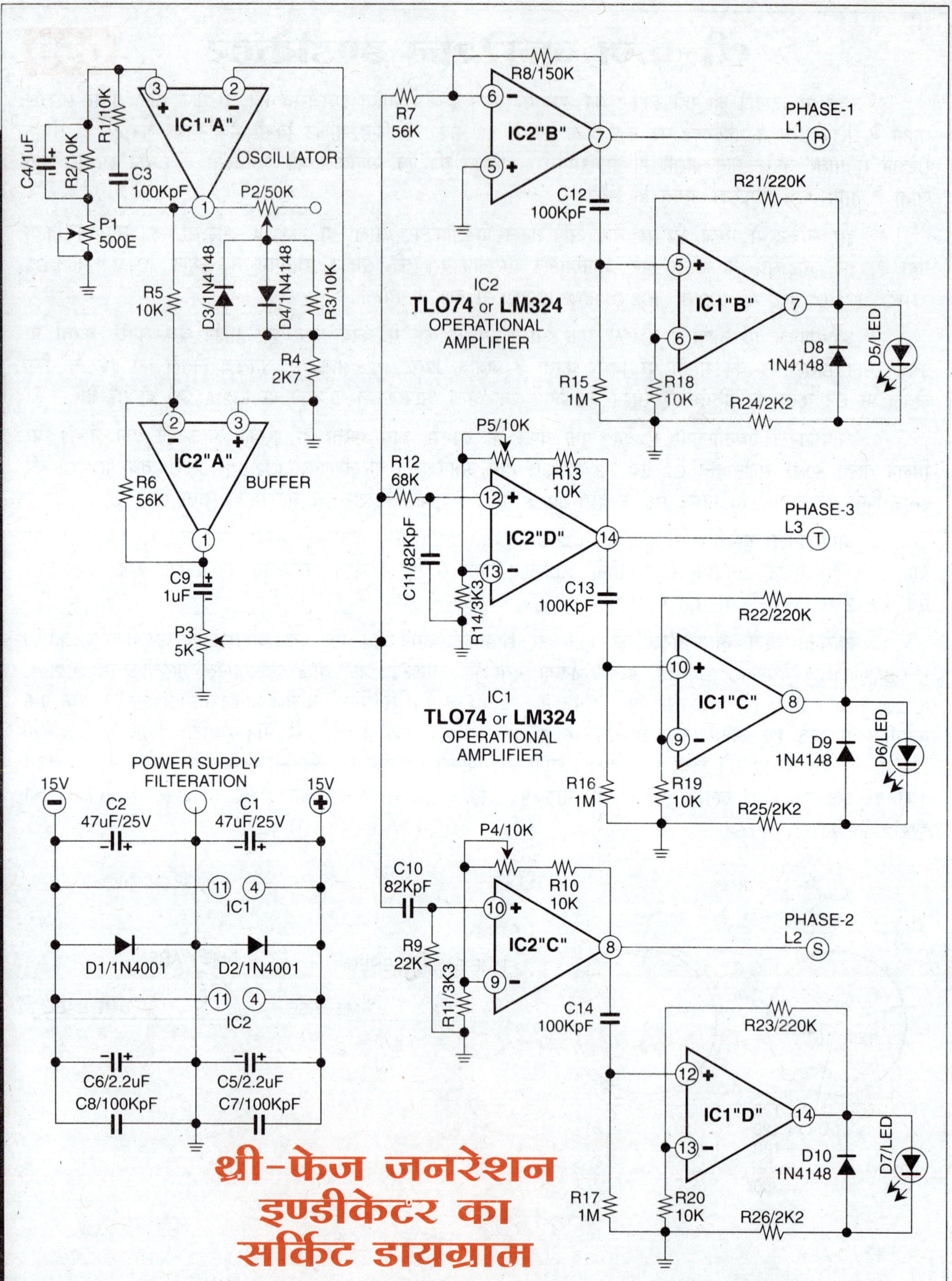

थ्री-फेज जनरेशन इण्डीकेटर का सर्किट डायग्राम

थ्री-फेज जनरेशन इण्डीकेटर का PCB लेआऊट

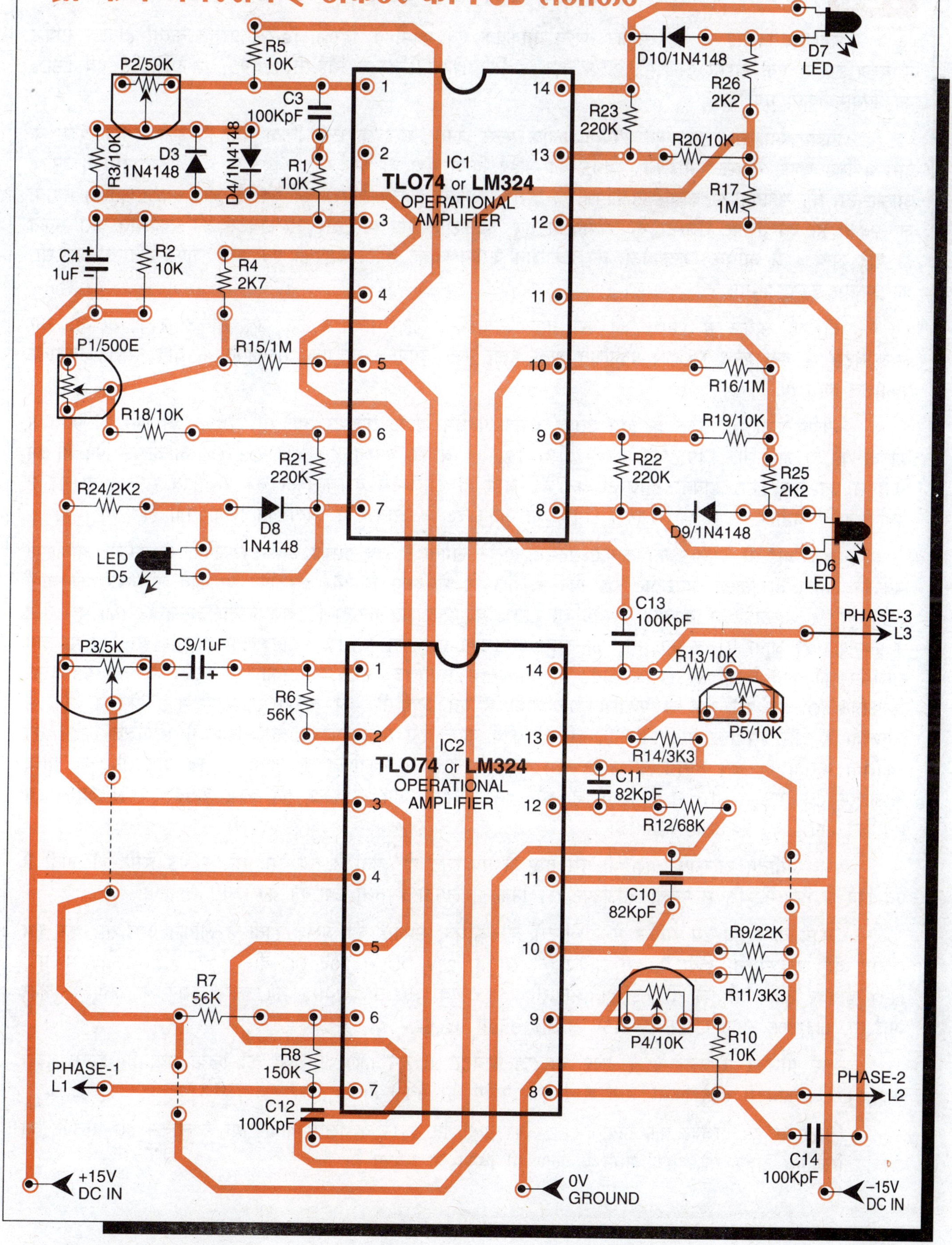

100 डिस्को डिस्प्ले

यहां पर दिखाई जा रही सर्किट काफी आकर्षक एवं मनमोहक डिस्को डिस्प्ले प्रस्तुत करती है। इस सर्किट में मुख्य रुप से एक टाईमर आई.सी. 555, एक 4-बिट शिफ्ट रेजिस्टर आई.सी. 7495, 4 ट्रांजिस्टर्स एवं LEDs का उपयोग किया गया है।

टाईमर आई.सी. 555 का उपयोग क्लॉक पल्स जनरेट करने के लिए किया गया है। इसी क्लॉक पल्स के द्वारा 4-बिट शिफ्ट रेजिस्टर आई.सी. 7495 को ड्राईव किया गया है। आई.सी. 7495 के 4 आऊटपुट्स हैं। इन 4 आऊटपुट्स की सहायता से व्यवस्थित LEDs के द्वारा 4 अक्षरों (अल्फाबेट्स) को एक के बाद एक प्रकाशित कराया जा सकता है। एक शिफ्ट रेजिस्टर के उपयोग से एक आऊटपुट प्राप्त कर चार अल्फाबेट्स को प्रकाशित करा सकते हैं। यदि आप 4 से अधिक अल्फाबेट्स को प्रकाशित कराना चाहते हैं तो आपको एक और शिफ्ट रेजिस्टर आई.सी. का उपयोग करना पड़ेगा।

दी गई सर्किट में LEDs को इस तरह व्यवस्थित किया गया है कि जब सर्किट कार्य करे तो चार अल्फाबेट्स से बना शब्द MOON प्रकाशित होता हुआ नजर आए। इसमें एक अल्फाबेट के बाद दूसरा अल्फाबेट प्रकाशित होता है।

टाईमर आई.सी. 555 के द्वारा उत्पन्न क्लॉक पल्सेस शिफ्ट रेजिस्टर आई.सी. 7495 की पिन नं. 9 व 8 को दी गई हैं। आई.सी. 7495 की पिन नं. 13, 12, 11 व 10 क्रमशः Q1, Q2, Q3, Q4 आऊटपुट पिनें हैं। इन पिनों से एक-एक LED ड्रायवर ट्रांजिस्टर का बेस जुड़ा है। ट्रांजिस्टरों के कलेक्टर को पॉजीटिव सप्लाई दी गई है जबकि इनके अमीटर पर सीरिज में लगी LEDs को अल्फाबेट के आकार में व्यवस्थित किया गया है।

जब आई.सी. 7495 को क्लॉक पल्सेस मिलने लगती हैं तब इसकी आऊटपुट पिनों से क्रमशः आऊटपुट निकलने लगता है। पहला आऊटपुट Q1 पिन नं. 13 से निकलता है और इस पिन पर लगे ट्रांजिस्टर को कार्य कराते हुए M अल्फाबेट के आकार में संयोजित LEDs को प्रकाशित कराता है। जब पहला अल्फाबेट (M) पुरी तरह से प्रकाशित हो जाता है तब आई.सी. का दुसरा आऊटपुट Q2 पिन नं. 12 से निकलता है और इस पिन पर लगे ट्रांजिस्टर को कार्य कराते हुए O अल्फाबेट के आकार में संयोजित LEDs को प्रकाशित कराता है। जब यह दूसरा अल्फाबेट (O) भी पुरी तरह से प्रकाशित हो जाता है तब आई.सी. का तीसरा आऊटपुट Q3 पिन नं. 11 से निकलता है और इस पिन पर लगे ट्रांजिस्टर को कार्य कराते हुए O अल्फाबेट के आकार में संयोजित LEDs को प्रकाशित कराता है। जब तीसरा अल्फाबेट (O) भी पुरी तरह से प्रकाशित हो जाता है तब आई.सी. का चौथा आऊटपुट Q4 पिन नं. 10 से निकलता है और इस पिन पर लगे ट्रांजिस्टर को कार्य कराते हुए N आकार में संयोजित LEDs को प्रकाशित कराता है।

जब अन्तिम अल्फाबेट (N) भी पुरी तरह से प्रकाशित हो जाता है तब आई.सी. 7495 रिसेट हो जाती है एवं फिर से पिन नं. 13 से पहला आऊटपुट Q1 निकलने लगता है तथा उपरोक्त क्रम जारी रहता है।

कार्य करने हेतु इस सर्किट में ट्रांजिस्टरों को अधिक सप्लाई की जरुरत होती है लेकिन आई.सी. को कम सप्लाई की आवश्यकता होती है। इस सर्किट को लगभग 25V DC से 30V DC दी गई है। हाई वोल्टेज सप्लाई, LED ड्रायवर ट्रांजिस्टर्स को दी गई है। आई.सी. 555 एवं आई.सी. 7495 को कार्य कराने के लिए रेग्युलेटर आई.सी. LM7805 लगाकर रेग्युलेटेड +5V सप्लाई बनायी गई है।

इस प्रोजेक्ट में उदाहरण के लिए चार अल्फाबेट्स से बने MOON शब्द को लिया गया है। इसके बदले आप चार अल्फाबेट्स वाले किसी अन्य शब्द का उपयोग कर सकते हैं।

यहां पर इस प्रोजेक्ट का उपयोग LEDs को प्रकाशित कराने के लिए किया गया है लेकिन इस प्रोजेक्ट का उपयोग रिले एवं ट्रायक को ड्राईव कराने के लिए भी किया जा सकता है।

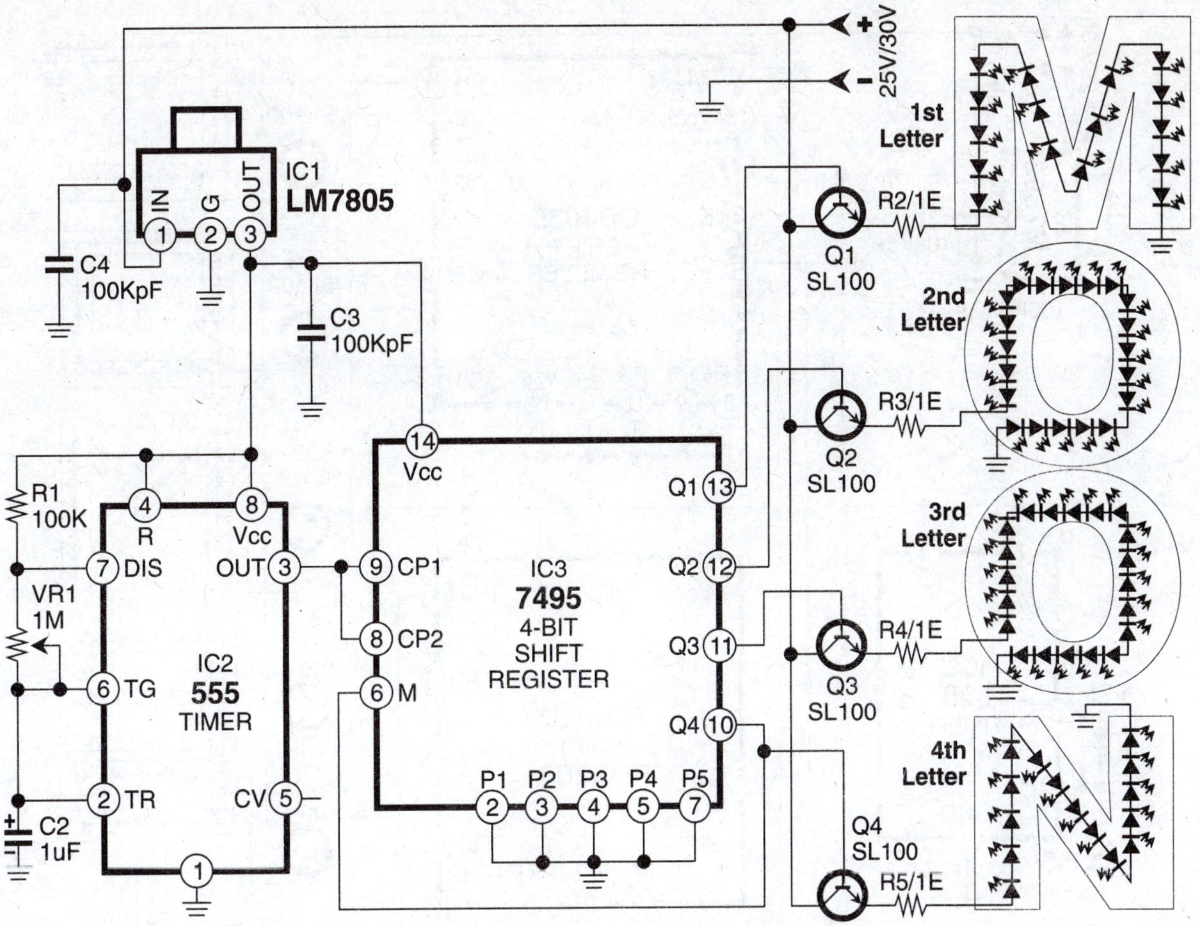

डिस्को डिस्प्ले ; सर्किट एवं PCB लेआउट

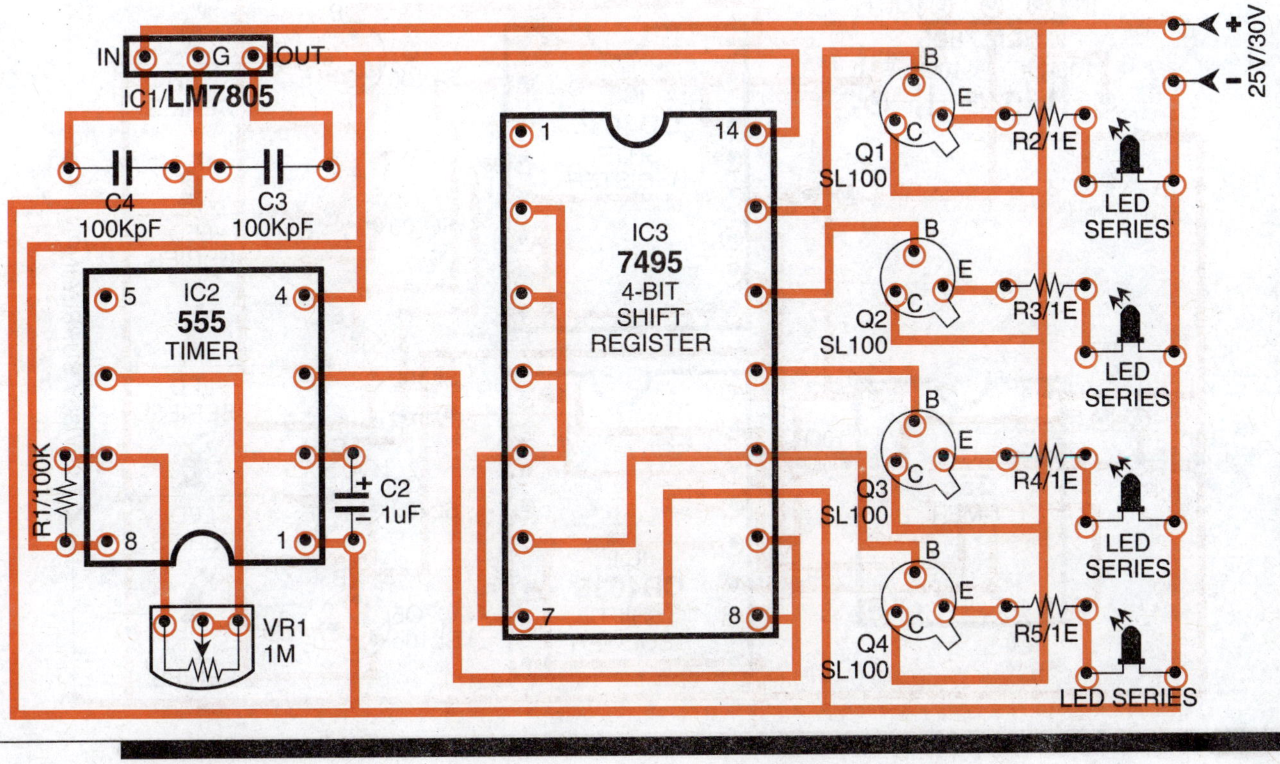

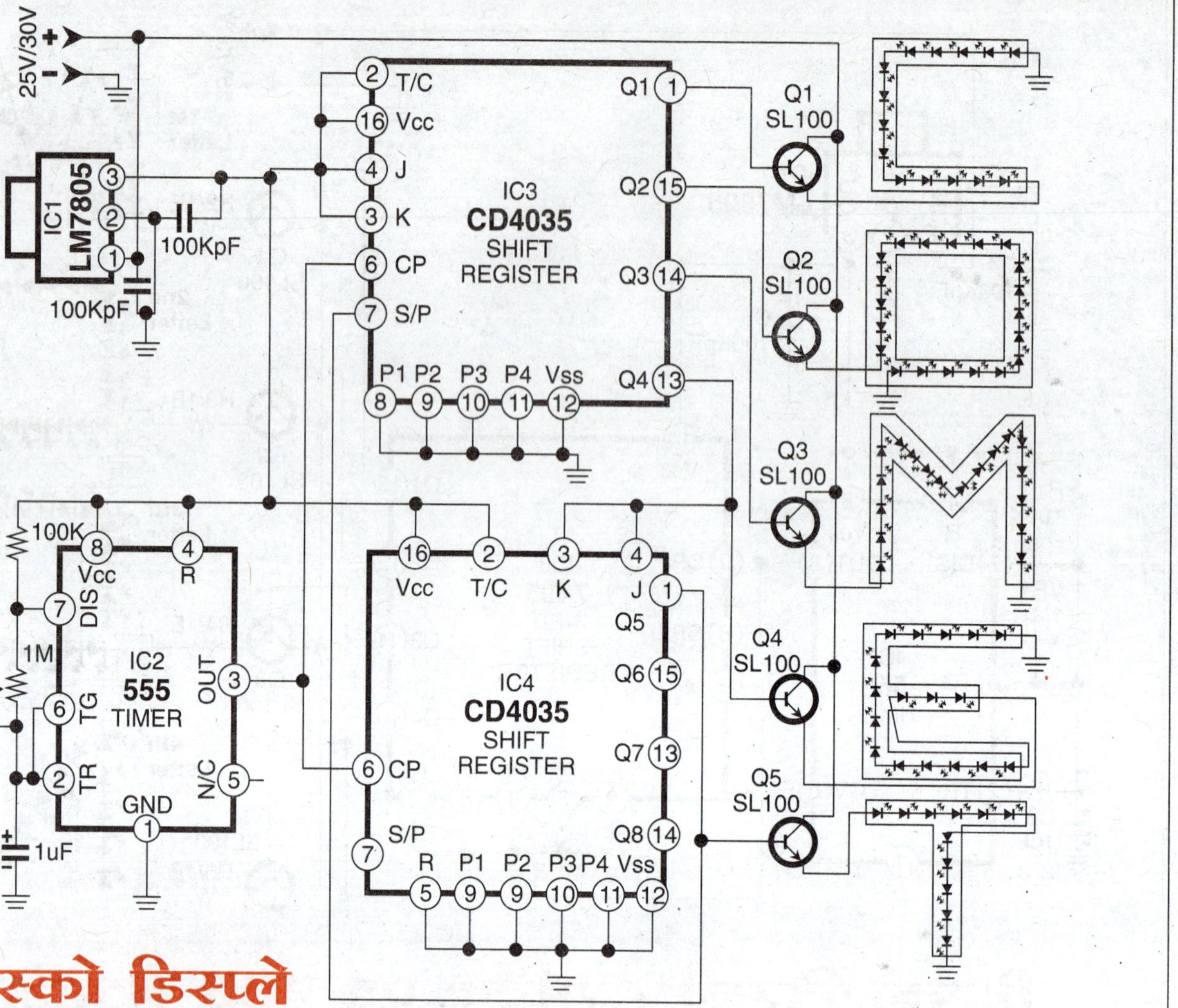
25V/30V
IC1 LM7805
100KpF
100KpF
IC3 CD4035 SHIFT REGISTER
T/C
Vcc
J
K
CP
S/P
P1 P2 P3 P4 Vss
Q1 SL100
Q2 SL100
Q3 SL100
Q4 SL100
Q5 SL100
100K
1M
IC2 555 TIMER
Vcc
R
DIS
TG
TR
OUT
N/C
GND
1uF
IC4 CD4035 SHIFT REGISTER
Q5
Q6
Q7
Q8
R P1 P2 P3 P4 Vss

डिस्को डिस्प्ले

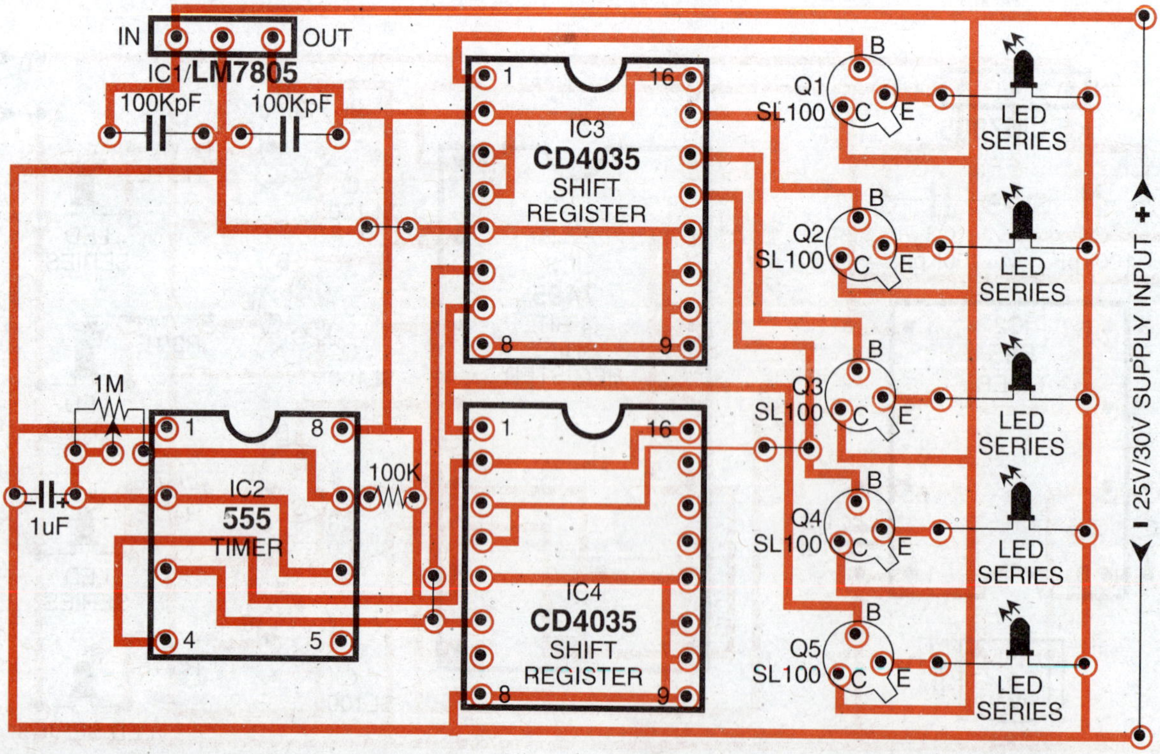
IN
OUT
IC1/LM7805
100KpF
100KpF
IC3 CD4035 SHIFT REGISTER
IC2 555 TIMER
1M
100K
1uF
IC4 CD4035 SHIFT REGISTER
Q1 SL100
Q2 SL100
Q3 SL100
Q4 SL100
Q5 SL100
B
C
E
LED SERIES
25V/30V SUPPLY INPUT

यहां 4-बिट शिफ्ट रेजिस्टर के रुप में TTL (ट्रांजिस्टर-ट्रांजिस्टर लॉजिक) आई.सी 7495 का इस्तेमाल किया गया है। यहां पर इसी तरह के एक और प्रोजेक्ट की सर्किट बतायी जा रही है जिसमें CMOS (कम्प्लीमेन्ट्री मेटल ऑक्साइड सेमीकण्डक्टर) आई.सी. CD4035 का उपयोग किया गया है। TTL आई.सी. को रेग्युलेटेड 5V सप्लाई की आवश्यकता होती है जबकि CMOS आई.सी. 3V से 12V तक की सप्लाई पर कार्य कर सकती है।

CMOS आई.सी. CD4035 युक्त सर्किट में 5 अल्फाबेट्स वाले शब्द COMET का उदाहरण बताया गया है। इसमें एक अल्फाबेट बनाने के लिए अधिक संख्या में LEDs का उपयोग किया गया है जिन्हें एक सीरिज पास ट्रांजिस्टर के द्वारा उपयुक्त वोल्टेज पर ड्राइव किया गया है। प्रत्येक अल्फाबेट के उपयोग में लायी गई LEDs की संख्या समान नहीं होने के कारण इन्हें भिन्न-भिन्न वोल्टेज की जरुरत पड़ती है। इसीलिए LEDs को सीरिज पैरेलल में संयोजित कर प्रत्येक अल्फाबेट को बनाया गया है एवं प्रत्येक अल्फाबेट के सीरिज में एक उचित मान करन्ट लिमिटर रजिस्टेंस लगाया गया है। इस रजिस्टेंस का मान उस अल्फाबेट में प्रयुक्त की गई कलर LEDs के मान पर निर्भर करता है।

CMOS आई.सी. CD4035 में भी 4 आऊटपुट्स हैं, ऐसी स्थिति में 5 अल्फाबेट्स प्रदर्शित कराने के लिए पांचवें आऊटपुट हेतु एक और CD4035 आई.सी. को सीरिज में उपयोग में लाया गया है। सीरिज में दो आई.सी. उपयोग में लाने से यद्धपि हमें कुल 8 आऊटपुट्स प्राप्त हो जाते हैं लेकिन यदि हमें कम आऊटपुट्स की जरुरत है तो शेष बचे आऊटपुट्स को डिसेबल कर दिया जाता है। इसके लिए अन्तिम आऊटपुट को आई.सी. की सीरियल/पैरेलल पिन (पिन नं. 7) से भी जोड़ दिया जाता है जैसा कि चित्र में दिखाया गया है।

जब आई.सी. CD4035 को टाईमर सर्किट से क्लॉक पल्सेस मिलने लगती हैं तब इसकी आऊटपुट पिनों से क्रमशः आऊटपुट निकलने लगता है। पहला आऊटपुट Q1, IC3 की पिन नं. 1 से निकलता है और इस पिन पर लगे ट्रांजिस्टर को कार्य कराते हुए C अल्फाबेट के आकार में संयोजित LEDs को प्रकाशित कराता है।

जब पहला अल्फाबेट (C) पुरी तरह से प्रकाशित हो जाता है तब दुसरा आऊटपुट Q2, IC3 की पिन नं. 15 से निकलता है और इस पिन पर लगे ट्रांजिस्टर को कार्य कराते हुए O अल्फाबेट के आकार में संयोजित LEDs को प्रकाशित कराता है।

जब दुसरा अल्फाबेट (O) पुरी तरह से प्रकाशित हो जाता है तब तीसरा आऊटपुट Q3, IC3 की पिन नं. 14 से निकलता है और इस पिन पर लगे ट्रांजिस्टर को कार्य कराते हुए M अल्फाबेट के आकार में संयोजित LEDs को प्रकाशित कराता है।

जब तीसरा अल्फाबेट (M) पुरी तरह से प्रकाशित हो जाता है तब चौथा आऊटपुट Q4, IC3 की पिन नं. 13 से निकलता है और इस पिन पर लगे ट्रांजिस्टर को कार्य कराते हुए E अल्फाबेट के आकार में संयोजित LEDs को प्रकाशित कराता है।

जब चौथा अल्फाबेट (E) पुरी तरह से प्रकाशित हो जाता है तब पांचवा आऊटपुट Q5, IC4 की पिन नं. 1 से निकलता है और इस पिन पर लगे ट्रांजिस्टर को कार्य कराते हुए T अल्फाबेट के आकार में संयोजित LEDs को प्रकाशित कराता है।

जब अन्तिम अल्फाबेट (T) भी पुरी तरह से प्रकाशित हो जाता है तब आई.सी. CD4035 रिसेट हो जाती है एवं फिर से IC3 की पिन नं. 1 से पहला आऊटपुट Q1 निकलने लगता है तथा उपरोक्त क्रम जारी रहता है।

आई.सी. CD4035 युक्त सर्किट की सहायता से आप 8 तक के अल्फाबेट्स वाले शब्दों जैसे कि RAJA, VIDEO, MODERN, WELCOME, BIRTHDAY इत्यादि को विभिन्न प्रभावों जैसे कि रनिंग कर्टेन, उगता हुआ सूरज डूबता हुआ सूरज, टिमटिमाता हुआ स्टार इत्यादि प्रभावों में प्रदर्शित करा सकते हैं।

101 टेलीफोन इलेक्ट्रॉनिक लॉक

यहां पर एक ऐसा प्रोजेक्ट बताया जा रहा है जिसे आप अपने टेलीफोन सेट के साथ प्रयोग कर अपने टेलीफोन सेट को लॉक कर सकते हैं ताकि कोई अवांछित व्यक्ति आपके टेलीफोन सेट का दुरुपयोग न कर सके।

इस प्रोजेक्ट की सर्किट में एक 1-पोल/2-वे स्विच महत्वपूर्ण कार्य करता है। इस स्विच के ऑफ स्थिति में होने पर टेलीफोन में आने वाले इन्कमिंग कॉल को रिसीव कर सुन सकते हैं परन्तु टेलीफोन सेट से आऊटगोइंग कॉल की डायलिंग नहीं कर सकते हैं।

टेलीफोन सेट से आऊटगोइंग कॉल की डायलिंग तभी हो सकेगी जब कि इस स्विच को ऑन स्थिति में रखा जाएगा।

जब हम आने वाले इन्कमिंग कॉल को सुनने के लिए टेलीफोन सेट के रिसीवर को क्रेडल पर से उठाते हैं तो इस प्रोजेक्ट में लगी लाल रंग की LED प्रकाशित होने लग जाती है।

जब स्विच को ऑन स्थिति में रखकर आऊटगोइंग कॉल के लिए डायलिंग करते हैं तब प्रोजेक्ट में लगी हरे रंग की LED जलने-बुझने लग जाती है एवं यह तब तक जलते-बुझते रहती है जब तक कि दूसरी ओर से क्रेडल नहीं उठा लिया जात है।

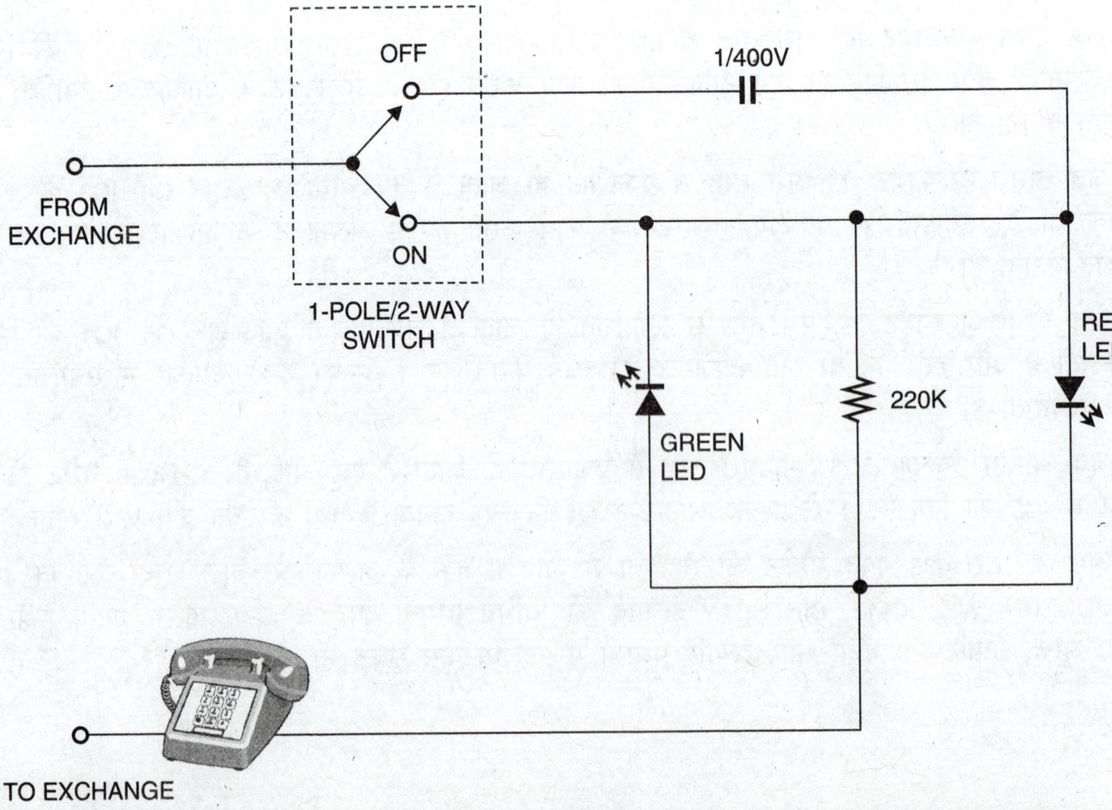

डिस्को लाईट

इस प्रोजेक्ट में 8 LEDs का उपयोग किया गया है, जो चार-चार के समूह में आकर्षक ढंग से जलती-बुझती हैं। इसे आप घर, मंदिर, अपने वाहन, कमीज की जेब या बटनों पर सजा सकते हैं।

यह बहुत ही सरल प्रोजेक्ट है जिसमें केवल दो ट्रांजिस्टरों का उपयोग किया गया है। इस सर्किट में ट्रांजिस्टरों को मल्टीवाईब्रेटर के रुप में लगाया गया है। इसमें कोई एक ट्रांजिस्टर पहले ऑन होता है तथा दुसरा ऑफ स्थिति में रहता है। पुनः कुछ देर पश्चात् पहला ट्रांजिस्टर ऑफ हो जाता है तथा दुसरा ट्रांजिस्टर ऑन हो जाता है। इसके कारण जो ट्रांजिस्टर ऑन रहता है उसके कलेक्टर से जुड़ी LEDs भी प्रकाशित हो जाती हैं, थोड़ी देर बाद दुसरे समूह की LEDs प्रकाशित होनी प्रारंभ हो जाती है। यही प्रक्रिया लगातार चलती रहती है। यह प्रोजेक्ट 6V से 12V तक की DC सप्लाई पर कार्य करता है।

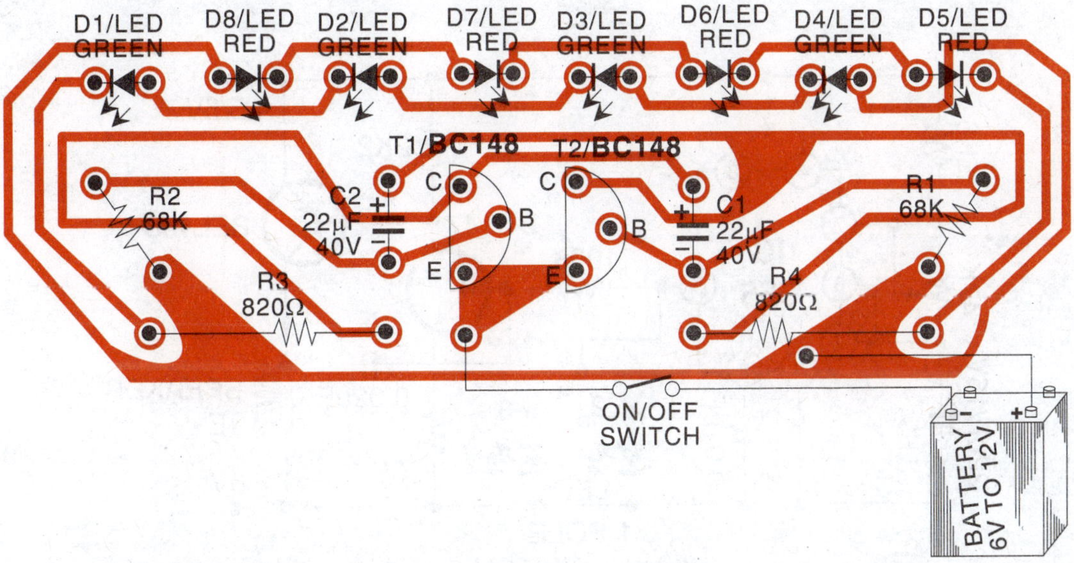

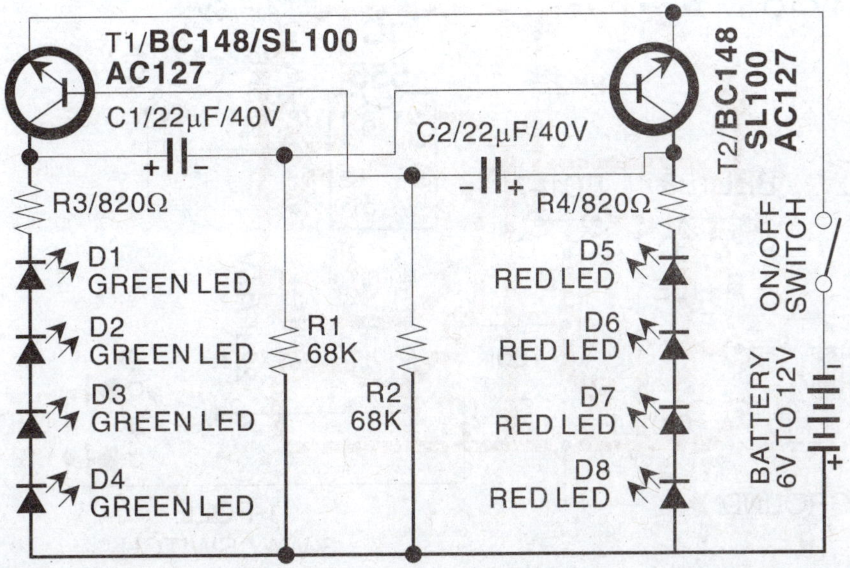

103 आवाज युक्त टर्निंग इण्डीकेटर

आजकल ट्रैफिक नियमानुसार वाहन के आगे तथा पीछे टर्निंग इण्डीकेटर का होना आवश्यक है ताकि आप बांये या दायें मुड़ते समय इस बात का संकेत अपने आगे तथा पीछे के अन्य वाहन को दे सकें, ताकि कोई दुर्घटना न हो। इसी बात को ध्यान में रखकर यह प्रोजेक्ट बनाया गया है जो टर्निंग इण्डिकेटर लाईट को प्रकाशित कराने के साथ-साथ वार्निंग टोन भी जनरेट करता है।

इस प्रोजेक्ट में एक आई.सी. 555 का उपयोग किया गया है। इस IC को सर्किट में मोनो-स्टेबल मल्टीवाईब्रेटर के रुप में उपयोग में लाया गया है। इस आई.सी. की पिन नं.3 से आऊटपुट प्राप्त होता है जिससे एक टू-वे स्विच लगाकर टर्निंग इण्डीकेटर लाईट प्रकाशित करायी गई है। आई.सी. की पिन नं 7 पर लगे प्रिसेट 47K को घुमाकर आप लाईट के जलने-बुझने के समय अन्तराल को कम/ज्यादा कर सकते हैं। आई.सी. की पिन नं. 3 से प्राप्त आऊटपुट को दो ट्रांजिस्टरों द्वारा एम्पलीफाई उसे स्पीकर को दिया गया है जिससे हमें वार्निंग टोन सुनाई पड़ती है।

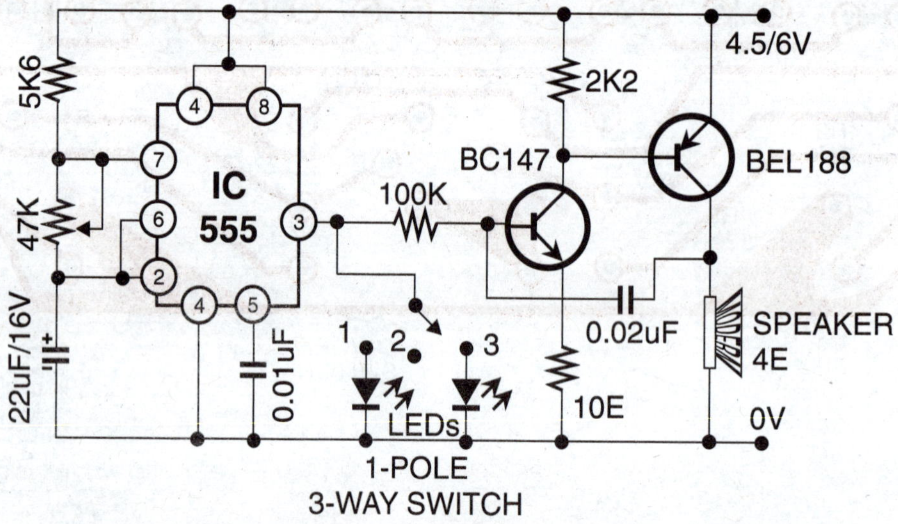

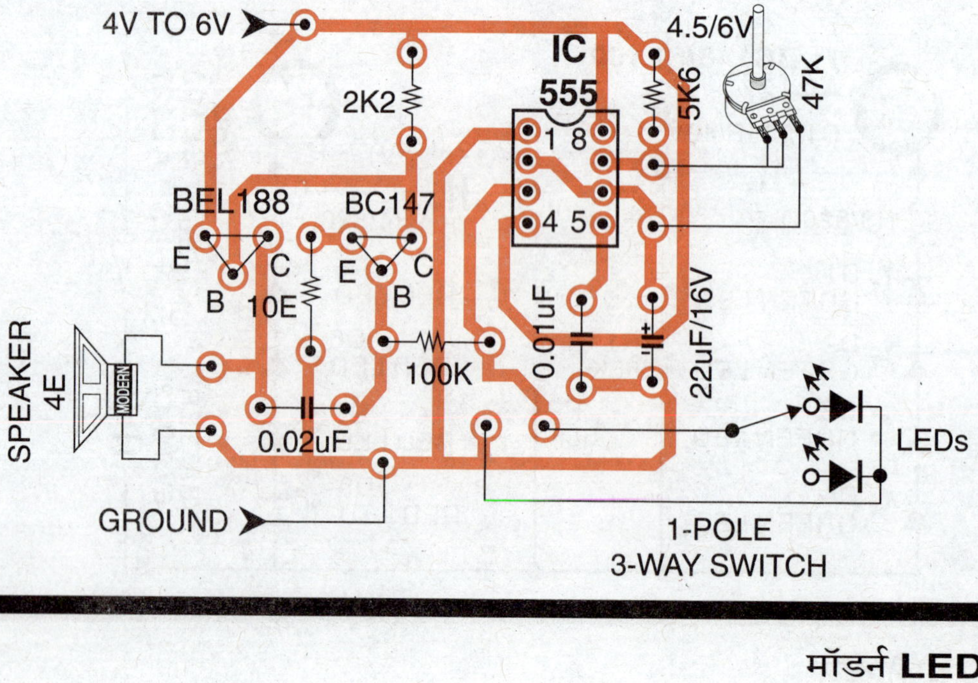

हैप्पी बर्थ डे (मुंह की फुंक से ऑन होने वाला) 104

बर्थ डे पर केक के उपर उपयोग की जाने वाली मोमबत्ती के स्थान पर आप इस प्रोजेक्ट का इस्तेमाल कर सकते हैं। इस प्रोजेक्ट में फुंक मारते ही इससे जुड़ी LEDs ऑफ हो जाती हैं। बच्चों के लिए यह बेहद मजेदार गिफ्ट होगा।

इस प्रोजेक्ट की कार्य-प्रणाली टाईमर आई.सी. 555 पर आधारित है। कण्डेन्सर माईक हमारे मुंह की फुंक की आवाज को विद्युत सिग्नल में बदल देता है जिसे ट्रांजिस्टर BC148 एम्प्लीफाई करके आई.सी. 555 की पिन नं. 2 पर देता है। इससे आई.सी. 555 की आऊटपुट पिन, पिन नं. 3 हाई हो जाती है। इस सिग्नल को ट्रांजिस्टर BC148 एम्प्लीफाई कर रिले को ड्राईव कराता है। इसके परिणामस्वरुप रिले से जुड़ी सभी LEDs ऑफ हो जाती हैं।

दुसरा ट्रांजिस्टर BC148 आई.सी. की पिन नं. 2 पर फीडबैक प्रदान करता है जो LEDs को पुनः प्रकाशित कराता है।

इस प्रोजेक्ट में आप बच्चे की आयु के अनुसार LEDs की संख्या को कम या ज्यादा कर सकते हैं।

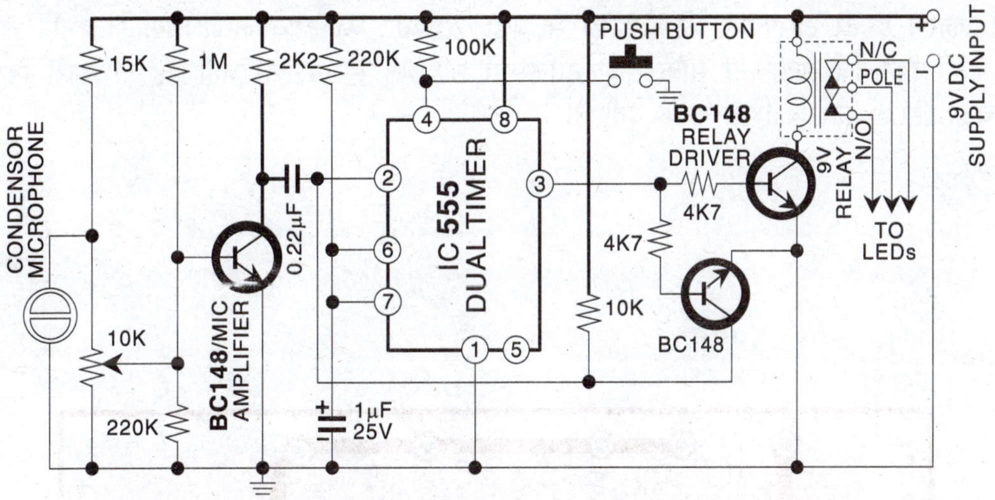

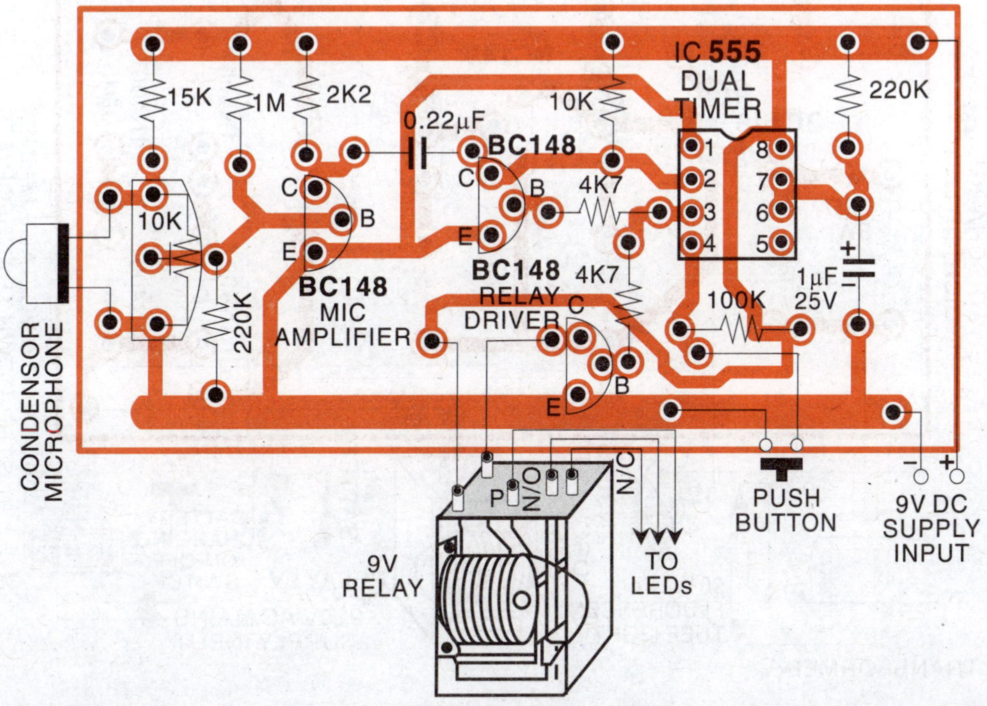

105 इमरजेन्सी ट्यूब लाईट (20 वॉट)

प्रस्तुत प्रोजेक्ट में एक 20 वॉट की ट्यूब लाईट को प्रकाशित करा सकने वाली इमरजेंसी लाईट की सर्किट दी जा रही है। यह सर्किट, बिजली के चले जाने के बाद ऑटोमेटिकली 20 वॉट की ट्यूब लाईट को प्रकाशित करा देती है।

इस प्रोजेक्ट के मुख्यतः दो भाग हैं :

1. चार्जर सर्किट एवं
2. इन्वर्टर सर्किट

चार्जर सर्किट एक साधारण पॉवर सप्लाई ही होती है जो 0-9V स्टेप-डाऊन ट्रांसफॉर्मर तथा ब्रिज रेक्टिफायर द्वारा बनी होती है। इससे प्राप्त आऊटपुट से बैटरी चार्ज होते रहती है। इन्वर्टर विभाग में एक ऑसीलेटिंग ट्रांजिस्टर 2N3055 तथा एक इन्वर्टर ट्रांसफॉर्मर का उपयोग किया गया है ।

बिजली के चले जाने के बाद बैटरी पर जमा चार्ज के कारण इन्वर्टर सर्किट ऑन होकर AC वोल्टेज तैयार करती है जिसके कारण इन्वर्टर ट्रांसफॉर्मर की सेकेण्ड्री से जुड़ी 20 वॉट की ट्यूब लाईट प्रकाशित होने लग जाती है। इस प्रोजेक्ट में बैटरी डिस्चार्ज इण्डीकेटर सर्किट, दो ट्रांजिस्टरों BC148 से मिलकर बनी है, जो बैटरी डिस्चार्जिंग की अवस्था की सूचना LEDs को प्रकाशित करके देती है।

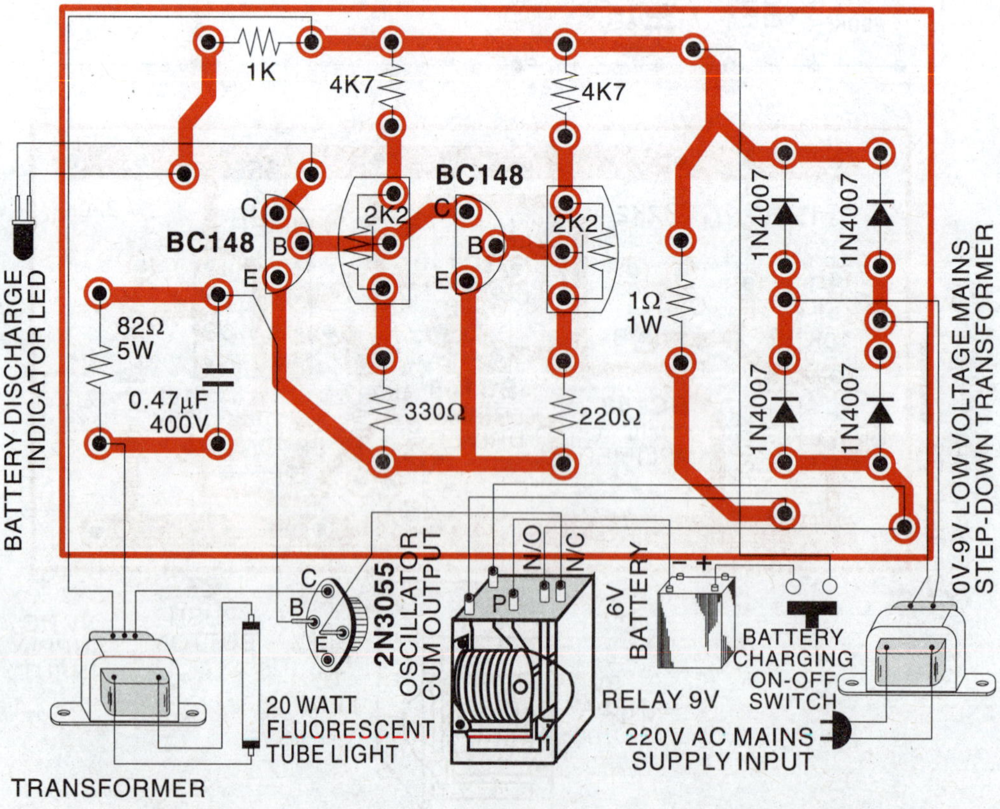

इन्फ्रा-रेड LED युक्त 10 फुट वाला रिमोट कन्ट्रोल **106**

इस प्रोजेक्ट में लगी इन्फ्रा-रेड LED से निकलने वाले इन्फ्रा-रेड प्रकाश के विसर्जन के माध्यम से आप किसी भी लोड को 10 फिट तक की दुरी से नियंत्रित अर्थात ऑन/ऑफ कर सकते हैं। इसे आप पंखे, कुलर, खिलौनों इत्यादि में लगा सकते हैं।

यह प्रोजेक्ट वायरलेस के सिद्धान्त पर कार्य करता है। इस प्रोजेक्ट को दो विभागों में विभक्त किया जा सकता है ;

1. रिसीवर सेक्शन और
2. ट्रांसमीटर सेक्शन

रिसीवर सेक्शन में एक टाईमर आई.सी. 555, आई.सी. 4027 तथा एक रिले का मुख्य रुप से उपयोग किया गया है। इसी प्रकार ट्रांसमीटर सेक्शन में एक आई.सी. 555 तथा एक इन्फ्रा-रेड LED का उपयोग किया गया है। ट्रांसमीटर सेक्शन में लगे पुश स्विच को दबाने पर IR LED से इन्फ्रारेड प्रकाश की अदृश्य किरणें निकलती हैं। इन IR प्रकाश किरणों को रिसीवर यूनिट में लगी IR Eye ग्रहण करती है। IR Eye से प्राप्त आऊटपुट को आई.सी. 555 की पिन नं 2 पर देकर आई.सी. को ट्रिगर कराया जाता है। इससे आई.सी. 555 की पिन नं. 3 पर पल्स उत्पन्न होती है जिसे आई.सी. 4027 की पिन नं. 3 पर देकर उसे भी ट्रिगर कराया जाता है। इससे आई.सी. 4027 की पिन नं 1 से आऊटपुट प्राप्त होता है जिससे ट्रांजिस्टर द्वारा रिले को ऑपरेट कराया जाता है। रिसीवर सेक्शन में लगी ICs तथा IR Eye को कार्य कराने के लिये केवल +5V सप्लाई देनी चाहिये अन्यथा वे खराब हो सकते हैं।

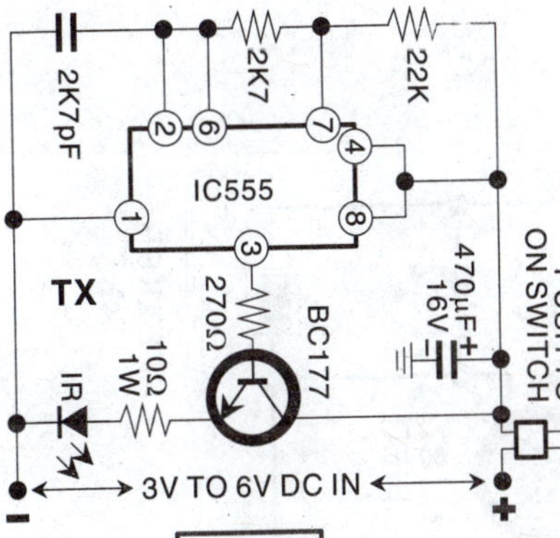

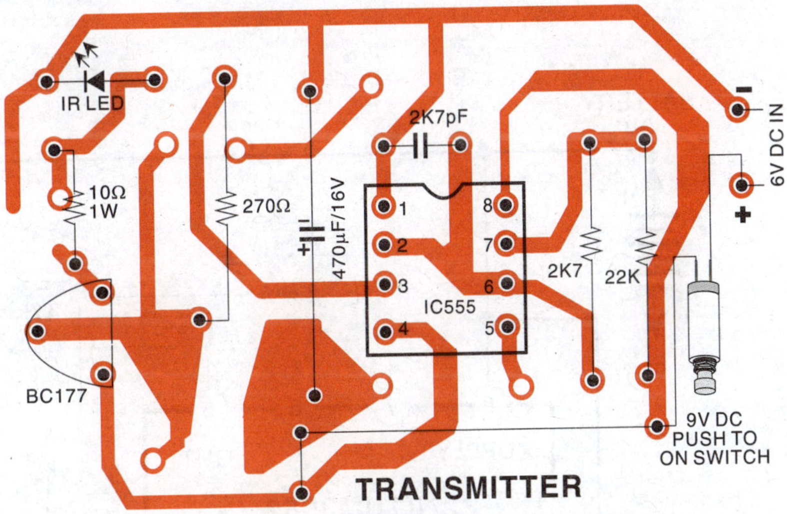

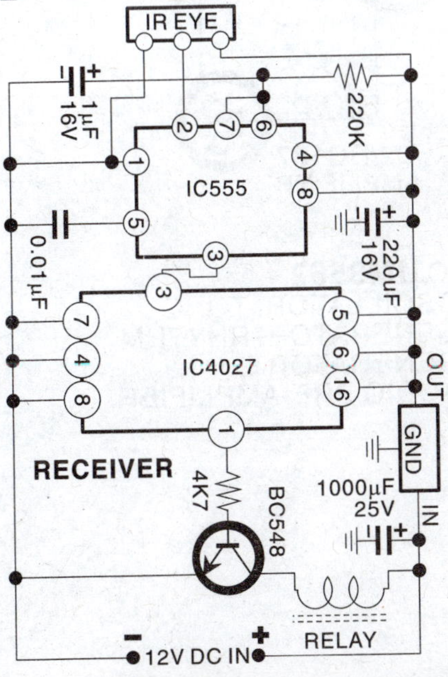

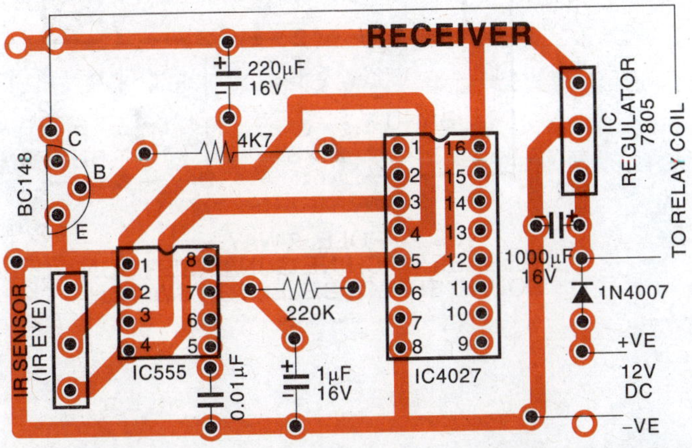

107 LED इण्डीकेशन युक्त 3 आवाज वाला सायरन

यह सर्किट तीन अलग अलग प्रकार के बंदुकों की आवाज निकालती है और साथ ही साथ इसका इण्डीकेशन इसमें लगी LED के माध्यम से करती भी है। यह बहुत ही मजेदार प्रोजेक्ट है जिसका उपयोग आप बच्चों के खिलौनों, वाहन के हार्न, वार्निंग टोन इत्यादि के रुप में कर सकते हैं।

यह प्रोजेक्ट मुख्यतः आई.सी. UM3562 पर आधारित है। यह आई.सी. तीन विभिन्न प्रकार के गन की आवाजें निकालती है ;

1. रिलीज गन,
2. मशीन गन एवं
3. लेजर गन

आई.सी. से प्राप्त आऊटपुट को एम्पलीफाई करने के लिये दो ट्रांजिस्टरों से बने ऑडियो एम्पलीफायर का उपयोग किया गया है।

इन तीनों में से किसी एक आवाज का चयन करने के लिये एक 1-पोल/3-वे स्विच का उपयोग किया गया है। स्विच का पोल आई.सी. UM3562 की पिन नं. 2 से जुड़ा होता है। यह सर्किट मात्र 3V की सप्लाई पर कार्य करती है।

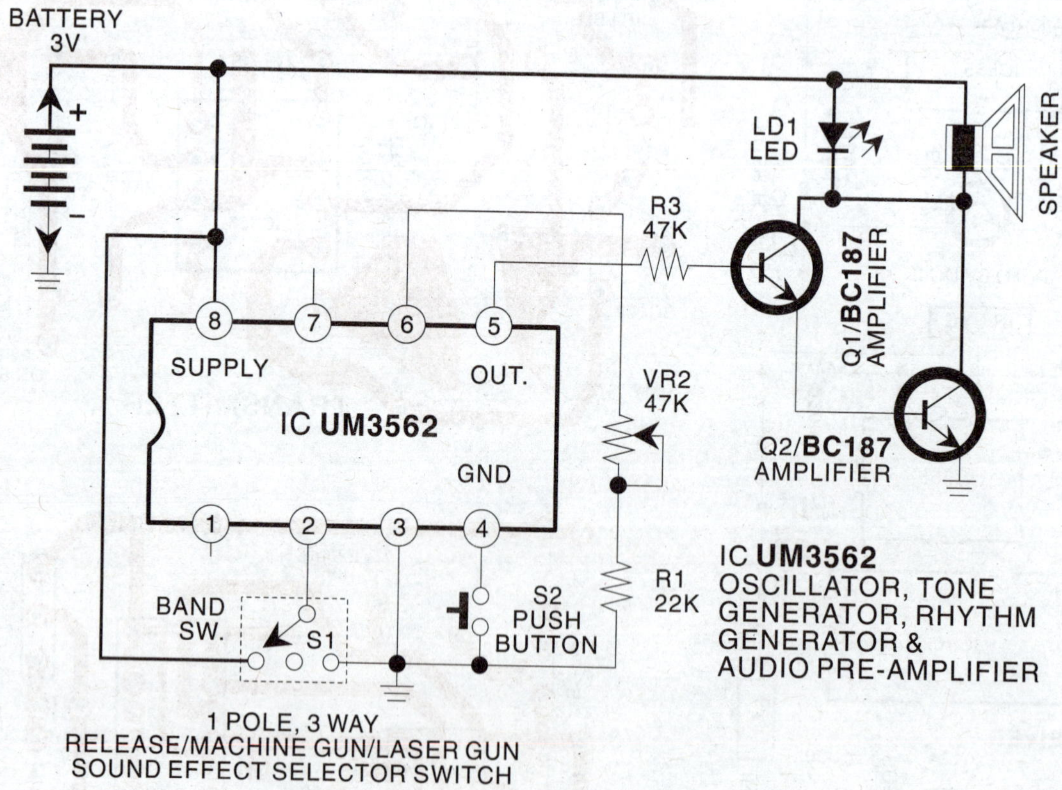

केपेसीटर टेस्टर

108

यहां पर बताए जा रहे प्रोजेक्ट का उपयोग आप 1 माईक्रोफैराड से 100 माईक्रोफैराड तक के मान वाले केपेसीटर को चेक करने के लिए कर सकते हैं। इसके अलावा इस प्रोजेक्ट को फ्लेशर के रुप में किसी खिलौने में भी इस्तेमाल कर सकते हैं।

जिस केपेसीटर को चेक किया जाना होता है उसे इस प्रोजेक्ट में A व B प्वाईन्ट्स के बीच कनेक्ट किया जाता है। इसके लिए केपेसीटर के निगेटिव टर्मिनल को A प्वाईन्ट पर तथा पॉजीटिव टर्मिनल को B प्वाईन्ट से कनेक्ट करें। इसके बाद प्रोजेक्ट की सप्लाई चालू करें। जैसे ही प्रोजेक्ट को सप्लाई दी जाती है वैसे ही इसमें लगी दोनों LEDs लगातार जलने-बुझने लगती है जो कि हमें यह सूचित करती है कि केपेसीटर सही है। यदि दोनों LEDs में एक जलती है व दूसरी बुझ जाती है तो इसका मतलब यह समझें कि केपेसीटर शॉर्ट है और यदि दोनों LEDs लगातार जलते रहती है तो इसका मतलब यह समझें कि केपेसीटर ओपन है।

इस प्रोजेक्ट को काफी कम किमत में तैयार किया जा सकता है।

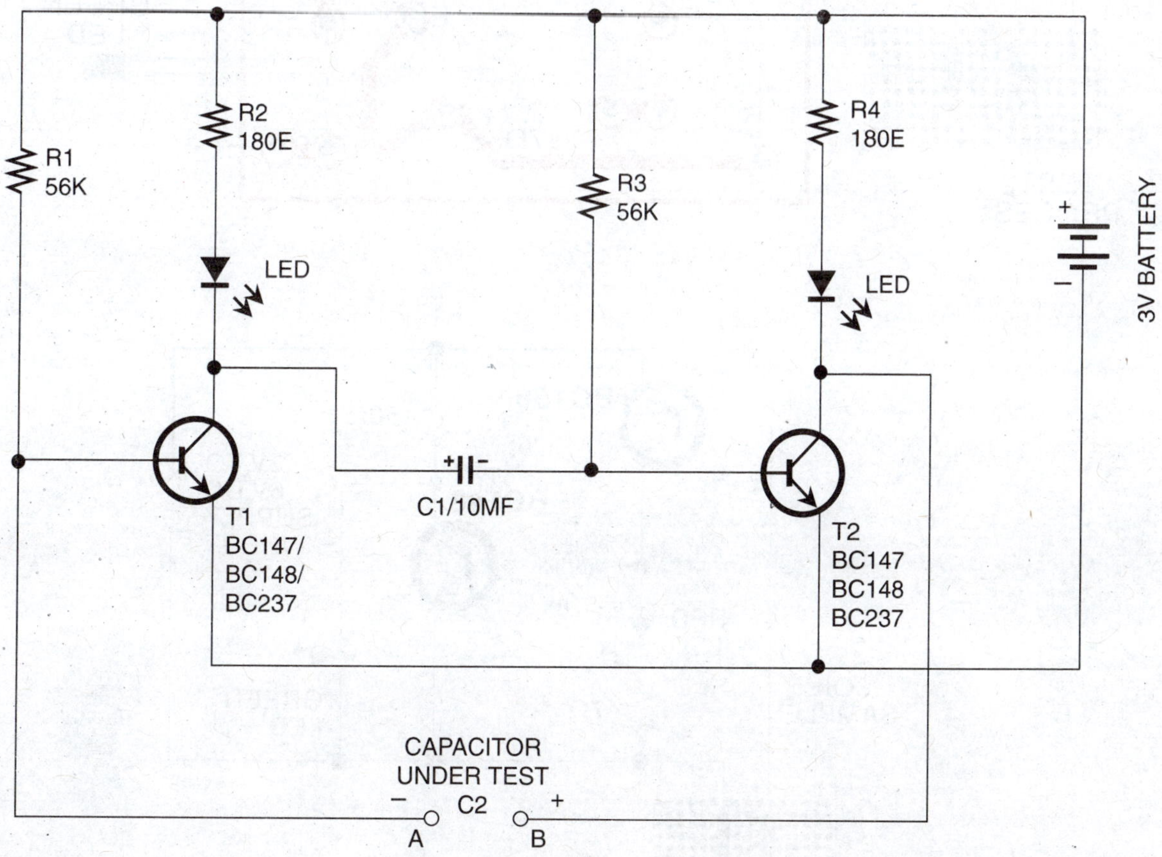

109 मिट्टी की नमी दर्शाने वाला इण्डीकेटर

यह एक बहुत ही सरल तथा उपयोगी प्रोजेक्ट है जिसकी सहायता से आप मिट्टी पर आई नमी को परख सकते हैं। इस प्रोजेक्ट का उपयोग आप उन सभी जगहों पर सकते हैं जहां आपको नमी के आने की सूचना प्राप्त करनी होती है।

यह प्रोजेक्ट बहुत ही आसान सा है, जो साधारण ट्रांजिस्टर की बायसिंग पर आधारित है। इसमें दो ट्रांजिस्टरों BC158 तथा BC148 का उपयोग मुख्यतः किया गया है । जब ट्रांजिस्टर BC158 के बेस तथा ग्राऊण्ड से लगी प्रॉब्स के बीच नमी नहीं होती है तो BC158 के बेस को बायसिंग नहीं मिलती जिससे दोनों ट्रांजिस्टर कट-ऑफ की स्थिती में रहते हैं। इससे हरे रंग की LED प्रकाशित होकर नमी की अनुपस्थिति की सूचना देती है। जब दोनों प्रॉब्स के बीच नमी आ जाती है तब ट्रांजिस्टर BC158 के बेस को आवश्यक बायसिंग मिलने लगती है एवं यह ट्रांजिस्टर तथा इसके कारण ट्रांजिस्टर BC148 ऑन स्थिति में आ जाती है। इसके परिणामस्वरुप लाल रंग की LED प्रकाशित होकर हमें नमी की उपस्थिति की सूचना देती है।

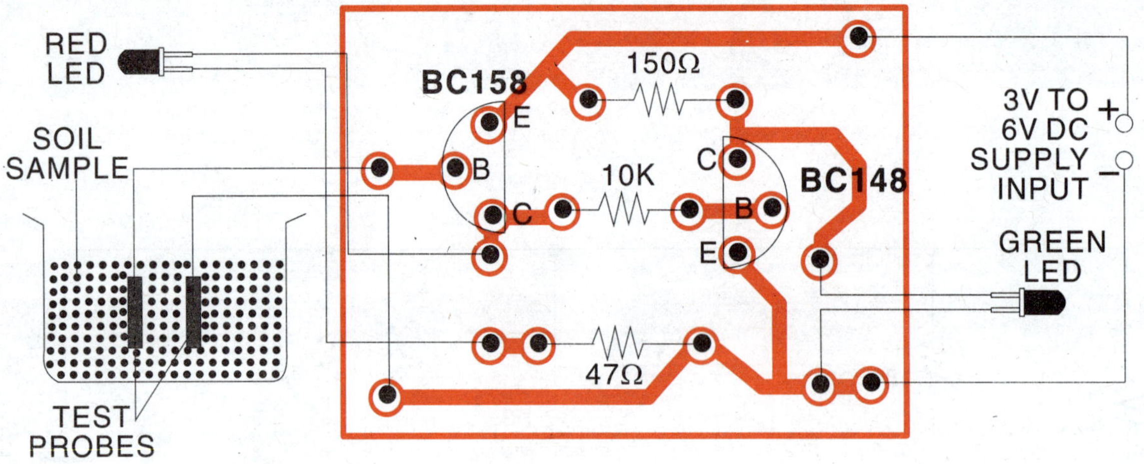

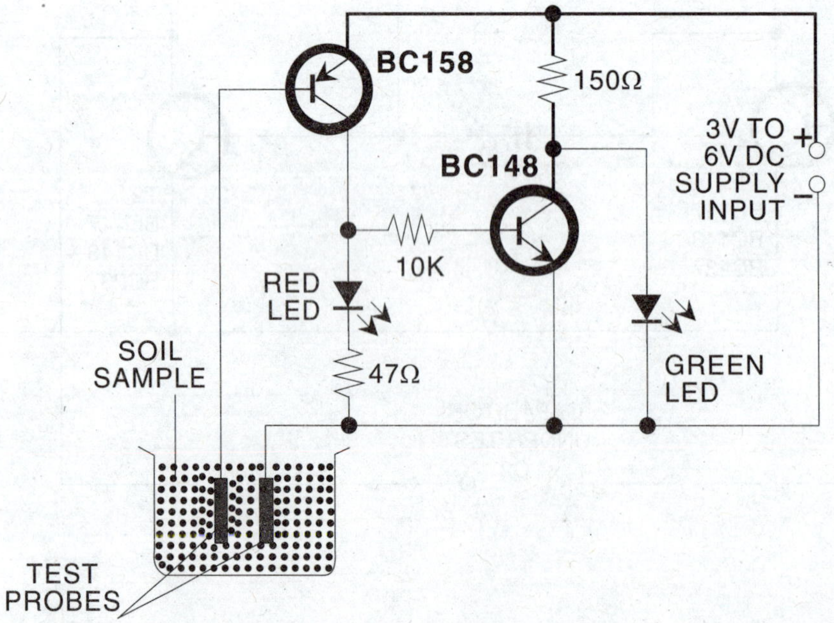

पानी का स्तर दर्शाने वाले सरल प्रोजेक्ट 110

यह प्रोजेक्ट भी आसान तथा उपयोगी प्रोजेक्ट है। यह प्रोजेक्ट पानी की टंकी में पानी का लेवल बताता है।

इस सर्किट की कार्य प्रणाली ट्रांजिस्टर BC148 की बायसिंग सिद्धान्त पर आधारित है। ट्रांजिस्टर के कलेक्टर पर एक LED एवं 150E का रजिस्टेंस लगा है। ट्रांजिस्टर का अमीटर सीधे ग्राऊण्ड है तथा बेस 220K के रजिस्टेंस से होते हुए ग्राऊण्ड से जुड़ा है।

इस सर्किट में पानी के स्तर की पहचान के लिए धातु के बने हुए दो सेन्सर प्रॉब्स लगे हुए हैं। इनमें से एक सेन्सर प्रॉब 100K के रजिस्टेंस के द्वारा पॉजीटिव सप्लाई से जुड़ा हुआ है तथा दुसरा सेन्सर प्रॉब 1M के प्रिसेट के द्वारा ट्रांजिस्टर के बेस से जुड़ा है।

जैसे ही दोनों सेन्सर प्रॉब्स पानी के लेवल की वजह से एक-दुसरे के सम्पर्क में आते हैं तो ट्रांजिस्टर के बेस को बायसिंग मिलने लग जाती है एवं ट्रांजिस्टर कार्य करने लग जाता है। इससे ट्रांजिस्टर के कलेक्टर पर लगी LED प्रकाशित होकर हमें टंकी में पानी के स्तर की सूचना देती है। इस LED के प्रकाश को प्रिसेट के द्वारा कम/ज्यादा एडजस्ट किया जा सकता है।

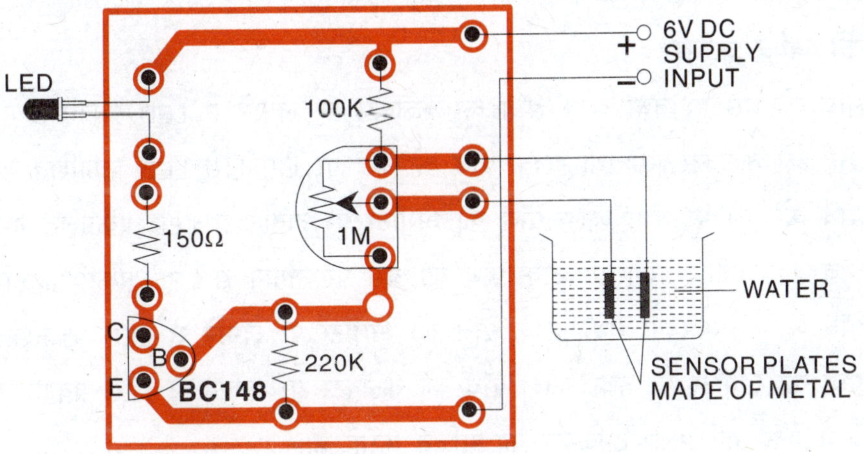

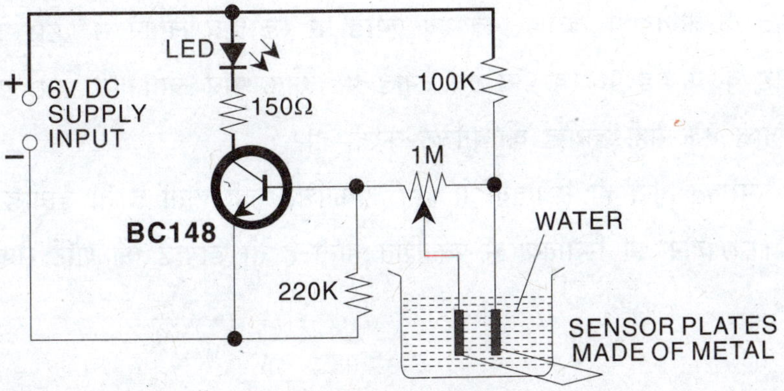

111 इलेक्ट्रॉनिक कम्पोनेन्ट टेस्टर

इस प्रोजेक्ट में लगी LED के इण्डीकेशन से आप यह मालूम कर सकते हैं कि चेक किया जा रहा कम्पनोनेन्ट सही है या खराब है। कम्पोनेन्ट की जांच के लिए इस प्रोजेक्ट में लाल रंग की एवं काले रंग की दो प्रॉब्स दी गई हैं। इस प्रोजेक्ट का मुख्य आधार इसमें लगा ट्रांजिस्टर AC187 है। इस सर्किट की सहायता से इलेक्ट्रॉनिक कम्पोनेन्ट की जांच निम्नानुसार की जाती है ;

NPN ट्रांजिस्टर की जांच करना

1. प्रोजेक्ट की रेड प्रॉब को ट्रांजिस्टर के बेस पर तथा ब्लेक प्रॉब को ट्रांजिस्टर के कलेक्टर पर लगाने से प्रोजेक्ट की LED प्रकाशित होने लगती है।
2. रेड प्रॉब को कलेक्टर पर तथा ब्लेक प्रॉब को बेस पर लगाने से LED प्रकाशित नहीं होती है।
3. रेड प्रॉब को बेस पर तथा ब्लेक प्रॉब को अमीटर पर लगाने से LED प्रकाशित होने लगती है।
4. रेड प्रॉब को अमीटर पर तथा ब्लेक प्रॉब को बेस पर लगाने से LED प्रकाशित नहीं होती है।
5. रेड प्रॉब को कलेक्टर पर तथा ब्लेक प्रॉब को अमीटर पर लगाने से LED प्रकाशित नहीं होती है।
6. रेड प्रॉब को अमीटर पर तथा ब्लेक प्रॉब को कलेक्टर पर लगाने से LED प्रकाशित नहीं होती है।

उपरोक्त जांच एक सही NPN ट्रांजिस्टर को सूचित करती है।

PNP ट्रांजिस्टर की जांच करना

1. रेड प्रॉब को बेस पर तथा ब्लेक प्रॉब को कलेक्टर पर लगाने से LED प्रकाशित नहीं होती है।
2. रेड प्रॉब को कलेक्टर पर तथा ब्लेक प्रॉब को बेस पर लगानें से LED प्रकाशित होने लगती है।
3. रेड प्रॉब को बेस पर तथा ब्लेक प्रॉब को अमीटर पर लगाने से LED प्रकाशित नहीं होती है।
4. रेड प्रॉब को अमीटर पर तथा ब्लेक प्रॉब को बेस पर लगाने से LED प्रकाशित होने लगती है।
5. रेड प्रॉब को कलेक्टर पर तथा ब्लेक प्रॉब को अमीटर पर लगाने से LED प्रकाशित नहीं होती है।
6. रेड प्रॉब को अमीटर पर तथा ब्लेक प्रॉब को कलेक्टर पर लगाने से LED प्रकाशित नहीं होती है।

उपरोक्त जांच एक सही PNP ट्रांजिस्टर को सूचित करती है।

डायोड की जांच करना

1. डायोड के कैथोड पर ब्लेक प्रॉब एवं एनोड पर रेड प्रॉब लगाने से LED प्रकाशित होने लगती है।
2. डायोड के कैथोड पर रेड प्रॉब एवं एनोड पर ब्लेक प्रॉब लगाने से LED प्रकाशित नहीं होती है।

उपरोक्त जांच एक सही डायोड को सूचित करती है।

3. यदि उपरोक्त दोनों ही स्थितियों में LED प्रकाशित नहीं होती है तो डायोड को ओपन समझें।
4. यदि LED दोनों ही स्थितियों में प्रकाशित होती है तो डायोड को शॉर्ट समझें।

केपेसीटर की जांच करना

1. केपेसीटर के दोनों सिरों पर एक-एक प्रॉब्स लगाएं, इससे LED प्रकाशित होने के बाद धीरे-धीरे बुझ जाएगी।
2. अब केपेसीटर के दोनों सिरों की प्रॉब्स को बदल कर लगाएं, इससे भी LED प्रकाशित होने के बाद धीरे-धीरे बुझ जाएगी।

उपरोक्त जांच एक सही केपेसीटर को सूचित करती है।

3. यदि LED प्रकाशित होने के बाद धीरे-धीरे नहीं बुझती है और लगातार प्रकाशित होते रहती है तो केपेसीटर को शॉर्ट समझें।
4. यदि LED प्रकाशित ही नहीं होती है तो केपेसीटर को ओपन समझें।

रजिस्टेंस की जांच करना

1. रजिस्टेंस के दोनों सिरों पर एक-एक प्रॉब को लगाएं, यदि LED प्रकाशित होती है तो इसका मतलब यह समझें कि रजिस्टेंस ठीक है।
2. यदि LED प्रकाशित नहीं होती है तो इसका मतलब यह समझें कि रजिस्टेंस ओपन हो गया है।
3. LED के प्रकाश की तीव्रता, जांच किए जा रहे रजिस्टेंस की वेल्यू पर निर्भर करती है। यदि जांच किए जा रहे रजिस्टेंस की वेल्यू कम होगी तो LED के प्रकाश की तीव्रता अधिक होगी और यदि रजिस्टेंस की वेल्यू अधिक होगी तो LED के प्रकाश की तीव्रता कम होगी।

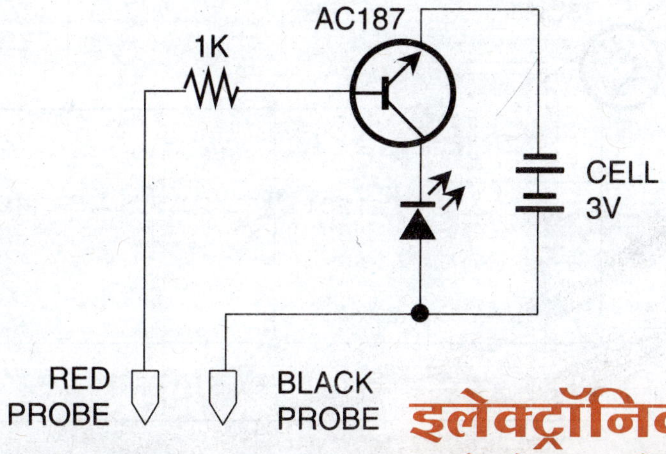

इलेक्ट्रॉनिक कम्पोनेन्ट टेस्टर

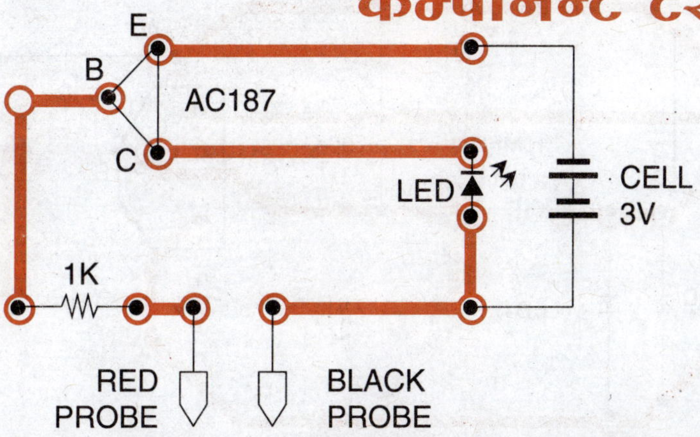

112

इलेक्ट्रॉनिक आंखें

इस प्रोजेक्ट में लगी LED अचानक से तेज प्रकाश के साथ प्रकाशित होकर फिर धीरे-धीरे बुझती जाती है। इससे अंधेरे में हमें ऐसा प्रतीत होता है मानों किसी राक्षस की भयानक आंखे चमक कर बुझ गई हों।

यह प्रोजेक्ट मुख्य रुप से दो ट्रांजिस्टरों से निर्मित एक फ्लेशर सर्किट ही है। इसमें लगे दो ट्रांजिस्टरों में से एक ट्रांजिस्टर BC148, NPN प्रकार का है तथा दुसरा ट्रांजिस्टर BC158, PNP प्रकार का है। सर्किट में ये दोनों ट्रांजिस्टर्स मिलकर एक मल्टीवाईब्रेटर का निर्माण करते हैं। PNP ट्रांजिस्टर BC158 के कलेक्टर से 10MFd/16V के एक केपेसीटर के द्वारा फीडबैक NPN ट्रांजिस्टर BC148 के बेस को दिया गया है। इसी तरह NPN ट्रांजिस्टर के कलेक्टर का आऊटपुट सीधे PNP ट्रांजिस्टर के बेस को दिया गया है।

10MFd/16V के केपेसीटर की हाई वेल्यू तथा इसके इलेक्ट्रोलाईटिक प्रकार के होने के कारण ही, इस प्रोजेक्ट को सप्लाई दिए जाने पर LED शीघ्रता से प्रकाशित हो उठता है एवं फिर धीरे-धीरे उसकी तीव्रता कम होते जाती है।

इस प्रोजेक्ट को काफी कम सप्लाई पर कार्य कराया जा सकता है। इसे 3V से 6V ने सप्लाई से कार्य कराया जा सकता है।

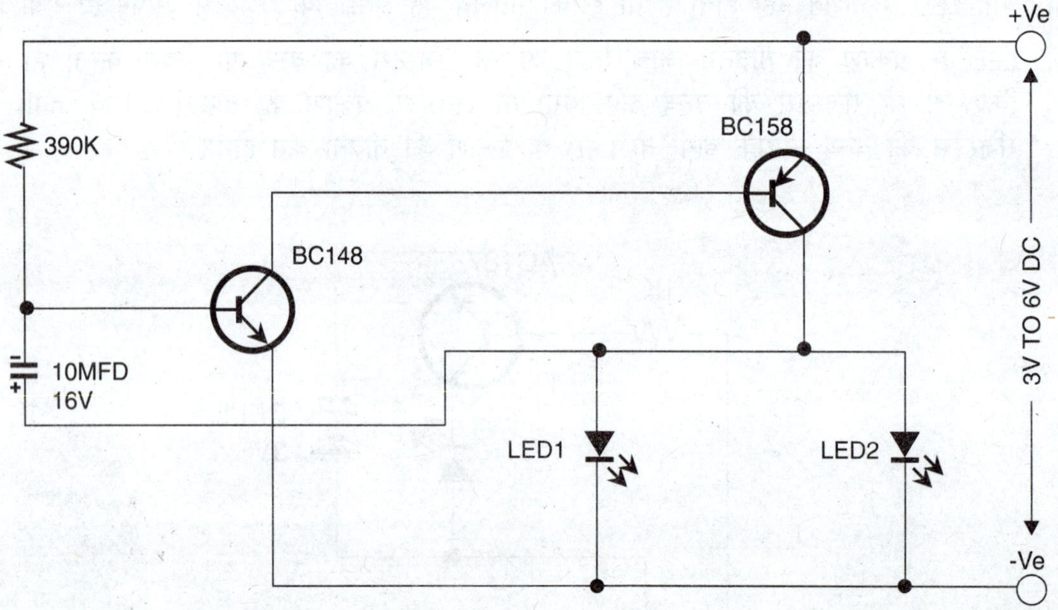

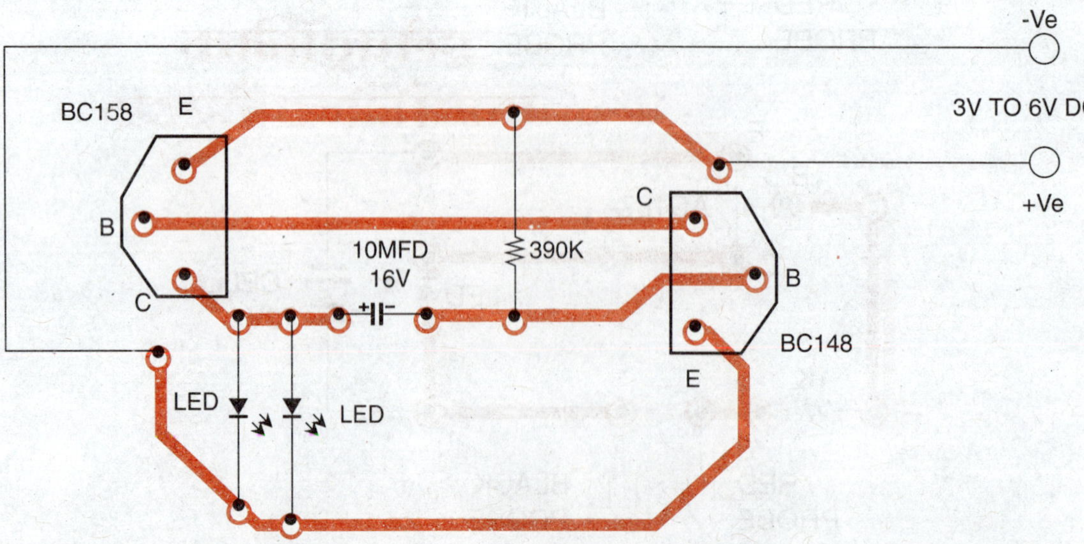

लाईट एवं साऊण्ड शो

113

यह एक ऐसा प्रोजेक्ट है जो किसी माऊथ-ऑर्गन के समान विभिन्न प्रकार की आवाजें उत्पन्न करने के साथ ही साथ उस आवाज के अनुरुप LED के माध्यम से विजुअल इण्डीकेशन भी प्रस्तुत करता है। यह एक काफी सरल एवं कम किमत वाला प्रोजेक्ट है। इस प्रोजेक्ट के कार्य करने से ऑर्गन के समान समधुर ध्वनि सुनाई देती है एवं साथ ही साथ LEDs से डान्सिंग लाईट जैसा प्रकाश भी उत्पन्न होता है।

इस प्रोजेक्ट में मुख्य रुप से बहुप्रचलित टाईमर आई.सी. 555 का उपयोग किया गया है। यहां इस आई.सी. का उपयोग अस्टेबल मल्टीवाईब्रेटर के रुप में किया गया है। इसके लिए इसकी थ्रेशहोल्ड पिन, पिन नं. 6 तथा ट्रिगर पिन, पिन नं. 2 को आपस में जोड़ा गया है। इन दोनों पिनों के जंक्शन से एक प्रॉब कनेक्ट की गई है। आई.सी. की डिस्चार्ज पिन, पिन नं. 7 से भिन्न-भिन्न मान के 10 रजिस्टेंस सप्लाई लाईन से 10K के एक रजिस्टेंस से होते हुए जुड़े हैं।

जब तक पिन नं. 6 व पिन नं. 7 के बीच कोई सम्पर्क नहीं होता है तब तक यह सर्किट कार्य नहीं करती है लेकिन जैसे ही पिन नं. 2/6 से जुड़ी प्रॉब को पिन नं. 7 के रजिस्टेंस के दुसरे सिरे से टच कराया जाता है वैसे ही यह सर्किट कार्य करने लग जाती है एवं आई.सी. की पिन नं. 3 से आऊटपुट निकलने लगता है। इस आऊटपुट से Bi-Coloured LED को तथा स्पीकर को कार्य कराया जाता है जिससे लाईट एवं साऊण्ड इफेक्ट प्राप्त होता है।

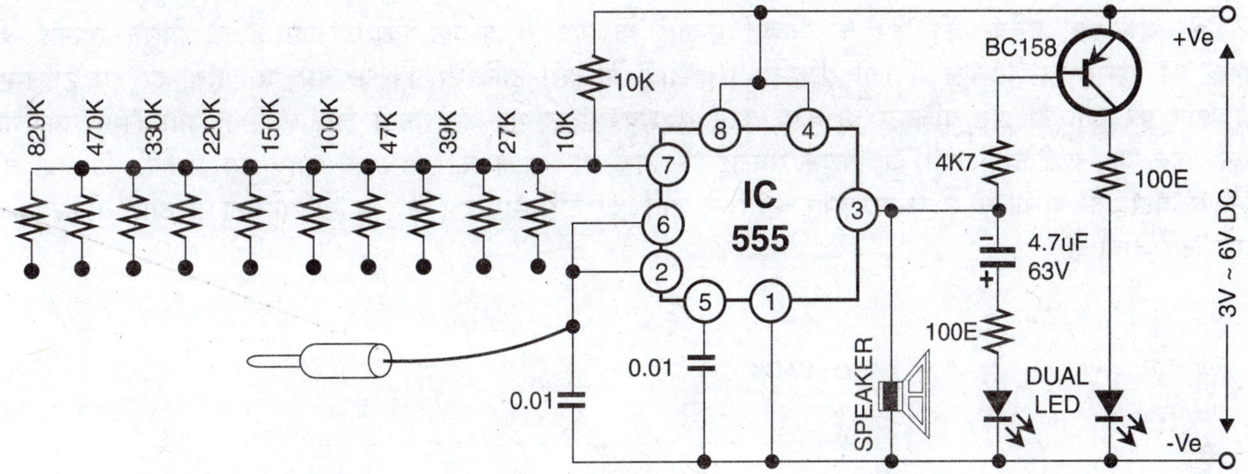

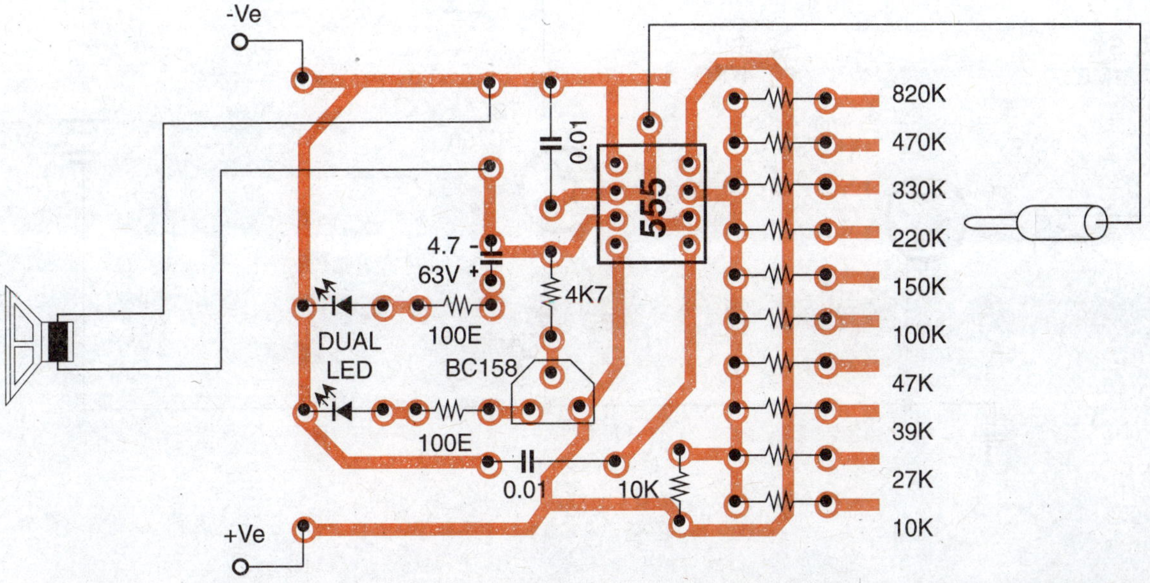

114 मैजिक टेस्टर

इस प्रोजेक्ट का उपयोग 230V AC सप्लाई के फेज, न्यूट्रल एवं अर्थ की जांच करने के लिए किया जा सकता है। इसके अलावा बाजार से बल्ब, ट्यूब लाईट इत्यादि खरीदते समय भी इस प्रोजेक्ट के द्वारा आप यह जांच कर सकते हैं कि खरीदा जा रहा सामान फ्यूज्ड तो नहीं है।

विद्युत सप्लाई के फेज की जांच के लिए नियॉन बल्ब वाले टेस्टर में टेस्टर के पीछे के भाग को हाथ छूना पड़ता है परन्तु इस मेजिक टेस्टर के द्वारा फेज की जांच के लिए इसके पीछे के भाग को हाथ से छूना नहीं पड़ता है। यह तो हम सभी जानते हैं कि विद्युत सप्लाई में तीन सिरे होते हैं जिन्हें फेज, न्यूट्रल एवं अर्थ के नाम से जाना जाता है। जिस टर्मिनल में मेजिक टेस्टर के पीछे के भाग को छुए बिना ही इण्डीकेटर इण्डीकेशन देता है वह टर्मिनल फेज होगा। जिस टर्मिनल पर मेजिक टेस्टर के पीछे के भाग को छुए बिना ही इण्डीकेटर हल्का इण्डीकेशन देता हो परन्तु मेजिक टेस्टर के पीछे के भाग को छूने से फुल इण्डीकेशन देता हो तो वह टर्मिनल न्यूट्रल होगा। जिस टर्मिनल पर मेजिक टेस्टर की टिप लगाने पर इण्डीकेटर कोई इण्डीकेशन नहीं देता हो वह टर्मिनल अर्थ होगा।

इस प्रोजेक्ट में मुख्य रुप दो ट्रांजिस्टरों T1 (BC147) एवं T2 (BC158) का उपयोग किया गया है। जैसे ही इस प्रोजेक्ट की टिप एवं बैक टर्मिनल के बीच सम्पर्क जैसे कि बल्ब या ट्यूब लाईट या विद्युत सप्लाई का फेज आदि आता है तो ट्रांजिस्टर T1 को फॉरवर्ड बायस मिलने लग जाता है जिससे सर्किट कार्य करने लग जाती है और LED प्रकाशित हो उठती है।

जब इस प्रोजेक्ट की टिप को विद्युत सप्लाई के फेज से कनेक्ट किया जाता है तो विद्युत सप्लाई की 50Hz की पल्सेस इस प्रोजेक्ट में लगे रजिस्टेंस R1 (1M) के द्वारा ट्रांजिस्टर T1 के बेस पर पहुंच कर इस ट्रांजिस्टर को ऑन कर देती है। इस ट्रांजिस्टर के कार्य करने से शेष सर्किट भी कार्य करने लग जाती है और LED प्रकाशित होकर फेज का इण्डीकेशन देती है। विद्युत सप्लाई के अर्थ या न्यूट्रल की जांच के समय इस प्रोजेक्ट के बैक को छूने पर बैटरी के पॉजीटिव से करन्ट हमारे शरीर से होते हुए ट्रांजिस्टर T1 के बेस पर पहुंचता है और सर्किट कार्य करने लग जाती है।

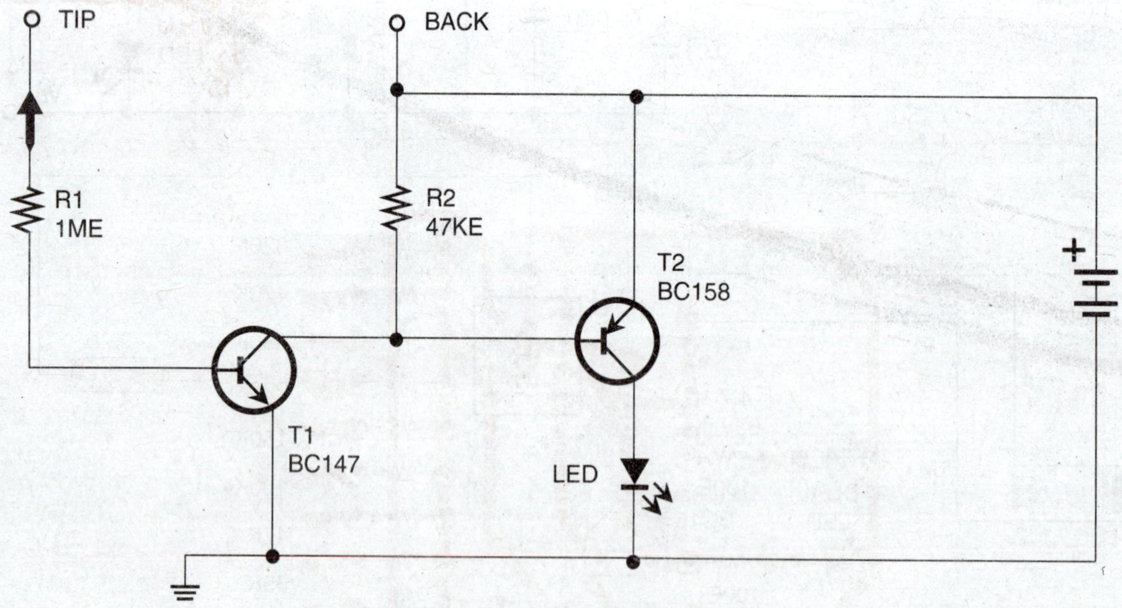

लो बैटरी वोल्टेज इण्डीकेटर

115

यह प्रोजेक्ट, जब किसी बैटरी के वोल्टेज न्यूनतम सीमा से कम हो जाते हैं तब इण्डीकेशन देता है। यद्धपि यहां पर दिखाया जा रहा प्रोजेक्ट 9V के लिए है परन्तु इसे अन्य वोल्टेज मान के लिए भी तैयार किया जा सकता है।

जब तक बैटरी वोल्टेज, जिनर डायोड D1 के जिनर वोल्टेज से अधिक रहते हैं तब तक जिनर डायोड D1 कण्डक्ट करता रहता है। इसके कारण ट्रांजिस्टर T1 के अमीटर पर R4 के समानान्तर होने वाला वोल्टेज ड्रॉप, R1, R2, R3 से निर्मित डिवाईडर नेटवर्क से होते हुए ट्रांजिस्टर T1 के बेस पर पहुंचने वाले बेस बायस का विरोध करता रहता है जिससे ट्रांजिस्टर कट-ऑफ स्थिति में रहता है।

जब बैटरी के वोल्टेज, जिनर डायोड के जिनर वोल्टेज से भी कम हो जाते हैं तब ट्रांजिस्टर T1 के अमीटर पर रजिस्टेंस R4 के समानान्तर बनने वाले वोल्टेज नहीं बन पाते हैं जिससे ट्रांजिस्टर T1 कट-ऑफ स्थिति से ऑन स्थिति में आ जाता है। ट्रांजिस्टर T1 के कार्य करने से इसका कलेक्टर लो हो जाता है जो कि ट्रांजिस्टर T2 के बेस पर पहुंच कर उसे ऑन कर देता है।

ट्रांजिस्टर T2 के कार्य करने से इसके कलेक्टर पर लगी LED प्रकाशित होने लग जाती है जो कि हमें यह सूचित करती है कि बैटरी के वोल्टेज निधारित न्यूनतम सीमा से भी कम हो गए हैं।

प्रिसेट R2 की सहायता से बैटरी के न्यूनतम वोल्टेज की सेटिंग की जाती है।

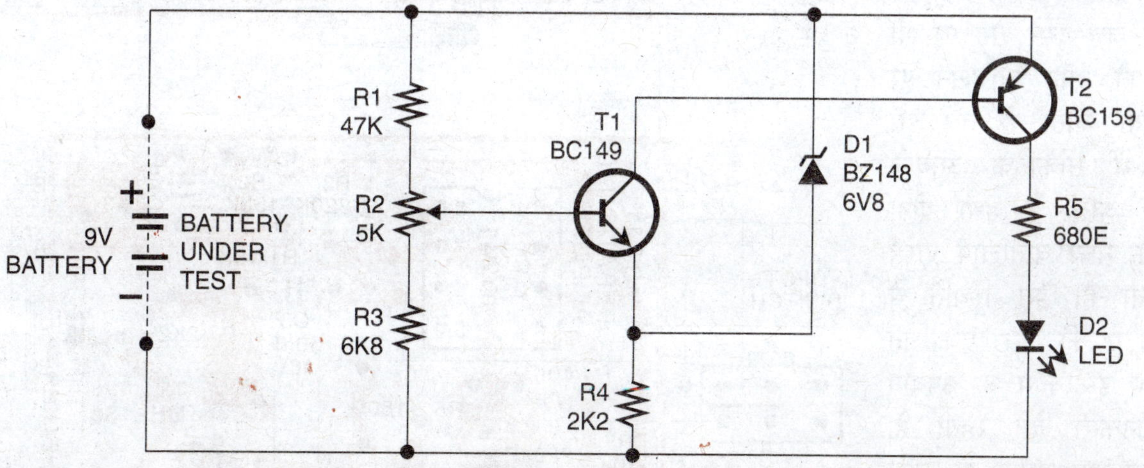

116 इन्टरकॉम स्टेटस इण्डीकेटर

यह प्रोजेक्ट मूलतः एक सामान्य प्रकार का इन्टरकॉम ही है लेकिन इसमें लगी LED इन्टरकॉम की स्थिति को सूचित करती है।

यह एक बहुत ही उपयोगी प्रोजेक्ट है जिसका उपयोग आप घरों, दफ्तरों, दुकानों, गोदामों इत्यादि में कर सकते हैं। इस प्रोजेक्ट में आई.सी. का उपयोग होने से इसमें आवाज की क्वालिटी बहुत अच्छी होती है। इस सर्किट में रिंग करने के लिए तथा आवाज के ट्रान्समिशन तथा रिसीविंग के लिए केवल एक ही स्विच का उपयोग किया गया है।

इस प्रोजेक्ट में ऑपरेशनल एम्प्लीफायर आई.सी. 741 को एक इन्वर्टिंग AC एम्प्लीफायर के रुप में उपयोग किया गया है। आई.सी. 741 इस प्रोजेक्ट में ट्रान्समिशन तथा रिसीविंग के लिए प्री-एम्प्लीफायर का कार्य करती है। इस प्रोजेक्ट को 9V की DC सप्लाई के द्वारा चलाया जा सकता है।

आई.सी. की पिन नं. 2 (इन्पुट पिन) पर कण्डेन्सर माईक जुड़ा है। माईक से प्राप्त साऊण्ड सिग्नलों को आई.सी. 741 पर्याप्त स्तर तक एम्प्लीफाई कर आऊटपुट पिन नं. 6 पर देती है। पिन नं. 6 से प्राप्त सिग्नल TR1 तथा TR2 से निर्मित पॉवर एम्प्लीफायर के द्वारा एम्प्लीफाई होकर स्पीकर को भेजे जाते हैं जहां से बेल की आवाज सुनाई देती है। इस प्रोजेक्ट में लगे DPDT स्विच की स्थिति में परिवर्तन लाकर दो अलग-अलग कार्य कराए जाते हैं। जब एक सेट पर यह स्विच ऑन पोजिशन पर होता है तो दुसरे सेट के स्पीकर पर एक सांकेतिक आवाज सुनाई देती है। जब दुसरे सेट पर भी स्विच को ऑन पोजिशन पर कर दिया जाता है तब इस स्थिति में सांकेतिक आवाज बंद हो जाती है तथा दोनों सेट्स के मध्य वार्तालाप प्रारंभ हो जाता है। इस स्थिति में दोनों सेट्स की LED प्रकाशित रहते हुए इन्टरकॉम के उपयोग की जानकारी देते रहती है। जब वार्तालाप समाप्त हो जाता है तब दोनों सेट्स के स्विच को ऑफ पोजिशन पर रख दिया जाता है।

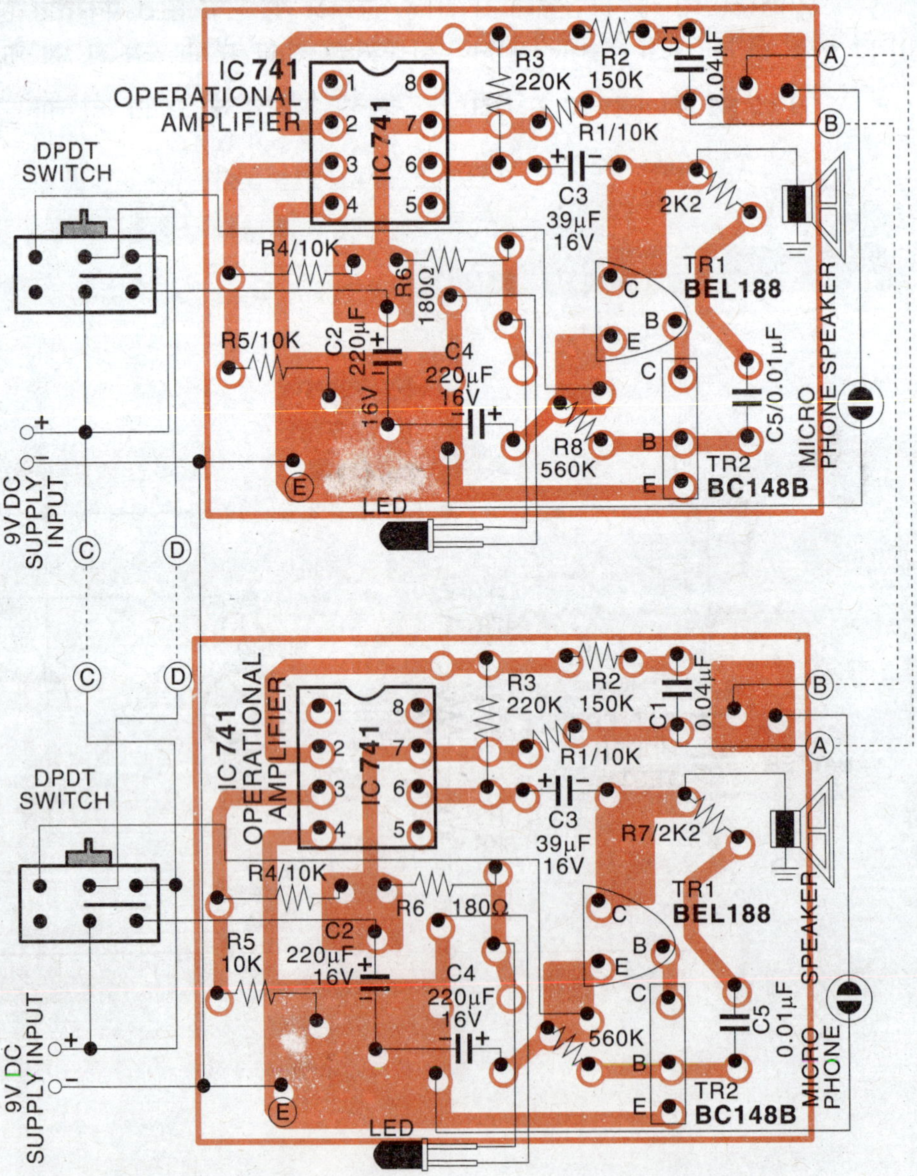

लो वोल्टेज इण्डीकेटर युक्त इमरजेन्सी लाईट 117

यह प्रोजेक्ट मूलतः एक सामान्य प्रकार का इमरजेन्सी लाईट ही है लेकिन इसमें लगी LED लो वोल्टेज की स्थिति को सूचित करती है।

इस प्रोजेक्ट के द्वारा आप बिजली चले जाने पर बल्ब जला सकते हैं, साथ ही इसमें दिए गए 12V DC आऊटपुट से 12V वाला (कम करन्ट खपत वाला) कोई भी उपकरण चला सकते हैं। इस सर्किट में बैटरी वोल्टेज के लो होने पर उसका इण्डीकेशन इसमें लगी LED देती है।

इस सर्किट का मुख्य भाग रिले है। इस सर्किट में AC मेन्स से प्राप्त सप्लाई को स्टेप-डाऊन ट्रांसफॉर्मर के द्वारा स्टेप-डाऊन करके फुल-वेव रेक्टिफायर द्वारा DC में बदला जाता है। इस DC सप्लाई को रिले की क्वायल से होते हुए चार्जेबल बैटरी के पॉजीटिव टर्मिनल पर दिया जाता है जिससे बैटरी चार्ज होते रहती है। जैसे ही AC सप्लाई कट-ऑफ हो जाती है वैसे ही बैटरी द्वारा सप्लाई रिले की क्वायल पर पहुंचती है जिससे रिले का पोल N/O स्थिति पर चला जाता है एवं बल्ब प्रकाशित हो उठता है।

जब बैटरी के वोल्टेज काफी कम हो जाएगें तब इसकी सूचना LED प्रकाशित होकर देने लगती है।

विशेषताएं :

1. AC के उपस्थित रहते तक टॉर्च का स्विच ऑन कर देने पर भी बल्ब प्रकाशित नहीं होता है।
2. जब इमरजेन्सी लाईट की आवश्यकता हो तब स्विच को ऑन स्थिति पर रखें, जब बिजली बंद होगी तो टॉर्च ऑटोमेटिकली प्रकाशित हो उठेगा।
3. टॉर्च में लगी जैक पिन सॉकेट से 12V DC प्राप्त कर कोई भी कम करन्ट खपत करने वाला 12V का उपकरण चला सकते हैं।

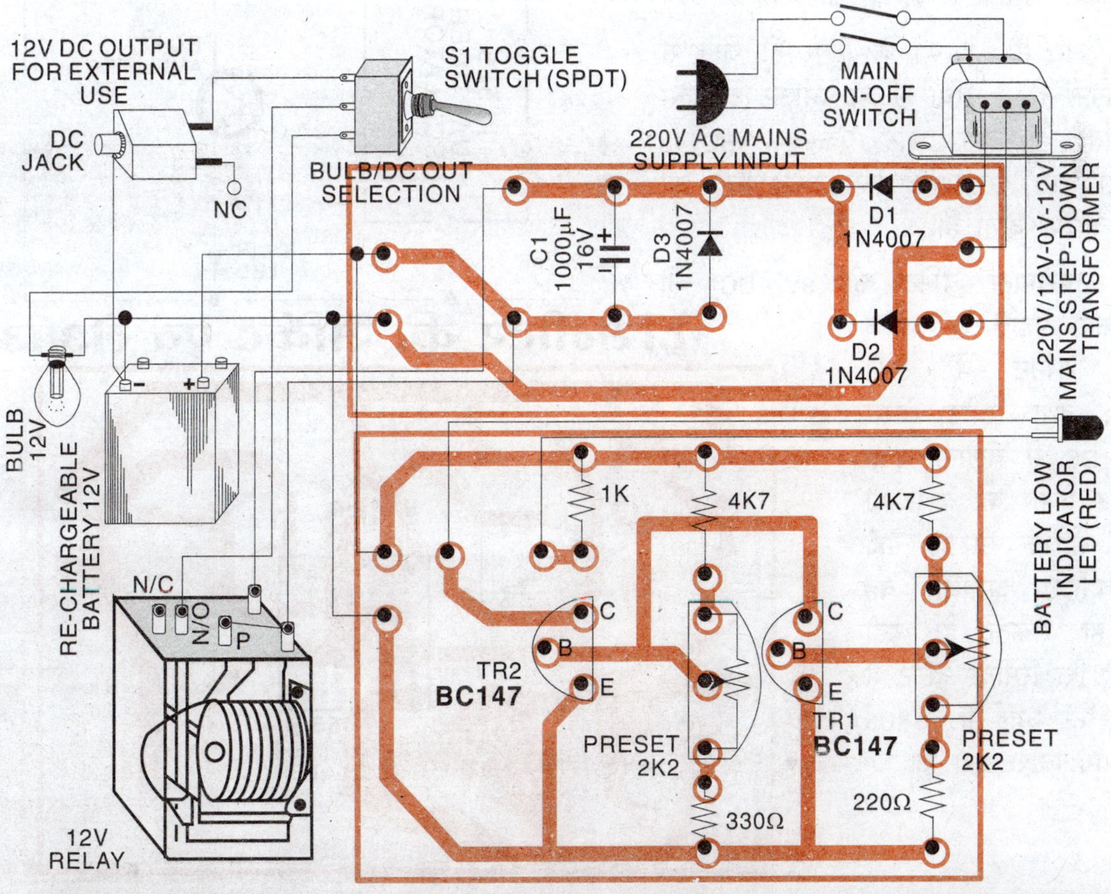

118 इन्फ्रा-रेड LED युक्त डबल लाईन इन्फ्रा-रेड रिमोट कन्ट्रोल

यह एक प्रकार का रिमोट कन्ट्रोल ही है जिसमें नियंत्रण हेतु इन्फ्रा-रेड LED से निकलने वाले इन्फ्रा-रेड प्रकाश का इस्तेमाल किया जाता है। यह बेहद उपयोगी प्रोजेक्ट है। इसके द्वारा आप 10-15 फुट दुर से दो अलग-अलग उपकरणों को ऑन तथा ऑफ कर सकते हैं। इस प्रोजेक्ट में इन्फ्रा-रेड प्रकाश की किरणों का उपयोग किया जाता है जो कि मानव आंखों से दिखाई नहीं पड़ती हैं। इस प्रोजेक्ट में लगे रिले से आप टेलीविजन, पंखा, कुलर तथा इसी प्रकार के अन्य किसी भी उपकरण को जोड़ सकते हैं।

चूंकि यह प्रोजेक्ट वायरलेस पर आधारित है अतः इसके दो भाग निम्न हैं ;

1. रिमोट ट्रान्समीटर, तथा
2. रिमोट रिसीवर ।

इस प्रोजेक्ट के ट्रान्समीटर विभाग में एक टाईमर आई.सी. 555 तथा एक इन्फ्रा-रेड LED का जबकि रिसीवर विभाग में आई.सी. 555, आई.सी. 7493 तथा रिमोट सेन्सर का उपयोग किया गया है।

जब हम ट्रान्समीटर सेक्शन में लगे पुश बटन को दबाते हैं तो आई.सी. 555 के द्वारा पिन नं. 3 पर सिग्नल आऊट किए जाते हैं जिन्हें ट्रांजिस्टर BC177 द्वारा एम्प्लीफाई करके इन्फ्रा-रेड LED को दे दिया जाता है। इन्फ्रा-रेड LED इस सिग्नल को इन्फ्रा-रेड प्रकाश किरणों में बदल देती है जिसे इस प्रोजेक्ट के रिसीवर सेक्शन में रिमोट सेन्सर के द्वारा ग्रहण कर लिया जाता है।

रिमोट सेन्सर की आऊटपुट पल्स को आई.सी. 555 की पिन नं. 2 पर दिया जाता है जिससे इस आई.सी. की पिन नं. 3 पर आऊटपुट पल्स प्राप्त होती है। यह पल्स आई.सी. 7493 की पिन नं. 14 को देकर उसे ट्रिगर कराया जाता है।

आई.सी. 7493 के ट्रिगर हो जाने से इसकी पिन नं. 1 तथा 9 पर आऊटपुट पल्स प्राप्त होती है जिसे आगे एक-एक BC148 ट्रांजिस्टरों द्वारा एम्प्लीफाई कर उससे रिले को ऑपरेट कराया जाता है।

ट्रान्समीटर यूनिट को 9V DC की आवश्यकता पड़ती है जबकि रिसीवर यूनिट में लगी आई.सी. तथा रिमोट सेन्सर को 5V DC से चलाया जाता है। रिमोट सेन्सर को कभी भी 5V से अधिक सप्लाई नहीं देनी चाहिए अन्यथा वह खराब हो सकता है। यही कारण है कि रिसीवर यूनिट में 5V रेग्युलेटर आई.सी. 7805 का उपयोग किया गया है।

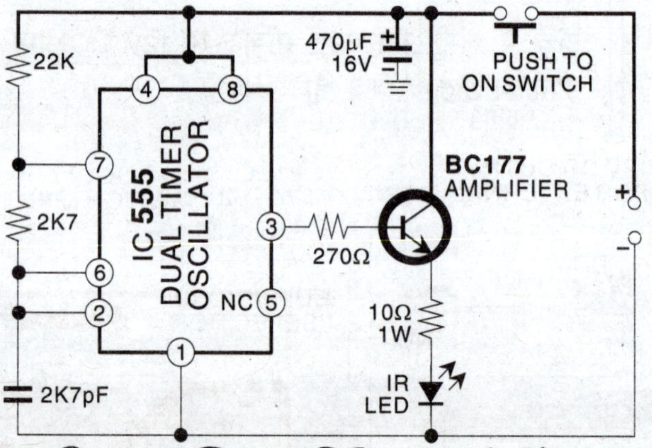

ट्रांसमीटर की सर्किट एवं लेआउट

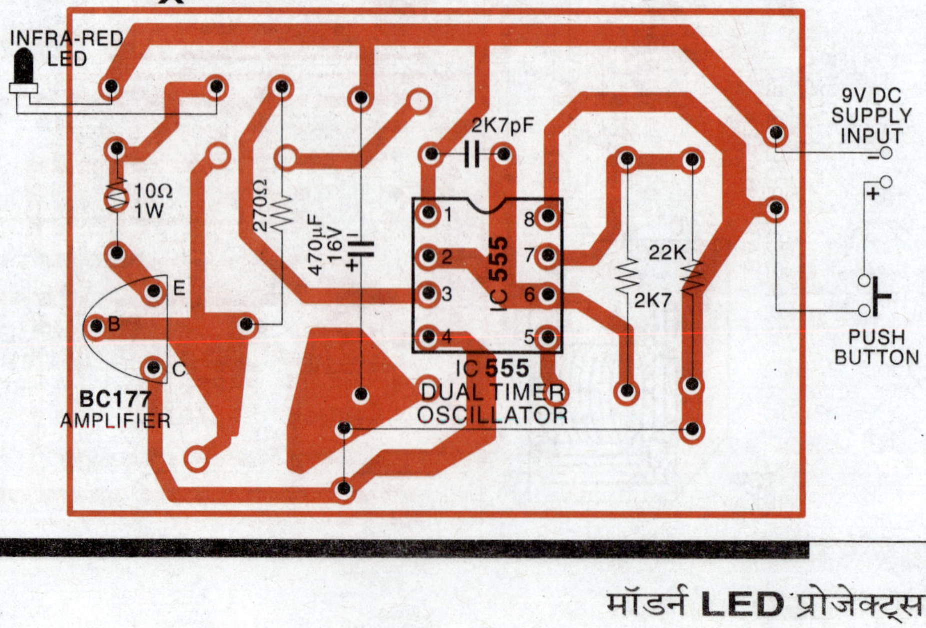

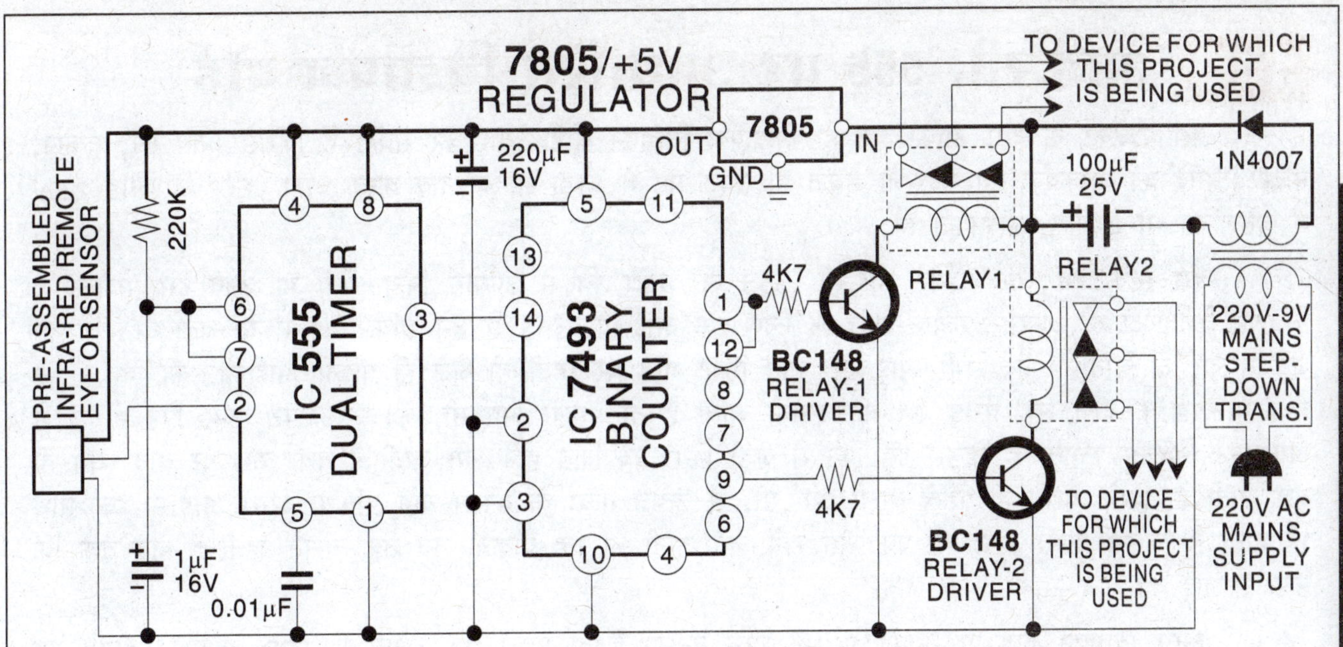

रिसीवर विभाग की सर्किट एवं लेआउट

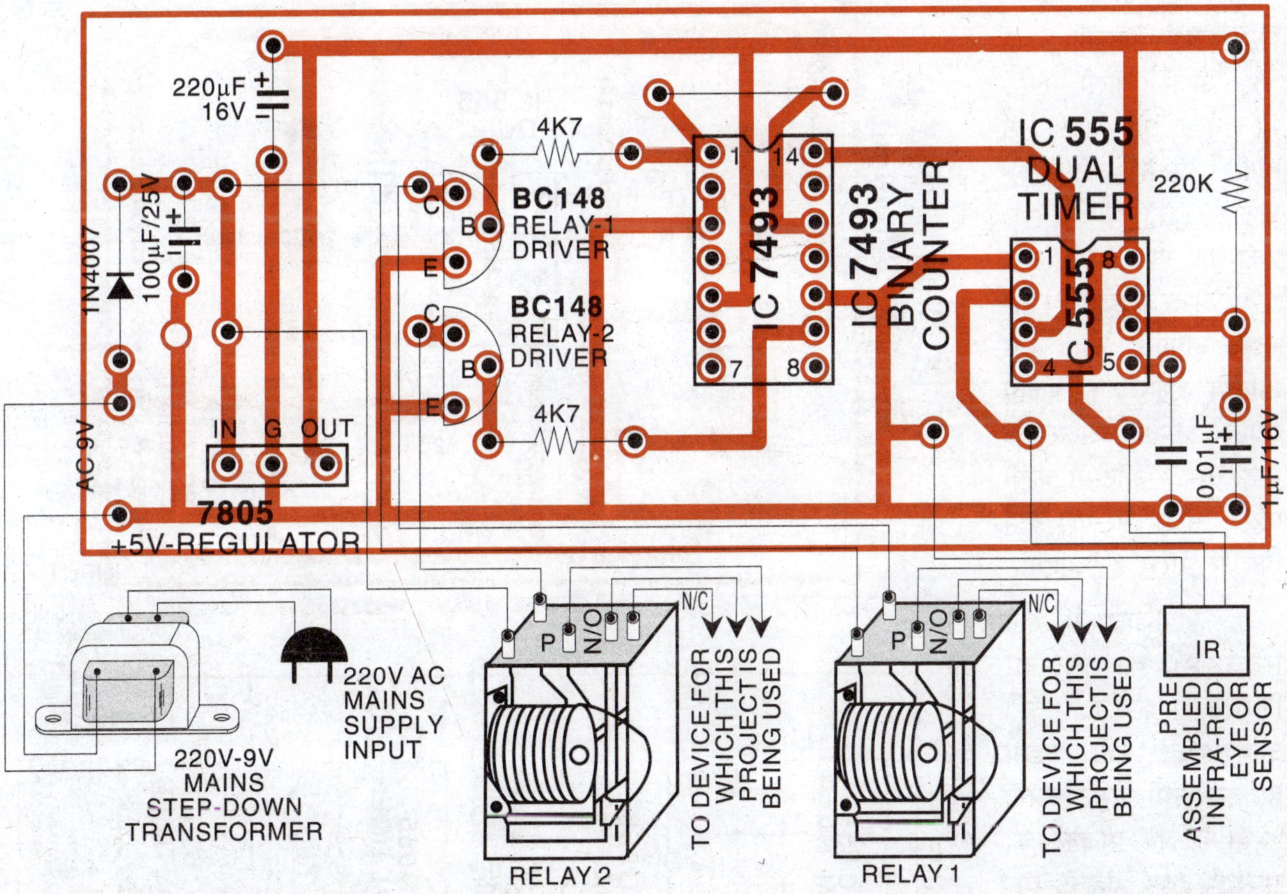

119 आई.सी. 555 पर आधारित विज्ञापन बोर्ड

इस प्रोजेक्ट के द्वारा आप बहुत ही आकर्षक विज्ञापन बोर्ड तैयार कर सकते हैं जिससे आप घर, दुकान, मंदिर इत्यादि को आकर्षक ढंग से सजा सकते हैं। आऊटपुट में थोड़ा सा बदलाव करके आप LED की जगह 220V के बल्ब का भी उपयोग कर सकते हैं।

इस सर्किट में चार टाईमर आई.सी. 555 का मुख्य रुप से उपयोग किया गया है। आप इस प्रोजेक्ट में विज्ञापन के शब्दों के अनुसार प्रत्येक शब्द के लिए एक आई.सी. 555 से बने सर्किट की संख्या बढ़ा दें। सर्वप्रथम जब सप्लाई दी जाती है तब सभी आई.सी. 555 रिसेट मोड पर रहती हैं। जैसे ही पहली आई.सी. की पिन नं. 2 तथा ग्राऊण्ड के बीच लगे स्विच S1 को दबाया जाता है तो पहली आई.सी. की आऊटपुट पिन, पिन नं. 3 से आऊटपुट निकलने लगता है जिससे इस पिन से जुड़ी LED प्रकाशित होने लग जाती है तथा कुछ देर बाद स्वयं ही बुझ जाती है। इसके बुझते ही पहले वाली आई.सी. से उत्पन्न पल्स के कारण यही प्रक्रिया दुसरी आई.सी. के साथ भी होती है जिससे दुसरी LED भी प्रकाशित होने लग जाती है। यह प्रक्रिया तब तक चलते रहती है जब तक कि मेन्स सप्लाई को बन्द न कर दिया जाय।

अगर विज्ञापन बोर्ड पर आपने SONY शब्द बनाया है तो पहले "S" अक्षर की LED प्रकाशित होगी। यह "S" अक्षर वाली LED कुछ देर तक प्रकाशित रहेगी तथा बाद में "O" अक्षर वाली LED प्रकाशित होगी और पहले वाली "S" अक्षर वाली LED बुझ जाएगी। यह "O" अक्षर वाली LED भी कुछ देर प्रकाशित होगी। इसके बाद "N" अक्षर वाली LED प्रकाशित हो जाएगी और "O" अक्षर वाली LED बुझ जाएगी। यह क्रम अन्तिम अक्षर तक चलता रहेगा। अन्तिम अक्षर के बाद पुनः ऑटोमेटिकली पहले अक्षर से यह क्रम फिर से प्रारंभ हो जाएगा।

प्रोजेक्ट में लगे स्विच S1 को बार-बार रिसेट करने की आवश्यकता नहीं पड़ती है, इसे तभी रिसेट करना पड़ता है जब प्रोजेक्ट को सप्लाई देकर पहली बार ऑन करना होता है।

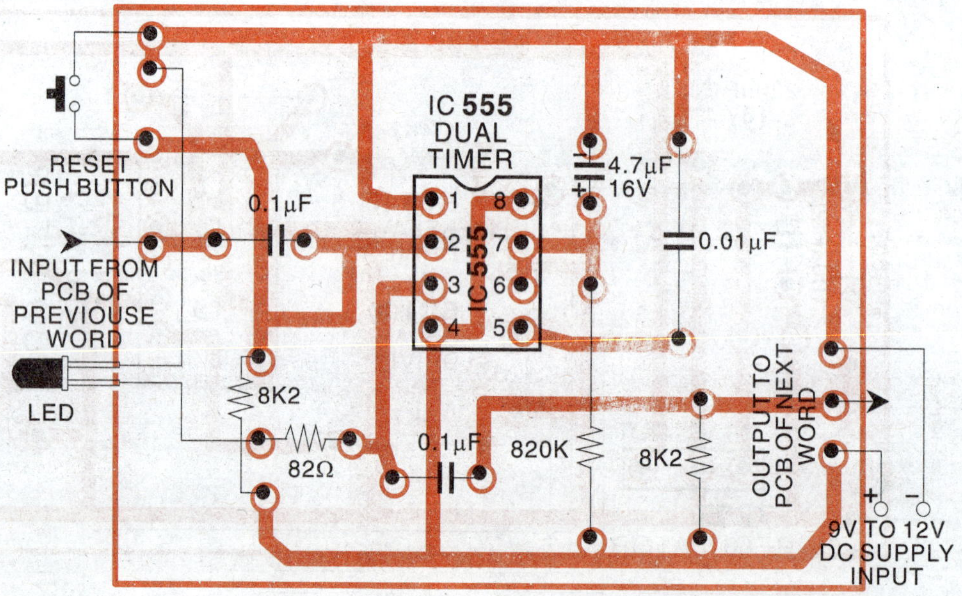

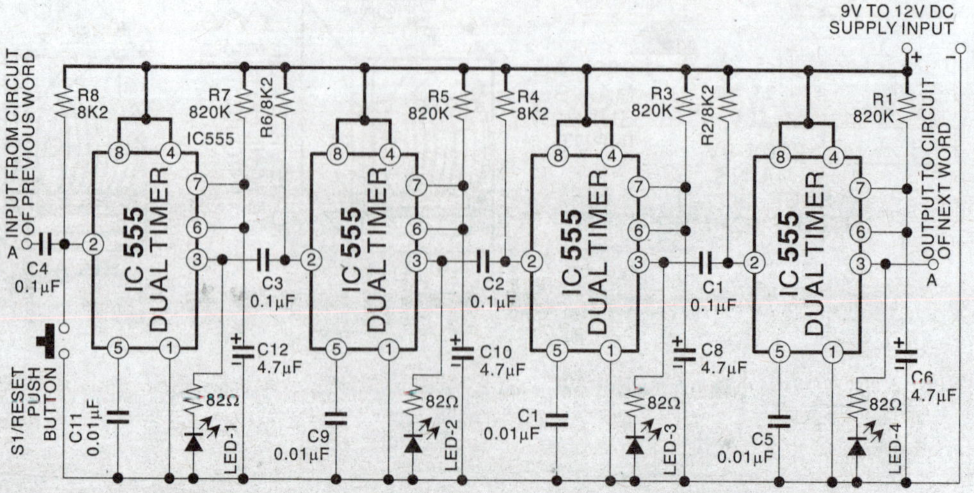

दिशा सूचक (डायरेक्शन इण्डीकेटर) 120

इस प्रोजेक्ट में लगी LEDs एक दिशा विशेष को इंगित करती हैं जो किसी का भी ध्यान अपनी ओर खींच लेती है। समारोह इत्यादि में किसी स्थान विशेष को इंगित करने के लिए यह पूर्णतः उपयुक्त प्रोजेक्ट है।

इस प्रोजेक्ट में लगी LEDs एक दिशा विशेष में भागती एवं जलती-बुझती नजर आती हैं। इस सर्किट में मुख्यतः एक इन्वर्टर गेट आई.सी. CD4049 का उपयोग किया गया है। सर्किट में इन इन्वर्टर गेट्स को N1, N2, N3, N4, N5 व N6 के रुप में दर्शाया गया है।

यह प्रोजेक्ट 9V DC पर कार्य करता है। इस प्रोजेक्ट में ब्राइट LEDs लगाने से इसकी सुन्दरता और बढ़ जाती है।

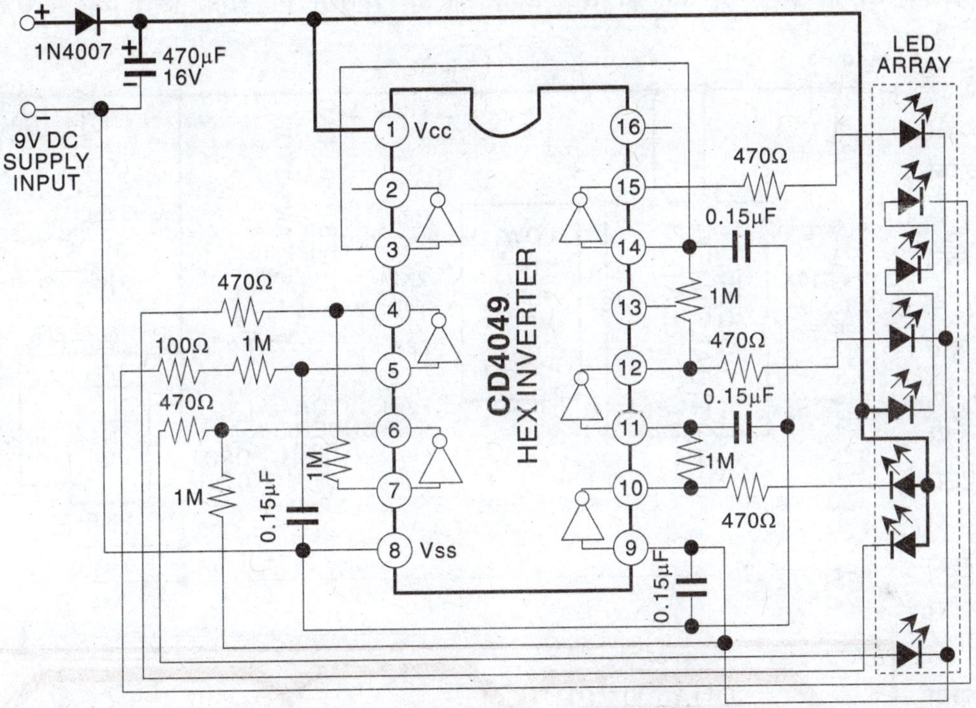

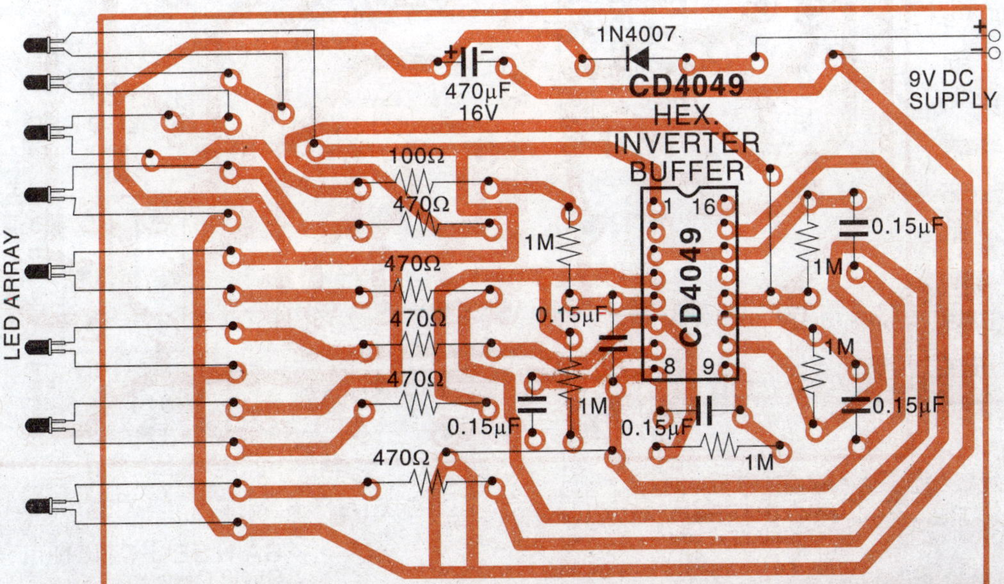

121 ट्रांजिस्टर टेस्टर (गेन कन्ट्रोल सहित)

यह एक बहुत उपयोगी प्रोजेक्ट है। इस प्रोजेक्ट के द्वारा आप ट्रांजिस्टर NPN है या PNP, ट्रांजिस्टर ठीक है या नहीं, एवं साथ ही ट्रांजिस्टर के गेन की चेकिंग भी कर सकते हैं। यह बहुत ही सरल प्रोजेक्ट है।

इस प्रोजेक्ट में मुख्यतः एक टाईमर आई.सी. 555 का उपयोग ऑसीलेटर के रुप में किया गया है। टेस्ट किए जाने वाले ट्रांजिस्टर को सर्किट में दिए गए उपयुक्त स्थान पर लगाएं। मान लो कि हम यहां पर एक BC148 ट्रांजिस्टर लगाते हैं। अब सर्किट में दिए गए सलेक्टर स्विच को पहले PNP पोजिशन पर रखते हैं तो कोई भी LED प्रकाशित नहीं होती है। इससे यह सिद्ध होता है कि ट्रांजिस्टर PNP नहीं है। अब सलेक्टर स्विच को NPN पोजिशन पर रखने पर LED प्रकाशित होती है तो इससे यह साबित होता है कि चेक किया जा रहा ट्रांजिस्टर NPN है।

इस प्रोजेक्ट में ट्रांजिस्टर के गेन को चेक करने की भी सुविधा है। इसके लिए एक 3-वे सलेक्टर स्विच लगाया गया है। आई.सी. 555 के आऊटपुट से निकलने वाले आऊटपुट को 3-वे सलेक्टर स्विच द्वारा ट्रांजिस्टर के बेस को दिए जाते हैं। यदि स्विच को पोजिशन 1 पर रखने से LED अधिक चमकती है तथा पोजिशन 3 पर रखने से कम चमकती है तो यह परिणाम दर्शाता है कि टेस्ट के लिए रखे गए ट्रांजिस्टर का गेन बहुत कम है। इस प्रकार आप इस प्रोजेक्ट के द्वारा किसी भी ट्रांजिस्टर का गेन, उसका प्रकार, एवं उसके सही/गलत होने की टेस्टिंग कर सकते हैं।

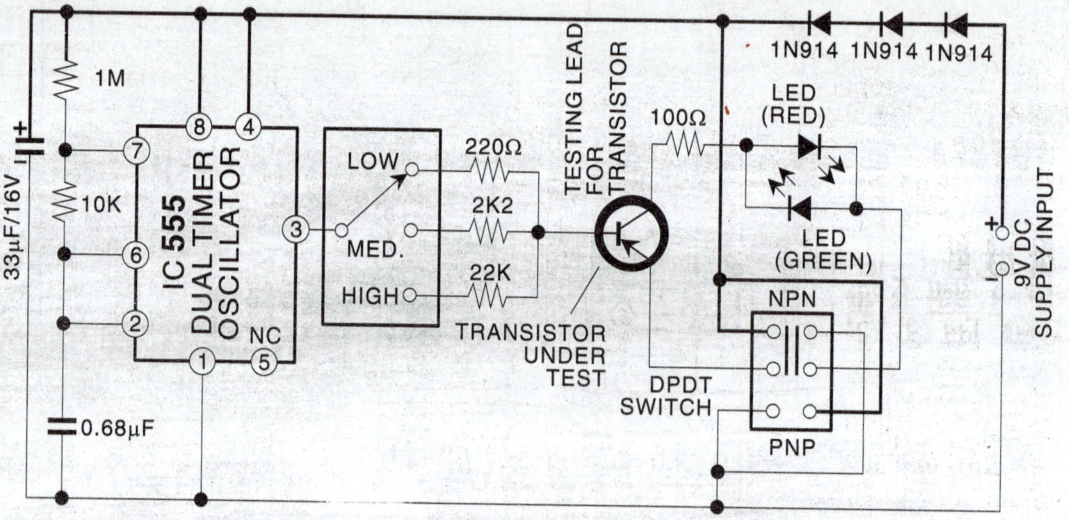

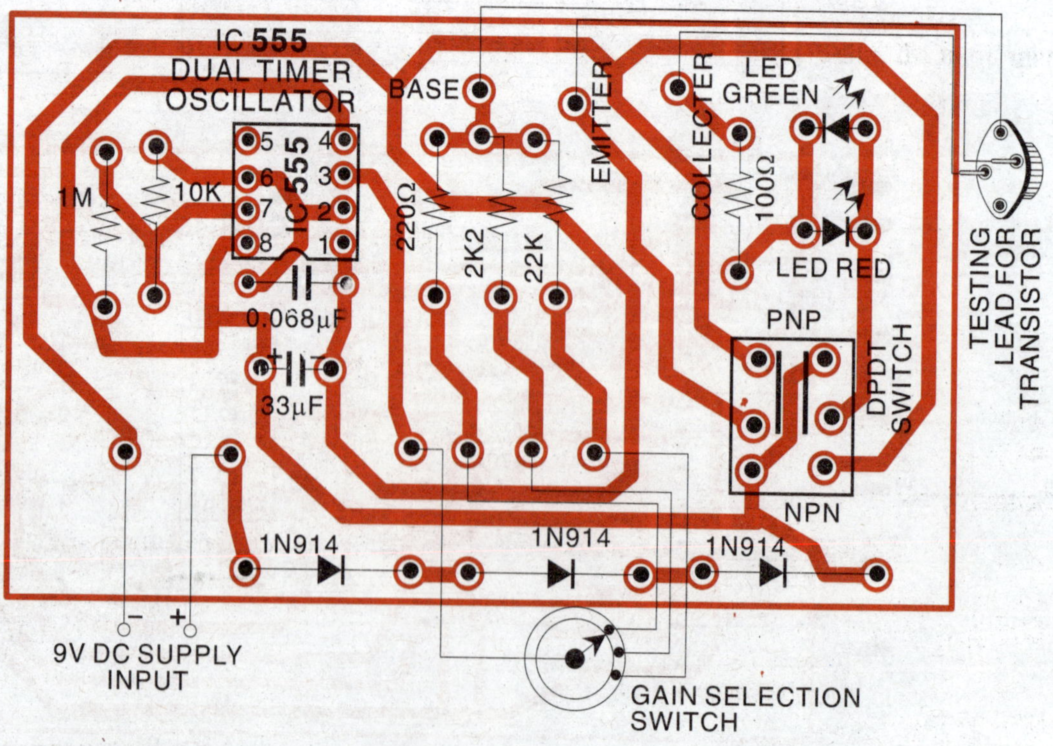

आकर्षक डिस्प्ले बोर्ड (आई.सी. CD4099 निर्मित) 122

यह प्रोजेक्ट काफी आकर्षक डिस्प्ले प्रस्तुत करता है जिसका उपयोग विज्ञापन बोर्ड इत्यादि को सजाने के लिए किया जा सकता है।

इस प्रोजेक्ट में आई.सी. 555, आई.सी. 7493, आई.सी. CD4099 का उपयोग किया गया है। इस सर्किट में आई.सी. 555 एक मल्टीवाईब्रेटर के रुप में कार्य करती है। आई.सी. 555 का आऊटपुट आई.सी. 7493 की ट्रिगर पिन, पिन नं. 14 से जुड़ा होता है। आई.सी. 7493 के आऊटपुट से 4 बायनरी सूचनाएं निकलती हैं जो आई.सी. 4099 के डाटा इन्पुट पिन, पिन नं. 5, 6, 7 तथा 2 पर दी गई है।

आई.सी. CD4099 का आऊटपुट इसकी पिन नं. 9, 10, 11, 12, 13, 14, 15 तथा 1 पर मिलता है। इस आई.सी. 4099 का आऊटपुट इसकी डाटा पिन पर पहुंचने वाली बायनरी सूचना पर निर्भर करता है। आई.सी. 4099 के आऊटपुट पर मिलने वाले सिग्नल अलग-अलग ट्रांजिस्टरों को कार्य कराते हैं जिससे रिले ऑपरेट होकर अपने से जुड़े विभिन्न बल्ब या LEDs को जलाते या बुझाते हैं।

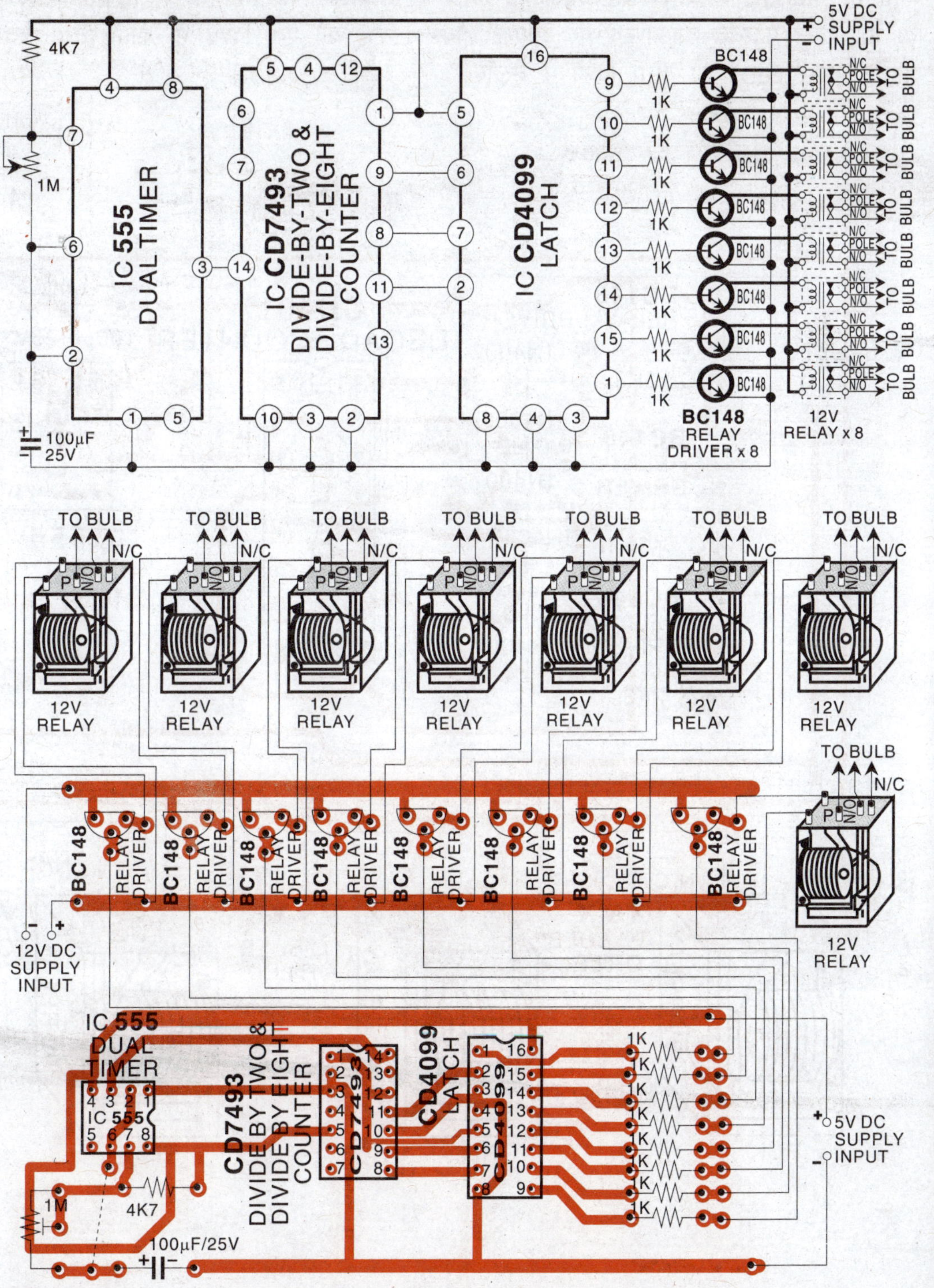

123 फॉरवर्ड/रिवर्स रनिंग लाईट चेजर

इस प्रोजेक्ट का उपयोग आप घर, मंदिर, दुकान, विज्ञापन बोर्ड पर आकर्षक ढंग से सजावट करने के लिए कर सकते हैं। इस प्रोजेक्ट से जुड़े बल्ब या LEDs पहले एक दिशा में क्रमशः प्रकाशित होते हैं तथा फिर क्रमशः विपरित दिशा में प्रकाशित होते हैं।

इस प्रोजेक्ट में मुख्यतः एक टाईमर आई.सी. 555 तथा एक डिकेड काऊण्टर आई.सी. CD4017 का उपयोग किया गया है। आई.सी. 555 के द्वारा LEDs या बल्ब के जलने तथा बुझने के टाईम को एडजस्ट किया जाता है। आई.सी. CD4017 की आऊटपुट पिनों पर डायोड्स की सहायता से रिले को इस प्रकार लगाया गया है कि वह पहले फॉरवर्ड काऊण्टिंग पर ऑपरेट होकर LEDs को एक दिशा में जलाए तथा रिवर्स काऊण्टिंग पर पुनः ऑपरेट होकर LEDs को दुसरी दिशा में जलाए।

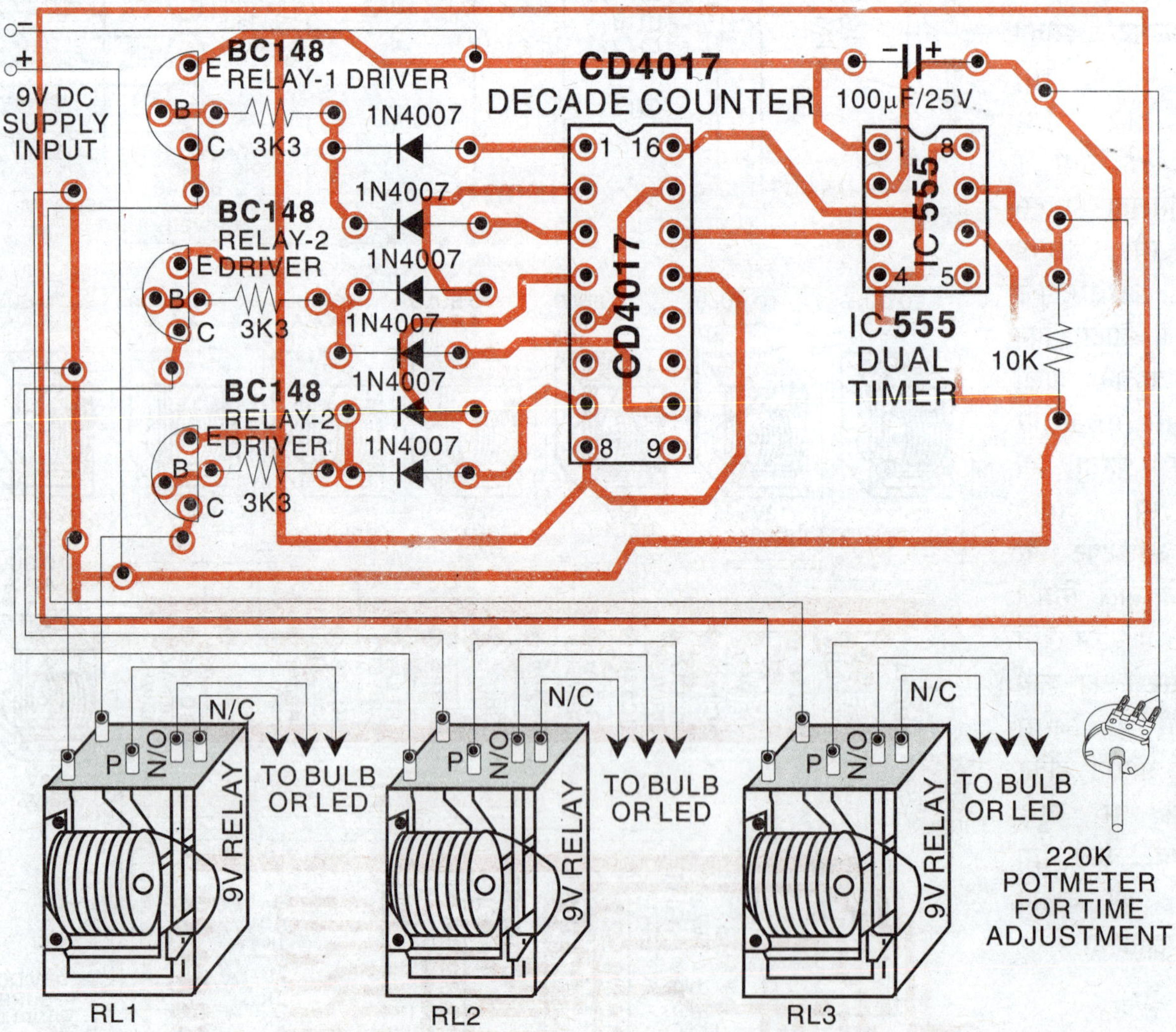

इलेक्ट्रॉनिक पासा

124

इस प्रोजेक्ट का उपयोग आप लुडो, सांप-सीढ़ी इत्यादि खेलों में पासे (जिसमें 1 से 6 तक अंक लिखे होते हैं) की जगह कर सकते हैं। पुश बटन को दबाने पर जितनी LED जलती रहेगी वही आपका स्कोर होगा।

इस सर्किट में दो डिजिटल CMOS आई.सी. CD4011 एवं CD4017 का उपयोग किया गया है। यह सर्किट +9V की सप्लाई पर कार्य करती है। आई.सी. CD4017 की आऊटपुट पिनों पर कुल 6 LED लगी हुई हैं। आई.सी. CD4011 की पिन नं. 12 पर लगे पुश बटन को दबाने पर यह आई.सी. एक काऊण्टिंग पल्स जनरेट करती है जो इस आई.सी. की पिन नं. 10, 11 से निकलकर आई.सी. CD4017 की ट्रिगर पिन, पिन नं. 14 पर पहुंचती है। काऊण्टिंग पल्स के आधार पर आई.सी. CD4017 पर लगी कुछ LED जली रह जाती है। जितनी LED जलती है वही आपका स्कोर होता है।

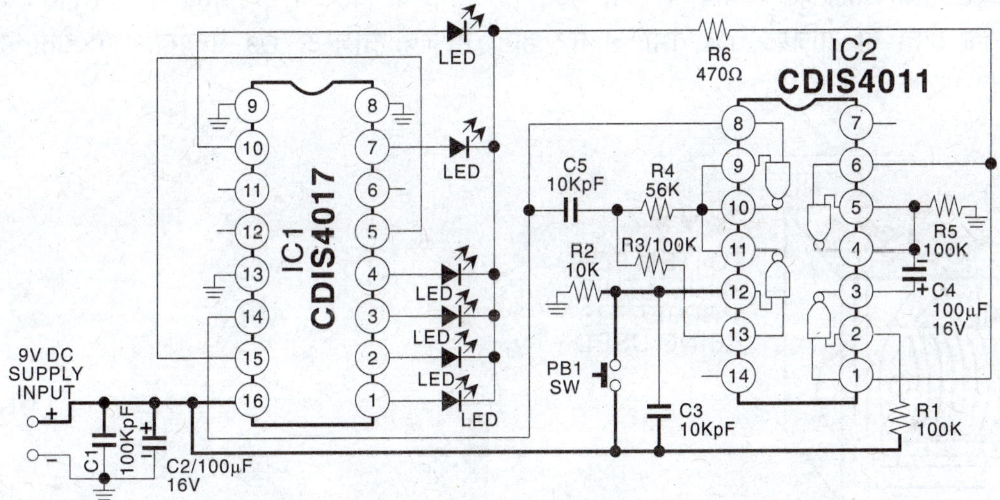

125 ट्रांजिस्टराईज्ड रिमोट LDR स्विच

इस प्रोजेक्ट के द्वारा आप दूर से किसी भी इलेक्ट्रिकल उपकरण को ऑन/ऑफ कर सकते हैं अर्थात् यह एक रिमोट स्विच के रुप में कार्य करता है।

इस प्रोजेक्ट की विशेषता यह है कि इसमें किसी भी प्रकार की आई.सी. का उपयोग नहीं किया गया है। यह पूर्णतः ट्रांजिस्टरों पर आधारित प्रोजेक्ट है।

इस सर्किट की कार्य-प्रणाली मुख्य LDR के कार्य करने के ढंग पर निर्भर करती है। जैसे ही LDR पर प्रकाश पड़ता है वैसे ही ट्रांजिस्टर Q1 के बेस को एक निगेटिव पल्स प्राप्त होने लग जाती है। इसके कारण इसका कलेक्टर हाई हो जाता है।

ट्रांजिस्टर Q1 के कलेक्टर के हाई हो जाने के कारण D1 एवं D2 डायोड द्वारा ट्रांजिस्टर Q2 एवं Q3 का बेस भी हाई हो जाता है। ट्रांजिस्टर Q2 एवं Q3 के बेस पर हाई सिग्नल के पहुंचने से ये ट्रांजिस्टर्स ऑन हो जाते हैं जिससे ट्रांजिस्टर Q3 के अमीटर वोल्टेज सप्लाई वोल्टेज के बराबर हो जाते हैं।

ट्रांजिस्टर Q4 आऊटपुट विभाग में लगा हुआ है। इसके कलेक्टर में लगे रिले के द्वारा रिले से जुड़ा हुआ लोड ऑन/ऑफ होता है। ट्रांजिस्टर Q4 तभी ऑपरेट होता है जब ट्रांजिस्टर Q3 सेच्युरेशन में होता है। यह सर्किट 9V DC सप्लाई पर कार्य करती है।

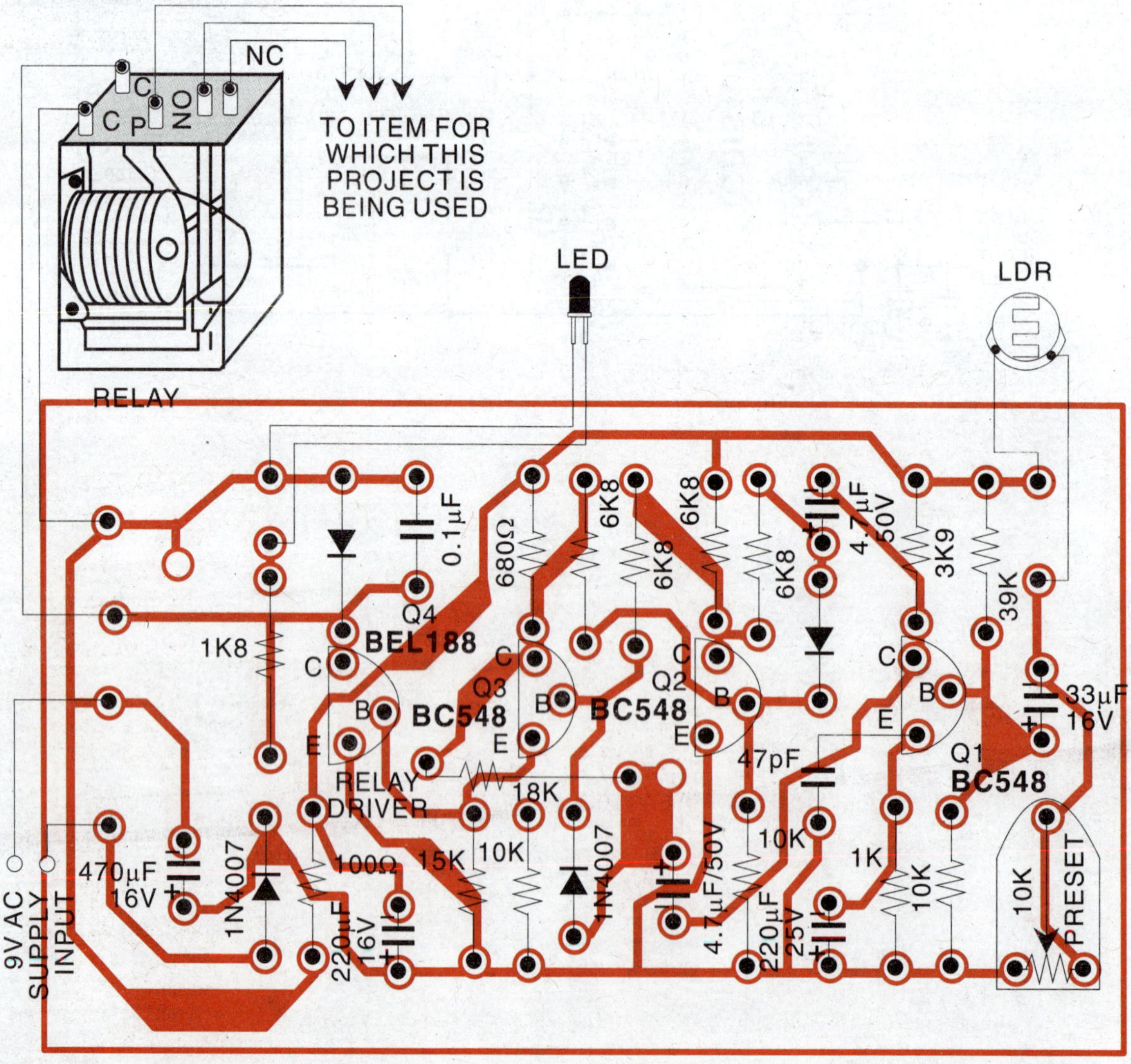

कम समय वाला रिमोट कन्ट्रोल टाईमर 126

इस प्रोजेक्ट के द्वारा आप दूर से ही दुकान/गैरेज/घर की लाईट या टी.वी./टेप जैसे किसी भी बिजली से चलने वाले उपकरण को ऑन या ऑफ कर सकते हैं। इस प्रोजेक्ट के द्वारा बैटरी से चलने वाले खिलौनों को भी चालू/बंद किया जा सकता है।

इस सर्किट में मुख्य रुप से एक टाईमर आई.सी. 555 का उपयोग किया गया है। इस सर्किट को एक छोटे से रिमोट कन्ट्रोल के द्वारा नियंत्रित किया जाता है। इस रिमोट कन्ट्रोल में 3V की सप्लाई के सीरिज में पुश बटन के साथ एक IR LED लगी होती है। पुश बटन को दबाए जाने पर इस IR LED से निकलने वाली इन्फ्रा-रेड प्रकाश की किरणें टाईमर सर्किट में लगे फोटो डायोड को प्राप्त होती है।

फोटो डायोड पर इन्फ्रा-रेड प्रकाश किरणों के पहुंचने से आई.सी. 555 को पिन नं. 2 पर ट्रिगर पल्स प्राप्त होती है जिससे आई.सी. कार्य करना चालू कर देती है। इस आई.सी. के द्वारा उत्पन्न होने वाले टाईमिंग सिग्नल का मान, इस आई.सी. की पिन नं. 6 पर लगे विभिन्न मान के केपेसीटर्स के द्वारा निर्धारित होता है। इन केपेसीटर्स को एक 1-पोल/7-वे स्विच के द्वारा सलेक्ट करके आई.सी. की पिन नं. 6 से कनेक्ट किया जाता है।

इस स्विच के द्वारा जितने अधिक मान के केपेसीटर का चुनाव किया जाएगा, उतनी लम्बी अवधि का टाईमिंग सिग्नल इस 555 आई.सी. की आऊटपुट पिन, पिन नं. 3 पर प्राप्त होगा। पिन नं. 3 पर प्राप्त होने वाले इस टाईमिंग सिग्नल को एक ट्रांजिस्टर BC148 से एम्प्लीफाई कर उससे रिले को ऑपरेट कराया जाता है जिससे रिले की स्विचिंग सर्किट में लगा उपकरण निर्धारित समय अन्तराल के लिए चालू हो जाता है।

इस टाईमिंग सर्किट के समय अन्तराल को दो तरह से मनचाहे समय के लिए अधिक यर्थाथता से एडजस्ट किया जा सकता है ; पहला आई.सी. की पिन नं. 7 पर लगे 5M के प्रि-सेट को एडजस्ट करके और दूसरा 1-पोल/7-वे स्विच से जुड़े केपेसीटर्स की वेल्यू में परिवर्तन करके।

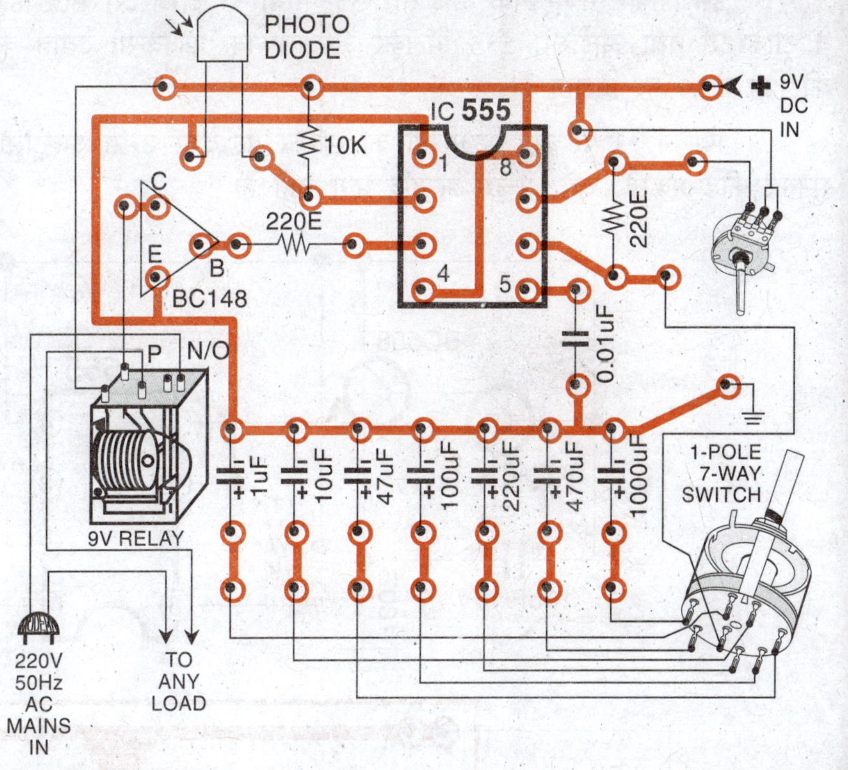

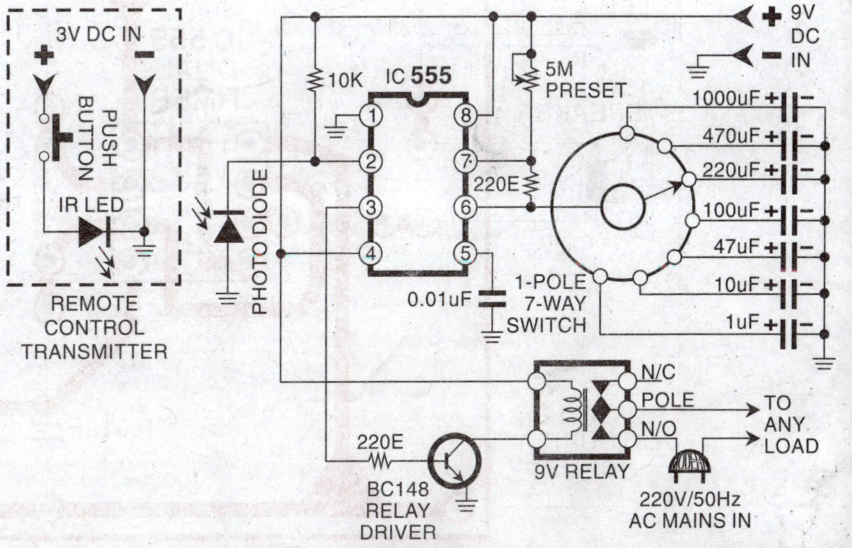

127 अल्ट्रासोनिक मास्किटो रिपेलेन्ट

इस प्रोजेक्ट के द्वारा आप बिना किसी रसायन का प्रयोग किये कीड़े-मकोड़े, मच्छर, चूहे इत्यादि को भगा सकते हैं।

बाजार में इस कार्य के लिए बहुत सी टीकिया तथा द्रव उपलब्ध हैं पर चूंकि ये सारे विभिन्न रसायनों से बने होते हैं अतः ये मनुष्य शरीर के लिए नुक्सानदायक होते हैं। प्रस्तुत प्रोजेक्ट में इसी कमी को दूर करने के लिए इलेक्ट्रॉनिक्स विधि का उपयोग कीड़े-मकोड़ों को मार भगाने के लिए किया गया है।

इस प्रोजेक्ट का सिद्धान्त अल्ट्रा-सोनिक साऊण्ड पर आधारित है। इस आवाज को मनुष्य के कान सुन नहीं पाते हैं परन्तु इस आवाज को कीड़े-मकोड़े, मच्छर, चूहे, पतंगे सुन सकते हैं लेकिन इस आवाज को वे सहन नहीं कर पाते हैं।

इस सर्किट में मुख्यतः आई.सी. 555 तथा दो ट्रांजिस्टरों BC548 तथा BC558 का उपयोग किया गया है। ये ट्रांजिस्टर्स तथा आई.सी. 555 मिलकर अल्ट्रासोनिक फ्रिक्वेन्सी उत्पन्न करते हैं जिसका आऊटपुट आई.सी. 555 की पिन नं. 3 पर मिलता है।

पिन नं. 3 पर प्राप्त फ्रिक्वेन्सी को स्पीकर पर देकर उससे अल्ट्रासोनिक साऊण्ड उत्पन्न किया जाता है जिसे सुनकर कीड़े-मकोड़े, चूहे, मच्छर इत्यादि भाग जाते हैं।

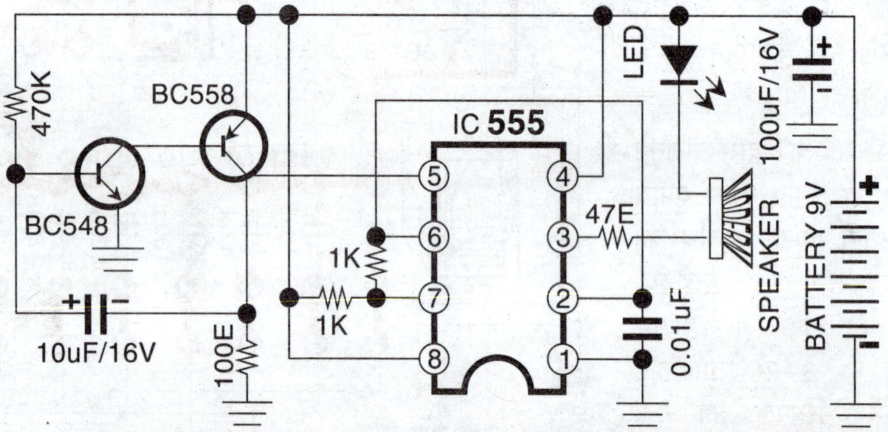

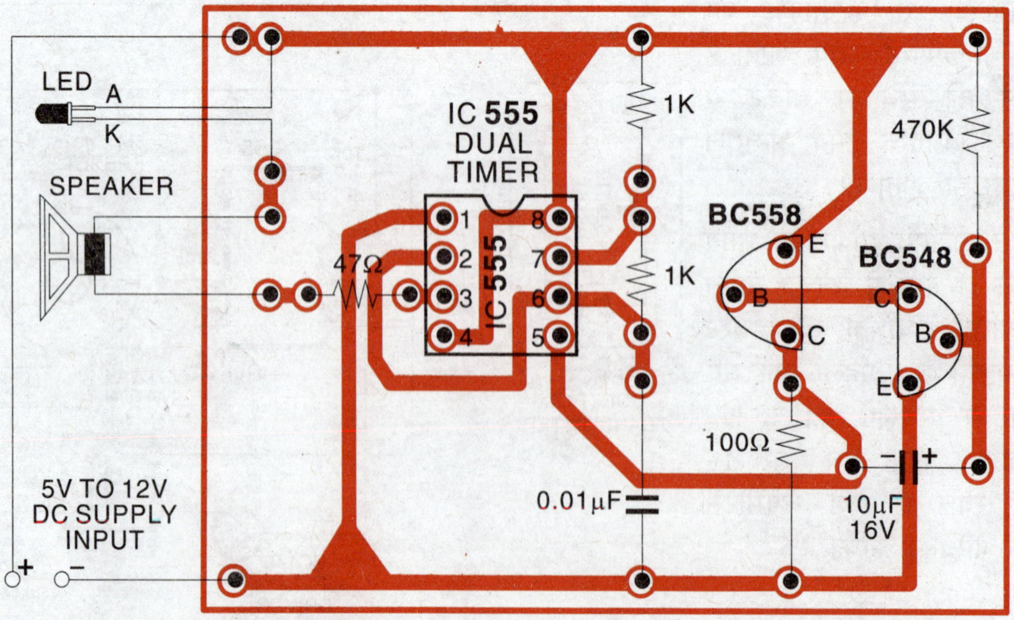

आई.सी. 555 एवं आई.सी. 741 टेस्टर 128

इलेक्ट्रॉनिक्स हॉबियिस्ट के लिए यह अत्यंत उपयोगी प्रोजेक्ट है। जैसा कि हम जानते हैं कि आई.सी. 555 तथा आई.सी. 741 का उपयोग बहुतायात से किया जाता है। अतः अक्सर ये जानना आवश्यक हो जाता है कि उपयोग की जा रही आई.सी. 555 या आई.सी. 741 ठीक है या नहीं? इन्हीं आई.सी. को टेस्ट करने के लिए यह आई.सी. टेस्टर प्रस्तुत है। इस प्रोजेक्ट में प्रयुक्त FND आपको आई.सी. के सही या खराब होने की स्थिति को बताता है।

प्रस्तुत प्रोजेक्ट में आई.सी. 555 को अस्टेबल मल्टीवाईब्रेटर मोड पर रखा गया है एवं आई.सी. 741 को इन्वर्टिंग एम्प्लीफायर मोड पर रखा गया है। इसमें परिणाम दर्शाने के लिए एक कॉमन एनोड FND का उपयोग किया गया है। इस प्रोजेक्ट में आप बोर्ड पर आई.सी. को सीधे सॉल्डर न करके आई.सी. सॉकेट का उपयोग करें जिससे कि आवश्यकता के अनुसार आप आई.सी. को बदल-बदल कर टेस्ट कर सकें।

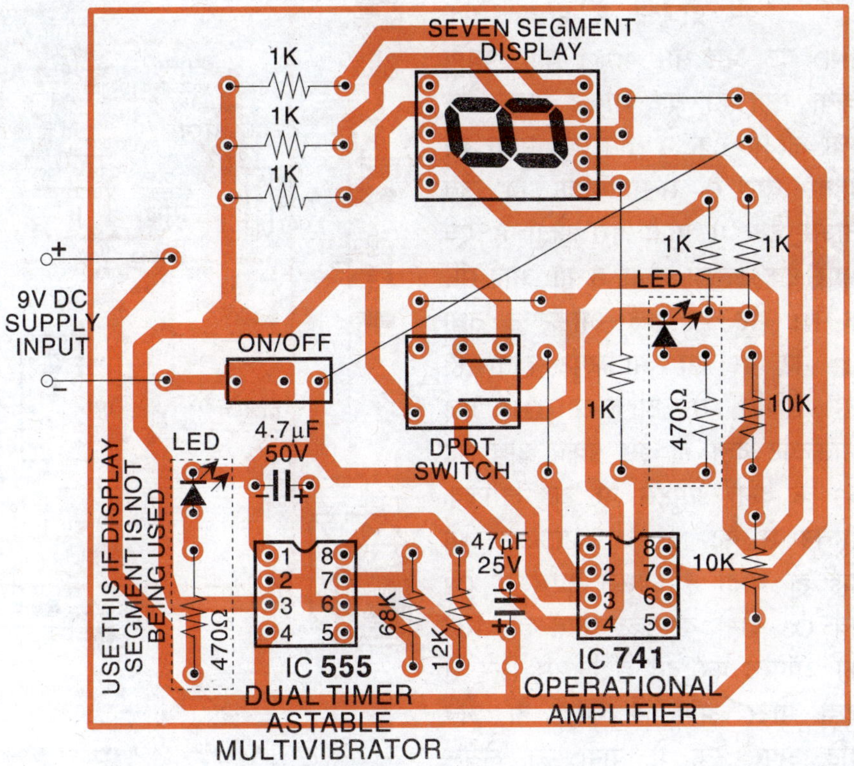

इस प्रोजेक्ट में आप पहली बार एक-एक नई 555 तथा 741 आई.सी. लगाएं। आप पाएगें कि डिस्प्ले पर आपको 5-7 एक के बाद एक जलते बुझते दिखेगा। स्विच S2 की पोजिशन बदल देने पर डिस्प्ले चेन्ज होकर 9-7 दिखाने लगेगा, यह डिस्प्ले दोनों आई.सी. के बिल्कुल ठीक होने की स्थिति को दर्शाता है।

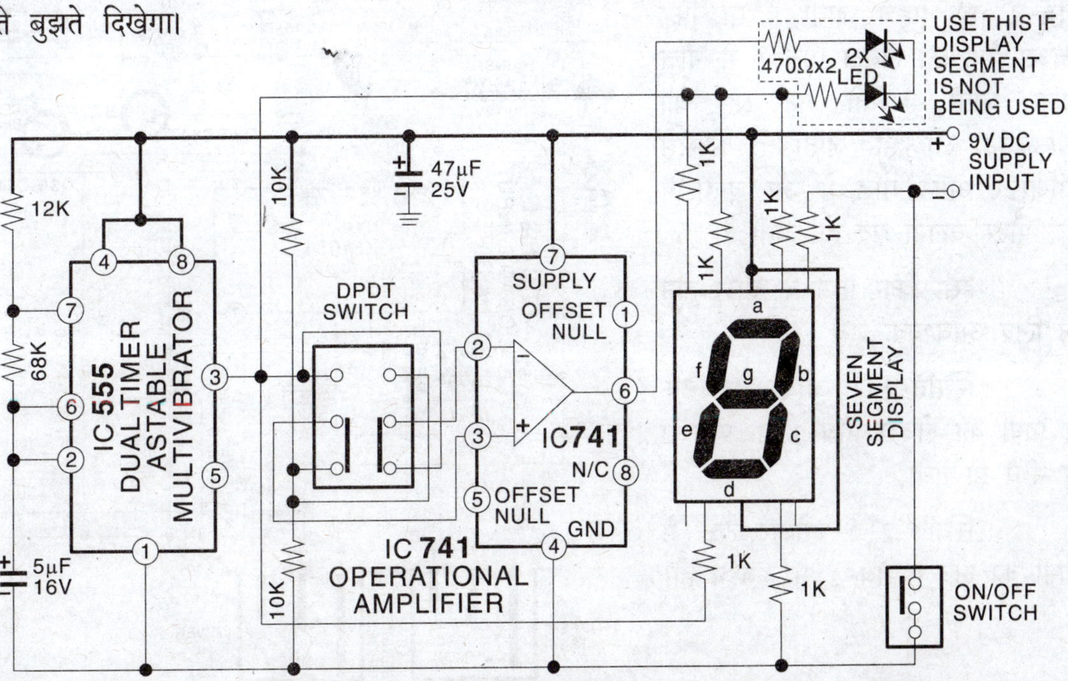

1.29 ऑटोमेटिक वॉटर लेवल कन्ट्रोलर

इस प्रोजेक्ट में एक पूर्ण स्वचालित वॉटर लेवल कन्ट्रोलर की सर्किट दी गई है। यह बहुत ही अच्छा प्रोजेक्ट है जिसमें बहुत सारी विशेषताएं मौजूद हैं जैसे कि यह पूर्ण स्वचालित है, तथा यदि लोअर टैंक (जिसमें से पानी ओवर हेड टैंक में भरा जाता है) में पानी समाप्त हो जाएगा तो यह उस स्थिति में पम्प को चलने से रोक देगा। जिससे पम्प की लाईफ बढ़ जाती है।

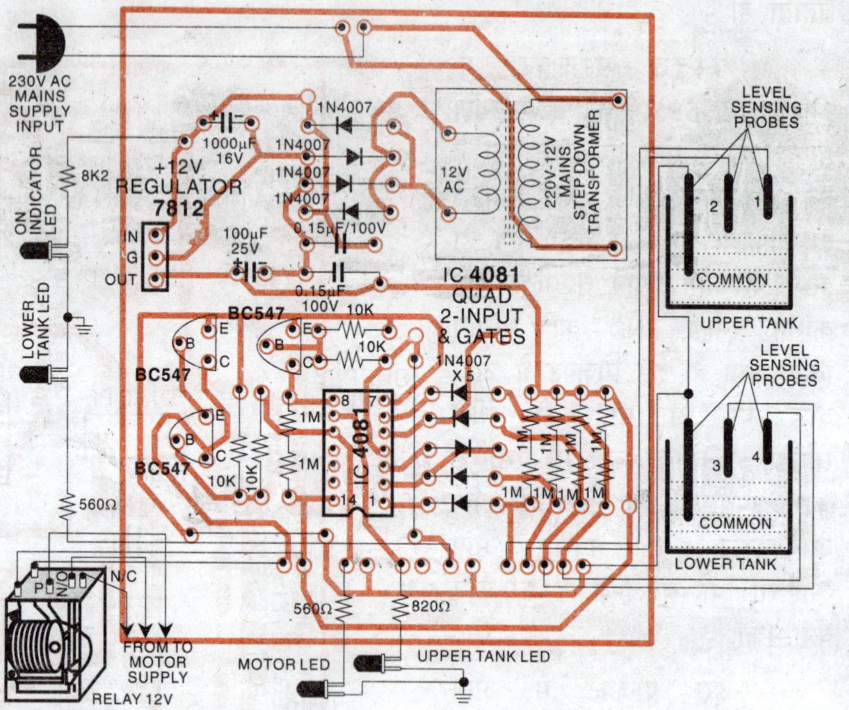

इस प्रोजेक्ट में मुख्यतः एक AND गेट आई.सी. 4081 का उपयोग किया गया है। यह सर्किट अपर टैंक तथा लोअर टैंक में पानी की मात्रा को बेहतर ढंग से सेन्स करता है। जब लोअर टैंक में पानी पूरा होता है एवं अपर टैंक खाली होता है तो आई.सी. के N1 गेट पर हाई आऊटपुट तथा N2 गेट पर लो आऊटपुट होता है। इस स्थिति में ट्रांजिस्टर Q1 हाई आऊटपुट देता है। इस प्रकार अब गेट N3 के दोनों इन्पुट्स पर हाई लॉजिक पहुंचने से गेट N3 का आऊटपुट भी हाई हो जाता है जिससे ट्रांजिस्टर Q2 एवं Q3 दोनों कण्डक्ट करते हुए रिले को ऑपरेट कर देते हैं जिससे रिले से जुड़ी मोटर ऑन हो जाती है। अब यदि अपर टैंक में पानी का लेवल प्रॉब-2 तक पहुंच जाता है या फिर लोअर टैंक का लेवल प्रॉब-1 से नीचे चला जाता है तो गेट N3 का आऊटपुट लो हो जाता है जिससे ट्रांजिस्टर ऑफ मोड में आ जाता है एवं मोटर चलनी बंद हो जाती है।

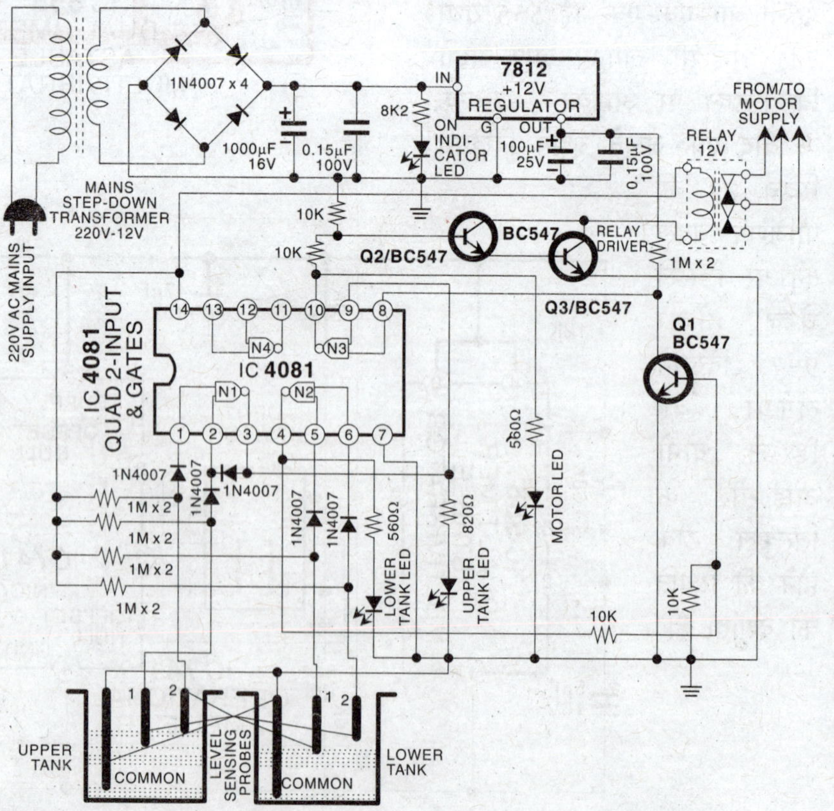

इस प्रकार पम्प के चालू होने के लिए आवश्यक शर्ते ;

स्थिति-1 : ओवर हैड टैंक में पानी का लेवल प्रॉब-1 या प्रॉब-2 से नीचे हो तथा,

स्थिति-2 : लोअर टैंक में पानी का लेवल प्रॉब-1 से कम न हो।

इन्फ्रा-रेड इन्ट्रप्शन काउण्टर 130

यह एक सरल सा वस्तु गणना यंत्र है जिसमें इन्फ्रा-रेड (IR) प्रकाश का उपयोग किया गया है। यह काउण्टर 00 से 99 तक अर्थात् कुल 100 वस्तुओं की गणना कर सकता है।

यदि काउण्टिंग 0000 से 9999 तक कुल 10,000 वस्तुओं की करनी हो तो इसी प्रोजेक्ट में एक और डिस्प्ले बोर्ड को जोड़ा जा सकता है।

इस काउण्टर सर्किट के दो भाग हैं ; पहला ट्रांसमीटर एवं दूसरा रिसीवर एवं काउण्टर। इन दोनों भागों को इस तरह से एडजस्ट किया जाता है कि ट्रांसमीटर से निकलने वाली IR प्रकाश की किरणें सीधे-सीधे रिसीवर सर्किट में लगे IR सेन्सर (IR आई) पर पड़ती रहे।

जैसे ही ट्रांसमीटर सर्किट से निकल कर रिसीवर सर्किट पर पहुंचने वाली IR प्रकाश किरणों के रास्ते में कोई बाधा पहुंचती है तो थोड़ी देर के लिए IR आई पर IR प्रकाश की किरणें नहीं पहुंच पाती है, जिससे रिसीवर सर्किट में लगी टाईमर आई.सी. 555 की पिन नं. 3 से एक पल्स निकलकर काउण्टर सर्किट में लगी आई.सी. 4033 की पिन नं. 1 पर पहुंचती है।

इस प्रोजेक्ट की काउण्टर सर्किट में दो 4033 आई.सी. का उपयोग किया गया है जो कि एक डिकेड काउण्टर एवं FND ड्रायवर आई.सी. हैं।

इस प्रोजेक्ट में जब तक IR आई पर, इन्फ्रा-रेड प्रकाश किरणें पड़ती रहती हैं तब तक FND पर डिस्प्ले सामान्य रहता है परन्तु जैसे ही IR आई पर पड़ने वाले प्रकाश के मार्ग में बाधा पड़ती है तो पहली 4033 आई.सी. की पिन नं. 1 पर आई.सी. 555 की पिन नं. 3 से एक ट्रिगर पल्स पहुंचती है। जिससे आई.सी. 4033 उस पल्स को काउण्ट करके काउण्टिंग को अपनी आऊटपुट पिनों के द्वारा FND पर दर्शा देती है। पुनः IR आई के सामने छाया पड़ने पर आई.सी. 4033 काउण्टिंग को एक और बढ़ाकर डिस्प्ले कर देता है।

0 से 9 तक की काउण्टिंग होने के बाद आई.सी. 4033 की पिन नं. 5 से एक पॉजीटिव गोईंग पल्स निकलती है जो दूसरी 4033 आई.सी. की पिन नं. 1 पर पहुंच कर उसे ट्रिगर कर देती है।

यह प्रक्रिया 99 नम्बर तक की काउण्टिंग तक चलते रहती है। सर्किट को रिसेट करने के लिए आई.सी. 4033 की पिन नं. 15 पर लगे रिसेट स्विच को दबा दें। ऐसा करने से दोनों डिस्प्ले 00 दर्शाने लगता है।

अगर इसी प्रोजेक्ट में एक और 4033 आई.सी. एवं एक FND का उपयोग किया जाय तो काउण्टिंग 000 से 999 तक की हो सकती है।

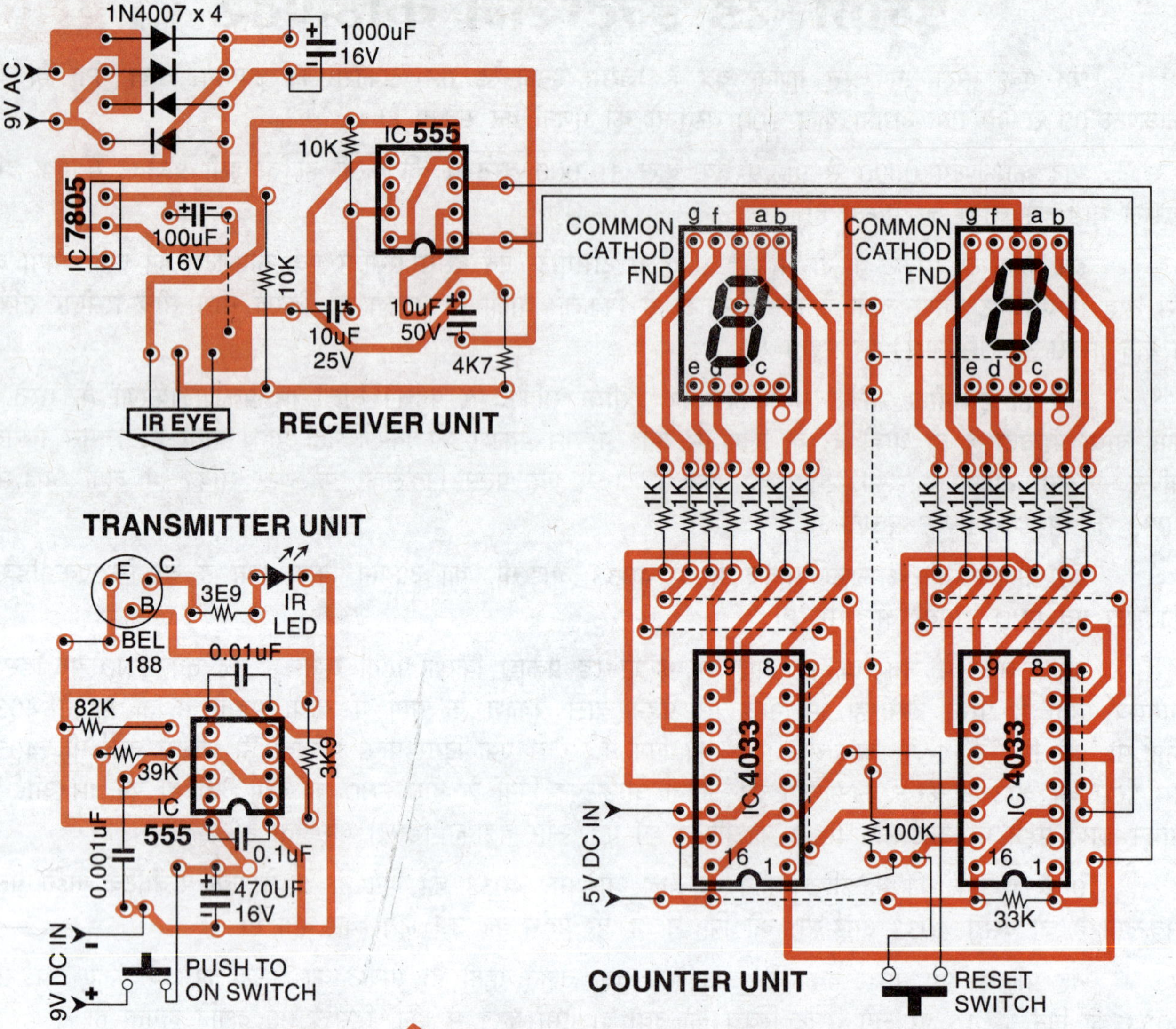

इन्फ्रा-रेड इन्ट्रप्शन काउण्टर

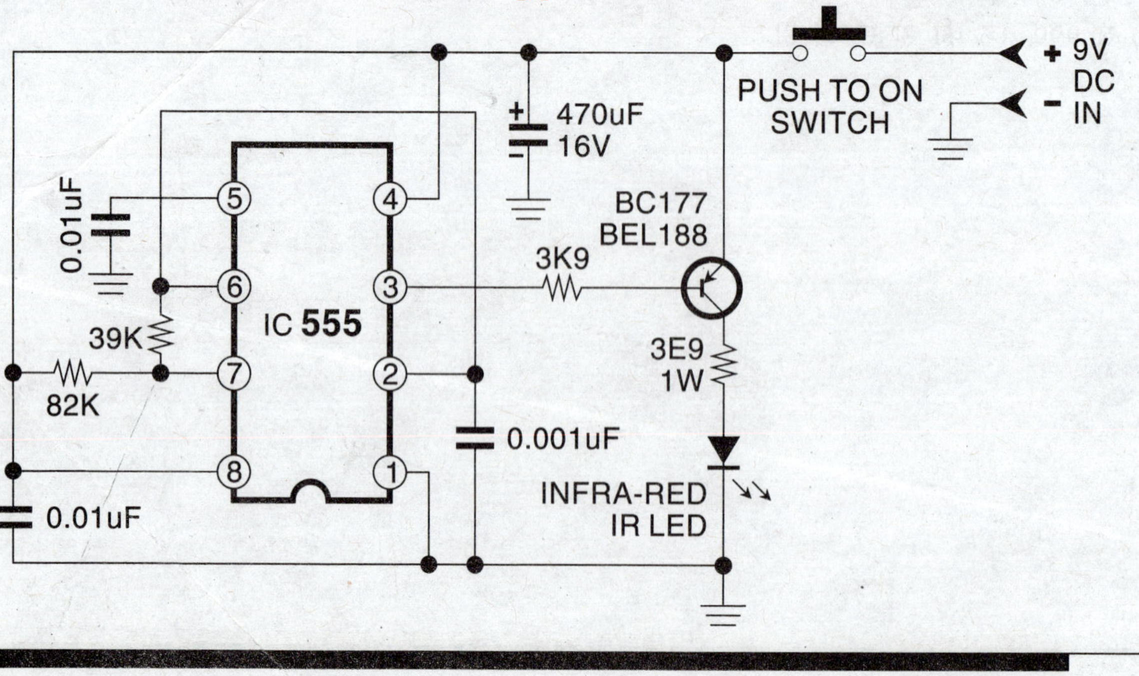

इन्फ्रा-रेड इन्ट्रप्शन काउण्टर

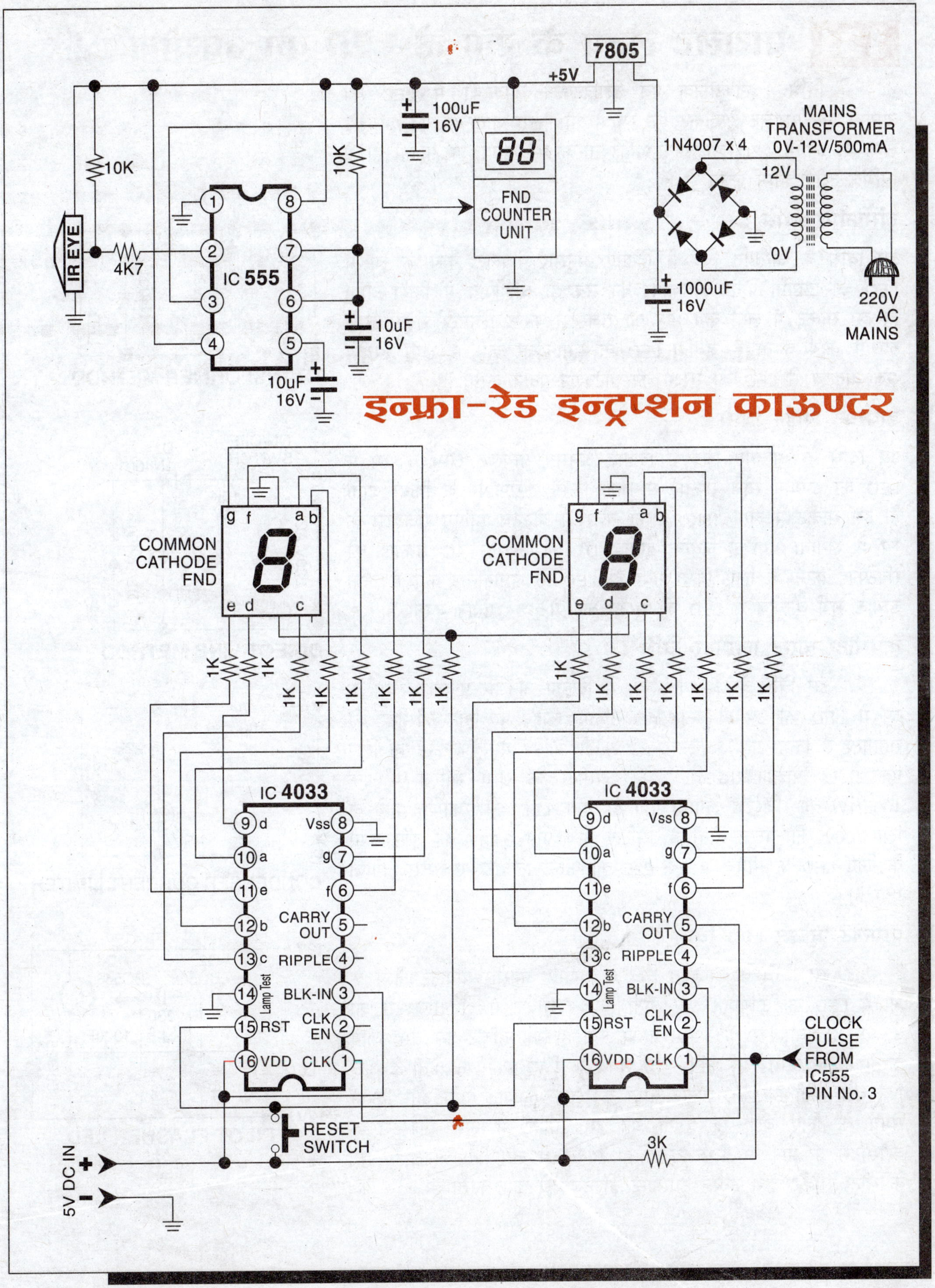

131 पायलट लैम्प के रुप में LED का उपयोग

विभिन्न इलेक्ट्रॉनिक एवं इलेक्ट्रिकल उपकरणों में LED का उपयोग एक पायलट इण्डीकेटर के रुप में भी किया जाता है। एक पायलट लैम्प के रुप में LED का उपयोग कई तरिकों से किया जा सकता है। ये विभिन्न तरीके निम्न प्रकार से हैं ;

ट्रांसफॉर्मर विधि :

इस विधि के अन्तर्गत चित्र में दिखाए अनुसार पायलट लैम्प के रुप में LED का उपयोग पॉवर ट्रांसफॉर्मर की सेकेण्ड्री वाईण्डिंग में किया जाता है। इस सर्किट में लगा कम मान का रजिस्टेंस करन्ट लिमिटर रजिस्टेंस के रुप में कार्य करता है जबकि LED के समानान्तर क्रम में लगा डायोड सर्ज वोल्टेज से LED की सुरक्षा कर प्रोटेक्शन प्रदान करता है।

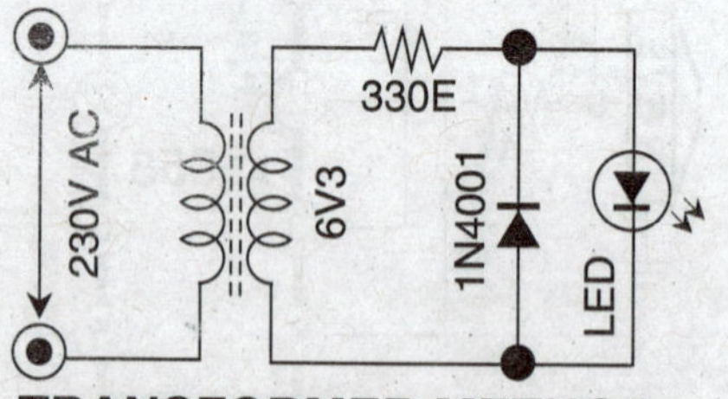

TRANSFORMER METHOD

डायरेक्ट लाईन विधि :

इस विधि के अन्तर्गत चित्र में दिखाए अनुसार पायलट लैम्प के रुप में LED का उपयोग सीधे सप्लाई से बिना किसी ट्रांसफॉर्मर के किया जाता है। इस सर्किट में लगा 10K/1W का रजिस्टेंस वोल्टेज ड्रॉपिंग रजिस्टेंस के रुप में लगाया गया है जबकि डायोड D1 का उपयोग AC सप्लाई को रेक्टिफाई करने के लिए किया गया है। LED के समानान्तर क्रम में लगा डायोड सर्ज वोल्टेज से LED की सुरक्षा कर प्रोटेक्शन प्रदान करता है।

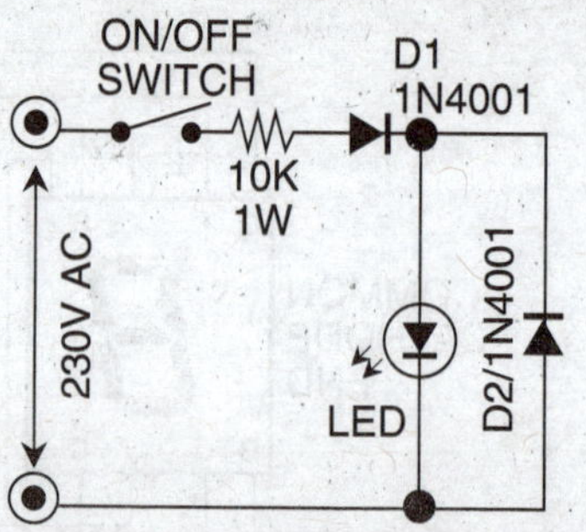

DIRECT LINE METHOD

केपेसीटर करन्ट लिमिटर विधि :

इस विधि के अन्तर्गत चित्र में दिखाए अनुसार पायलट लैम्प के रुप में LED का उपयोग इन्पुट AC सप्लाई लाईन पर एक केपेसीटर की सहायता से किया गया है। इन्पुट 230V को 3.25V में ड्रॉप करने के लिए एक 0.33 माईक्रोफैराड वेल्यू के केपेसीटर के साथ सीरिज में एक 100E/1W का रजिस्टेंस लगाया गया है। चूंकि LED को प्रकाशित होने के लिए 1.6V की जरुरत होती है इसलिए अब प्राप्त 3.25V को ड्रॉप करने के लिए LED के सीरिज में एक 22E का करन्ट लिमिटर रजिस्टेंस लगाया गया है।

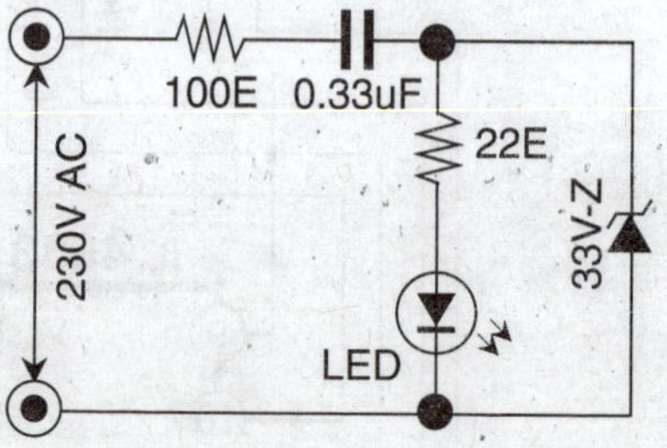

CONDENSER CURRENT LIMITER

पायलट फ्लेशर LED विधि :

इस विधि के अन्तर्गत चित्र में दिखाए अनुसार पायलट लैम्प के रुप में LED का उपयोग किया जाता है। इस सर्किट में दो ट्रांजिस्टरों का उपयोग मल्टीवाईब्रेटर के रुप में किया गया है। यह सर्किट इस तरह कार्य करती है कि इसमें लगी LED कुछ समय के लिए प्रकाशित होती है और फिर बुझ जाती है। LED कितने समय के लिए प्रकाशित होगी और कितने समय के लिए बुझी हुई रहेगी यह इस सर्किट में लगे रजिस्टेंस व केपेसीटर्स के मान पर निर्भर करता है। सर्किट में लगा 100MFd/25V का केपेसीटर सर्किट द्वारा उत्पन्न ट्रांसिएन्ट वोल्टेज को कम करता है।

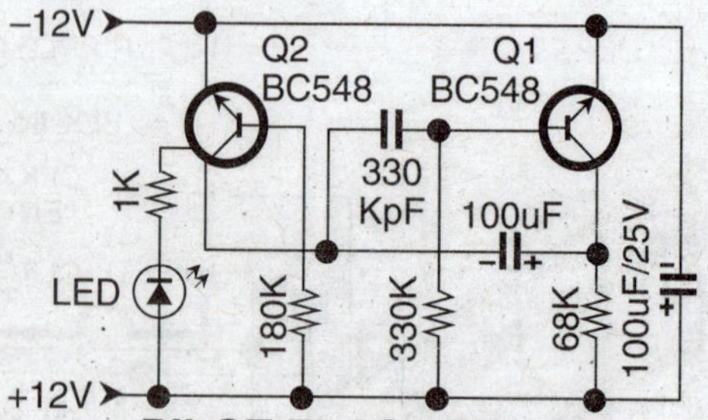

PILOT FLASHER LED

किसी स्विच की ऑन/ऑफ स्थिति का LED द्वारा इण्डीकेशन 132

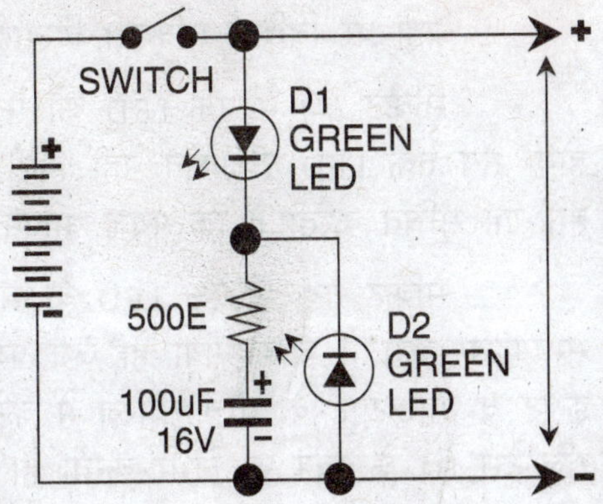

LED के द्वारा किसी मेकेनिकल स्विच की ऑन या ऑफ स्थिति का इण्डीकेशन कराया जा सकता है। यहां पर दिखाई जा रही सर्किट किसी मेकेनिकल स्विच के सही कार्य और सही स्थिति को इसमें लगी LED के माध्यम से इण्डीकेट कराती है।

चित्र में दिखाई गई सर्किट में LED को लोड को दी जा रही सप्लाई में लगाया गया है। जब स्विच को ऑन किया जाता है इस सर्किट में लगी LED D1 प्रकाशित होने लग जाती है। स्विच के ऑन होने के समय इस सर्किट में लगे केपेसीटर को LED D1 एवं 500E के रजिस्टेंस से होते हुए वोल्टेज मिलने लगते हैं एवं केपेसीटर चार्ज होने लगता है। इस समय LED D1 का प्रकाशित होना हमें यह सूचित करता है कि स्विच ऑन है।

जब स्विच को ऑफ कर दिया जाता है तब केपेसीटर इस सर्किट में लगी LED D2 के एनोड से अर्थात् निगेटिव टर्मिनल से पॉजीटिवली डिस्चार्ज होता है जिसके कारण LED D2 कुछ सेकेण्ड के लिए प्रकाशित होती है। यह LED D2 तब तक प्रकाशित होती है जब तक कि केपेसीटर पूर्ण रुप से डिस्चार्ज नहीं हो जाता है। यहां पर 500E का रजिस्टेंस, LED D2 के लिए एक करन्ट लिमिटर रज़िस्टेंस के रुप में कार्य करता है।

LED D2 कितने समय तक प्रकाशित रहेगी यह इस सर्किट में लगाए गए केपेसीटर के मान पर निर्भर करता है। यदि इस केपेसीटर का मान 1000 माईक्रोफैराड तक बढ़ाया जाता है तो LED D2 लगभग 1 मिनट या उससे अधिक समय तक प्रकाशित होते रहती है। LED D2 का प्रकाशित होना हमें यह सूचित करता है कि स्विच को ऑफ कर दिया गया है।

रिवर्स पोलारिटी का LED द्वारा इण्डीकेशन 133

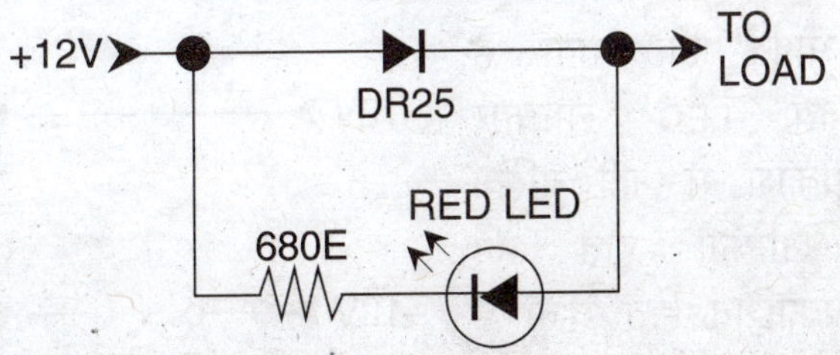

दिए गए चित्र में एक रिवर्स पोलारिटी इण्डीकेटर सर्किट बतायी गई है। यह कनेक्शन गलत पोलारिटी के कनेक्शन को LED के माध्यम से इण्डीकेट करती है। चित्र में दिखाए अनुसार इस सर्किट में पॉजीटिव लाईन पर एक डायोड को जोड़ा गया है जो कि इन्पुट से सप्लाई लोड को प्रदान करता है। इस डायोड के समानान्तर क्रम में 680E के करन्ट लिमिटर रजिस्टेंस एवं एक रेड LED को सीरिज में जोड़ा गया है। ध्यान से देखने पर यह स्पष्ट होता है कि LED का एनोड लोड को दी जा रही पॉजीटिव सप्लाई से तथा LED का कैथोड 680E के करन्ट लिमिटर रजिस्टेंस से होते हुए इन्पुट सप्लाई की पॉजीटिव लाईन से जुड़ा है।

यदि इस सर्किट को किसी सेल या बैटरी के साथ सही पोलारिटी के साथ जोड़ा जाता है तो इस सर्किट में लगी LED प्रकाशित नहीं होती है परन्तु यदि इस सर्किट को सेल या बैटरी से गलत पोलारिटी के साथ जोड़े जाने पर इस सर्किट में लगी प्रकाशित होने लग जाती है। LED का प्रकाशित होना हमें गलत पोलारिटी के कनेक्शन होने को सूचित करता है।

134 उड़े हुए फ्यूज का LED के द्वारा इण्डीकेशन

यहां पर विभिन्न सर्किट्स दिखाई जा रही हैं जो कि फ्यूज के सही होने या उड़े होने का संकेत देती है।

सर्किट (A) में एक LED को फ्यूज के समानान्तर क्रम में जोड़ा गया है। इस सर्किट में जब तक फ्यूज सही होगा तब तक LED प्रकाशित नहीं होगी। जब फ्यूज ओपन हो जाता है तब LED प्रकाशित होने लगती है जो कि हमें यह सूचित करती है कि फ्यूज ओपन हो गया है।

सर्किट (B) में एक LED के साथ सीरिज में एक करन्ट लिमिटर रजिस्टेंस R1 को लगाकर इन्हें फ्यूज के समानान्तर क्रम में जोड़ा गया है। जब फ्यूज ओपन हो जाता है तब LED एवं करन्ट लिमिट रजिस्टेंस R1 दोनों ही इन्पुट व आऊटपुट के बीच सीरिज में कनेक्ट हो जाते हैं जिससे LED प्रकाशित होने लग जाती है। LED का प्रकाश रजिस्टेंस R1 के मान पर निर्भर करता है।

सर्किट (C) में एक LED के साथ सीरिज में एक करन्ट लिमिटर रजिस्टेंस R2 को लगाकर इन्हें फ्यूज के आऊटपुट सिरे पर जोड़ा गया है। इसी तरह इस LED के साथ सीरिज में एक अन्य करन्ट लिमिटर रजिस्टेंस R1 को लगाकर इन्हें फ्यूज के इन्पुट सिरे पर जोड़ा गया है। ध्यान दें कि रजिस्टेंस R1 का मान अधिक व R2 का मान कम है। जब तक फ्यूज सही स्थिति में होता है तब तक रजिस्टेंस R2 (जो कि कम मान का है) से होते हुए LED को सप्लाई मिलते रहती है तथा LED पर्याप्त प्रकाश से प्रकाशित होते रहती है जो कि हमें यह सूचित करती है कि फ्यूज सही अवस्था में है। जब फ्यूज ओपन हो जाता है तब इन्पुट सप्लाई रजिस्टेंस R1 (जिसका मान अधिक है) से होते हुए LED को मिलने लग जाती है। इससे LED धीमे प्रकाश से प्रकाशित होती है जो कि हमें यह सूचित करती है कि फ्यूज ओपन हो चुका है।

सर्किट (D) में एक ब्लीन्किंग LED का उपयोग किया गया है जिसमें एक कैथोड व दो एनोड होते हैं। सर्किट में प्रदर्शित A1 ब्लिन्किंग एनोड है जबकि A2 लगातार प्रकाश देने वाला एनोड है। जब तक फ्यूज सही स्थिति में होता है तब तक LED लगातार प्रकाश देते हुए प्रकाशित होते रहती है जो कि हमें यह सूचित करता है कि फ्यूज सही है।। जब फ्यूज ओपन हो जाता है तब LED लगातार प्रकाश से नहीं बल्कि ब्लिन्किंग होते हुए प्रकाशित होते रहती है जो कि हमें यह सूचित करता है कि फ्यूज ओपन हो गया है।

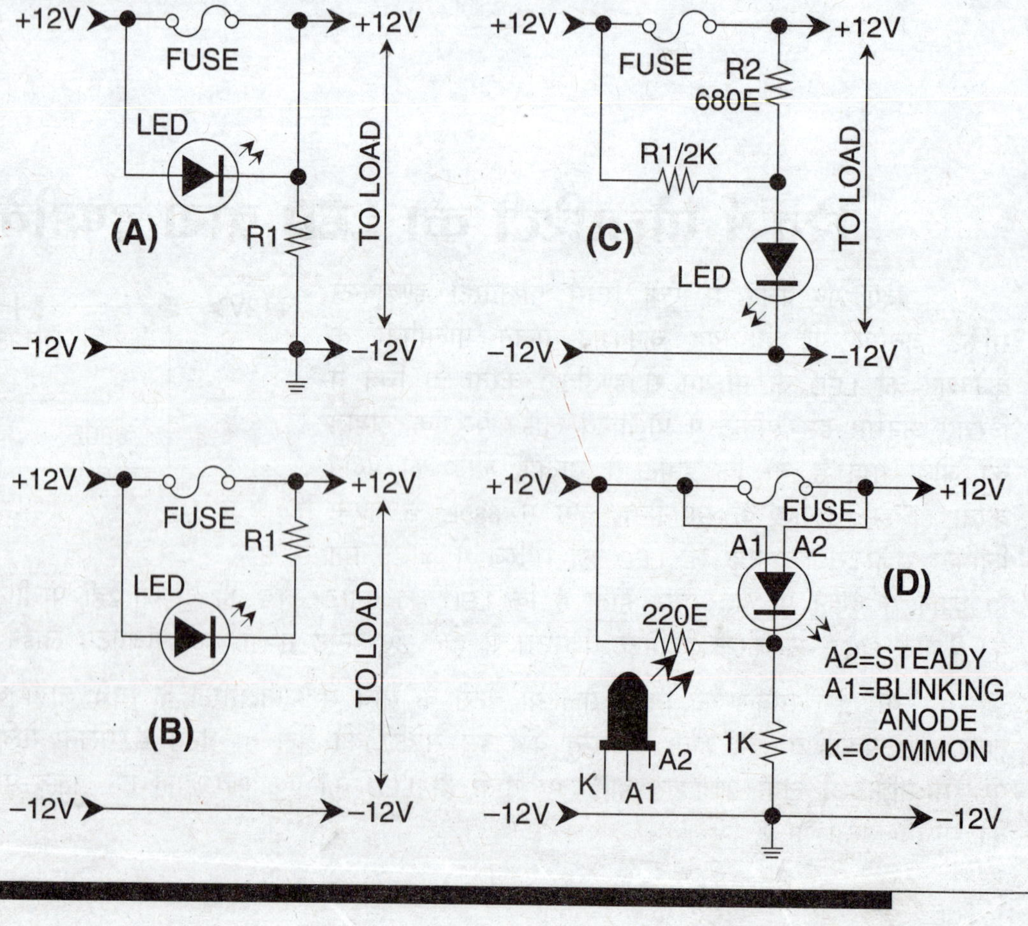

करन्ट चार्जिंग LED इण्डीकेटर 135

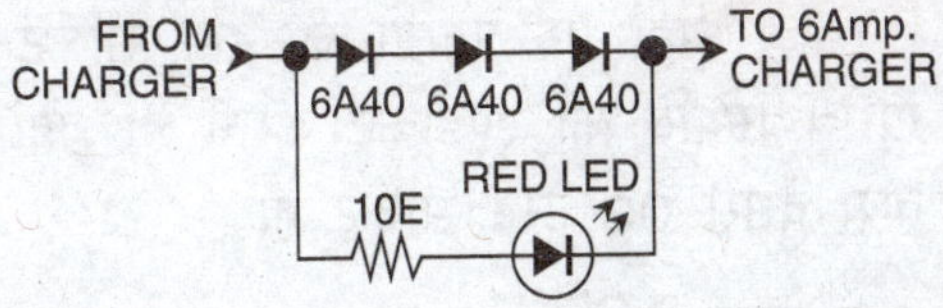

यहां पर दिखाई जा रही सर्किट में लगी LED किसी बैटरी की करन्ट चार्जिंग की स्थिति को इण्डीकेट करती है। इस सर्किट में LED का प्रकाशित होना यह सूचित करता है कि करन्ट चार्जिंग का कार्य चल रहा है और LED का बुझ जाना यह सूचित करता है कि करन्ट चार्जिंग का कार्य पूर्ण हो गया है अर्थात् बैटरी पूर्णतः चार्ज हो गई है।

चित्र में दिखाई गई सर्किट एक एड-ऑन इण्डीकेटर सर्किट है। रेक्टिफायर में फॉरवर्ड वोल्टेज ड्रॉपिंग पर आधारित इस सर्किट का उपयोग 6 वोल्ट से 48 वोल्ट एवं 100 मिली-एम्पीयर से 6 एम्पीयर तक के मान वाले बैटरी चार्जर के साथ किया जा सकता है।

इस सर्किट में चार्जर से मिलने वाले वोल्टेज के सीरिज में तीन रेक्टिफायर डायोड्स 6A40 लगाए गए हैं। इन तीनों डायोड्स की सीरिज के समानान्तर क्रम में एक रेड LED को 10E के करन्ट लिमिटर रजिस्टेंस के साथ सीरिज में जोड़ा गया है।

जब इस सर्किट से होते हुए किसी बैटरी को चार्ज किया जाने लगता है तब चार्जर से आने वाले पॉजीटिव वोल्टेज इस सर्किट में लगे 10E करन्ट लिमिटर रजिस्टेंस से होते हुए रेड कलर की LED को मिलने लगते हैं जिससे LED फॉरवर्ड बायस्ड हो जाती है एवं प्रकाशित होने लगती है। LED का प्रकाशित होना यह सूचित करता है कि इस सर्किट से होते हुए बैटरी की चार्जिंग का कार्य जारी है।

जब बैटरी पूर्णतः चार्ज हो जाती है तब चार्जर से आने वाले चार्जिंग वोल्टेज की अनुपस्थिति में LED प्रकाशित नहीं होती है जो कि हमें यह सूचित करती है बैटरी पूर्ण रुप से चार्ज हो चुकी है।

DC पोलारिटी का LED द्वारा इण्डीकेशन 136

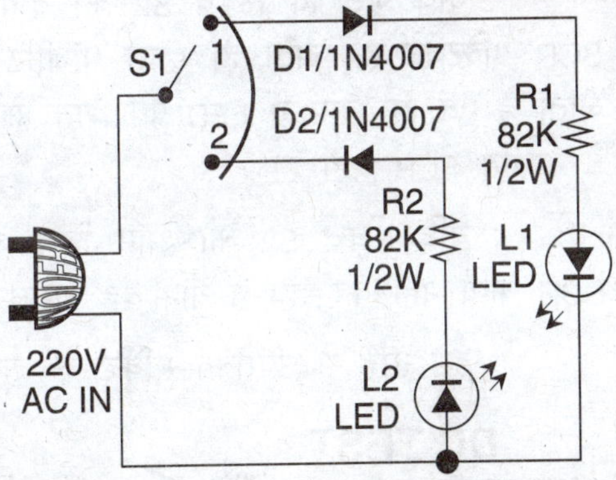

दिए गए चित्र में बतायी गई सर्किट के द्वारा किसी स्त्रोत से मिलने वाली सप्लाई की पोलारिटी का इण्डीकेशन प्राप्त कर पॉजीटिव या निगेटिव पोलारिटी वाली सप्लाई को मालूम किया जा सकता है।

इस सर्किट में मुख्य रुप से एक सिंगल-पोल/टू-वे स्विच, दो रेक्टिफायर डायोड्स, दो करन्ट लिमिटर रजिस्टेंस एवं दो LEDs का इस्तेमाल किया गया है। इन्पुट सप्लाई स्विच S1 के द्वारा दोनों रेक्टिफायर डायोड्स को दी गई है। डायोड D1 के द्वारा रेक्टिफाई की गई सप्लाई, करन्ट लिमिटर रजिस्टर R1 (82K) से होती हुई LED L1 को दी गई है जबकि डायोड D2 के द्वारा रेक्टिफाई की गई सप्लाई, करन्ट लिमिटर रजिस्टर R2 (82K) से होती हुई LED L2 को दी गई है।

जब स्विच S1 अपनी स्थिति क्रमांक 1 पर होता है तब सप्लाई के स्त्रोत से सप्लाई स्विच S1 से होते हुए डायोड D1 को मिलती है जिसे यह डायोड पॉजीटिव रेक्टिफाई कर R1 की सहायता से LED L1 को देकर इस LED को फॉरवर्ड बायस्ड कर देता है जिससे यह LED प्रकाशित होकर यह सूचित करती है कि इन्पुट सप्लाई की पोलारिटी पॉजीटिव है।

जब स्विच S2 अपनी स्थिति क्रमांक 2 पर होता है तब सप्लाई के स्त्रोत से सप्लाई स्विच S1 से होते हुए डायोड D2 को मिलती है जिसे यह डायोड निगेटिव रेक्टिफाई कर R2 की सहायता से LED L2 को देकर इस LED को फॉरवर्ड बायस्ड कर देता है जिससे यह LED प्रकाशित होकर यह सूचित करती है कि इन्पुट सप्लाई की पोलारिटी निगेटिव है।

137 LED युक्त SCR टेस्टर

यहां पर बतायी जा रही सर्किट एक SCR टेस्टर सर्किट है जिसमें लगी LED किसी SCR की सही या खराब स्थिति को इण्डीकेट करती है। यहां पर दो तरह की सर्किट्स दिखाई जा रही हैं जिसमें एक AC टेस्ट सर्किट तथा दुसरी DC टेस्ट सर्किट है।

AC टेस्ट सर्किट :

AC टेस्ट सर्किट में, जिस SCR को चेक किया जाना होता है उसके गेट को ट्रांसफॉर्मर की सेकेण्ड्री वाईण्डिंग की सेन्टर टेप से स्विच S2 के द्वारा ट्रिगर दिया गया है। जब तक स्विच S2 ऑफ स्थिति में होता है तब तक SCR के गेट को ट्रिगर नहीं मिलता है एवं तब तक SCR एक्टिवेट नहीं होता है।

अब जैसे ही स्विच S2 को दबाया जाता है वैसे ही SCR के गेट को ट्रिगर मिलने लग जाता है तथा SCR एक्टिवेट हो जाता है। इससे ट्रांसफॉर्मर की सेकेण्ड्री वाईण्डिंग से AC सप्लाई SCR के एनोड को मिलने लग जाती है जिसे SCR रेक्टिफाई कर अपने कैथोड से आऊट करने लग जाता है। कैथोड से DC, करन्ट लिमिटर रजिस्टेंस R2 से होते हुए LED को मिलने लगते हैं जिससे LED फॉरवर्ड बायस्ड होकर प्रकाशित होने लग जाती है जो कि हमें यह सूचित करती है कि SCR कार्य कर रहा है अर्थात् SCR सही है।

यदि स्विच S2 को ऑन किए जाने पर LED प्रकाशित नहीं होती है तो इसका मतलब यह समझें कि SCR कार्य नहीं कर रहा है याने वह खराब होगा।

DC टेस्ट सर्किट :

DC टेस्ट सर्किट में, चेक किए जा रहे SCR के गेट को DC सप्लाई लाईन से R1 व स्विच S2 के द्वारा ट्रिगर दिया गया है। जब तक स्विच S2 ऑफ स्थिति में होता है तब तक SCR के गेट को ट्रिगर नहीं मिलता है एवं तब तक SCR एक्टिवेट नहीं होता है।

अब जैसे ही स्विच S2 को दबाया जाता है वैसे ही SCR के गेट को ट्रिगर मिलने लग जाता है तथा SCR एक्टिवेट हो जाता है। इससे पॉजीटिव सप्लाई लाईन से करन्ट R3, LED एवं SCR से होते हुए बहने लग जाता है एवं इस क्रम में LED प्रकाशित होने लग जाती है जो कि हमें यह सूचित करती है कि SCR कार्य कर रहा है अर्थात् SCR सही है।

यदि स्विच S2 को ऑन किए जाने पर LED प्रकाशित नहीं होती है तो इसका मतलब यह समझें कि SCR कार्य नहीं कर रहा है याने वह खराब होगा।

इस तरह से उपरोक्त सर्किट के द्वारा किसी SCR के सही या खराब होने की जांच की जा सकती है।

DC TEST

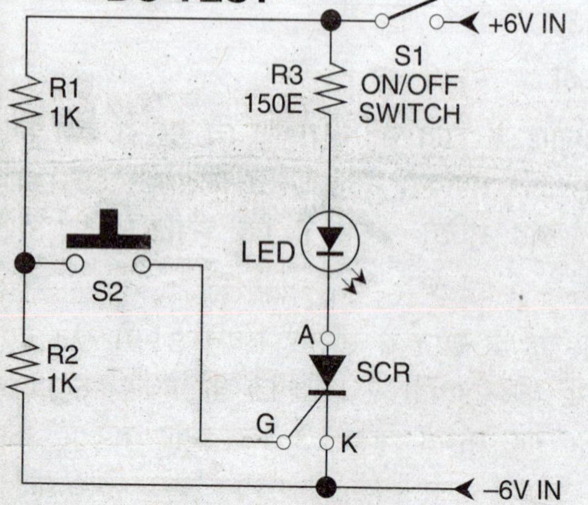

AC TEST

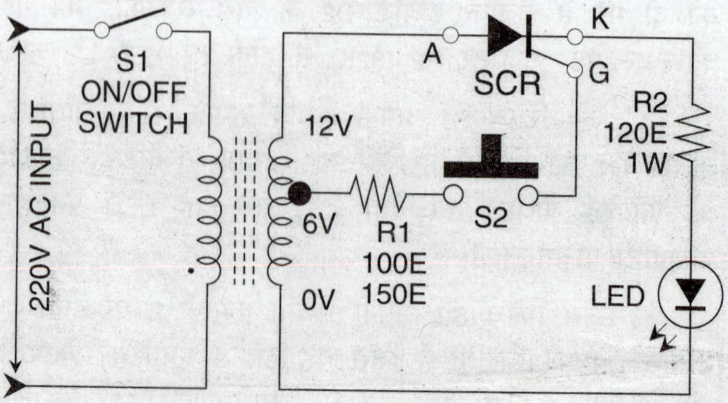

LED प्रयुक्त डायोड पोलारिटी इण्डीकेटर 138

यहां पर LEDs के उपयोग वाली एक ऐसी सर्किट बतायी जा रही है जिसकी सहायता से आप किसी डायोड की पोलारिटी की जांच कर सकते हैं। कई बार डायोड के उपर प्रदर्शित उनकी पोलारिटी मिट जाती है ऐसी स्थिति में इस सर्किट के द्वारा आप उस डायोड की पोलारिटी मालूम कर सकते हैं।

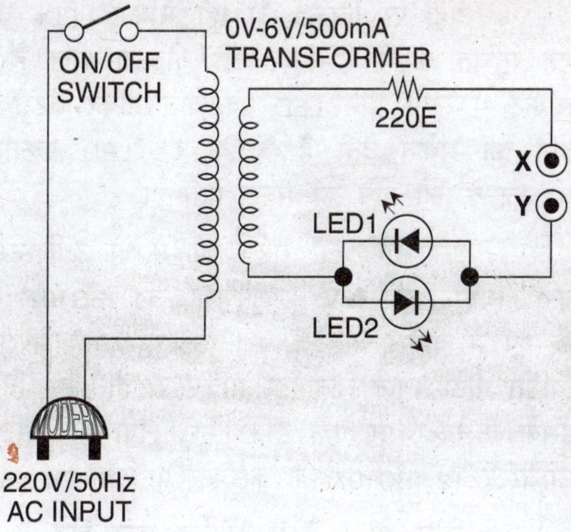

यह एक काफी सरल सर्किट है जिसमें एक 0V-6V/500mA का स्टेप-डाऊन पॉवर ट्रांसफॉर्मर, दो LEDs तथा एक करन्ट लिमिटर रजिस्टेंस लगा है। इसके अलावा इस सर्किट में X व Y दो टेस्ट टर्मिनल्स भी हैं। टेस्ट टर्मिनल X, ट्रांसफॉर्मर की सेकेण्ड्री वाईण्डिंग से 220E के एक करन्ट लिमिटर रजिस्टेंस के द्वारा जुड़ा है जबकि टेस्ट टर्मिनल Y, समानान्तर क्रम में लगी दो LEDs LED व LED1 के द्वारा ट्रांसफॉर्मर की सेकेण्ड्री वाईण्डिंग से जुड़ा है।

जिस डायोड की पोलारिटी की जांच की जानी होती है उसे X व Y टेस्ट टर्मिनलों के बीच लगा कर सर्किट की सप्लाई चालू की जाती है एवं निम्न प्रकार से परिणाम प्राप्त किए जाते हैं ;

1 यदि LED1 प्रकाशित होती है तो यह समझें कि डायोड का जो सिरा X टेस्ट टर्मिनल से जुड़ा है वह उसका एनोड तथा डायोड का जो सिरा Y टेस्ट टर्मिनल से जुड़ा है वह उसका कैथोड है।

2 यदि LED2 प्रकाशित होती है तो यह समझें कि डायोड का जो सिरा X टेस्ट टर्मिनल से जुड़ा है वह उसका कैथोड तथा डायोड का जो सिरा Y टेस्ट टर्मिनल से जुड़ा है वह उसका एनोड है।

3 यदि दोनों में से कोई भी LED प्रकाशित नहीं होती है तो यह समझें कि चेक किया जा रहा डायोड ओपन है।

4 यदि दोनों LEDs प्रकाशित हो रही हैं तो यह समझें कि चेक किया जा रहा डायोड शॉर्ट है।

लैम्प फ्लेशर के रुप में फ्लिकरिंग LED का उपयोग 139

यहां पर दिखाई जा रही LED युक्त सर्किट का उपयोग फ्लेश लैम्प के रुप में किया जा सकता है। इस सर्किट में मुख्य रुप से एक ट्रांजिस्टर, एक डायोड, एक रजिस्टेंस एवं एक LED का उपयोग किया गया है।

इस सर्किट में सप्लाई वोल्टेज का मान बढ़ा कर LED की फ्लेशिंग रेट को कम किया जा सकता है। फ्लेशिंग के लिए यहां पर लगी LED को 2.7V से 3V जितनी जरुरत होती है। इससे कम प्रकाश प्राप्त करने के लिए कम से कम 5mA और इससे अधिक प्रकाश प्राप्त करने के लिए 20mA की आवश्यकता होती है। इस LED का रिवर्स रजिस्टेंस 30E जितना होता है।

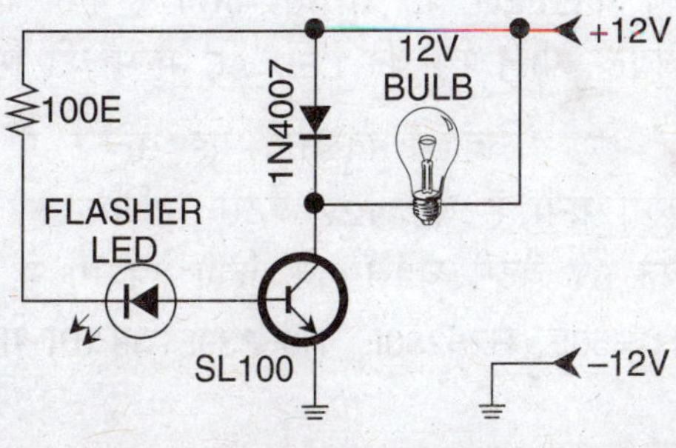

140 बैटरी लेवल इण्डीकेटर

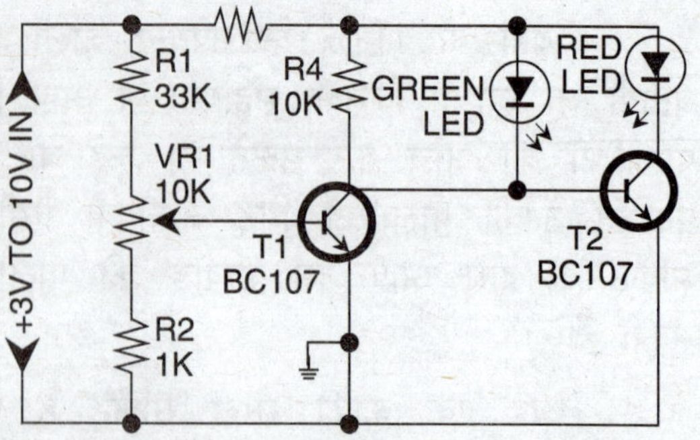

यहां पर दिखाई जा रही सर्किट LEDs के माध्यम से हमें यह सूचित करती है कि बैटरी वोल्टेज फुल हैं या लो हैं। इस सर्किट में लगी ग्रीन LED प्रकाशित होकर बैटरी वोल्टेज के फुल होने का संकेत देती है जबकि रेड LED प्रकाशित होकर बैटरी वोल्टेज के लो होने का संकेत देती है।

इस सर्किट में मुख्य रुप से दो ट्रांजिस्टर्स एवं दो LEDs का उपयोग किया गया है। ट्रांजिस्टर T1 (BC107) के बेस को इन्पुट के रुप में बायस वोल्टेज, R1 (33K), VR1 (10K) व R2 (1K) से निर्मित पोटेन्शियल डिवाईडर सर्किट से होते हुए दिए गए हैं। इस ट्रांजिस्टर का अमीटर सीधे ग्राऊण्ड से जुड़ा है एवं इसके कलेक्टर पर एक ग्रीन LED लगी है और साथ ही इसका कलेक्टर ट्रांजिस्टर T2 के बेस से भी जुड़ा है। ट्रांजिस्टर T2 (BC107) के कलेक्टर पर एक रेड LED लगी है एवं इसका अमीटर सीधे ग्राऊण्ड से जुड़ा है।

जिस समय बैटरी वोल्टेज फुल होते हैं उस समय T1 के बेस पर पर्याप्त बायस पहुंचता है जिससे यह ट्रांजिस्टर ऑन रहता है एवं इसके कलेक्टर पर लगी ग्रीन LED प्रकाशित होकर बैटरी वोल्टेज के फुल होने का संकेत देते रहती है। इस समय ट्रांजिस्टर T2 का बेस लो होने के कारण यह कार्य नहीं करता है एवं इसके कलेक्टर की रेड LED अप्रकाशित रहती है।

जब बैटरी वोल्टेज लो हो जाते हैं तब T1 के बेस पर पर्याप्त बायस न पहुंचने के कारण यह ट्रांजिस्टर स्विच-ऑफ हो जाता है एवं इसका कलेक्टर हाई हो जाता है। इससे इसके कलेक्टर पर लगी ग्रीन LED प्रकाशित नहीं हो पाती है। इस समय T1 के कलेक्टर के हाई होने से T2 का बेस भी हाई हो जाता है जिससे यह ट्रांजिस्टर कार्य करने लग जाता है एवं इसके कलेक्टर पर लगी रेड LED प्रकाशित होकर बैटरी वोल्टेज के लो हो जाने का संकेत देने लग जाती है।

यह एक बहुत ही कॉमन एवं छोटी सर्किट है जिसका उपयोग इमरजेन्सी लाईट तथा इस तरह के अन्य उपकरणों में बैटरी वोल्टेज की स्थिति को प्रदर्शित कराने हेतु किया जा सकता है। इमरजेन्सी लाईट जैसे उपकरणों में प्रायः ऐसी ही सर्किट का उपयोग किया गया होता है। इसी सर्किट को किसी रेडियो-ट्रांजिस्टर में 1 बैण्ड या 2 बैण्ड या 3 बैण्ड के लिए भी उपयोग में लाया जा सकता है।

141 लेड एसिड बैटरी चार्जर में LED इण्डीकेटर

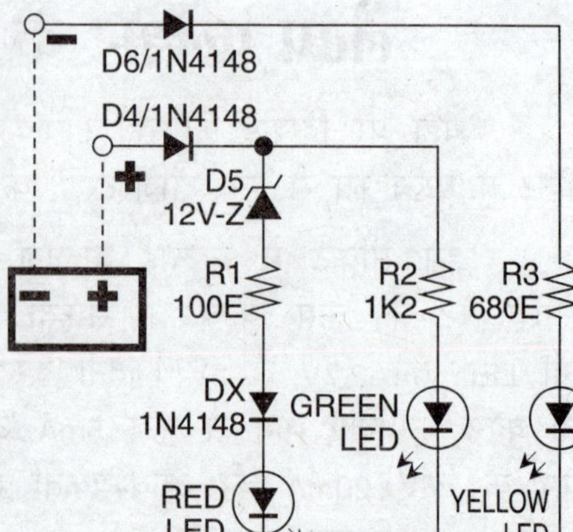

यहां पर दिखाई जा रही सर्किट को किसी ऐसे चार्जर में प्रयुक्त किया जा सकता है जिसमें चार्ज के इण्डीकेशन की सुविधा नहीं है। मुख्य रुप से इस सर्किट में तीन रंगों की LEDs लगी हैं। इस सर्किट की लाल रंग की LED यह सूचित करती है कि बैटरी पूर्णतः चार्ज हो गई है। हरे रंग की LED यह सूचित करती है कि बैटरी सही पोलारिटी से जुड़ी है जबकि पीले रंग की LED AC मेन्स की स्थिति को इण्डीकेट करती है।

चित्र में दिखायी गई सर्किट में लगे कम्पोनेन्ट्स का जो मान चुना गया है वह 12V बैटरी चार्जिंग के लिए है यदि आप इसी सर्किट को 6V बैटरी चार्जिंग के लिए उपयोग में लाना चाहते हैं तब D5=6V-Z, R1=50E, R2=280E, R3=330E उपयोग में लाएं।

LED प्रयुक्त साधारण बैटरी टेस्टर 142

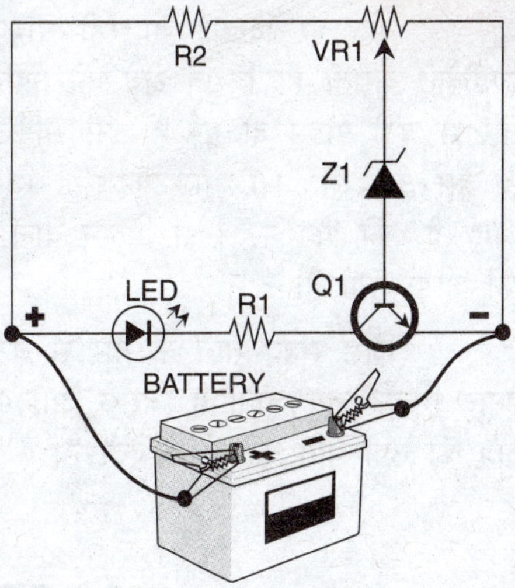

यहां पर दिखाई जा रही सर्किट की सहायता से किसी बैटरी की यह जांच की जा सकती है कि वह पर्याप्त चार्ज्ड है या नहीं? यह एक काफी साधारण सी सर्किट है जिसमें एक ट्रांजिस्टर, एक LED, एक जिनर डायोड, एक प्रिसेट एवं दो रजिस्टेंस लगे हैं। इस सर्किट में लगे प्रिसेट को पूर्णतः चार्ज्ड बैटरी के वोल्टेज पर इस तरह से एडजस्ट किया गया होता है कि इस सर्किट में लगी LED प्रकाशित होने लगे।

जब किसी पर्याप्त चार्ज्ड बैटरी को इस सर्किट से लगाया जाता है तब इस सर्किट में लगी LED प्रकाशित होकर उस बैटरी के पर्याप्त चार्ज्ड होने का संकेत देती है। जब किसी कम चार्ज्ड बैटरी की जांच की जाती है तब इस सर्किट में लगे ट्रांजिस्टर के बेस पर पर्याप्त बायस नहीं मिल पाने के कारण LED प्रकाशित नहीं हो पाती है जिससे हमें यह सूचित होता है कि जांच की जा रही बैटरी लो है।

यह सर्किट काफी साधारण परन्तु काफी उपयोगी है। इस सर्किट को किसी छोटी सी PCB पर असेम्बल किया जा सकता है एवं जांच के लिए पॉजीटिव एवं निगेटिव दो टर्मिनल्स निकाल लिए जाते हैं।

बैटरी में उपस्थित चार्ज का LED द्वारा इण्डीकेशन 143

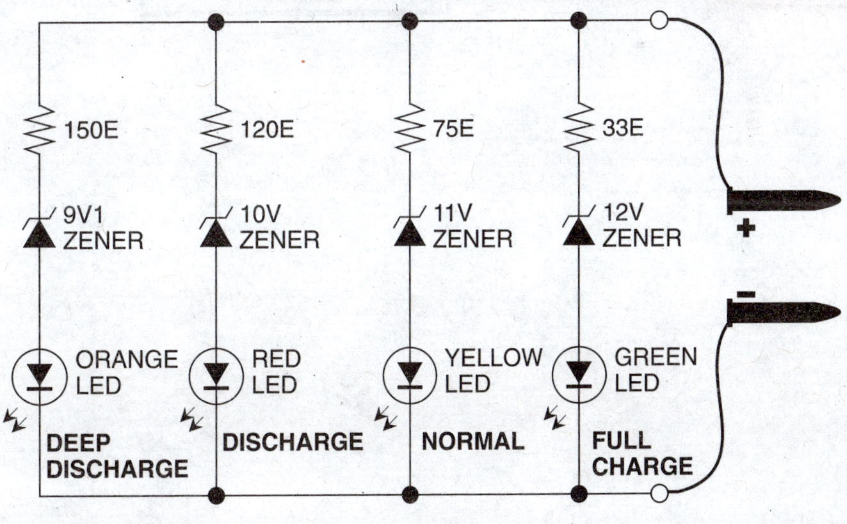

यहां पर दिखाई जा रही सर्किट के द्वारा किसी बैटरी में उपस्थित चार्ज की विभिन्न स्थितियों जैसे कि फुल चार्ज, नॉर्मल चार्ज, डिस्चार्ज, डीप-डिस्चार्ज इत्यादि का इण्डीकेशन LEDs के माध्यम से प्राप्त किया जा सकता है।

यह एक काफी सरल प्रकार की सर्किट है जिसमें सिर्फ चार डायोड्स, चार जिनर डायोड्स एवं चार करन्ट लिमिटर रजिस्टेंस लगे हैं। बैटरी के साथ कनेक्शन के लिए पॉजीटिव एवं निगेटिव दो टेस्टिंग प्रॉब्स लगायी गयी हैं।

हरे रंग की LED बैटरी के फुल-चार्ज होने का संकेत देती है। पीले रंग की LED बैटरी के नॉर्मल चार्ज होने का संकेत देती है। लाल रंग की LED बैटरी के डिस्र्चाज होने का संकेत देती है। नारंगी रंग की LED बैटरी के डीप-डिस्चार्ज होने का संकेत देती है।

144 विद्युत क्षेत्र का LED द्वारा इण्डीकेशन

यहां पर दिखाई जा रही सर्किट, आस-पास मौजूद विद्युत क्षेत्र की उपस्थिति को अपनी LED के द्वारा इण्डीकेट कराती है। विद्युत क्षेत्र की उपस्थिति को सेन्स करने के लिए इस सर्किट में लगभग 1 इन्च मोटे तांबे के तार से बनी प्रॉब्स दी गई हैं। इस सर्किट में मुख्य रुप से एक काऊण्टर आई.सी. CD4017 का उपयोग किया गया है। इस आई.सी. 10 आऊटपुट्स हैं जिसमें से किसी भी एक आऊटपुट का उपयोग किया जा सकता है। यहां पर आई.सी. की पिन नं. 1 से मिलने वाले आऊटपुट पर 270E के एक करन्ट लिमिटर रजिस्टेंस से होते हुए एक LED को जोड़ा गया है।

जिस समय तांबे के तार से बनी प्रॉब्स विद्युत क्षेत्र के प्रभाव में आती है तो आई.सी. की इन्पुट पिन को इन्पुट मिलने लग जाता है जिससे आई.सी. के आऊटपुट पर लगी LED प्रकाशित होने लगती है जो कि हमें विद्युत क्षेत्र की उपस्थिति का संकेत देती है।

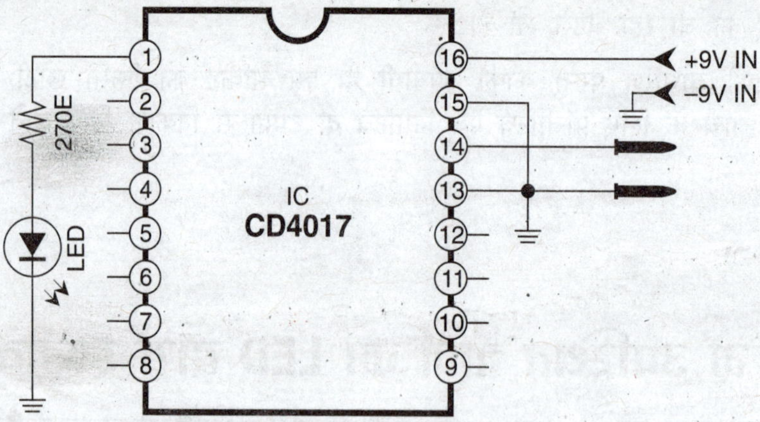

लाईट अमीटिंग डांयोड या LED

लाईट अमीटिंग डायोड को संक्षेप में LED ही कहा जाता है। यह एक ऐसा डिवाईस है जिसमें से करन्ट प्रवाहित किए जाने पर यह प्रकाश विसर्जित करता है। वैसे तो एक फिलामेन्ट युक्त लैम्प को भी करन्ट देने पर यह प्रकाश विसर्जित करता है एवं लाईट अमीटिंग डायोड में से भी करन्ट प्रवाहित करने पर यह प्रकाश विसर्जित करता है परन्तु दोनों में अन्तर यह है कि फिलामेन्ट युक्त बल्ब को अधिक करन्ट, वोल्टेज की आवश्यकता होती है जबकि लाईट अमीटिंग डायोड काफी करन्ट एवं वोल्टेज पर कम मात्रा में प्रकाश विसर्जित करता है। अधिकांश लाईट अमीटिंग डायोड्स को 5mA से 20mA के बीच फॉरवर्ड करन्ट देने पर उनसे पर्याप्त मात्रा में प्रकाश का विसर्जन होता है।

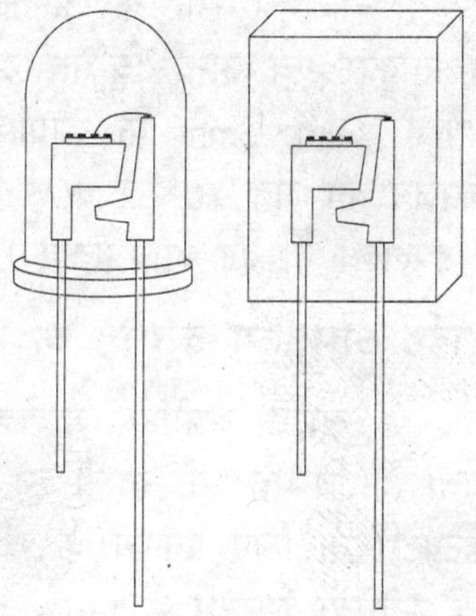

एक सामान्य प्रकार के सेमी-कण्डक्टर डायोड में कुछ विशेष परिस्थितियों में होल्स एवं इलेक्ट्रॉन्स के रिकॉम्बीनेशन से उष्मा एवं इस उष्मा के परिणामस्वरुप प्रकाश उत्पन्न होता है। इसी प्रकार लाईट अमीटिंग डायोड में भी P-N जंक्शन को फॉरवर्ड बायस में लाने से इलेक्ट्रोल्यूमिनेन्स की क्रिया होती है अर्थात् वहां पर प्रकाश विसर्जित होने लगता है। लाईट अमीटिंग डायोड के द्वारा लाल, हरे एवं पीले इत्यादि रंगों के प्रकाश का विसर्जन इस डायोड को विशेष प्रकार के सेल से 1.2V का फॉरवर्ड बायस दिए जाने पर किया जा सकता है। यह प्रकाश विजिबल स्पेक्ट्रम रेन्ज के अन्तर्गत हो सकता है एवं अनविजिबल स्पेक्ट्रम रेन्ज के अन्तर्गत भी हो सकता है। विजिबल स्पेक्ट्रम रेन्ज से तात्पर्य यह है कि वे प्रकाश जो कि मानव नेत्र के द्वारा देखे जा सकें एवं अनविजिबल स्पेक्ट्रम रेन्ज से तात्पर्य यह है कि वे प्रकाश जो कि मानव नेत्र के द्वारा देखे न जा सकें। उदाहरण के लिए मानव नेत्र के द्वारा देखे जाने वाले प्रकाश की रेन्ज 400 नैनोमीटर से 700 नैनोमीटर के बीच होती है। इस रेन्ज से कम वेव-लेन्थ वाले प्रकाश की तरंगें जो कि अल्ट्रा-वायलेट कहलाती हैं एवं इस रेन्ज से अधिक वेव-लेन्थ वाले प्रकाश की तरंगें जो कि इन्फ्रा-रेड कहलाती हैं, मानव नेत्र के द्वारा देखी नहीं जा सकती हैं।

जिनर डायोड के समान ही लाईट अमीटिंग डायोड को रिवर्स बायस पर रखा जाता है। जिनर डायोड के समान ही रिवर्स बायस का मान एक निश्चित सीमा के बाद बढ़ाने पर इसमें से करन्ट बहने लगता है। इस करन्ट का मान सामान्य प्रकार के डायोड में बहने वाले करन्ट के मान से अधिक होता है एवं इस करन्ट के प्रवाह के कारण लाईट अमीटिंग डायोड की भीतर की चिप के द्वारा बहुत ही कम प्रकाश विसर्जित किया जाता है परन्तु इस चिप के चारों तरफ लगे प्लास्टिक लेन्स के द्वारा इस कम प्रकाश को अधिक प्रकाश में परिवर्तित कर दिया जाता है।

LED की चिप के द्वारा प्रकाश विसर्जन

लाईट अमीटिंग डायोड को बायस मिलने पर अर्थात् जब लाईट अमीटिंग डायोड में प्रयुक्त फास्फोरस या गैलियम आर्सेनाइड पर वोल्टेज दिए जाते हैं तो इन पदार्थों के कुछ परमाणु इस विद्युत उर्जा का शोषण कर लेते हैं और उत्तेजित हो जाते हैं। बाद में जब ये धीरे-धीरे अपनी सामान्य अवस्था में लौटते हैं तो शोषित की गई उर्जा को प्रकाश के रुप में विसर्जित करते हैं। चिप के द्वारा विसर्जित की जाने वाली प्रकाश उर्जा काफी कम होती है जिसे चिप के चारो तरफ लगे प्लास्टिक के लैन्स के द्वारा अधिक प्रकाश में परिवर्तित कर दिया जाता है। इस प्रकार चूंकि यह डायोड प्रकाश का विसर्जन करता है इसलिए इसे लाईट (प्रकाश) अमीटिंग (विसर्जन) डायोड कहा जाता है।

ये लाईट अमीटिंग डायोड विभिन्न रंगों में पाए जाते हैं जैसे कि लाल, हरा, पीला, नीला इत्यादि। LED का रंग LED में प्रयुक्त किए जाने वाले मटेरियल पर निर्भर करता है, जैसे लाल रंग के लिए प्रायः गैलियम आर्सेनाईड फास्फाईड (GaAsP) प्रयोग में लाया जाता है।

प्रायोगिक तौर पर देखा गया है कि निश्चित फॉरवर्ड करन्ट मान पर पीले एवं हरे रंग की LEDs लाल रंग की LEDs की तुलना में कम प्रकाश विसर्जित करती हैं। अतः जहां पर विभिन्न रंगों की बहुत सी LEDs का एक साथ उपयोग किया गया है वहां पर सभी LEDs से एक समान प्रकाश प्राप्त करने के लिए LEDs के सीरिज में लगाए जाने वाले रजिस्टर का रजिस्टेंस मान आवश्यकता के अनुसार अलग-अलग रखा जा सकता है।

सामान्यतः उपयोग में लायी जाने वाली LEDs का अधिकतम फॉरवर्ड वोल्टेज 1.6V एवं करन्ट केपेसीटी 20mA होती है। LED से पर्याप्त प्रकाश तभी विसर्जित होगा जब LED से पर्याप्त मात्रा में करन्ट बहेगा। यदि LED से कम करन्ट बहेगा तो LED से प्रकाश विसर्जित नहीं होगा अथवा बहुत ही कम प्रकाश विसर्जित होगा। जैसे-जैसे LED से बहने वाला करन्ट बढ़ता जाएगा वैसे-वैसे LED से विसर्जित होने वाला प्रकाश भी बढ़ता जाएगा।

विभिन्न रंगों के अलावा लाईट अमीटिंग डायोड्स विभिन्न रुपों में भी पाए जाते हैं जैसे कि गोलाकार, आयताकार एवं अन्य विभिन्न आकार। इनमें से गोलाकार LEDs काफी प्रचलित हैं। एक गोलाकार लाईट अमीटिंग डायोड 3mm, 5mm के डायामीटर वाले प्लास्टिक पैकेज में उपलब्ध हैं। इन गोलाकार LEDs के द्वारा प्रकाश विसर्जन का क्षेत्र 20° से 40° होता है। इसके अलावा आयताकार लाईट अमीटिंग डायोड 5mm X 2mm के परिमाप में उपलब्ध हैं। इन आयताकार LEDs के द्वारा प्रकाश विसर्जन का क्षेत्र लगभग 100° होता है।

लाईट अमीटिंग डायोड के उपयोग

लाईट अमीटिंग डायोड का उपयोग करन्ट की एक निश्चित दिशा में ऑप्टिकल स्विचिंग के लिए किया जाता है। विभिन्न रंगों वाली इन LEDs का उपयोग इण्डीकेटर के रुप में अधिक किया जाता है। इसके अलावा फोटो डिटेक्टरों के लिए प्रकाश के स्त्रोत के रुप में भी LEDs का उपयोग किया जाता है। रेडियो, ट्रांजिस्टर, टेप-रिकॉर्डर एवं स्टीरियो सिस्टम में LEDs का उपयोग ऑडियो सिग्नल के अनुसार इस प्रकार किया जाता है कि ये आवाज के साथ-साथ जलती-बुझती हैं। स्टीरियो ऑडियो सिस्टम में ग्राफिक इक्वीलाईजर के साथ भी LEDs का उपयोग किया जाता है। एडवर्टाईज्मेन्ट वाले कम्प्यूटराईज्ड डिस्प्ले बोर्ड में भी LEDs का उपयोग किया जाता है। विभिन्न उपकरणों में LEDs का उपयोग सप्लाई इण्डीकेटर के रुप में भी किया जाता है। सप्लाई इण्डीकेटर के रुप में LED का उपयोग करते समय LED को मिलने वाले फॉरवर्ड वोल्टेज एवं करन्ट को नियंत्रित रखने के लिए LED के सीरिज में एक रजिस्टेंस अवश्य लगाना चाहिए अन्यथा LED खराब हो सकती है। 0 से लेकर 9 तक के अंकों के डिस्प्ले के लिए LEDs सेग्मेन्ट के रुप में व्यवस्थित की जा सकती है जिसे डिजिटल कन्ट्रोल सर्किट के द्वारा ऑन/ऑफ कर 0 से लेकर 9 तक के अंकों का डिस्प्ले किया जाता है।

इसके अलावा विभिन्न प्रकार की इलेक्ट्रॉनिक घड़ियों एवं इलेक्ट्रॉनिक मापन यंत्रों में LEDs का उपयोग किया जाता है। इन्फ्रा-रेड एवं अल्ट्रा-वायलेट LEDs का उपयोग अन-विजिबल ट्रान्समिशन में किया जाता है। रिमोट कन्ट्रोल के कार्यों के लिए इन्फ्रा-रेड का उपयोग किया जाता है। फोटो-डिटेक्टरों में भी इनका उपयोग अनविजिबल प्रकाश के स्त्रोत के रुप में किया जाता है।

LEDs का उपयोग करते समय इनके कनेक्शन का विशेष रुप से ध्यान रखा जाना चाहिए क्योंकि इसके कनेक्शन पलट जाने से LED को रिवर्स सप्लाई मिलने लगेगी। लगभग 5V से अधिक की रिवर्स सप्लाई मिलने पर आमतौर पर LEDs खराब हो जाती हैं। जहां पर बहुत सी LEDs का उपयोग करना हो वहां पर सभी LEDs से प्रकाश का समान आऊटपुट प्राप्त करने के लिए सभी LEDs को सीरिज में न जोड़ते हुए उन्हें पैरेलल में जोड़ा जाना चाहिए। यदि बहुत सी LEDs का इण्डीकेटर के रुप में उपयोग किसी ऐसे उपकरण में किया गया है जो कि बैटरी से ऑपरेट किया जाता है वहां पर बैटरी की बचत के उद्देश्य से फॉरवर्ड करन्ट का मान कम से कम रखा जाना चाहिए।

LEDs को सर्किट डायग्राम में निम्न सिम्बॉल से दर्शाया जाता है ;

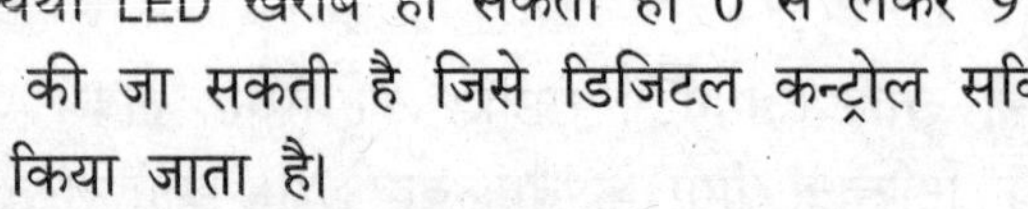

लाईट अमीटिंग डायोड को चेक करना

LED को ठीक उसी प्रकार से चेक किया जाता है जिस प्रकार से किसी सामान्य डायोड को चेक किया जाता है। एक सामान्य SANWA मल्टीमीटर से एक LED को निम्न प्रकार से चेक किया जाता है।

- ☆ LED के कैथोड पर मल्टीमीटर का पॉजीटिव (लाल) प्रॉब एवं एनोड पर मल्टीमीटर का निगेटिव (काला) प्रॉब रखे जाने पर मल्टीमीटर का कांटा डिफ्लेक्शन देते हुए कुछ रजिस्टेंस बताता है। इस स्थिति में यदि मल्टीमीटर LED के लिए पर्याप्त करन्ट उत्पन्न कर सकेगा तो LED से थोड़ा सा प्रकाश विसर्जित होगा अर्थात् मल्टीमीटर के द्वारा LED को यदि पर्याप्त करन्ट प्राप्त होगा तो LED बहुत धीमा प्रकाश देगी।
- ☆ जब LED के कैथोड पर मल्टीमीटर की निगेटिव (काली) प्रॉब एवं एनोड पर मल्टीमीटर की पॉजीटिव (लाल) प्रॉब रखी जाती है तब मल्टीमीटर का कांटा कुछ भी डिफ्लेक्शन नहीं देता है अर्थात् मल्टीमीटर का कांटा अपनी जगह से हिलता भी नहीं है।

LED को सदैव मल्टीमीटर की हाई रेन्ज में चेक करें।

करन्ट लिमिटर रजिस्टेंस

LED को उपयोग में लाते समय फॉरवर्ड करन्ट के मान को सीमित करने के उद्देश्य से LED के सीरिज में एक रजिस्टेंस का उपयोग किया जाता है, इसे ही LED का करन्ट लिमिटर रजिस्टेंस कहा जाता है। इस करन्ट लिमिटर रजिस्टेंस का मान नीचे दिए गए सूत्र की सहायता से मालूम किया जा सकता है।

R=V-VF/I

यहां पर R = करन्ट लिमिटर रजिस्टेंस का मान (ओह्म में),

V = LED को दिए जाने वोल्टेज का मान (वोल्ट में),

VF = LED के समानान्तर उत्पन्न फॉरवर्ड वोल्टेज ड्रॉप (वोल्ट में), तथा

I = LED की करन्ट रेटिंग (एम्पीयर में) है।

उदाहरण के लिए मान लिजिए किसी LED की करन्ट रेटिंग 15mA है, एवं इसका फॉरवर्ड वोल्टेज ड्रॉप 1.8V है। इस LED को 18V की सप्लाई लाईन से कार्य कराने के लिए इसके सीरिज में लगाए जाने वाले रजिस्टेंस का मान एवं वॉटेज उपरोक्त सूत्र की सहायता से निम्न प्रकार से मालूम किया जा सकेगा ;

यहां पर V = 18V, VF = 1.8V तथा I = 15mA याने 0.015Amp. उपलब्ध है, अतः ये मान सूत्र R=V-VF/I में रखने पर,

R = 18V - 1.8V / 0.015A

R = 16.2 / 0.015

R = 1080Ω

अतः उपरोक्त करन्ट लिमिटर रजिस्टेंस का मान 1080Ω के आस-पास (1K) होगा, इसके वॉटेज की गणना सूत्र P = V x I से निम्नानुसार की जा सकेगी ;

P = 16.2V x 0.015A

P = 0.243 Watt

अतः उदाहरण में बताए अनुसार लाईट अमीटिंग डायोड के उपयोग के लिए डायोड के सीरिज में लगभग L1080Ω/0.243W का रजिस्टेंस लगाना पड़ेगा। इस कार्य के लिए बाजार में उपलब्ध 1K2/0.5W का रजिस्टेंस पर्याप्त रहेगा।

LED को एक एपोक्सी पैकेज में बनाया जाता है। अधिकांशतः LEDs को गुम्बद के आकार का बनाया जाता है जिसका उपरी भाग गुम्बद की शक्ल में उभरा हुआ होता है। LED के इसी आकार की वजह से LED से निकलने वाले प्रकाश की तीव्रता बढ़ ज़ाती है। LEDs के विभिन्न रंगों में से लाल रंग की LEDs का प्रभाव अपेक्षाकृत अधिक होता है इसका कारण लाल रंग की वेव-लेन्थ है।

LED की एपोक्सी से भिन्न-भिन्न साईज की दो पिनें निकाली जाती हैं जिनमें से एक पिन लम्बी तथा दुसरी पिन कुछ छोटी होती है। लम्बी पिन LED के एनोड को तथा छोटी पिन LED के कैथोड को सूचित करती है। LED की एपोक्सी याने LED का केस पारदर्शक, स्वच्छ एवं बिना रंग का होता है। जब LED प्रकाशित होती है तभी उसके कलर का हमें ज्ञान होता है। लाल रंग की LED स्वच्छ एवं पारदर्शक केस में होती है जो कि केवल उसी रसायन से बनायी गई होती है जो कि उत्सर्जित होने पर लाल रंग प्रदान करता है। LED के सेमीकण्डक्टर के साथ कुछ रसायन मिलाए जाते हैं जिससे विभिन्न रंगों के स्पेक्ट्रम प्राप्त होते हैं।

कोई भी शुद्ध रसायन विद्युत का चालक नहीं होता है इसलिए इन्हें विद्युत का चालक बनाने के लिए इनमें कुछ अशुद्धियां मिलायी जाती हैं। प्रत्येक प्रकार की अशुद्धि किसी खास कलर का प्रभाव दिखाती है। जैसे कि मिलायी जाने वाली कोई अशुद्धि लाल रंग का प्रभाव दिखाती है तो कोई दुसरी अशुद्धि हरे रंग का या किसी अन्य रंग का प्रभाव दिखाती है।

LEDs का उपयोग कई तरह से कई रुप में किया जाता है जैसे कि सामान्य इण्डीकेटर के रुप में, एक सेन्सर के रुप में, बाईफेस इण्डीकेटर के रुप में, गलत पोलारिटी इण्डीकेटर के रुप में इत्यादि। LEDs की कार्य-क्षमता अवधि 10,000 से लेकर 10,00,000 घण्टों तक की होती है। LEDs से कम चमक या अधिक चमक इस बात पर निर्भर करती है कि उस LED की सर्किट कैसी है।

LEDs के विभिन्न प्रकार

रचना के आधार पर लाईट अमीटिंग डायोड्स के निम्नलिखित विभिन्न प्रकार हैं ;

सिंगल LED

ये LEDs केवल एक रंग का ही प्रकाश विसर्जित करती हैं इसलिए इसे सिंगल LED कहा जाता है। सिंगल LED याने एकल LED लगभग सभी रंगों एवं विभिन्न साईज में उपलब्ध हैं। सिंगल LED डिफ्यूज्ड या पारदर्शी केस में बनायी जाती हैं जिनसे दो टर्मिनल्स निकले होते हैं। ये एकमात्र सेमी-कण्डक्टर से बनायी जाती हैं। इसके सिम्बॉल को दिए गए चित्र में बताया गया है। सिम्बॉल में तीर का निशान LED से उत्सर्जित होने वाले प्रकाश को सूचित करता है।

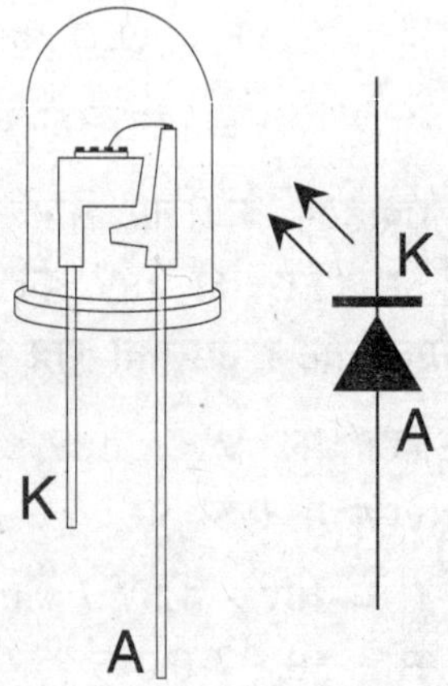

डबल LED

ये LEDs दो रंगों का प्रकाश विसर्जित करती हैं इसलिए इन्हें डबल LED या ड्यूल LED या द्वि-रंगी Bi-Coloured LED कहा जाता है। इस तरह की LEDs एक केस में दो भिन्न रंगों की LED से मिलकर बनी होती हैं। केस के भीतर दोनों LEDs एक दुसरे की विपरित पोलारिटी में लगी होती हैं। इन्हें मिलने वाले DC की एक पोलारिटी में एक LED कार्य करती है जबकि विपरित पोलारिटी पर दुसरी LED कार्य करती है। डबल LED में प्रायः एक LED लाल रंग की व दुसरी हरे रंग की होती है। इसे जब AC सप्लाई दी जाती है तब यह पीले रंग का प्रकाश देती है क्योंकि ये दोनों कलर्स मिलकर तीसरे कलर में बदल जाते हैं।

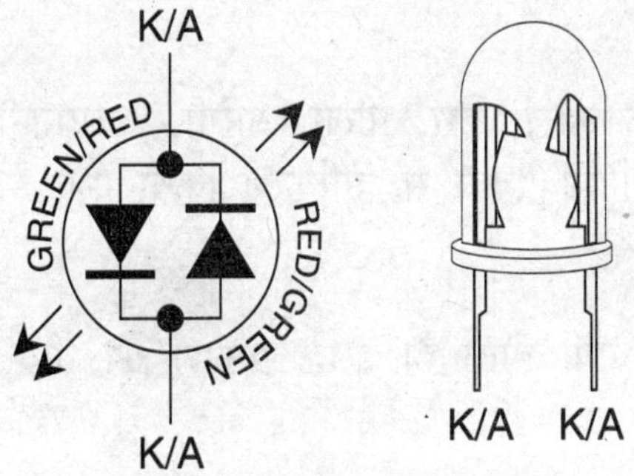

2 WIRE BI-COLOURED LED
(ALTERNATE OPERATION)

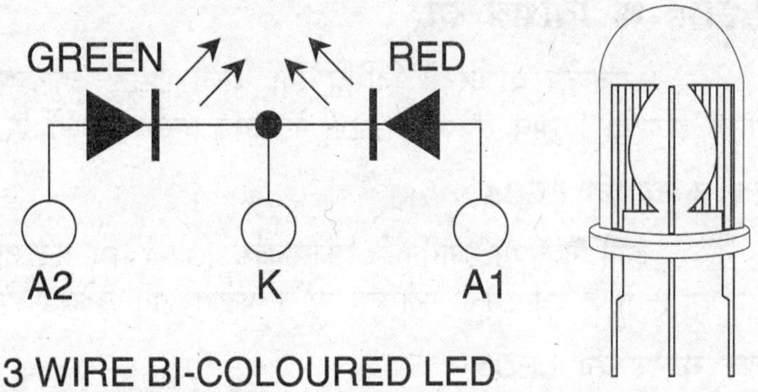

3 WIRE BI-COLOURED LED
(SIMULTANEOUS OPERATION)

दिए गए चित्र में एक ही केस में समाहित भिन्न-भिन्न प्रकार की दो LEDs को बताया गया है। डबल LEDs में कनेक्शन हेतु तीन टर्मिनल्स निकले होते हैं। इनमें से K अंकित इलेक्ट्रोड दोनों LEDs का कॉमन कैथोड होता है। डबल LED को दी जाने वाली सप्लाई की पोलारिटी को निरन्तर क्रम में बदल-बदल कर दोनों LEDs को क्रम से ऑन ऑफ करते हुए लाईटिंग का मनमोहक प्रभाव प्राप्त किया जा सकता है।

ट्राई कलर थ्री वायर LED

जिस तरह ड्यूल या डबल या Bi-Coloured LED दो रंगों का प्रकाश देती है उसी तरह ट्राई कलर LED तीन रंगों का प्रकाश प्रदान करती है। अधिकांशतः इसमें लाल, हरे एवं पीले रंग की LEDs का उपयोग एक ही केस के भीतर किया गया होता है। सर्किट के साथ कनेक्शन के लिए इसमें से तीन टर्मिनल्स निकले होते है जैसा कि चित्र में दिखाया गया है। इन 3 टर्मिनल्स में से दो टर्मिनल्स पर दो LEDs एक-दूसरे के फॉरवर्ड व रिवर्स बायस में जुड़े होते हैं। बाहर निकला हुआ तीसरा टर्मिनल तीसरी LED का कैथोड होता है।

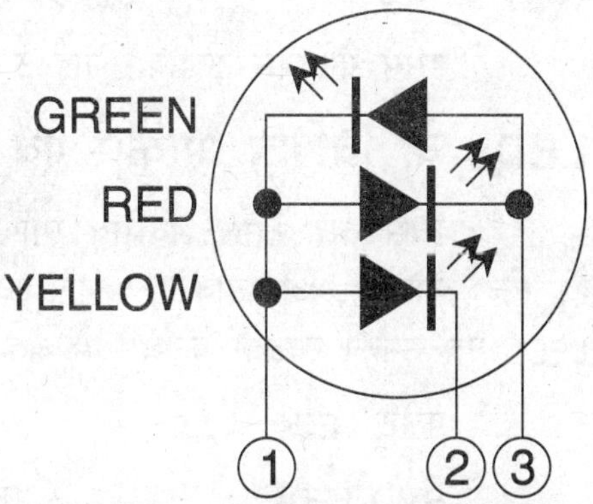

3-WIRE 3-COLOUR LED

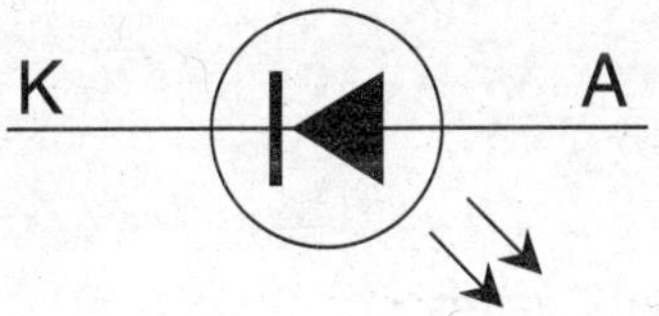

लो वोल्टेज इण्डीकेटर LED

ऐसी LED जिसके भीतर आई.सी. लगी हो एवं जो सामान्य वोल्टेज की अपेक्षा डिस्चार्ज बैटरी वोल्टेज मिलने पर भी प्रकाश देती हो उसे लो वोल्टेज इण्डीकेटर LED कहा जाता है। इस LED के सिम्बॉल में तीर का निशान रिवर्स दिशा में दर्शाया जाता है जैसा कि चित्र में बताया गया है। रिवर्स दिशा में तीर का निशान लो वोल्टेज की स्थिति को सूचित करता है।

ब्राईट LED

LED को दिए जाने वाले वोल्टेज तथा करन्ट बढ़ाने पर LED से अधिक प्रकाश प्राप्त किया जा सकता है। यद्धपि LED का करन्ट हम जितना बढ़ाएगें LED से प्राप्त होने वाले प्रकाश की तीव्रता भी उतनी अधिक होगी लेकिन उतनी LED की आयु कम हो जाएगी। इस बात को ध्यान में रखते हुए अब ऐसी LEDs उपलब्ध हैं जो कि अधिक चमक पर अधिक आयु वाली हैं। इन्हें ब्राईट LEDs कहा जाता है।

ब्राईट LEDs ऐसे रसायनों से बनायी जाती हैं जो कि उच्च स्तर का प्रकाश देने में सक्षम होते हैं। इसी श्रेणी में अल्ट्रा ब्राईट LEDs एवं सुपर ब्राईट LEDs भी उपलब्ध हैं जो कि जटिल रसायनों द्वारा बनायी जाती हैं एवं इनमें कार्बनिक रसायन मिलाकर इनकी चमक को बढ़ाया जाता है। उच्च तीव्रता वाली चमक प्राप्त करने के लिए एल्युमीनियम इण्डीयम, गेलियम और फास्फाईड के रासायनिक यौगिकों का इस्तेमाल किया जाता है।

LEDs के विभिन्न रंग

आजकल बाजार में विभिन्न रंगों वाली LEDs उपलब्ध हैं जैसे कि लाल, हरा, पीला, नारंगी, आसमानी, नीला इत्यादि। विभिन्न रंगों की LEDs में लगने वाले रसायनों के आधार पर निम्न प्रकार से वर्गीकरण किया गया है;

रेड कलर की LEDs

इनमें गैलियम आर्सेनाईड फास्फाईड (Ga-As-P) का उपयोग किया गया होता है। इसके प्रकाश की तीव्रता अधिक होती है एवं इनकी फ्लेशिंग दर 1 फ्लेश प्रति सेकेण्ड होती है।

ब्लू कलर की LEDs

इनमें गैलिमय नाईट्राईट नामक रसायन का उपयोग किया गया होता है।

ग्रीन कलर, ऑरेन्ज कलर, अमबर कलर, यलो कलर की LEDs

इनमें विभिन्न कण्डक्टर्स के साथ गैलियम फास्फाईड (Ga-P) का अथवा सीलिकॉन आर्सेनाईड (Si-As) का उपयोग किया गया होता है।

लेजर डायोड

इसमें गैलियम इण्डीयम नाईट्रेट का उपयोग किया गया होता है।

LEDs के विभिन्न आकार एवं साईज

जिस तरह LEDs विभिन्न रंगों में पायी जाती हैं उसी तरह ये विभिन्न आकारों एवं साईजों में भी उपलब्ध हैं। गोल आकार, आयताकार, फ्लेट एवं टिप इत्यादि आकारों में LEDs प्रमुखता से उपलब्ध हैं। यहां पर विभिन्न LEDs एवं उनकी साईजों के बारे में बताया जा रहा है ;

फ्लेट LEDs		2 x 5 mm, 2.5 x 7 mm एवं 5 x 5 mm
SMD LEDs	सिंगल कलर	3 x 2.2 mm
	डबल कलर	4.6 x 3.4 mm
	साईड लुकिंग	9.2 x 1.9 mm
लो बैटरी इण्डीकेशन LED		5mm (ट्यूबलर)
हाई वोल्टेज LED		5mm (ट्यूबलर) 5V, 12, 24V इत्यादि
फ्लेशर LED		5mm (ट्यूबलर)
राऊण्ड LED		5mm, 3mm, 2mm, (TIP एवं 25mm
सेवन सेग्मेन्ट डिस्प्ले LED		0.3", 0.4", 0.5", 0.56", 0.8", 1", 2", 4" आदि
KIS5636		0.56 LED (कॉम्पेटिबल) HDSP5501

विभिन्न प्रकार की LEDs के टिपिकल ऑपरेटिंग वोल्टेज

1	Red, Yellow, Amber, Orange	1.6V	20mA
2	Green	2.2V/2.4V	20mA to 30mA
3	Blue	4.5V to 7.5V	0.5mA to 10mA

लिक्विड क्रिस्टल डिस्प्ले (LCD), ऑप्टो-कपलर या फोटो-कपलर, अल्फान्यूमेरिक डिस्प्ले या स्मार्ट डिस्प्ले इत्यादि आधुनिक इलेक्ट्रॉनिक्स के ऐसे ही डिवाईस हैं जो कि मूलतः LED पर ही आधारित हैं। लिक्विड क्रिस्टल डिस्प्ले या LCD कांच के दो पैनल्स का बना होता है जिनके बीच के खाली स्थान में तरल क्रिस्टल भरा गया होता है। LCD को सामान्यतः ऑप्टिकल स्विच कहा जाता है। प्रकाश की रेन्ज इसके टॉप पैनल को दी जाती है जो कि तरल क्रिस्टल से गुजरकर 90° के कोण से परावर्तित हो जाती है। LCD में तरल क्रिस्टल को सीढ़ीनुमा वक्राकार रुप में व्यवस्थित किया गया होता है। LCD मॉड्यूल्स 0.7mm से 101mm तक की मोटाई वाले कांच से बनाए जाते हैं।

ट्वीस्टेड निमेटिक लिक्विड क्रिस्टल डिस्प्ले

FRONT VIEW OF LCD

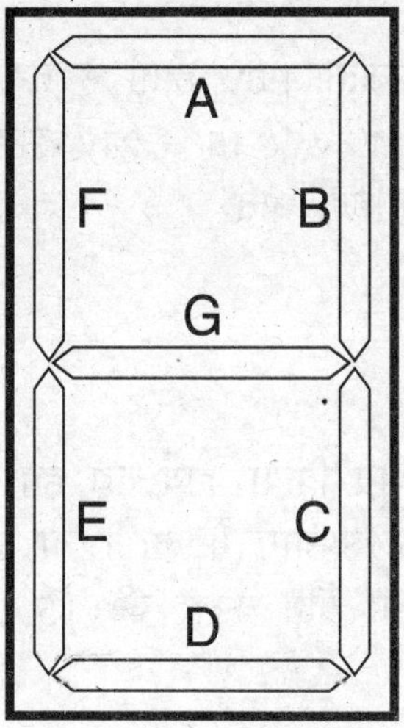

REAR VIEW OF LCD

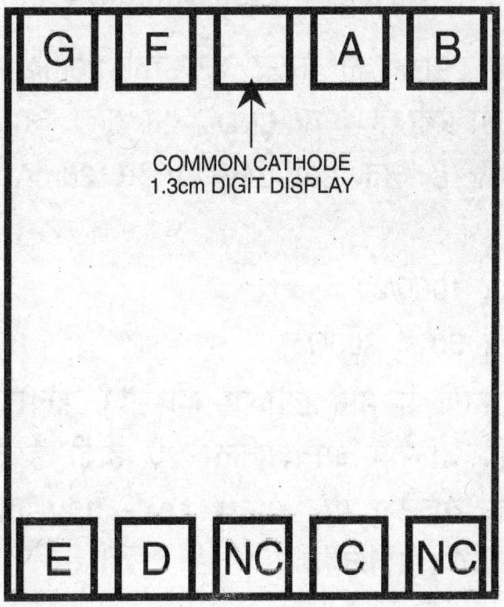

तरल क्रिस्टल में कई विद्युत-प्रकाशीय प्रभाव पाए जाते हैं जिनमें से प्रमुख है ट्वीस्टेड निमेटिक प्रभाव। ट्वीस्टेड निमेटिक LCD में पारदर्शी एवं विद्युत के चालक इण्डीयम टीन ऑक्साईड की पतली परत से बने दो इलेक्ट्रोड्स होते हैं जो तरल क्रिस्टल की एक पतली फिल्म के साथ कांच की प्लेटों के बीच लगा होता है। इन इलेक्ट्रोड्स के द्वारा विद्युत धारा को तरल क्रिस्टल में प्रवाहित किया जाता है। कांच की प्लेटों की सतह में तरल क्रिस्टल के कणों को सतह की समानान्तर दिशा में व्यवस्थित किया गया होता है।

अल्फान्यूमेरिक डिस्प्ले (स्मार्ट डिस्प्ले)

जिस डिस्प्ले में डिकोडर/ड्रायवर बना हो वह स्मार्ट डिस्प्ले कहलाता है। HP कम्पनी द्वारा निर्मित 64ASCII केरेक्टर जनरेटर युक्त 16 सेग्मेन्ट अल्फान्यूमेरिक डिस्प्ले (स्मार्ट डिस्प्ले) का पिन कॉन्फिग्युरेशन दिए गए चित्र में बताया गया है।

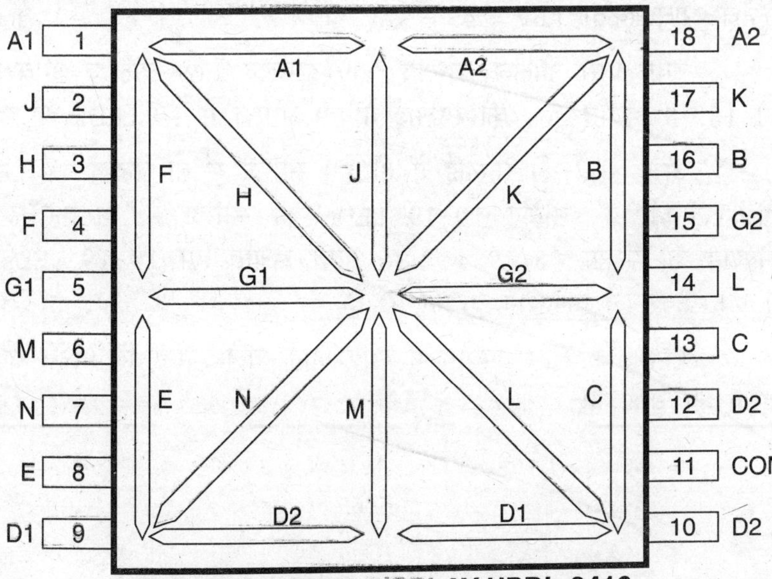

ALPHANUMERIC DISPLAY HPDL-2416
64 ASCI CHARACTER GENERATOR
(16 SEGMENTS)

LEDs के सीरिज/पैरेलल संयोजन के संदर्भ में विभिन्न गणनाएं

रजिस्टेंस का मान ज्ञात करना

किसी सर्किट में LEDs की संख्या आवश्यकता के अनुसार अधिक हो सकती हैं। ऐसी स्थिति में LEDs को या तो सीरिज में या फिर पैरेलल में संयोजित किया जा सकता है। उपयोग में लायी गई एक से अधिक विभिन्न कलर की LEDs के रजिस्टेंस का मान भिन्न-भिन्न होता है जैसे कि लाल रंग की LED का वोल्टेज 1.6V एवं करन्ट केपेसीटी 20mA होती है। इसी तरह ग्रीन LED का वोल्टेज 2V/2.2V/2.4V तथा करन्ट केपेसीटी 20mA होता है।

उदाहरण के तौर पर मान लीजिए कि कहीं पर लाल रंग की 15 LEDs को किसी 30V की सप्लाई के साथ जोड़ा जा रहा है तब रजिस्टेंस का मान निम्न प्रकार से मालूम किया जा सकेगा ;

चूंकि रेड LEDs की करन्ट केपेसीटी 20mA एवं वोल्टेज आवश्यकता 1.6V होती है तथा कुल 15 LEDs उपयोग में लायी जा रही हैं अतः LEDs का कुल आवश्यक वोल्टेज मान 1.6V x 15 = 24V होगा जबकि उपलब्ध सप्लाई वोल्टेज 30V हैं अतः 30V-24V=6V पर 20mA करन्ट ड्रॉप होना चाहिए। अतः

$R = E / I$

$R = 6 \times 1000/20$

$R = 6 \times 50 = 300\Omega$

इसी उदाहरण में मान लीजिए की ग्रीन कलर की LEDs का उपयोग किया जाय तब हम जानते हैं कि ग्रीन कलर की LED की वोल्टेज आवश्यकता 2V होती है तथा कुल 15 LEDs उपयोग में लायी जा रही हैं अतः LEDs का कुल आवश्यक वोल्टेज मान 2V x 15 = 30V होगा याने वहां पर हम ग्रीन कलर की 15 LEDs को एक के बाद एक सीधे ही जोड़ सकते हैं।

LED की संख्या के आधार पर सीरिज या पैरेलल संयोजन का निर्धारण करना

किसी सर्किट में LEDs की संख्या के आधार पर उन्हें सीरिज में जोड़ा जाय या पैरेलल में जोड़ा जाय इस बात का निर्धारण निम्न प्रकार से किया जाता है।

मान लीजिए किसी सर्किट में 30V की सप्लाई उपलब्ध है एवं वहां हमें 45 LEDs लगानी हैं। हम जानते हैं कि रेड कलर की LED की वोल्टेज आवश्यकता 1.6V होती है। अतः रेड कलर की 45 LEDs के लिए कुल वोल्टेज आवश्यकता 1.6V x 45 = 72V होगी।

हमारे पास उपलब्ध सप्लाई 30V इसलिए 1.6V वोल्टेज आवश्यकता वाली LEDs की संख्या = 30V/1.6V याने 18.75 अर्थात् 30V की सप्लाई में हम सीरिज में 19 LEDs का उपयोग कर सकते हैं।

अब, 30V की सप्लाई में तो हम सीरिज में तो केवल 19 LEDs ही जोड़ सकते हैं लेकिन हमें कुल 45 LEDs लगानी है इसलिए 19-19 LEDs को सीरिज में जोड़कर उनके पैरेलल कनेक्शन लगाने पड़ेगें। पैरेलल कनेक्शन की संख्या 45/19 = 2.36 होगी अर्थात् हमें 19-19 LEDs के दो पूर्ण पैरेलल कनेक्शन एवं 7 LEDs का एक फ्रेक्शनल कनेक्शन जोड़ना पड़ेगा।

LEDs के साथ उपयोग में लाए जाने वाले करन्ट लिमिटिंग रजिस्टेंस के मान की गणना करना इसके पहले बताया जा चुका है।